المسؤولية الاجتماعية وأخلاقيات الأعمال

(الأعمال و المجتمع)

Social Responsibility and Business Ethics

(Business and Society)

تأليف

الدكتور طاهر محسن منصور الغالبي

أستاذ مشارك

قسم إدارة الأعمال

كلية الاقتصاد والعلوم الإدارية

جامعة الزيتونة الأردنية

الدكتور صالح مهدي محسن العامري

أستاذ مشارك

قسم إدارة الأعمال

كلية العلوم الإدارية والمالية

جامعة البترا

دار وائل للنشر

الطبعة الثالثة

2010

رقم الايداع لدى دائرة المكتبة الوطنية : (2005/5/1000)

الغالبي ، طاهر محسن

المسؤولية الاجتماعية واخلاقيـات الأعمال: الأعمال والمجتمع –

Responsibility and Business Social / طاهر محسن الغالبي،

صالح مهدي العامري. - عمان ، دار وائل ، 2005 .

(467) ص

ر.إ. : (2005/5/1000)

الواصفات: المهن / آداب المهن

* تم إعداد بيانات الفهرسة والتصنيف الأولية من قبل دائرة المكتبة الوطنية

****

رقم التصنيف العشري / ديوي : 174

ISBN 9957-11-610-x (ردمك)

* المسؤولية الاجتماعية وأخلاقيات الأعمال (الأعمال والمجتمع)
* الدكتور طاهر محسن الغالبي – الدكتور صالح مهدي العامري
* الطبعـة الثالثة 2010
* جميع الحقوق محفوظة للناشر

دار وائـل للنشر والتوزيع

* الأردن – عمان – شارع الجمعية العلمية الملكية – مبنى الجامعة الاردنية الاستثماري رقم (2) الطابق الثاني

هـاتف : 00962-6-5338410 – فاكس : 00962-6-5331661 - ص. ب (1615 – الجبيهة)

* الأردن – عمـان – وسـط البـلد – مجمع الفحيص التجاري- هـاتف: 00962-6-4627627

www.darwael.com

E-Mail: Wael@Darwael.Com

بِسْمِ ٱللَّهِ ٱلرَّحْمَٰنِ ٱلرَّحِيمِ

قال تعالى : ﴿ لَّا تَجْعَلْ مَعَ ٱللَّهِ إِلَٰهًا ءَاخَرَ فَتَقْعُدَ مَذْمُومًا مَّخْذُولًا (٢٢)
وَقَضَىٰ رَبُّكَ أَلَّا تَعْبُدُوٓا۟ إِلَّآ إِيَّاهُ وَبِٱلْوَٰلِدَيْنِ إِحْسَٰنًا ۚ إِمَّا يَبْلُغَنَّ عِندَكَ ٱلْكِبَرَ أَحَدُهُمَآ أَوْ
كِلَاهُمَا فَلَا تَقُل لَّهُمَآ أُفٍّ وَلَا تَنْهَرْهُمَا وَقُل لَّهُمَا قَوْلًا كَرِيمًا (٢٣) وَٱخْفِضْ لَهُمَا
جَنَاحَ ٱلذُّلِّ مِنَ ٱلرَّحْمَةِ وَقُل رَّبِّ ٱرْحَمْهُمَا كَمَا رَبَّيَانِى صَغِيرًا (٢٤) رَّبُّكُمْ أَعْلَمُ بِمَا فِى
نُفُوسِكُمْ ۚ إِن تَكُونُوا۟ صَٰلِحِينَ فَإِنَّهُۥ كَانَ لِلْأَوَّٰبِينَ غَفُورًا (٢٥) وَءَاتِ ذَا ٱلْقُرْبَىٰ
حَقَّهُۥ وَٱلْمِسْكِينَ وَٱبْنَ ٱلسَّبِيلِ وَلَا تُبَذِّرْ تَبْذِيرًا (٢٦) إِنَّ ٱلْمُبَذِّرِينَ كَانُوٓا۟ إِخْوَٰنَ
ٱلشَّيَٰطِينِ ۖ وَكَانَ ٱلشَّيْطَٰنُ لِرَبِّهِۦ كَفُورًا (٢٧) وَإِمَّا تُعْرِضَنَّ عَنْهُمُ ٱبْتِغَآءَ رَحْمَةٍ مِّن رَّبِّكَ
تَرْجُوهَا فَقُل لَّهُمْ قَوْلًا مَّيْسُورًا (٢٨) وَلَا تَجْعَلْ يَدَكَ مَغْلُولَةً إِلَىٰ عُنُقِكَ وَلَا تَبْسُطْهَا
كُلَّ ٱلْبَسْطِ فَتَقْعُدَ مَلُومًا مَّحْسُورًا (٢٩) إِنَّ رَبَّكَ يَبْسُطُ ٱلرِّزْقَ لِمَن يَشَآءُ وَيَقْدِرُ ۚ إِنَّهُۥ
كَانَ بِعِبَادِهِۦ خَبِيرًۢا بَصِيرًا (٣٠) وَلَا تَقْتُلُوٓا۟ أَوْلَٰدَكُمْ خَشْيَةَ إِمْلَٰقٍ ۖ نَّحْنُ نَرْزُقُهُمْ وَإِيَّاكُمْ ۚ
إِنَّ قَتْلَهُمْ كَانَ خِطْـًٔا كَبِيرًا (٣١) وَلَا تَقْرَبُوا۟ ٱلزِّنَىٰٓ ۖ إِنَّهُۥ كَانَ فَٰحِشَةً وَسَآءَ سَبِيلًا (٣٢)
وَلَا تَقْتُلُوا۟ ٱلنَّفْسَ ٱلَّتِى حَرَّمَ ٱللَّهُ إِلَّا بِٱلْحَقِّ ۗ وَمَن قُتِلَ مَظْلُومًا فَقَدْ جَعَلْنَا لِوَلِيِّهِۦ
سُلْطَٰنًا فَلَا يُسْرِف فِّى ٱلْقَتْلِ ۖ إِنَّهُۥ كَانَ مَنصُورًا (٣٣) وَلَا تَقْرَبُوا۟ مَالَ ٱلْيَتِيمِ إِلَّا بِٱلَّتِى
هِىَ أَحْسَنُ حَتَّىٰ يَبْلُغَ أَشُدَّهُۥ ۚ وَأَوْفُوا۟ بِٱلْعَهْدِ ۖ إِنَّ ٱلْعَهْدَ كَانَ مَسْـُٔولًا (٣٤) وَأَوْفُوا۟ ٱلْكَيْلَ
إِذَا كِلْتُمْ وَزِنُوا۟ بِٱلْقِسْطَاسِ ٱلْمُسْتَقِيمِ ۚ ذَٰلِكَ خَيْرٌ وَأَحْسَنُ تَأْوِيلًا (٣٥) وَلَا تَقْفُ مَا
لَيْسَ لَكَ بِهِۦ عِلْمٌ ۚ إِنَّ ٱلسَّمْعَ وَٱلْبَصَرَ وَٱلْفُؤَادَ كُلُّ أُو۟لَٰٓئِكَ كَانَ عَنْهُ مَسْـُٔولًا (٣٦) وَلَا
تَمْشِ فِى ٱلْأَرْضِ مَرَحًا ۖ إِنَّكَ لَن تَخْرِقَ ٱلْأَرْضَ وَلَن تَبْلُغَ ٱلْجِبَالَ طُولًا (٣٧) كُلُّ ذَٰلِكَ
كَانَ سَيِّئُهُۥ عِندَ رَبِّكَ مَكْرُوهًا (٣٨) ﴾ [الإسراء: ٢٢-٣٨]

صدق الله العلي العظيم

" إنما بعثتُ لأتمم مكارم الأخلاق "

حديث نبوي شريف

الإهـــداء

... إلى عائلتينا

وإلى البصرة العظيمة مدينة العلم والخير

المؤلفان

تمهيد

مع التطور العلمي والتكنولوجي وانتقال المجتمعات إلى عصر المعرفة ازدادت أهمية الأعمال في المجتمع بشكل كبير وأصبح دورها فاعلاً على مختلف المستويات، وأخذت الأمم والشعوب تتبارى بمخترعاتها ومكتشفاتها ومدى قوة منظمات الأعمال فيها. وهذا الأمر يتطلب وضع فلسفة وآليات عمل منظمات الأعمال ضمن إطار أخلاقي واجتماعي ينعكس إيجابياً على مختلف فئات المجتمع وأطرافه بحيث تصبح هذه المنظمات ممثلة لنسيج اجتماعي رابط لمكونات الأمة ويمثلها في المنافسة العالمية. وفي السنوات الأخيرة زاد الاهتمام بالحقول العلمية التي ترتبط بالأعمال وعلاقتها بالمجتمع وتبنيها لمسؤوليات اجتماعية وأخلاقية وكثرت البحوث والمساقات التي تدرس في الجامعات تحت مسميات مختلفة وتحت مظلة هذا الموضوع الحيوي. وفي عالمنا العربي يبدو لنا أن هناك نقصاً كبيراً في هذا الجانب سواء على صعيد البحوث والكتب أو على صعيد تدريس مساقات ذات علاقة بهذا الموضوع من جانب ومن جانب آخر بدأت بوادر الاهتمام الجدي بالموضوع والتي يمكن ملاحظتها من خلال توجهات الدول العربية والجامعات حيث الاهتمام بمواضيع النزاهة والشفافية والحاكمية وتأطير علاقة الأعمال بالحكومة وتطوير مدونات أخلاقية ودساتير مهنية. كذلك بدأ اهتمام الجامعات جلياً بإدخال مساقات ذات مساس مباشر أو غير مباشر بهذه المواضيع الحيوية.

ويأتي كتابنا هذا في إطار تعزيز هذه الجهود خدمة لجامعاتنا ومنظمات الأعمال والمؤسسات الحكومية في بلادنا العربية.

لقد تم تقسيم هذا الكتاب إلى خمسة فصول رئيسية يشتمل كل منها على مجموعة من المباحث التي تغطي المواضيع المختلفة التي يتناولها الفصل.

فقد كرس <u>الفصل الأول</u> لبيئة الأعمال الجديدة والمجتمع حيث تطرقنا إلى مفهوم الأعمال وأهميتها للمجتمع وأنواع النظم الاقتصادية وأهم الإشكالات الاجتماعية التي تواجهها وأبرزنا في نهاية الفصل أهم التحديات المعاصرة التي تواجه الأعمال في عالم اليوم .

أما <u>الفصل الثاني</u> فقد تناول موضوع المسؤولية الاجتماعية لمنظمات الأعمال وقد عرفنا فيه مفهوم المسؤولية الاجتماعية في إطار تاريخي ومناهج دراستها واتجاهات البحث فيها ثم عرجنا على قياس الأداء الاجتماعي وبعد ذلك تناولنا المسؤولية الاجتماعية للشركات الدولية ووجدنا من المناسب أيضاً التطرق إلى حقل علمي مهم وهو محاسبة المسؤولية الاجتماعية والبيئية واختتمنا الفصل بنموذج مقترح يمكن أن تطوره أي منظمة أعمال ليصبح ملائماً للدور الاجتماعي الذي تتبناه في بيئة عملها.

أما <u>الفصل الثالث</u> فقد خصص لأخلاقيات الأعمال مبتدئين فيه بعرض مفهوم الأخلاق وتطور هذا المفهوم ومصادر الأخلاق في منظمات الأعمال ثم تطرقنا إلى الفلسفات الأخلاقية والإطار الأخلاقي الذي يحكم القرارات الإدارية المختلفة. كما أننا وجدنا من المناسب عرض تصنيف عام للمشاكل الأخلاقية في الأعمال وكذلك استعراض لأخلاقيات المهنة والمدونات الأخلاقية ومن ثم الأخلاقيات وعلاقتها بثقافة المنظمة واختتمنا الفصل بمبحث حول العلاقة بين أخلاقيات الأعمال والمسؤولية الاجتماعية.

وفي <u>الفصل الرابع</u> تم التركيز على المسؤولية الاجتماعية وأخلاقيات الأعمال في إطار أنشطة المنظمة والوظائف الإدارية حيث تم مناقشة المسؤولية الاجتماعية وأخلاقيات الأعمال في أنشطة المنظمة وهي الإنتاج والعمليات والتسويق والموارد البشرية والإدارة المالية والمحاسبة والعلاقات العامة والبحث والتطوير والموارد المعلوماتية والمعرفية ثم تطرقنا إلى المسؤولية الاجتماعية وأخلاقيات الأعمال في إطار الوظائف الإدارية وهي التخطيط والتنظيم والرقابة والتوجيه والإدارة

الاستراتيجية واختتم الفصل بقائمة تدقيقية مقترحة مفصلة لاكتشاف مدى التزام المنظمة بمسؤوليتها الاجتماعية والأخلاقية.

وبالنسبة **للفصل الخامس** فقد جرى التطرق إلى مواضيع الفساد الإداري والشفافية والحاكمية باعتبارها ذات علاقة قوية بجوانب المسؤولية الاجتماعية والأخلاقية، حيث استعرضنا بالتفصيل المواضيع المتعلقة بالفساد الإداري وأهم مظاهره وأسبابه وآثاره المختلفة ومداخل معالجته وخصوصيته في المنظمات الحكومية . بعد ذلك ثم التطرق إلى موضوع المساءلة والشفافية كمدخل لمعالجة الفساد الإداري واختتمنا الفصل بعرض لمفهوم الحاكمية الشاملة كمنهج متكامل للإدارة الحديثة.

لقد بذلنا جهدنا في عرض هذه المواضيع متوخين تقديم فائدة للمجتمع والجامعات بشكل خاص ومنظمات الأعمال والمؤسسات الحكومية في عالم يتسم بسرعة التغير والإضافات النوعية الكثيرة في ميادين الأعمال سائلين الله العلي القدير أن يفيد به بلادنا مقدمين شكرنا لجامعتي الزيتونة الأردنية والبترا لتوفيرهما الظروف المناسبة والمصادر الكثيرة لإنجاز هذا الكتاب والله ولي التوفيق .

المؤلفان / عمان

10

الفهـــرس

14

الفصل الأول
بيئة الأعمال والمجتمع

الفصل الأول
بيئة الأعمال والمجتمع

مقدمة :

إن علاقة جدلية تبدو واضحة بين الأعمال والمجتمعات حيث أن تطور المجتمعات وظهور الحاجات المتجددة فيها تطلب القيام بالأعمال في إطار منظمات مختلفة لتحقيق هذا التطور من خلال تلبية تلك الاحتياجات المتجددة. من جهة أخرى، فإن تطور الأعمال مرتبط بشكل كبير بقدرة هذه المجتمعات على توفير المتطلبات الأساسية التي ساهمت بظهور المبادرات الفردية والجماعية وعلى بناء الأعمال في هذه المجتمعات.

وهكذا يبدو منطقياً القول بأن وجود مجتمعات متطورة مرتبط بوجود أعمال متطورة والعكس صحيح. تتبارى المجتمعات الحديثة بكون الأعمال فيها تنافسية إبداعية ومتطورة أكثر من المجتمعات النامية ولا يوجد أمام هذه الأخيرة فرصة للتطور إلا من خلال إيجاد آلية لتفعيل دور الأعمال وبشكل متوازن لكافة القطاعات الاقتصادية وبما يخدم تنمية عقلانية شاملة ومتوازنة، وضمن إطار فلسفات إدارة الأعمال الحديثة بعيداً عن ايديولوجيات تقليدية لا تقبل الانفتاح ولا التفاعل مع معطيات اقتصاد المعرفة والتكنولوجيا الحديثة.

في هذا الفصل سيتم التطرق إلى مجموعة من الفقرات المترابطة تبدأ بمفهوم الأعمال وتطوره موضحين الإطار العام للأعمال في المجتمعات المختلفة كأعمال مشروعة وغير مشروعة وكذلك مشروعية الربح ومداه بالنسبة للأعمال المختلفة، بعد ذلك يتطرق الفصل مركزاً على أهمية الأعمال والأدوار الحيوية التي تلعبها هذه الأعمال في المجتمعات الحديثة. ومن الأهمية بمكان بيان نوع الأعمال من خلال التطرق إلى أنواع المنظمات وإمكانية ربط الجانب الأخلاقي بهذه الأنواع من المنظمات وأحقية هذا الربط من عدمه وفق معايير محددة. وفي فقرة أخرى سيتم التركيز على العلاقة بين الأعمال والنظم الاقتصادية المختلفة ومدى الأثر

المتبادل بين نوع النظام الاقتصادي وازدهار أو عدم ازدهار الأعمال في ظله. وفي هـذا الفصـل نجد من الضروري إثارة ومناقشة مجموعة من التحديات المعاصرة التي تواجـه الأعمـال محليـاً وإقليميـاً وعالمياً وكيفية التعامل معها وبذلك فإن مسؤولية الإدارة تجاه الأطراف المختلفة يتوجب مناقشتها وإعطاء رأي حول الجدل والنقاش الدائر بشأنها.

المبحث الأول : مفهوم الأعمال وتطورها :

يستخدم مصطلح الأعمال (Business) بشكل واسع للدلالة على الأنشطة المنظمة التي يقوم بها الأفراد لإنتاج وبيع سلع وخدمات بهدف إشباع حاجات المجتمع ومـن ثم تحقيـق الربح (.Pride,et.al, 2002, P.9-11)، ويمكن أن يطلق هذا المصطلح على الكيانات الإنتاجية القائمـة مـن منظمات سلعية أو خدميـة مثل شركات الخطوط الجوية أو منشآت إنتاج الحديد والصلب أو المواد الغذائية أو غيرها. وتلعب منظمـات الأعمال (Business Organizations) دوراً حيوياً في اقتصاديات دول العالم المختلفة. وفي الحقيقة فإنه كلما كانت هذه المنظمات مزدهرة وتعمل في بيئة منظمة قانونياً فإن اقتصاد الـدول التـي تعمـل فيهـا يكـون مزدهراً وقبل الدخول في تفاصيل أخرى فإنه تجدر الإشارة إلى أن منظمات الأعمال تميزها خصائص معينـة يمكن إجمالها بالآتي (برنوطي، 2000، ص 22-24)

1. تؤسس من قبل أفراد لديهم صفة الريادة Entrepreneurship وهؤلاء الرواد هم الشريحة الأكثر قـدرة على استثمار الفرص البيئية وبناء منظمات تسهم في تطور المجتمع لذلك فإن نقـص أو عـدم إتاحـة\ الفرص الكاملة أمام مثل هؤلاء الرواد يؤدي إلى ضمور القطاعات الاقتصادية في أغلـب الأحيـان حتـى لو حاولت الدول تعويض دور هؤلاء الرواد عن طريق ضخ رؤوس أمـوال حكوميـة لكنهـا غـير قـادرة على تعويض السمات الريادية التي يتمتع بها هؤلاء الأفراد.

2. ممارسة النشاط الاقتصادي (صناعي، تجاري، زراعي، خدمات.... الخ). بعبارة أخرى أن تنتج سـلع أو خدمات مفيدة للمجتمع.

3. ينتج عن ممارسة النشاط الاقتصادي تحقيق ربح وليس تقـديم خدمـة مجانيـة للمجتمع أو لفئـات معينة.

إن أي نشاط من الأنشطة تتوفر فيه العناصر الثلاث المشار إليها أعلاه يعتبر عملاً يدخل ضـمن إطار اهتمام إدارة الأعمال (Business Administration) والعمل بالمفهوم المقدم أعـلاه يتطلب جهـوداً وأنشـطة منظمة حيث لا بد من وجود مـواد ورأس مـال وعـاملين ومعلومـات وطاقـة ووسائل وأدوات للقيـام بـه، وعليه فلا بد من تخطيط وتنظيم ومتابعة لكل هذه الجهود.

(شكل 1-1)

الأعمال ومستلزمات وجودها

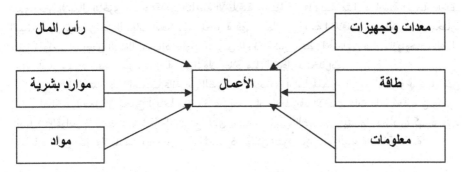

ولا شك أن المحصلة النهائية لهذه الجهود وهو تقديم السلع والخدمات المتنوعـة بهـدف إشباع حاجات المجتمع، ويمكن أن نشتق من الممارسات في حياتنا اليوميـة أن المـنظمات أو الأعـمال مهـما كانـت صغيرة فإن واقع قيامها الأساس هو إحساس صاحب العمل بوجود حاجة لدى المحيطين به لهذا النوع مـن المنتجات. ولا يشتري المستهلكون السلع والخدمات لمجرد الاقتناء أو الامـتلاك وإنمـا لإشباع حاجـة معينـة حقيقية .

19

ولا بد من الإشارة إلى أنه في إطار سعي الدول للتقليل من الانتهاكات والتجاوزات في الأعمال على اختلاف أشكالها فقد بادرت الدول المختلفة وكذلك المنظمات الإقليمية والدولية حالياً إلى سن العديد من القوانين والتشريعات التي تؤطر عمل المنظمات في المجالات المختلفة. ولكن هناك أساسيات يمكن الارتكاز عليها لتمييز ما هو عمل مشروع أو عمل غير مشروع وان كانت هذه الأسس مقبولة في دول معينة دون أخرى بسبب اختلاف الأديان والثقافات وغيرها من الأمور. بصورة عامة سوف تعتمد الصفة القانونية والأخلاقية لتحديد مفهوم المشروعية هنا. فالعمل المشروع هو ما كان له صفة قانونية وله إجراءات تأسيس واضحة ومعلومة ومسجلة لدى الجهات المعنية بإدارة شؤون الدولة، كذلك له أهداف معلنة في إطارها العام ولا تتعارض مع الأخلاق العامة والأعراف والتقاليد الاجتماعية والدينية السائدة. المنظمات مثل المصارف والمنشآت الصناعية والخدمية الكثيرة المنتشرة في البلاد هي أعمال مشروعة تمارس عملها بحكم القانون وتهدف إلى تقديم سلع وخدمات في إطار أخلاقي مقبول اجتماعياً ودينياً. لكن قد تبدو بعض الأعمال الأخرى مشروعة من الناحية الأخلاقية ولكنها غير قانونية مثل ممارسة المهنة داخل البيت بدون ترخيص من الجهات الحكومية المختصة فهي أعمال مشروعة أخلاقياً ودينياً لكنها غير مجازة قانوناً. ونجد أن بعض الأعمال المجازة قانونياً تتعرض إلى نقد كبير ورفض اجتماعي مثل كازينوهات القمار أو البارات. وهناك أعمال غير مشروعة قانوناً ولا أخلاقاً مثل الاتجار بالمخدرات.

وقبل اختتام هذا المبحث فإنه من الضروري التعرض أيضاً لمفهوم الربح المشروع، فهل من الجائز لصاحب العمل أن يحقق أرباحاً متزايدة على حساب الأطراف الأخرى ذات المصلحة من وجود العمل؟ فالقوانين لا تضع حدوداً فاصلة للربح الذي يحققه صاحب العمل فهو يتحمل مخاطرة كبيرة عند استثماره لرأس المال ولا بد من تعويض هذه المخاطرة. ولكن الفرق بين سعر البيع والكلفة الكلية

التي تحملها صاحب العمل يجب أن يكون معقولاً وأن الربح لا يمكن تحقيقه فقط من خلال السعر المرتفع وإنما يمكن الحصول عليه من خلال زيادة كفاءة العمليات الإنتاجية.

المبحث الثاني: أهمية الأعمال للمجتمع:

إن هناك علاقة جدلية بين التطور في المجتمعات وازدهار الأعمال فيها فلا يمكن أن تتصور مجتمعات متطورة بدون أعمال متطورة والعكس صحيح. (Bruce, 1982, P.P. 70-84).

ان التقدم الهائل الذي شهدته الدول الغربية كان بالدرجة الأساس بسبب ازدهار القطاعات الاقتصادية المختلفة السلعية منها والخدمية والذي اعتمد على نشاط الأعمال وجهود الرواد. وإذا أردنا أن نحدد بعض أوجه أهمية الأعمال في المجتمع فإننا نشير إلى الآتي :

1. خلق فرص عمل لأفراد المجتمع. ان أشد ما يقلق حكومات دول العالم اليوم هو توفير فرص العمل لأبنائها فالبطالة يمكن أن تتسبب في الكثير من المشاكل وبما أن الدولة لا تستطيع تقديم فرص عمل كافية ضمن مؤسساتها وأجهزتها فإن الأعمال يمكن أن تسد هذا النقص.

2. إنتاج السلع والخدمات اللازمة لإشباع حاجات أفراد المجتمع وبالتالي تقليل الاعتماد على الخارج في سد هذه الاحتياجات وبما أن حاجات الإنسان تتزايد وتتجدد باستمرار ونتيجة تطور الحياة فيفترض في الأعمال أن تساهم في خلق هذه السلع والخدمات. وتبرز أهمية هذا العنصر في عصر المعلومات عندما نعرف أن هناك الكثير من التجهيزات والبرامجيات التي يمكن أن تستخدم كوسيلة ضغط على بعض الدول لأن عدة دول فقط تقوم بإنتاجها.

3. ان الأعمال ضرورية لقيام اقتصاد متطور ومجتمعات حديثة فلا يمكن تصور اقتصاداً مزدهراً تتوفر فيه فرص العمل وتتجدد فيه الاستثمارات دون وجود

منظمات أعمال متطورة قادرة على أن تقدم سلع وخدمات بنوعيات ممتازة وبأسعار تنافسية .

وفي ظل الانفتاح الاقتصادي والاقتصاد الرقمي والذي أصبح فيه العالم قرية صغيرة نجد أن الأعمال أصبحت تتنافس بشدة في الحصول على الموارد اللازمة للإنتاج وتقديم سلع وخدمات لمستهلك يطلب المزيد دائماً.

4. توفر الأعمال مصدراً أساسياً للدخل في الدول المختلفة فنلاحظ مثلاً أن المنظمات الرائدة في العالم المتقدم تمثل ثروة قومية لا يستهان بها قياساً بمصادر الدخل الأخرى لهذه الدولة فمثلاً شركة (Maersik Line) في الدانمارك تمثل رمزاً وطنياً أصبحت الدولة تعرف به ويعود السبب في ذلك إلى كون هذه الشركة تمثل خدمات رائدة ومتكاملة في مجال النقل البحري سواءً من حيث دقة المواعيد والسلامة وغيرها. أن الضرائب التي تدفعها هذه المنظمات للدولة هي عنصر أساسي من عناصر الدخل القومي وكذلك ما تدفعه من مرتبات وأجور للعاملين وهي مرتفعة عادة وتمثل مصدراً آخراً للدولة حيث أنها تمثل وعاءً ضريبياً جيداً لها (Sturdivant and Wortzel, 1990, P. 195).

المبحث الثالث : أنواع المنظمات :

في حقيقة الأمر تمثل منظمات الأعمال الخاصة الميدان الأول والأساس لاقتصاديات الدول في العالم، فهي كيانات اقتصادية اجتماعية تنتج سلعاً وخدمات ضرورية للمجتمع وتطوره، فبالإضافة إلى هذه المنظمات توجد أنواع أخرى عديدة لها خصوصيات محددة وفق معايير تعرضها طبيعة عملها ونوع النشاط الذي تمارسه، ويمكن الإشارة إلى الأنواع التالية:

1. **في إطار منظمات الأعمال الخاصة:** يمكن أن نجد منظمات تنتج سلعاً صناعية مادية وأخرى تنتج الخدمات على اختلاف أنواعها ومنها ما هو كبير بمعيار عدد العاملين أو رأس المال أو عدد الفروع والانتشار الجغرافي ومنها ما هو

صغير أو متوسط الحجم. وطبقاً للشكل القانوني فقد نجد شركات مساهمة أو مشاريع فردية أو عائلية أو شركات تضامن.

2. **منظمات حكومية.** وهذه متخصصة بتقديم الخدمات للمواطنين دون مقابل لأنها خدمات سيادية مثل الوزارات والدوائر الأمنية والدفاعية، حيث يختفي هدف الربح تماماً منها عدا رسوم رمزية محددة من قبل الدولة.

3. **المؤسسات العامة .** وهذه المنظمات تكون تحت سيطرة الدولة وتهدف من وراء إنشائها حماية المواطنين من احتكار القطاع الخاص لأن الخدمات المقدمة من خلالها هي خدمات أساسية للمواطن مثل دوائر الكهرباء والمياه ومؤسسة الموانئ وغيرها حيث تهدف الدولة إضافة إلى حماية المواطن إلى تحقيق ربح بسيط يكفي لإدامة المرافق واستمرار الاستثمار فيها وتحسينها .

4. **منظمات دولية :** وهذه منظمات تتواجد على أرض الدولة ولكنها تتبع لدولة أخرى أو مجموعة دول أو منظمات عالمية مثل السفارات ومنظمة اليونسكو وهيئة الأمم المتحدة والأوبك وغيرها.

5. **منظمات خاصة وغير هادفة للربح:** وتتمثل بمجموعة من المنظمات ذات الأهداف المختلفة مثل الأحزاب السياسية والجمعيات العلمية ودور العبادة والمنظمات الخيرية مثل دور الأيتام والمكتبات وغيرها.

6. **التعاونيات :** وهي منظمات تنشأ لخدمة شرائح معينة من المجتمع بهدف توفير مستلزمات لإنتاج منتج معين أو تسويقه مثل الجمعيات التعاونية لتسويق المحاصيل الزراعية .

إن هذه الأنواع من المنظمات تواجه إشكالية الإجابة والرد على تحديات اجتماعية وأخلاقية وقانونية مختلفة أفرزها واقع التطوير الاقتصادي والاجتماعي والتكنولوجي وكذلك انحسار دور الدولة وزيادة المبادرات الفردية والجماعية الخاصة. حتى وقت قريب لم يكن بالإمكان مناقشة واقع عمل منظمات الدولة والتي يتسم بعضها بالسرية والعمل في إطار المصلحة العامة مثل الأمن والدفاع

وغيرها لكن الآن أصبح موضوع دراسات ومناقشات بسبب قوانين الشفافية ومراقبة أعمال الحكومـة ومكافحة الفساد الإداري، ناهيك عن أن منظمات الأعمال الخاصة أصبح مطلوباً منها أن تعمل في ظـروف تتسم بالمصداقية وانتشار المعلومة وتعزيز السمعة وتقديم مبادرات اجتماعية متزايـدة في مجال مكافحـة الفقر والبطالة والتمييز العنصري والجنسي وفتح آفاق التقدم العلمي للمساهمة في التكـاليف الاجتماعيـة التي يتحملها المجتمع ممثلاً بمختلف منظماته العامة والخاصة (Steade and Lowry, 1984, P.53).

إن المنظمات المشار إليها أعلاه هي منظمات ذات كيانات مادية ملموسة يمكن متابعة أعمالها وتقصي طرق استثماراتها وأرباحها وكافة جوانب عملها لكن من الصعب جداً متابعة النوع الجديد مـن المـنظمات الافتراضية Virtual Organization. التي ظهرت بفعل واقع التطور التكنولوجي خصوصاً في مجال الاتصالات حيث أنها شركات موجودة في الفضاء الإليكتروني وليس لها كيان مادي. فقد بـرزت اسـتحقاقات جديدة تتعلق بطبيعة هذه المنظمات وأساليب عملها وعدم القدرة على التعرف على الكثير من أنشطتها وإمكانية إخفاء شخصيات المتعاملين بسبب طبيعة التعامل على شبكة الإنترنت.

ويبدو للوهلة الأولى وبحكم التراكم المعرفي أن منظمات الأعمال هذه بأنواعها المختلفة تمـارس أدواراً اجتماعية وتتحمل مسؤولية تجاه المجتمع تتباين حسب نوع المنظمة وملكيتها والقطاع الـذي تعمل فيه وطبيعة انتشارها الجغرافي وقدراتها المالية وغيرها من الخصـائص الأخرى، فلا يـزال البعض يعتقد أن المؤسسات الحكومية تتحمل دوراً اجتماعياً أكبر من مثيلاتها في القطاع الخاص لكن حقيقة الأمـر تشـير إلى أن هذه المقولة لم تثبت بدراسات علمية، وفي الدول المتقدمة هناك منظمات أعمال خاصة تقوم بـدور اجتماعي أكبر بكثير من المنظمات الحكومية سواءً من حيث الأجور والرواتب المدفوعة من قبلها أو تـوفير فرص للعاملين في

24

الترقية والتقدم أو بنوعية السلع والخدمات وأسعارها أو الأرباح التي تحققها والضرائب التي تدفعها وتحسينها لميزان مدفوعات الدولة.

من ناحية أخرى، وفي إطار المنظمات الخاصة غير الهادفة للربح نجد أن التبعات الاجتماعية والأخلاقية تبرز كعنصر مهم في مجال عملها، ففي الآونة الأخيرة وبحكم العلاقات الدولية أصبح العديد من هذه المنظمات محور إشكاليات بسبب الانتقاد الموجه إليها بكونها داعمة لأنشطة غير مقبولة دولياً ومضرة بالمجتمعات مثل الإرهاب وغسيل الأموال والتطرف وغيرها.

المبحث الرابع : النظم الاقتصادية والإشكالات الاجتماعية :

في إطار التطور الاقتصادي والحضاري العالمي يمكن فرز عدة نظم اهتمت بمعالجة مسائل الإنتاج والتوزيع والاستهلاك وقدمت طروحات متباينة لحل المشاكل الناجمة عن العناصر المشار إليها سابقاً وبالتالي يمكن تشخيص هذه النظم كالتالي:

1.   **النظام الرأسمالي:**

هو نظام قائم على أساس الحرية الفردية في الإنتاج والتوزيع والاستهلاك فقد بدأ هذا النظام برؤى وأفكار أفرزها واقع الإشكالات التي تواجه المنظمات في سوق العمل بعيداً عن محددات مركزية في التفكير والتخطيط المسبق من قبل جهات حكومية، وهكذا فإن آليات السوق تمثل الركيزة الأساسية للتوازن من ناحية العرض والطلب وتقرير مستوى الأسعار وكميات الإنتاج وتعظيم العوائد الاقتصادية على مختلف أشكالها (Sturdivant and WortZel, 1990, P.16). إن ما يميز النظام الرأسمالي قدرته على التجدد باستمرار وكأنه حالة منسجمة مع واقعها بأسلوب عقلاني وذو دلالات إنسانية متميزة. فلم تجد الرأسمالية إشكالية في مواجهة متطلبات اقتصاد العولمة والتقدم التكنولوجي والاقتصاد الرقمي المعرفي كما أنها تعتبر المساهم الرئيسي في بناء هذا الصرح الاقتصادي المتطور الجديد. إن أهم الركائز الأساسية للنظام الرأسمالي تتمثل في :

أ. الحرية واحترام خصوصية الفرد والاختلاف بالرأي .

ب. المنافسة وتشجيع المبادرات الفردية والجماعية.

ج. الدور الرائد لمنشآت الأعمال والرواد المؤسسين أكثر من مؤسسات الدول ودوائرها المختلفة.

د. التقدم الاقتصادي من خلال بناء منظمات الأعمال وتفعيل دورها في المجتمع.

هـ الموازنة الذكية بين المتطلبات الاقتصادية والاجتماعية حسب الظروف والمستجدات التي يمر فيها المجتمع .

و. الربح والمخاطرة عاملان متلازمان في كل الفعاليات الاقتصادية .

إن المتتبع لتطور النظام الاقتصادي الرأسمالي يجد أن هناك الكثير من المشاكل والإشكالات التي واجهها واستطاع تجاوزها وقد مثلت البعض من هذه المشاكل مادة للنقد العنيف لهذا النظام من قبل العديد من الباحثين المعارضين لأفكاره وطروحاته.

2. النظام الشيوعي:

على عكس النظام الرأسمالي فإن النظام الشيوعي قائم على أساس مبادرات الدولة وتدخلها المباشر في جميع الفعاليات الاقتصادية من إنتاج وتوزيع واستهلاك، الأمر الذي أوجد تدخلاً في جميع نواحي حياة المواطنين. إن هذا النظام قائم على أساس حل الإشكالات الاقتصادية والاجتماعية من خلال المركزية التامة في التخطيط والتنفيذ فلا دور للأفراد بل الدور الأساس والوحيد هو لمؤسسات الدولة. لقد واجهت طروحات هذا الفكر العديد من الانتقادات على الصعيد النظري وأثبت واقع التطبيق الفعلي لها في كثير من البلدان التي ضمها المعسكر الشيوعي أو دول أوروبا الشرقية سابقاً عدم واقعية الافتراضات القائم عليها بخصوص المصلحة العامة ورفاهية المجتمع وعملياً فقد انتهى هذا النظام وطوّرت أفكاره جذرياً حتى في بعض الدول التي لا زالت تدين به مثل الصين وكوبا وكوريا الشمالية (Buchholz, 1989, P. 361).

إن أهم خصائص هذا النظام:

أ. الملكية العامة وتقييد الحريات لصالح المجتمع .

ب. احتكار الدولة للأعمال وعدم وجود منافسة.

ج. تحديد الربح وقمع المبادرات الفردية والجماعية.

د. الولاء المطلق للخطط المعدة مسبقاً بشكل مركزي تام من قبل الجهات الحكومية.

هـ الموازنة القلقة وغير المفهومة للإشكالات الاقتصادية والاجتماعية وأولويات التعامل معها.

3. النظام المختلط "الاشتراكي" :

يمثل هذا النظام تداخلاً للمفاهيم لغرض الجمع بين مزايا النظام الرأسمالي والنظام الشيوعي وتلافي الانتقادات الموجهة لكليهما، ففي ظل طروحات هذا النظام نجد أن الدولة تمثل شريكاً أساسياً في عمليات الإنتاج والتوزيع والاستهلاك إلى جانب منظمات الأعمال الخاصة، حيث تتحكم الدولة بعناصر الإنتاج الأساسية من خلال سيطرتها على الموارد الطبيعية وفي ظل مبادرتها هذه تترك مجالاً كبيراً أو قليلاً حسب طبيعة النظام الاشتراكي في الدولة لقطاع الأعمال الخاص ويمكن إجمال أهم خصائص هذا النمط من الأنظمة الاقتصادية:

أ. الملكية العامة والاستفادة من المبادرات الخاصة .

ب. حرية مقيدة لصالح التوجهات العامة للدولة.

ج. احتكار الدولة للقطاعات الاقتصادية الأساسية مع السماح بالمنافسة المحدودة.

د. الربح والمخاطرة يجب أن يؤخذا ضمن إطار مُعَد مسبقاً من قبل جهات مسؤولة في الدولة.

4. النظام الإسلامي :

تتمثل توجهات النظام الاقتصادي الإسلامي في إطار العلاقات الأوسع بين الإنسان كفرد ومجاميع وبين الخالق، حيث أن الفكرة الرئيسة التي يقوم عليها هذا النظام تكمن في نظرية الاستخلاف للإنسان على الثروات التي وهبها الله تعالى

للبشر، فلا يجوز تبديد الثروة أو إتلافها أو سوء التصرف بها بل يجب أن تحكم المبادرات الفردية والجماعية بإطار أوسع للعلاقة وتمثل المجتمع بأسره، فالمبادرة الفردية المضرة بمصالح طبقات وفئات أخرى في المجتمع لا يمكن أن تصح إلا في إطار تصحيح هذا الخلل وهذه العلاقات غير المتوازنة. إن الهدف لا يكمن في تعظيم العوائد والمنافع الشخصية أو الجماعية على حساب الاعتبارات الإنسانية والأخلاقية. إن الإسلام يمثل حالة إنسانية وسطية، فلا تطرف ولا عصبية لفكرة أو مبدأ أو رأي، بل إن ما يصلح لعامة الناس هو ما يعطى الأولية. ومن المؤسف وبرغم تطور الفكر الإسلامي ورجحان كفته إلا أن المنظمات التي تعمل أو تدعي العمل في إطار هذا الفكر لم تطور بعد أساليبها وطرقها بما يتماشى مع عظم الفكر الإسلامي. فإذا أخذنا قطاع المصارف الإسلامية الذي يعد المظهر البارز والممثل الرئيس للاقتصاد الإسلامي لا نجد ممارسات متطورة وان دوره الاجتماعي خفيف ومحدود. ويرجع ضعف هذا الدور إلى عوامل عديدة يقع في مقدمتها إحجام هذه المصارف الإسلامية عن الدخول في إطار العملية الإنتاجية والتي تعطى عوائد على المدى البعيد والتركيز فقط على المدى القصير والمرابحة السريعة (جريدة الخليج 2004/8/11).

بعد هذا الاستعراض للنظم الاقتصادية المختلفة يصبح من الضروري مناقشة الانعكاسات الاجتماعية والأخلاقية التي يتمخض عنها اتباع نظام أو آخر. إن الإشكالية الخاصة بتزايد أرباح طبقات اجتماعية محددة في الاقتصاد الرأسمالي وانتهاك حقوق العاملين وخصوصاً النساء والأحداث مع بداية الثورة الصناعية واكتساب النظام الرأسمالي ملامحه الرئيسية قد حُلّت لاحقاً بمبادرات مختلفة طورها النظام لنفسه بسبب افتراضاته القائمة على أساس الحرية الفردية واحترام المبادرات والآراء، ونجد حالياً أن الطبقات العاملة في الدول الرأسمالية تتمتع بحقوق يقل نظيرها في باقي النظم الأخرى. من جهة أخرى فإن منظمات الأعمال الخاصة تساهم بمبادرات اجتماعية متعددة تمثل مدخلاً لتطور حضاري كبير ورقي على

مختلف المستويات. ومن منظور الاقتصاد الرأسمالي فإن حل العديد من المشاكل الاجتماعية يمثل حالة منطقية للتغلب على جوانب الضعف الاقتصادي في منظمات الأعمال المختلفة فليس غريباً أن تبادر الدولة ومن مواردها الخاصة بإسناد منظمات الأعمال بما تحتاجه في الظروف الصعبة بهدف تجاوز تلك الظروف والعودة للحالة الطبيعية وهذه تمثل صيغة من المسؤولية الاجتماعية الكبيرة للتفاعل بين ما هو عام وما هو خاص في هذه المجتمعات.

أما النظام الشيوعي فإنه مثّل حالة لرد فعل مقابل الاشكالات التي واجهها النظام الرأسمالي في بداية ظهوره واستفحاله إبان الثورة الصناعية. إن النقد الذي وجه للربح كحالة طبيعية في ظل هذا النظام ولّد شعوراً معادياً للاستثمار والمبادرات التي من المفترض أن يقوم به الروّاد Entrepreneurs للنهوض بحالة الاقتصاد وبالتالي معالجة الكثير من المشاكل الاجتماعية التي قد تظهر بحكم المبادرات الاقتصادية الخاصة . إن دخول الدولة بثقلها في مختلف القطاعات قد ولّد شعوراً بالعجز عن إنجاز واجباتها في جميع مناحي الحياة التي زجت نفسها فيها وبما يرضي شرائح المجتمع المختلفة وخصوصاً الاقتصادية منها الأمر الذي فاقم من المشاكل الاجتماعية أيضاً تبعاً للقصور في الأداء الاقتصادي. ورغم المبادرات المقبولة نظرياً من الناحية الاجتماعية فإن تلك المبادرات بقيت عاجزة عن أن تعطي حلولاً واقعية وناجحة للمشاكل المطروحة بسبب ضعف المبادرات الاقتصادية الفردية والجماعية وبالتالي تسبب هذا في ظهور سلوكيات خطيرة عجلت بانهيار النظام الشيوعي.

وبالنسبة للنظام المختلط (الاشتراكي) فإن القلق وعدم الوضوح وتضارب كثير من القرارات خلق حالة من عدم الاستقرار في الدول التي تبنت هذا النهج. وتجدر الإشارة إلى أن هذا النظام قد جاء كرد فعل على النظام الشيوعي وإن أغلب الدول التي طبق فيها كانت دولاً شيوعية التوجه ويمثل النظام الاشتراكي فيها مرحلة سابقة للمرحلة الشيوعية الأمر الذي ولد شعوراً عدائياً من قبل القطاع

الخاص والمبادرات الفردية وحالة من عدم الوضوح وبالتالي ظل الأداء الاقتصادي قاصراً بشكل واضح انعكس هذا على المجتمع في صورة مشاكل متعددة قادت إلى التذمر وعدم الرضا.

إن تناول الاقتصاد الإسلامي من قبل كثير من الباحثين كان ضمن إطار نظري بسبب عدم وجود تجارب عملية متكاملة تثبت صحة طروحات المفكرين أو المنظرين ونظرياتهم في مسائل الإنتاج والتوزيع والاستهلاك، على الرغم من التطبيق الرئيسي المتمثل بالمصارف والصيرفة الإسلامية حيث هناك انتقادات واسعة لآليات عمل هذه المصارف .

المبحث الخامس : المجتمعات وخصائصها :

يرتبط ظهور الأعمال الحديثة بمدى ازدهار واستقرار المجتمعات الإنسانية، ففي ظل المجتمعات التقليدية كانت الأعمال مقتصرة على وجود الملكيات الزراعية وما يرتبط بها من ممارسات تساهم في زيادة الإنتاج الزراعي لغرض الاستهلاك والمبادلة المحدودة. ويمكن أن نؤرخ لما قبل الثورة الصناعية بقليل وما رافقها كبداية لظهور الوحدات الاقتصادية التي تنتج السلع لغرض عرضها بالأسواق والقيام بالمبادلات التجارية. لقد آثرت بعض الأحداث وظهور المخترعات إلى بداية استخدام علمي للآلات والمعدات في العملية الإنتاجية وبدأ الإنتاج الواسع لخفض كلفة الإنتاج والاستفادة من وفورات الحجم. ومثلت القارة الأوروبية وأمريكا النموذج الصناعي الأول والذي لا تزال دوله في طليعة المجتمعات الإنسانية. إن ما أتيح لهذه الدول من تراكم معرفي وخبرات عبر فترة زمنية طويلة مثّل الآلية التي جسّدت قيم المجتمعات التي تبلورت بشكل نظام أعمال تحاول بقية دول العالم تقليده ودراسته للنهوض باقتصاداتها. ولو حاولنا استعراض خصائص هذه المجتمعات لوجدنا أن هذه الخصائص تتسم بالتطور المستمر والتجدد الأمر الذي يدل على حيوية هذه المجتمعات وتقبلها لكل ما هو جديد وبالتالي

تراكمت الثروات وتطورت الحياة المادية لهذه المجتمعات بشكل لافت للنظر. وبالرغم من وجود ثروات طبيعية هائلة لدى دول أخرى في هذا العالم لكننا نجد أن هذه الدول لم تستطع بناء مجتمعاتها وفق مقومات حضارية حديثة وبقيت عاجزة عن تقبل مظاهر وآليات الحياة العصرية. إن هذا يدل على وجود عوامل أخرى بخلاف الثروة تساعد على تطور المجتمعات ورقيها (Rachman and .(Mescon, 1985, P. 23

لقد وجّه للمجتمعات الصناعية المتقدمة نقداً ينصب على كونها مجتمعات مادية بعيدة عن أي محتوى قيمي وإنساني تعزز في إطاره الجوانب الروحية والحس الإنساني. وفي حقيقة الأمر فإن هذه المجتمعات لا تخلو من النقد وليست مثالية ولكن واقع الحال والتطبيق يثبت أنها أفضل التجارب في مجال المحافظة على الإنسان والجماعات والبيئة من خلال إيجاد منظمات وتطوير آليات تتابع باستمرار النواقص التي تظهر هنا وهناك كخروقات لاحترام حقوق الإنسان أو الاستخدام التعسفي للموارد في البيئة أو الهدر لكرامة الأقليات أو في مجال حفظ حقوق العاملين وتوفير نظام للضمان الاجتماعي لم تقتصر على بلدان تلك المجتمعات بل تعدتها إلى كل بقاع الأرض والمنظمات الإنسانية المختلفة شاهد على ذلك. وإذ يبدو العالم الآن في إطار التقدم الاقتصادي والاجتماعي بثلاث مجموعات رئيسية: الدول الصناعية المتقدمة والدول حديثة التصنيع والدول الأقل تقدماً، فإن هذا المعيار الاقتصادي الصناعي للتصنيف يرتبط أيضاً بالمعايير الاجتماعية والسياسية والثقافية. إن الدول الصناعية المتقدمة اقتصادياً هي أكثر دول العالم تقدماً من الناحية الاجتماعية والسياسية حيث أن الحريات الفردية والممارسات الديموقراطية ومنظمات المجتمع المدني بأعدادها المتزايدة، في حين نجد بالمقابل الدول الأقل نمواً هي الأكثر تخلفاً من الناحية الاجتماعية فلا تزال المشكلة السياسية مطروحة بقوة كنظام حكم وكعلاقة مع المجتمع المدني الذي تحول إلى كيانات مفككة ومتآكلة، ويقف بين هذا وذاك المجتمعات حديثة التصنيع التي تتطور حالياً بوتائر

متصاعدة سواءً على المستوى الاقتصادي أو الاجتماعي والسياسي. وإذا ما أردنا طرح السؤال المهم والكبير ما هي الخصائص التي فرقت بين هذه المجتمعات؟ للإجابة على هذا السؤال سوف نلخص هذه الخصائص فيما يلي :

1. **احترام الوقت والالتزام به:** يمثل الوقت أهم ثروة أو مورد وهبة الله للإنسان فكل الناس في هذه الدنيا لديهم قدر متساوي تماماً من الوقت ولكن الفرق هو في حسن استغلال هذه الثروة. أن الوقت لا يمكن شراءه ولا بيعه ولا استئجاره ولا تخزينه فالساعة التي تمر بدون إنجاز شيء تذهب إلى غير رجعة. فبينما نجد أن دول العالم المتقدم أفراداً ومجموعات ودول ترفع شعار Time is money فإن دولاً أخرى وشعوب تبتكر وسائل لإضاعة الوقت وهناك مفردات لغوية لا توجد في لغات العالم المتقدم تشير إلى التفنن في إضاعة الوقت. في الدول المتقدمة يعلّم الأطفال كيفية استخدام المفكرة، وتسجيل المواعيد والتعامل مع الوقت بدقة في حين أن هذا الشيء غير موجود أو موجود بدرجة قليلة في دول العالم الأقل نمواً.
2. **الانفتاح وقبول الجديد واحترام الآخر:** إن هذه الخاصية ذات دلائل إيجابية كبيرة جداً على الأعمال فاستعداد المجتمع إلى قبول ما يستجد من أفكار وتطبيقات عنصر أساس في ازدهاره أما الانغلاق والانكفاء والخوف من الجديد المختلف فهو عقبة كبيرة أمام تطور المجتمعات وازدهارها. كذلك فإن احترام الآخرين وتقبل آراءهم وأفكارهم والاستماع إلى انتقاداتهم يساعد على البحث عن أفضل حالات التطبيق من خلال توليف هذه الأفكار ببعضها والخروج بما هو أحسن من نماذج ونظم. في إطار هذا الفهم يمكن أن تناقش عمليات اتخاذ القرارات والمشاركة فيها وأساليب التخطيط والارتقاء بها وتطوير سياسات واستراتيجيات المنشآت وطرق الإنتاج وغيرها.

3. **ثقافة المجتمع :** إذا نظرنا إلى ثقافة المجتمعات الصناعية نجد أنها تمثل حالة من الرقي والتطور لا تقف عند حدود معينة فهي ثقافة غير مؤدلجة وليست مقيدة بأطر سياسية وقوالب جاهزة، وهذه نقطة قوة للأعمال وللمجتمع حيث يزدهر في ظلها التسامح والتعددية والتعايش السلمي والرغبة في التعلم المستمر واعتبار التغيير سنة من سنن الحياة، فهناك الإحساس بأن الغد أفضل من اليوم وأن اليوم هو أفضل من أمس عكس الثقافات التقليدية التي يزداد فيها الحنين إلى الماضي بالرغم من سيئاته في بعض الأحيان وذلك بسبب ما يتمخض عن الثقافات في هذه الدول من كراهية بين الناس وعدم مساواة وتشدد وتطرف وظلم اجتماعي وأنانية مفرطة تنعكس على توزيع الثروة في المجتمع وهذا سبب بديهي لتدهور الأعمال وشيوع الرشوة وغيرها من آليات الفساد.
4. **حل الإشكال السياسي من خلال النموذج الديموقراطي :** يمثل الاستقرار السياسي عنصراً مهماً من عناصر ازدهار منظمات الأعمال، فعدم حل المشكل السياسي يؤدي إلى عدم الاستقرار وهجرة رؤوس الأموال والرواد والمبدعين كذلك حرمان الدول من الاستثمارات الأجنبية. ويبدو أن هناك طروحات متعددة في إطار حل هذه الإشكالية ليس من السهل مناقشتها بالتفصيل هنا ولكننا كعمليين ومهتمين بالأعمال نجد من الضروري الإشارة إلى أمرين في إطار حل هذه الإشكالية: الأول، أن الديموقراطية نموذج عالمي لا يمكن إسناده إلى الحضارة الغربية لوحدها دون أن تستفيد منه الحضارات الأخرى ففي الهند يوجد ديموقراطية وفي اليابان كذلك فلماذا ترفض في مجتمعات أخرى بحجة الاختلاف؟ وما هو البديل الجاهز للتطبيق ويحظى باتفاق الجميع؟. لقد عُرض النموذج الديموقراطي بأساليب وطرق مختلفة وفي جميع هذه الأساليب توجد نواقص وعليه انتقادات لكن لا بدائل للتطبيق أفضل منها. الثاني، يعتقد البعض أن النموذج الديموقراطي لكي يطبق يحتاج إلى العديد من المقومات والمستلزمات التي يجب توفرها لغرض التطبيق وإذا كان هذا القول صحيحاً

فإننا نجد أن دولاً كثيرة بدأت في تطبيق هذا النموذج دون أن تكون هذه المقومات النظرية متوفرة فهل يعقل أن يتم القضاء على ظاهرة الأمية لتطبيق الديموقراطية في مجتمعاتنا؟ وهل يصح حل جميع المشاكل والإشكالات لتطبيق النموذج الديموقراطي؟ وإذا كان الأمر كذلك فلماذا النموذج الديموقراطي إذن. نحن نعتقد أن النموذج الديموقراطي يمكن تطبيقه في ظل العديد من القيود والإشكالات وتطور التجارب أولاً بأول. إن الإصرار على تطبيق النموذج الديموقراطي في الدول الحديثة يعتبر مدخلاً لمعالجة العديد من المعضلات التي تواجه الأعمال وازدهار المجتمع ففي ظل هذا النموذج يكون هناك حرية تعبير عن الرأي وتكافؤ للفرص وهما ركيزتان أساسيتان للديموقراطية والأعمال.

5. **تجسيد مبادئ القيم الدينية بالعمل :** لا تختلف الأديان السماوية بكونها تدعو إلى قيم لا يختلف عليها اثنان فالصدق والأمانة والدقة في العمل والإخلاص فيه والتسامح واحترام الآخر والربح الحلال المشروع وغيرها تمثل وعاءاً حضارياً وقيماً تزدهر في ظله التجارة والأعمال. إن درجة الافتراق بين القيم النظرية السامية والعالية وبين التطبيق المتدني من قبل الأفراد والمجموعات والمنظمات تكون بدرجة أقل في العالم المتقدم عنه في الدول النامية. اننا هنا لا نبحث عن ظواهر فردية شاذة يمكن أن يكون فيها مسؤولاً معيناً كاذباً مثلاً في ظرف معين ليتم البناء عليها لكننا نقصد المجتمع الواسع بتوجهاته العامة كأفراد ومجموعات ومنظمات تتجسد في ثقافة عامة لهذا المجتمع. ويمكن أن نلاحظ لحد الآن صدق المقولات التي أطلقت في بداية عصر التنوير من قبل المصلحين الأوائل حول العالم العربي والعالم الإسلامي، فهذه مقولة الطهطاوي (في الغرب وجدت الإسلام ولم أجد مسلمين وهنا أجد مسلمين ولا أجد إسلام). ونحن الآن نجد الكثير من الطقوس والشعائر الدينية التي لا تنعكس في العمل بشكل سلوك إيجابي كما تأمر التعاليم الدينية.

6. **المنافسة العادلة والمشروعة في ميدان الأعمال :** تمثل المنافسة دعامة أساسية من دعائم المجتمعات المتطورة حيث هناك احترام وتقدير للمبادرات الفردية والعمل الجاد الذي يخدم المجتمع والنظر إلى القائمين عليه على أنهم مستحقون لما يحصلون عليه من مكافآت أو مردود مهما كان ضخماً ومعززاً لصورتهم الفردية في هذا المجتمع. إن تدخل الدول ووضع الكثير من القيود والآليات التي تحد من ظاهرة المنافسة كحالة طبيعية يساهم في تخلف المجتمعات والأعمال، والدليل الواضح هو عودة آليات السوق والمنافسة إلى كثير من الدول التي انتهجت سابقاً النهج الشيوعي الشمولي.

7. **النظرة إلى المرأة وعملها:** بما أن المرأة تمثل نصف المجتمع فإن تعطيل هذه الطاقة يفرض عراقيل أمام نهوض المجتمعات والأعمال. ففي الوقت الذي وجدت فيه الدول المتقدمة آليات لدمج المرأة في ميادين الحياة المختلفة وتبنت أساليب لحمايتها ورعايتها نجد أن الدول المتخلفة لا تزال تثير نقاشاً جدلياً بيزنطياً حول دور المرأة وحقها في العمل وأسلوب اندماجها في ميادين الحياة المختلفة.

8. **رعاية الطفولة وحماية الأحداث:** إن جيل الأطفال والأحداث يمثل مستقبل الشعوب وعليه فإن حمايتهم ورعايتهم وتعليمهم بشكل صحيح يمكن أن يقود المجتمعات إلى الرقي والتقدم والعكس صحيح. إن إصدار التشريعات والقوانين الخاصة بالأطفال وعمل الأحداث والالتزام بها من خصائص المجتمعات المزدهرة وبالعكس فإن استغلال الأطفال الأحداث في العمل لغرض الكسب الكبير بدفع أجور قليلة لهم هو ظاهرة متفشية في كثير من الدول وتؤدي إلى كثرة الجرائم وانتهاك لحقوق الإنسان وغيرها من الإشكالات الاجتماعية.

9. **التخلص من سيادة سلطة القديم :** لا نقصد هنا الابتعاد عن التراث والجذور التاريخية للمجتمع بل المقصود هو الابتعاد عن الجوانب السلبية والقيم المرفوضة والبالية المتوارثة. ففي الوقت الذي تعتمد المجتمعات المتقدمة آليات متطورة باتخاذ القرارات تقوم على أساس حسابات ومشاورات وتبادل آراء نجد القرارات في أماكن أخرى تعتمد على التأثر بالموروث من الحكايات والأساطير والخرافات والأمثال الشعبية غير المستندة إلى دلائل علمية. فهناك خلط كبير بين العودة للقيم والأخلاق التي تحلى بها الأجداد الأوائل وأسلوب معيشة وحياة هؤلاء الأجداد الصعبة. ان البشرية بذلت جهداً جباراً للارتقاء بأساليب الحياة المعيشية للناس ولا مبرر لعدم الاستفادة منها بحجة أن الأجداد لم يعيشوا في ظلها أو بسبب أن تأثيراتها الجانبية قد تشكل مدخلاً للهجوم عليها.

10. **التفسير الموضوعي للأمور وعدم تحميل الغير مسؤولية الفشل أو التلكؤ بإنجاز الأعمال والتبرير العلمي للأمور وعدم اللجوء إلى تفسيرها بنظرية المؤامرة وتحميل الغير مسؤولية عدم النجاح في المجالات المختلفة .** لقد امتلكت المجتمعات في الدول المتقدمة ا لكثير من الشجاعة لقول الحق والصدق في تفسير الظواهر الاقتصادية وأصبحت ظاهرة محاسبة الحكومات والمسؤولين بدرجة متطورة من الفعالية في حين نرى أن المجتمعات في دول مختلفة نامية تفتقر إلى وسائل وضوابط لمساءلة المسؤولين وأقاربهم وحاشيتهم بالرغم من استحواذهم على الثروات والتصرف بطريقة تسيء إلى مواطنيهم.

11. **الابتعاد عن التوظيف السياسي والاجتماعي:** أن تكافؤ الفرص والاعتماد على الكفاءة والمهارة هي أساس تقدم المجتمعات وأن البحث عن الناس الكفوئين والمتخصصين بغض النظر عن انتماءاتهم السياسية أو العرقية أو الدينية أعطى الدول المتقدمة ميزة كبيرة ووفر فرص نجاح الأعمال في هذه الدول. أما في الدول النامية فإننا نجد العديد من الإشكالات التي تحول دون ازدهار

الأعمال في هذه الدول فالتوظيف على أساس الوجاهة الاجتماعية أو الانتماء السياسي أو العرقي أو الديني المذهبي يحرم منظمات الأعمال من فرص الاستفادة من الموارد البشرية الكفوءة، كما أن مثل هذا التوظيف جعل من الدوائر الحكومية والوزارات وأجهزة الدولة الأخرى الحساسة أماكن للتجمعات الشللية الموالية للنظم السياسية القائمة وبالتالي أصاب منظمات الأعمال مرة أخرى بأضرار عن طريق تحكم هذه الفئات بمصائر الأعمال وأصحابها.

12. **العلاقة المتميزة بين منظمات الأعمال ومراكز البحوث والجامعات في الدول المتقدمة:** حيث يبدو أمراً طبيعياً أن يحاضر مدراء ومسؤولي هذه المنظمات في مراكز البحوث والجامعات عارضين خبراتهم وتجاربهم العملية على الدارسين وطالبين العون من الباحثين لحل المشاكل التي تواجهها منظماتهم. إن كون المنظمات في العالم المتقدم نظماً مفتوحة ساهم في إندماج كبير بينها وبين مراكز البحوث فلا تستغرب وجود طلبة الجامعات في أقسام إدارة الأعمال والاقتصاد والمحاسبة ونظم المعلومات يعرفون جيداً أسماء مدراء المنظمات الشهيرة والفاعلة في الاقتصاد بل وحتى المتوسطة والصغيرة لكن هؤلاء الطلبة قد لا يعرفون كبار المسؤولين السياسيين والعسكريين في بلادهم إن هذا يؤشر وجود وعي عالمي بالأعمال والشؤون الاقتصادية ينعكس إيجابياً على تطور المجتمع، بحيث يصبح كبار المدراء قدوة يحتذى بها ويحاول تقليدهم في مسيرتهم العملية. بينما نجد عكس هذا الأمر في الدول النامية فلا تزال مراكز البحوث والجامعات أماكن للترفيه العلمي وطرح الأفكار النظرية التي لا يعرف حتى الباحثون كيفية تطبيقها عملياً في منظمات الأعمال لدينا. إن الاهتمام بالتثقيف السياسي المتنور مطلوب في الجامعات لكن ليس التفكير السياسي المتحزب الذي يدعو إلى أيديولوجيات معينة بعيداً عن الممارسات السياسية الديموقراطية الصحيحة.

المبحث السادس: التحديات المعاصرة التي تواجه الأعمال :

في ظل التطور التكنولوجي المستمر وزيادة سرعة الاتصال ونقل المعلومات أصبحت البيئة العالمية للأعمال أكثر تنافسية وأفرزت هذه الظاهرة العديد من التحديات التي تتطلب تعاملاً واعياً ومنهجياً منظماً من قبل إدارات منظمات الأعمال. وعدم التعامل الجاد الواعي مع هذه التحديات يؤدي إلى انحسار دور منظمات الأعمال وربما اضمحلالها وزوالها. ويجب أن ينظر إلى هذه التحديات من زاويتين، فإذا كانت الزاوية الأولى تمثل تهديدات وتحديات يجب مواجهتها فإن الزاوية الثانية يمكن أن تعرض فرصاً للأعمال يمكن أن تزدهر في ظلها الأعمال وتتطور (Fremont, 1980, PP. 22-23). وعموماً يمكن أن نجمل أهم هذه التحديات بالآتي :

1. **ازدياد حدة المنافسة :** لم تعد المنافسة قائمة على أساس الأبعاد التقليدية وهي الأسعار فكثرة المنتجين والمعرفة بأسرار المنتجات جعلت من السعر عاملاً ثانوياً في كثير من الأحيان لعدد كبير من الصناعات، لذلك فعلى منظمات الأعمال التنافس بناءً على أسس جديدة والبحث عن مزايا تنافسية غير تقليدية، فعلى سبيل المثال، كان إنتاج بعض السلع الإليكترونية والكهربائية في الستينيات من القرن الماضي مقتصراً على عدد محدود من الدول ولكن اليوم أصبحت مثل هذه المنتجات صناعة متميزة في كل دول العالم تقريباً، بل أصبحت الشركات الكورية مثلاً منافساً قوياً للشركات الأمريكية في مثل هذه الصناعات.

2. **ظاهرة العولمة :** أصبح العالم قرية صغيرة بفعل تطور الاتصالات والمواصلات وصار بالإمكان نقل الأموال وحركة الأشخاص إلى حد ما وتبادل الأفكار والثقافات ميزة واضحة لهذا العصر ـ إن انتقال البضائع والخدمات بين الدول أصبح أمراً شائعاً مما زاد من شدة المنافسة وعدم القدرة على حماية الصناعات الوطنية بالأساليب التقليدية، إن العولمة هي ظاهرة متعددة الأبعاد

سواءاً كانت اقتصادية أو تكنولوجية أو ثقافية أو سياسية أو اجتماعية، لذلك فإن تأثيرها كبير جداً على المجتمعات، فهي سلاح ذو حدين حيث يمكن أن تستفيد المنظمات منها على أساس أنها فرصة للدخول إلى أسواق دول أخرى والتوسع في حين يمكن أن ينظر إليها على أنها تهديد ضاغط على المنظمات في عقر دارها.

3. **الخصخصة** : إن انتشار ظاهرة بيع الممتلكات العامة للقطاع الخاص سيزيد من رقعة هذا القطاع ويفترض أن تزداد فاعليته حيث أن هذه الظاهرة هي عكس ظاهرة التأميم التي سادت في دول العالم المختلفة في الستينيات من القرن الماضي وينجم عنها انحسار دور الأعمال الخاصة لصالح القطاع العام في كثير من دول العالم وما تبع ذلك من مشاكل اقتصادية واجتماعية معقدة جداً. إن اتساع هذه الظاهرة عالمياً جعل منظمات الأعمال الخاصة تواجه منافسة في جميع القطاعات سوى استثناءات قليلة جداً.

4. **التطور التكنولوجي** : لقد انعكس التطور التكنولوجي الهائل على مختلف مناحي الحياة بمنتجات وخدمات وتطبيقات تتغير وتتطور باستمرار، فلم يعد هناك مجال للتريث والتأخير بالنسبة لمنظمات الأعمال، فقد أصبحت السرعة والدقة والتعقيد والمرونة أبعاد تبدو متناقضة للوهلة الأولى ولكنها حاضرة في أعمال المنظمات المعاصرة. لقد فرض هذا التحدي تكاليف إضافية كبيرة على منظمات الأعمال لاقتناء التكنولوجيا الحديثة ومتابعة تطورها عبر ما يسمى بالتنبؤ التكنولوجي حيث صار من المهم التركيز على التكنولوجيا ذات الغرض العام General Purpose Technology التي هي قاعدة لعدد كبير ومتواصل ومتسلسل من المنتجات تقدم للزبون بطريقة تتابعية (Hagel and Brown, 2001, PP. 106-107).

5. **دور المعرفة في حياة الأعمال** : لا تقاس موجودات منظمات الأعمال اليوم بالأصول الملموسة أو بالممتلكات العقارية والمادية عموماً بل إنها تقاس بالمخزون المعرفي لديها وليست المنتجات التي تقدمها الشركات الصناعية أو الخدمية هي مكونات مادية أو تفاعلات اجتماعية أو علاقات إنسانية بل إنها حصيلة معرفية تمثل خبرة طويلة ومهارات فنية عالية تراكمت عبر فترات زمنية أنفقت عليه المنظمة أموالاً هائلة، فعلى سبيل المثال ماذا تقدم لنا شركة كوكا كولا؟ هل تقدم الماء والسكر والفقاعات أم أنها تقدم خبرة معرفية متجسدة بهذه المنتجات التي بلغت مبيعاتها 108 مليار دولار في عام 2003. لقد انبثق علم جديد ضمن حقل علم الإدارة يسمى إدارة المعرفة Knowledge Management بموجبه تركز إدارة المنظمة على التعامل مع المعرفة الضمنية والصريحة واستخدامها بما يعزز الموقع التنافسي ـ للمنشأة في السوق باستمرار. إن هذا التحدي هو الأكبر الذي يواجه منظمات الأعمال في الدول النامية والسبب يعود إلى أن إدارات هذه المنظمات لا تزال تركن إلى الأساليب التقليدية في الإدارة مثل أساليب المشاركة في القرار وأساليب إدارة ومحاسبة الأصول التي لم تتطور ولم تخرج عن الأساليب التقليدية (ياسين، 2002، ص24).

6. **نقص الموارد بشكل عام** : إن زيادة عدد السكان والانتقال إلى مجتمعات الرفاهية ولّد ضغطاً هائلاً على الموارد واستخداماتها سواءً الطبيعية منها أو المستحدثة. إن النقص الحاد في المياه والنفط والهواء النقي والتربة الصالحة للزراعة وتغيرات المناخ يمكن أن تدرج جميعاً تحت هذا البند . من جهة أخرى، مع ازدياد عدد السكان وكثرتهم فإن المورد البشري القادر على التعامل مع تكنولوجيا متطورة والقادر على تقديم أفكار إبداعية مفيدة للمجتمع أصبح هو الآخر نادراً. إن هذه الندرة تفرض ضغوطاً على الأعمال من حيث تحميلها

تكاليف إضافية لارتفاع أسعار الموارد الأولية أو أجور ورواتب عالية أو تكاليف مكافحة التلوث وإلحاق الأضرار بالبيئة .

7. **المواد الجديدة :** هناك الكثير من المواد الجديدة التي تستخدم في الصناعة مثل السيراميك والبلاستيك وغيرها من المواد. إن دخول مثل هذه المواد في المنتجات المختلفة زاد من الضغوط على منظمات الأعمال من حيث إجبارها على تغيير أساليب الإنتاج والمكائن والتجهيزات المستخدمة في عمليات الإنتاج وهذا يعني مزيداً من التكاليف وصعوبة أكبر في المنافسة..

8. **البحث والتطوير والإبداع التكنولوجي:** أصبحت وظيفة البحث والتطوير من الوظائف الرئيسية لمنظمات الأعمال، فلم يعد الإنتاج والتسويق هما الوظيفتان الرئيسيتان في منظمة الأعمال. ولو استعرضنا بعض البيانات عن المبالغ المخصصة للبحث والتطوير سواءً على مستوى الدول أو الشركات في العالم المتقدم لرأينا أهمية هذه الوظيفة. فبعض الدول تخصص ما يصل إلى 3% من ناتجها المحلي الإجمالي للصرف على البحث والتطوير. إن الهدف الرئيس للإنفاق الكبير على البحث والتطوير هو التوصل إلى منتجات جديدة وأساليب إنتاج جديدة أو على الأقل تحسين هذه المنتجات والأساليب بحيث أصبح الإبداع التكنولوجي ميداناً علمياً للبحث وعنصراً أساسياً للمنافسة .

9. **التكتلات الاقتصادية العالمية :** أصبح من الشائع في عالم اليوم أن تنضم الدول إلى بعضها وترتبط بمعاهدات اقتصادية أو دفاعية لأهداف مختلفة، فهناك مثلاً المجموعة الأوروبية وهناك منظمة التجارة العالمية وغيرها من المنظمات الدولية والمعاهدات العالمية. إن الانضمام لهذه المعاهدات يفرض عبئاً إضافياً على منظمات الأعمال ويزيد من هذه المنافسة والضغوط عليها .

10. **قصر دورة حياة المنتج:** وهذه ظاهرة حديثة أفرزها التطور التكنولوجي وقدرة المنظمات على الإبداع وتطوير منتجاتها بسرعة، حيث أن التغير في وظيفة المنتج وقدراته الأدائية أو الوظيفية صار جذرياً ويتم خلال فترات قصيرة من الزمن حيث أن التطبيق يكاد يكون فورياً للتطورات التكنولوجية وتجسيدها بشكل منتجات جديدة .

11. **ظاهرة غسيل الأموال :** اتسعت ظاهرة نقل الأموال المكتسبة بطرق غير مشروعة مثل القمار والمتاجرة بالمخدرات إلى الدول المختلفة من أجل تبييضها وإضفاء الشرعية عليها مما يعرض منظمات الأعمال إلى أخطار التورط فيها أو التعرض لآثارها السلبية من ناحية الضغوط الدولية التي تمارس على الدولة التي تعمل فيها أو الآثار الجانبية لهذه الأموال على اقتصاد الدولة.

12. **المعايير الدولية المفروضة من قبل منظمات دولية :** إن أوضح مثال على هذا هو معايير المحاسبة الدولية ومعايير الشفافية والفساد ومعايير الآيزو 9000 و 14000، وهذه المعايير تتطلب من منظمات الأعمال الاستجابة والتكيف لغرض الدخول في أسواق عالمية.

13. **الإنترنت وانعكاسها على التجارة والإدارة :** إن الشبكة العالمية للمعلومات وما أحدثته من تغير مثلت فرصة للأعمال الحديثة وأثارت العديد من التحديات أمامها، ويمكن أن ينظر للشبكة العالمية وانعكاساتها على التجارة العالمية في حقيقة التجارة الإلكترونية وعقد الصفقات التجارية وكذلك ظهور منظمات الأعمال الافتراضية Virtual Organization على أنها وسيلة جديدة للتعامل التجاري وإدارة الأعمال. كذلك فإن الإدارة العامة قد تطورت من خلال اعتماد الإنترنت وظهور ما يسمى بالحكومة الإليكترونية والإدارة الإليكترونية.

مصادر الفصل

المصادر العربية :

1. سعاد نائف البرنوطي، الأعمال، الخصائص والوظائف الإدارية، دار وائل للنشر، عمان، 2002.
2. سعد غالب ياسين، الإدارة الاستراتيجية، دار اليازوري، عمان، 2002.

المصادر الإنجليزية:

1. Frederrick.D. Sturdivant and Heidi Vernon- Wortzedl : Business and Society, a managerial approach, IRWIN, 1990.

2. Kast Fremont, : Scanning the future environment, social indicators, Californa Management Review, Vol 23, 1980.

3. John Hegal and John Seely Brown, : Your next IT Strategy, Harvard Business Review, October, 2001.

4. Rachman J. and R. Mescon : Business today, Random House Inc. New- York, 1985.

5. Regene A. Buchholz : Business environment and public policy, implications for management and strategy formulation, Prentice – Hall, 1989.

6. Scott Bruce R : Can industry survive the welfare state, Harvard Business Review, September – October, 1982.

7. Steade, Richard. D. and James R. Lowry : Business : its nature and environment , and Introduction," Cincinnati, South- Western, 1984.

8. William M. Pride, Robert J. Hughes and Jack R. Kaooer: ; "Business", Houghton Miffln Company, 2002.

44

الفصل الثاني
المسؤولية الاجتماعية لمنظمات الأعمال

الفصل الثاني
المسؤولية الاجتماعية لمنظمات الأعمال

مقدمة :

إن مناقشة المسؤولية الاجتماعية لمنظمات الأعمال وطبيعة البيئة التي تعمل فيها هذه المنظمات من المواضيع المهمة التي أثارت ولا تزال تثير جدلاً كبيراً في الأوساط العلمية والأكاديمية، وكذلك بالنسبة للمدراء في الأعمال المختلفة. لقد تشعبت البحوث في إطار المسؤولية الاجتماعية وطرحت وجهات نظر متعددة مثلت تيارات فكرية لتعامل الأعمال مع مجتمعاتها من جهة ومن جهة أخرى عكست هذه العلاقة طبيعة التطور الاقتصادي والاجتماعي بل والقانوني التشريعي من جهة أخرى. فقد درست المسؤولية الاجتماعية كمفهوم ذي علاقة مع العديد من المفاهيم الإدارية كالأداء والشفافية والفساد الإداري والإبداع بشكله العام والتكنولوجي بشكله الخاص ومن جانب آخر طوّرت معايير وقياسات مختلف وعُرضت مداخل متعددة لمفهوم المسؤولية الاجتماعية في بيئات متعددة .

في هذا الفصل سيتم التطرق إلى مجموعة من المواضيع من خلال عدة مباحث خصص الأول منها لمفهوم المسؤولية الاجتماعية وكُرّس الثاني للجذور التاريخية لهذا المفهوم واتجاهات تطوره الحديثة. أما المبحث الثالث فقد تناول أنماط المسؤولية الاجتماعية لمنظمات الأعمال بينما يأتي المبحث الرابع مستعرضاً آراء المؤيدين والمعارضين لتبني المسؤولية الاجتماعية من قبل منظمات الأعمال المختلفة، ويأتي المبحث الخامس ليستعرض اتجاهات البحث في المسؤولية الاجتماعية، ثم المبحث السادس لقياس الأداء الاجتماعي، يتبعه المبحث السابع الذي كرس للمسؤولية الاجتماعية في الشركات الدولية، والمبحث الثامن لمحاسبة المسؤولية الاجتماعية والبيئية وأخيراً المبحث التاسع نقدم فيه نموذج مقترح لتبني برنامج للمسؤولية الاجتماعية لمنظمات الأعمال.

المبحث الأول : مفهوم المسؤولية الاجتماعية:

1. المفهوم :

لقد رافق التطور في مسؤوليات منظمات الأعمال تجاه مجتمعاتها تصاعداً في تأثيرات المجتمع وضغوطه لأن تتبنى إدارة منظمات الأعمال هذه مزيداً من أهداف المجتمع وتطلعاته، أدت هذه الضغوط إلى أن تتبنى منظمات الأعمال مزيداً من الالتزام للطلب الاجتماعي سواءً كان مفروضاً بحكم القانون أو بالمبادرات التي تقوم بها لإرضاء المجتمع.

وهكذا ظهرت المسؤولية الاجتماعية كتفاعل لعدة عوامل منها :

أ. تصاعد ضغوط المجتمع وتناميها مع التوسع في حجوم منظمات الأعمال وتعقد علاقاتها.

ب. إسهام أكبر لمنظمات الأعمال في تطوير نوعية الحياة والارتقاء بها.

ج. ضرورة إسهام منظمات الأعمال في تعزيز القيم الإنسانية والاجتماعية.

د. أهمية رضا المجتمع وقبوله لأهداف منظمات الأعمال ووسائل عملها.

هـ. التطور في وعي الإنسان وإدراكه لذاته وللمجتمع.

و. الاهتمام العالي الذي تبديه الجامعات العالمية الكبرى ومراكز البحوث بتدريس مساقات تخص علاقة الأعمال بالمجتمع.

ز. تراكم البحوث العلمية النظرية منها والتطبيقية في هذا المجال.

وعلى هذا الأساس فقد أورد الباحثون وجهات نظر متعددة بشأن مفهوم المسؤولية الاجتماعية آخذين بنظر الاعتبار ما ورد في النقاط أعلاه كأساس لتوضيح آرائهم. لقد كان ينظر للمسؤولية الاجتماعية على أنها عقد بين المنظمة والمجتمع تلتزم بموجبه المنظمة بإرضاء المجتمع وتحقيق ما يتفق مع الصالح العام ولكن Bernan يشير إلى أن الوصول إلى تشخيص متكامل للمسؤولية الاجتماعية في منظمات الأعمال في حقيقة الأمر ليس بالعملية السهلة بل إنها معقدة جداً ويرجع هذا بالأساس إلى أمرين الأول يتمثل بوجود عدد كبير من أصحاب المصالح الذين

تتعدد أهدافهم وتتباين بل وتتناقض أحياناً والثاني وجود فجوة Gap بين ما يتوقعه المجتمع مـن هـذه المـنظمات وبين ما يتصوره رجال الأعمال من إمكانيات يمكن أن تقدمها منظماتهم للمجتمع.(Bernan, 1979, P.83)

إننا نعتقد أن هذه الفجوة يمكن تقليلها من خلال زيـادة الثقـة المتبادلـة بـين الأعمـال والمجتمع مـن خـلال زيـادة شفافية الأنشطة التي تمارسها منظمات الأعمال في المجتمع. من وجهة نظر Robbins فإن المسؤولية الاجتماعيـة تسـتند إلى اعتبارات أخلاقية مركزة على الأهداف بشكل التزامات بعيدة الأمد آخذة في الاعتبار مبادرات منظمة الأعمال الحقيقية للوفاء بهذه الالتزامات وبما يعزز صورتها في المجتمع (Robbins, 1999, P.147) .

إن النقد المستمر الحاصل لمفهوم تعظيم الأرباح أفرز بـوادر حقيقيـة لأن تتبنـى مـنظمات الأعـمال دوراً أكـبر تجـاه البيئة التي تعمل فيها وفي هذا الإطار عرف Drucker المسؤولية الاجتماعيـة بأنهـا التزام منظمة الأعـمال تجـاه المجتمـع الـذي تعمل فيه.(Drucker, 1977, P.584) . لقد شكل هذا التعريف منطلق لدراسات لاحقة فتحت البـاب واسعاً لدراسة الموضـوع في اتجاهات وتوجهات مختلفة، فقد أشار Strier إلى كـون المسؤولية الاجتماعيـة تمثيـل لتوقعـات المجتمـع لمبـادرات مـنظمات الأعمال في مجال المسؤولية التي تتحملها منظمات الأعمال تجاه المجتمع وبما يتجاوز الحد الأدنى من الإذعان للقانون وبصورة لا تضر بقيام منظمة الأعمال بوظائفها الأساسية للحصول على عائد مناسب من استثماراتها (Strier, 1979, P.9).

وطرح Holms و جهة نظر أخرى بشأن المسؤولية الاجتماعية واعتبرها التزاماً على منظمة الأعمال تجاه المجتمع الذي تعمل فيه وذلك عن طريق المساهمة في مجموعة كبيرة مـن الأنشـطة الاجتماعيـة مثـل محاربـة الفقـر وتحسـين الخـدمات الصحية ومكافحة التلوث وخلق فرص عمل وحل مشكلة الإسكان والمواصلات وغيرهـا (Holms, 1985, P435) وتجـدر الإشـارة إلى أن رأياً طُرح من قبل الباحث Robbins ميز فيه بين المسؤولية الاجتماعية Social Responsibility

والاستجابة الاجتماعية Social Responsiveness وفق مجموعة من الأبعاد مشيراً إلى أن الأولى تستند إلى اعتبارات أخلاقية مركزة على النهايات من الأهداف بشكل التزامات بعيدة المدى، في حين أن الاستجابة الاجتماعية ما هي إلا الرد العملي بوسائل مختلفة على ما يجري من تغييرات وأحداث اجتماعية على المديين المتوسط والقريب . (Robbins, 1999, P.149)

ولو رجعنا إلى الأبحاث الرائدة لـ (Carroll) في هذا المجال نجد أنه قد أوضح كون المسؤولية الاجتماعية مفهوم يشتمل على أربعة جوانب رئيسية : الأول يتمثل بالمسؤولية الاقتصادية والثاني بالمسؤولية القانونية والثالث بالمسؤولية الخيّرة والرابع بالمسؤولية الأخلاقية. (Carroll, 1991, P.42)

تتعدد التعاريف وتتباين بسبب أن الموضوع يكتسب أهمية متزايدة يوماً بعد يوم. أن هذا الأمر يعبر عن كون المسؤولية الاجتماعية في حقيقتها تركيب معقد Complex Construction وليس مفهوماً مبسطاً قابلاً للقياس بمعايير موحدة عالمياً أو حتى إقليمياً. إن السبب في ذلك يعود إلى دخول متغيرات حضارية وثقافية ودينية وأمور أخرى غيرها وقد أشار أحد الباحثين في هذا المجال أن مفهوم المسؤولية الاجتماعية هو مفهوم لم تحدد أبعاده بدقة حتى يومنا هذا. ولهذا السبب فإن هناك حيرة لدى منظمات الأعمال لتحديد المدى الذي يجب أن تصل إليه مسؤوليتهم الاجتماعية والأفق الذي تنطلق منه هذه المسؤولية (Steckmest 1982,). إن المسؤولية الاجتماعية تمثل نشاطاً مرتبطاً ببعدين أساسيين أحدهما داخلي Internal Responsibility يتمثل بإسهام المنظمة في تطوير العاملين وتحسين حياتهم والبعد الثاني خارجي External Responsibility ينعكس في مبادرات منظمة الأعمال في التدخل لمعالجة الإشكالات والمشاكل التي يعاني منها المجتمع. (Steiner and Miner, 1977, P.141)

وإذا كانت الأفكار الأولى المقدمة لتوضيح معنى المسؤولية الاجتماعية تنظر إلى المسؤولية الاجتماعية على أنها أعمال خيرية أو مبادرات إنسانية تقوم بها منظمات الأعمال لصالح جهات معينة في المجتمع فإن الفترات الأخيرة وما حصل فيها من تطور جعل هذا المنظور لا يستجيب لما حصل من تغييرات في بيئة الأعمال والحياة بشكل عام خصوصاً في ظل ظواهر عالمية جديدة مثل العولمة والخصخصة والتطور التكنولوجي وضمور دور الدولة وانتشار جمعيات حماية البيئة وقوة دور جماعات الضغط وحقوق الإنسان لذلك نجد أن الأدبيات في الفترات الأخيرة قد نحت منحىً جديداً يقدم المسؤولية الاجتماعية في إطار أكثر شمولية وأوسع معنى وضمن هذا الإطار تأتي أفكار Robbins حول مفهوم المسؤولية الاجتماعية المشار إليها سابقاً. وهكذا انتقل مفهوم المسؤولية الاجتماعية من مفهوم ضيق للتعامل مع أحداث بيئية آنية إلى هدف استراتيجي يتطلب إعطاءه أهمية كبيرة في التخطيط الاستراتيجي بعيد الأمد وقد أكد هذا الرأي Daft ذاكراً أن المسؤولية الاجتماعية هي واجب إدارة المنظمة الأساسي في اتخاذ القرارات المهمة والأفعال بطريقة تحقق رفاهية للمجتمع ومصالحه (Daft, 2002, P143) وهكذا يبدو لنا من خلال ما طرح من أفكار سابقة حول المسؤولية الاجتماعية لمنظمات الأعمال أن هذه المسؤولية ما هي إلا واجب والتزام من جانب منظمات الأعمال تجاه المجتمع بشرائحه المختلفة أخذةً بنظر الاعتبار التوقعات بعيدة المدى لهذه الشرائح ومجسدة إياها بصور عديدة يغلب عليها طابع الاهتمام بالعاملين وبالبيئة شرط أن يكون هذا التوجه طوعاً ومتجاوزاً الالتزامات المنصوص عليها قانوناً. إن هذا التعريف وغيره يمكن أن يمثل تعريفاً إجرائياً يعتمد لأغراض البحوث والدراسات الميدانية لمعرفة المدى الذي تتبناه أي منظمة من مسؤولية في هذا الإطار.

2. أهمية المسؤولية الاجتماعية :

قبل أن نتناول وجهات نظر المؤيدين والمعارضين لتبني المنظمة لمزيد من الـدور الاجتماعـي، فإننـا نجـد أن هنـاك اتفاقاً عاماً بكون المسؤولية الاجتماعية بحدود معينة تمثل صيغة عمليـة مهمـة ومفيـدة لمـنظمات الأعمـال في علاقاتهـا مـع مجتمعاتها، بمعنى أن الوفاء بالمسؤولية الاجتماعية لمنظمات الأعمال يحقق لها العديد من الفوائد يقف في مقـدمتها تحسـين صورة المنظمة بالمجتمع وترسيخ المظهر الإيجابي لدى العملاء والعاملين وأفراد المجتمع بصورة عامة خاصـة إذا اعتبرنـا أن المسؤولية الاجتماعية تمثل مبادرات طوعية للمنظمة اتجاه أطراف متعددة ذات مصلحة مباشرة أو غـير مباشرة مـن وجـود المنظمة Stakeholders مفترضين أن ما ينص عليه القانون من أعمال اجتماعية مطلوبة مـن مـنظمات الأعمـال هـو في حقيقـة الأمر مسؤولية اجتماعية في حدودها الدنيا لأن خرقها يضع المنظمة أمام مساءلة قانونية وهكـذا تكـون المنظمة ذات توجـه اجتماعي كلما زادت مبادراتها الطوعية.   إن المسؤولية الاجتماعية تضفي تحسيناً على مناخ العمل السائد في منظمة الأعمـال وتؤدي إلى إشاعة التعاون والترابط بين مختلف الأطراف. كذلك فإنها تمثل تجاوباً فعـالاً مـع التغيـيرات الحاصـلة في حاجـات المجتمع وانتقالها إلى الحاجات الاجتماعية وتحقيق جانب من ذاتية الفرد والمجموعة (عبد الرحمن، 1997، ص 198).

ويمكن أن نفرز عدة أوجه إيجابية لإدراك المسؤولية الاجتماعية تتجسد أهميتها من خلال المردود المتحقق للجهات الثلاث الرئيسية التي ستجني الفائـدة مـن هـذا الالتـزام ونعني بهـا هنـا المجتمـع والدولـة والمنظمة. فبالنسبة للمنظمة، فبالإضافة إلى ما ذكر أعلاه من فوائد فإن هناك فوائـد أخرى تتمثـل في المـردود المـادي والأداء المتطـور والقبـول الاجتماعـي والعلاقة الإيجابية مع المجتمع وغيرها. أما المجتمع فإن العائد الذي سيتحقق له جراء اهتمام منظمات الأعمال على اخـتلاف أنواعها

بتبني نمط معين من المسؤولية الاجتماعية فإنه يمكن أن يلخص بالآتي (الغالبي ومنهل، 2004، ص 106-107):

أ. زيادة التكافل الاجتماعي بين مختلف شرائح المجتمع مع خلق شعور عالي بالانتماء من قبل الأفراد ذوي الاحتياجات الخاصة كالمعوقين وقليلي التأهيل والأقليات والمرأة والشباب وغيرهم.

ب. الاستقرار الاجتماعي نتيجة لتوفر نوع من العدالة الاجتماعية وسيادة مبدأ تكافؤ الفرص الذي هو جوهر المسؤولية الاجتماعية لمنظمات الأعمال.

ج. تحسين نوعية الحياة في المجتمع سواء من ناحية البنية التحتية أو الناحية الثقافية.

د. ازدياد الوعي بأهمية الاندماج التام بين منظمات المجتمع المختلفة ومختلف الفئات ذات المصلحة .

هـ تحسين التنمية السياسية انطلاقاً من زيادة التثقيف بالوعي الاجتماعي على مستوى الأفراد والمجموعات والمنظمات وهذا سيساهم بالاستقرار السياسي والشعور بالعدالة الاجتماعية.

و. كون المسؤولية الاجتماعية مرتبطة بمفاهيم أساسية كتقليل السرية بالعمل والشفافية والصدق في التعامل فإن هذه الجوانب تزيد من الترابط الاجتماعي وازدهار المجتمع على مختلف المستويات .

وأخيراً، فإن الدولة هي أحد المستفيدين الرئيسيين من إدراك منظمات الأعمال لدورها الاجتماعي حيث أن هذا سيؤدي إلى تخفيف الأعباء التي تتحملها الدولة في سبيل أداء مهماتها وخدماتها الصحية والتعليمية والثقافية والاجتماعية الأخرى. كذلك فإننا نتوقع أن عوائد الدول ستكون أفضل بسبب وعي المنظمات بأهمية المساهمة العادلة والصحيحة في تحمل التكاليف الاجتماعية المختلفة ورفد الدولة بمستحقاتها من الضرائب والرسوم والمساهمة في القضاء على البطالة والتطور التكنولوجي وغيرها من المجالات التي تجد الدولة الحديثة نفسها غير قادرة على

القيام بأعبائها جميعاً بعيداً عن تحمل منظمات الأعمال الخاصة دورها في هذا الإطار .

المبحث الثاني : الجذور التاريخية للمسؤولية الاجتماعية

Historical Development of the Social Responsibility Concept

إن المتتبع لتطور مفهوم المسؤولية الاجتماعية يستطيع أن يلمس تغيرات مهمة وإضافات نوعية أدت إلى إثراء هذا المفهوم عبر الزمن. إن وضع حد فاصل بين فترات زمنية لغرض تأشير مراحل دقيقة لتطور المفهوم غير ممكن وذلك لتداخل الأحداث وتأثيراتها المتبادلة وبالتالي فإن محاولتنا لتتبع نضوج مفهوم المسؤولية الاجتماعية على ما هي عليه اليوم هي رصد لأبرز حالات الانتقال بالمفهوم من الحالة الآنية العملياتية إلى الاستجابة الاستراتيجية ومن الجزئية الضيقة إلى الشمولية الواسعة.

وبشكل عام فإن مسألة المسؤولية الاجتماعية ودرجة تبنيها أو عدم تبنيها من قبل منظمات الأعمال يقوم في جوهره على ميل المنظمة للتركيز على الجانب الاقتصادي أو الجانب الاجتماعي بعناصرهما المختلفة والموضحة في الجدول أدناه:

جدول (2-1)

المسؤولية الاجتماعية والنموذج الاقتصادي والاجتماعي

النموذج الاقتصادي يركز على:		النموذج الاجتماعي يركز على :
الإنتاج . استغلال الموارد الطبيعية. قرارات داخلية قائمة على أساس أوضاع السوق. العائد الاقتصادي (الربح). مصلحة المنظمة أو المدير أو المالكين. دور قليل جداً للحكومة.	منطقة وسط بين النموذجين	نوعية الحياة . المحافظة على الموارد الطبيعية. قرارات قائمة على أساس أوضاع السوق مع رقابة متنوعة من المجتمع. الموازنة بين العائد الاقتصادي والعائد الاجتماعي. مصلحة المنظمة والمجتمع. دور فاعل للحكومة.

(Source: Pride, 2000, P49).

وبهذا فإننا نرصد المراحل التالية لتشكل إطاراً لتطور المفهوم عبر مراحل زمنية متعاقبة .

1. **الثورة الصناعية والإدارة العلمية :**

تمثل الثورة الصناعية حدثاً بارزاً في الحياة الإنسانية حيث بداية استخدام المخترعات العلمية في منظمات الأعمال التي كانت في حينها مركزة الجهود على تحسين أدائها الاقتصادي من منظور الاهتمام بالبيئة الداخلية للعمل ومحاولة جني أكبر كمية ممكنة من الأرباح ليعاد قسم منها في التوسع أو إنشاء مصانع جديدة. وفي هذه المرحلة كان هناك استغلال غير اعتيادي لجهود العاملين والموارد البشرية بشكل عام حيث تشغيل الأطفال والنساء وعموم العاملين لساعات طويلة في ظل ظروف عمل قاسية وأجور متدنية.

نستنتج من كلامنا هذا أن المستفيدين بالدرجة الأساس هم المالكون ولا اهتمام بالعاملين أو المجتمع، كذلك لم يكن هناك أي وعي بيئي لأن الثورة الصناعية كانت في بداياتها وأن وفرة المياه والمساحات الشاسعة والموارد الطبيعية غير المستغلة لم تثر انتباه المجتمع إلى خطورة التلوث والمشاكل البيئية الأخرى. وبدافع زيادة كفاءة استغلال الموارد وخصوصاً القوى العاملة اندفع البعض من رجال الأعمال والمالكين للمصانع لدراسة كيفية تحسين إنتاجية العاملين عن طريق دراسة الوقت والحركة وطريقة إنجاز العمل الأفضل مع التركيز على تحفيز العاملين بالوسائل المادية وذلك من خلال تحسين الأجور المدفوعة للعاملين ولكن مقابل جهد كبير يبذلونه لإعطاء إنتاج أكبر. وهنا نستطيع القول أن إدارات المنظمات قد وعت جانباً بسيطاً من المسؤولية الاجتماعية تجسد في تحسين أجور العاملين.

2. العلاقات الإنسانية وتجارب هوثورن:

إن تزايد استغلال العاملين وإصابات العمل الكثيرة والوفيات الناتجة عنها وكذلك تشغيل الأطفال والنساء في ظل الظروف المزرية قد ولد شعوراً لدى الكثير من المهتمين بشؤون الصناعة في ذلك الوقت بضرورة الاهتمام وإعادة النظر بظروف العمل. وقد كان ثمرة هذا الشعور هو التجارب الشهيرة التي أجريت في مصانع هوثورن والتي هي باختصار محاول لدراسة تأثير الاهتمام بالعاملين وبظروف العمل على الإنتاج والإنتاجية. إن هذا يمثل نقلة نوعية في تطور مفهوم المسؤولية الاجتماعية حيث بدأ الاهتمام بالمستفيد الأول والأقرب للمالكين وهم العاملون. لقد تبارت كثير من المنظمات الرائدة في ذلك الوقت في إجراء دراسات مشابهة وبدأت اهتماماً بالعناصر المادية للعمل من أجل توفير ظروف عمل مادية أفضل للعاملين لغرض زيادة الإنتاج وبذلك زيادة أرباح المالكين.

(Cochran and Wood , 1984, P. 42-56)

3. مرحلة ظهور خطوط الإنتاج وتضخم حجم المنشآت :

إن التطورات التي أدخلها Henry Ford بابتكاره لخط الإنتاج والذي ترتب عليه إنتاج كميات كبيرة من السيارات أدى إلى تضخم حجم الشركات الصناعية وزيادة عدد العاملين فيها.

لقد استخدمت خطوط الإنتاج في بداية ظهورها عدداً كبيراً من الأحداث وصغار السن وذلك لسهولة أداء العمل، حيث يتخصص العامل بجزء بسيط جداً من العمل ولا يحتاج إلى تدريب طويل لكي يتقنه. إن هذا الأمر يعني عدم مراعاة للمسؤولية الاجتماعية للمنشأة الصناعية فضلاً عن بداية حصول تلوث في الجو نتيجة الأعداد الكثيرة من السيارات التي بدأت تجوب شوارع المدن خصوصاً وأن نوعية الوقود المستخدم كانت منخفضة الجودة والغازات المنبعثة من احتراقها تحمل الكثير من الملوثات للجو. كذلك لا ننسى بداية الاستنزاف الموسع للموارد الطبيعية كالغابات وغيرها.

4. **تأثير الأفكار الاشتراكية :**

تُعد الأفكار الاشتراكية والشيوعية من العلامات البارزة التي دفعت منشآت الأعمال في الغرب إلى تبنـي الكثيـر مـن عناصر المسؤولية الاجتماعية التي تخص المستفيدين باختلاف أنواعهم. فبالنسبة للعـاملين ومـا يتعلـق بظـروف العمل والتقاعد والضمان الاجتماعي وإصابات العمل والاستقرار الوظيفي كانت من أبرز المطالب التي ينادي بها العاملون في الغرب وإن كان هناك بعضها اعتمدته بعض الشركات الأمريكية قبل ظهور الأفكار الاشتراكية والشيوعية، أن التطور الأهـم في هـذه المرحلة يتجلى في كون الأفكار الاشتراكية ما هي إلا تحدي للمشاريع الخاصة بضرورة تحمـل مسـؤولية تجـاه أطـراف أخـرى بالإضافة إلى المالكين.

5. **مرحلة الكساد الاقتصادي الكبير والنظرية الكينزية:**

إن إهمال إدارات المنظمات الصناعية لبعض مسؤولياتها تجاه أطراف متعددة من المستفيدين جعلها في تضاد مـع مصالح هؤلاء بحيث أن هدفها كان تسويق أكبر كمية من المنتجات دون الأخذ بنظر الاعتبار المستهلك ومصـالحه المتعـددة. إن حصول الكساد العالمي الكبير وانهيار الشركات الصناعية وتسريح آلاف العاملين الذين وجدوا أنفسهم فجـأة بـدون دخل يعيشون منه أدى إلى اضطرابات كثيرة نجم عنها دعوات مهمة لتدخل الدولة لحماية مصالح العاملين وإيجاد فرص عمـل بديلة لهم. كذلك من العلامات البارزة هنا تظهر دعوة كينز ونظريته الشهيرة بوجوب تدخل الدولة بحـد معقـول لإعـادة التوازن الاقتصادي. إن هذه الدعوات والكساد الكبير فضلاً عن تأثير الأفكار الاشتراكية التي بدأت تنتشر ويطلع عليها النـاس بشكل واسع، كل هذا أدى إلى بناء أرضية صلبة للتوجهات الأولى لتأصيل أفكار وتحديد عناصر المسؤولية الاجتماعية (,Davis 1960, P.P. 70-76).

6. **مرحلة ما بعد الحرب العالمية الثانية والتوسع الصناعي:**

تعد هذه المرحلة من المراحل الحاسمة في انطلاق مفهوم المسؤولية الاجتماعية بصورته الحديثة. فقد تخلصت كثير من الدول من الحكم الديكتاتوري والفاشي وسقطت الكثير من الأنظمة العسكرية واستبدلت بنظم ديموقراطية تؤمن بالمشاركة السياسية. لقد توسع مفهوم الديموقراطية الصناعية وتعزز دور النقابات وتعالت أصواتها بالمطالبة بتحسين ظروف العمل وسن القوانين التي تحمي العاملين وتعزز مشاركتهم في مجالس الإدارة خصوصاً وقد تعزز في هذه الفترة النظام الاشتراكي في الاتحاد السوفيتي وبدأت بعض الدول تسير وفق النهج الشيوعي. إن هذه الأحداث انعكست بشكل كبير على منظمات الأعمال في العالم كله، فالمشاركة، بالقرار وتحديد حد أدنى للأجور وإشراك العاملين بالإدارة ونظم التأمين الاجتماعي والصحي وقوانين معالجة حوادث العمل وظهور جمعيات حماية المستهلك في العالم الغربي كله نتاج التطورات المشار إليها سابقاً. إن هذا يفترض نقلة نوعية حقيقية في تبني المسؤولية الاجتماعية من قبل منشآت الأعمال وليس طرحاً نظرياً فقط.

7. **مرحلة المواجهات الواسعة بين الإدارة والنقابات :**

تتميز هذه المرحلة بتعاظم قوة النقابات وزيادة تأثيرها في قرارات المنظمات بشكل عام وكذلك تزايد عدد الإضرابات وتعرض كثير من الأعمال إلى خسائر كبيرة بسببها. إن تعزز المسار الديموقراطي والمكاسب التي حققها العاملون في مختلف الدول، فضلاً عن التطور في وسائل الاتصال التي أسهمت في توعية الناس في دول أخرى وساعدت في نشر سريع لأخبار المكتسبات التي تحققها النقابات العمالية في بعض الدول مثل بريطانيا وألمانيا أدى إلى تعميق الوعي بالمسؤولية الاجتماعية كما أن دعوات المطالبة بحماية البيئة ونشر الوعي البيئي وإدراك الناس للتلوث الحاصل جراء العمليات الصناعية اتسعت بشكل كبير. كذلك تعالت أصوات تطالب بتحسين نوعية الوقود لتخفيف التلوث الناجم عن احتراقه كذلك تميزت هذه المرحلة بكثرة القضايا المرفوعة أمام المحاكم لأسباب تتعلق

بجوانب مهمة من الانتهاكات المفترضة التي تحصل من قبل منظمات الأعمال تجاه المستفيدين سواءاً كانت بشكل عدم صلاحية المنتجات وعدم جودتها من وجهة نظر المستهلك أو بعض قضايا التسمم الغذائي أو إصابات العمل أو الانتهاكات البيئية المختلفة (Fredrick, 1975, P.P. 18-24).

8. مرحلة القوانين والمدونات الأخلاقية:

لقد تجسدت النداءات والاحتجاجات في المراحل السابقة بشكل قوانين ودساتير أخلاقية بدأت منشآت الأعمال بصياغتها وتبني بنودها وبدأت الأهداف الاجتماعية والاستعداد للالتزام بالقيم الأخلاقية بالظهور في شعارات منظمات الأعمال ورسالاتها بشكل صريح ولافت للنظر. ونجد أن المنظمات سواءً منها الصناعية أو ذات الإنتاج الخدمي قد بدأت بتوعية العاملين بالقواعد والضوابط السارية في المنشأة والمتعلقة بالاهتمام بالجوانب الاجتماعية والأخلاقية، وأهمها ما يتعلق بالمرأة العاملة وحمايتها من الابتزاز الجنسي وغيرها من الانتهاكات. نشير هنا إلى حقلاً جديداً في المحاسبة قد ظهر هو محاسبة المسؤولية الاجتماعية وكثرت كذلك الدراسات التي تربط بين تبني المسؤولية الاجتماعية والأداء المالي للمنشآت وكذلك تطوير مقاييس للأداء الاجتماعي لمنظمات الأعمال (Stark, 1993, P. 46).

9. مرحلة جماعات الضغط:

برزت هذه الجماعات بشكلها الأولي في مراحل سابقة ولكنها أصبحت في الفترة الأخيرة قوة لا يستهان بها من حيث تأثيرها في قرارات منظمات الأعمال. تمثل جماعات الضغط مصالح شريحة واسعة من المستفيدين ومن أمثلتها جماعات حماية المستهلك، جماعات حماية البيئة والمحافظة عليها، جمعية أطباء بلا حدود، محامين بلا حدود، جماعات الدفاع عن حقوق المرأة، جمعيات الدفاع عن حقوق الطفل وجمعيات السلام الأخضر- وغيرها. إن تأثير هذه الجماعات يتجلى في تحريكها لمشاعر الجمهور المساند لها وفرض خياراتها لكي تؤخذ بنظر الاعتبار من قبل المنظمات مباشرة أو بشكل ضغط على الحكومات ينعكس بالتالي على

المنظمات بشكل غير مباشر. أصبحت المسؤولية الاجتماعية في هذه المرحلة أكثر نضوجاً كفكرة نظرية وأقوى حضوراً على أرض الواقع كممارسة بحكم تطوير معايير واضحة ومؤشرات قياس كمية تطلبها كثير من المنظمات الدولية خصوصاً تلك التي تهتم بما يسمى بالتنمية المستدامة (Sustainable Development). وتجدر الإشارة إلى أن كليات ومعاهد إدارة الأعمال تضمّن برامجها مساقات إجبارية تتعلق بتدريس المسؤولية الاجتماعية وأخلاقيات الأعمال.

10. مرحلة اقتصاد المعرفة وعصر المعلوماتية :

تتسم هذه المرحلة بتغير طبيعة الاقتصاد وبروز ظواهر مثل العولمة والخصخصة وانتشار شبكات المعلومات وازدهار صناعة تكنولوجيا المعلومات واتساع نمو قطاع الخدمات. إن هذه المظاهر تحمل في طياتها مخاوف حقيقية وذلك لتزايد سطوة منظمات الأعمال العملاقة نتيجة لتخلي الحكومات عن دورها التقليدي في تقديم كثير من الخدمات بسبب اتساع نطاق ظاهرة الخصخصة وما حملته معها من تسريح للعاملين وتغير هيكل الاقتصاديات في دول العالم. وهنا لا بد من الإشارة إلى أن صناعة المعلوماتية وشبكة الإنترنت قد ولدت قيماً جديدة وجرائم جديدة كذلك وأنواعاً من الانتهاكات والتجاوزات التي ترتبط بالطبيعة الرقمية للاقتصاد الجديد (Gratacap, 1997, P. 56)؛ (Cotina and Siurana, 2002, P.2).

كل هذا حث المنظمات باتجاه تطوير مبادراتها الاجتماعية خصوصاً وأن انهيار بعض الشركات العملاقة في الاقتصاد الأمريكي مثل (انرون) قد كشف عن عدم التزام بالمسؤولية الاجتماعية وأخلاقيات الأعمال من حيث الإفصاح المحاسبي الصادق عن موقفها المالي وأصولها الحقيقية وعدم تضخيمها بهدف تعظيم قيمة السهم بشكل غير صحيح الأمر الذي ألحق أضراراً بالغة بالمالكين والمستهلكين والمجتمع على حد سواء.

خلاصة تطور المفهوم :

أن الاستعراض السابق لتطور مفهوم المسؤولية الاجتماعية يمكن أن يلخص بالآتي :

1. إن التطور قد حصل بشكل متدرج وعبر مراحل زمنية طويلة .

2. لا يمكن تعميم هذا التطور على كل البيئة العالمية بشكل موحد، فبيئة الولايات المتحدة والدول الغربية يمكن النظر إليها بشكل منفصل لأنها كانت أرضاً خصبة وصالحة للتطور أكثر من غيرها، في حين أن اليابان تمثل نموذجاً آخر لتطور المسؤولية الاجتماعية بحكم الثقافة المتميزة لها. أما الدول النامية فإنها تأخرت في تبني هذه المفاهيم.

3. لا يمكن فصل التطور الحاصل في المسؤولية الاجتماعية عن التطور الحاصل في فلسفة وفكر إدارة الأعمال بشكل عام ، كما أننا نجد أن المسؤولية الاجتماعية أكثر ارتباطاً ببيئة الأعمال السياسية إذا صح التعبير فهي مسرح لاختلاف وجهات النظر وأسلوب التبني لمعاييره وحدود هذا التبني وآفاقه المستقبلية (Zairi, 2000).

4. يؤشر التطور كون المسؤولية الاجتماعية في إطار منظمات الأعمال انتقل من مفهوم بسيط مقاس بمعايير محدودة تخص الوضع الداخلي للعاملين في المنظمة إلى مفهوم أكثر شمولاً واتساعاً من خلال اهتمام المجتمع ككل والبيئة الخارجية بمختلف شرائحها ومكوناتها.

5. يشير التطور التاريخي للمفهوم إلى أنه يتجاوز كونه هدفاً مضافاً كباقي الأهداف في منظمات الأعمال وإلى أنه تركيب معقد يحمل في طياته الكثير من الجزئيات التي تنظر إليها الإدارة والبيئة الخارجية بطرق مختلفة .

6. إن المفهوم قد انتقل عبر تطورهُ التأريخي من إطار المبادرة الآنية المنفردة الطوعية أو الإجبارية إلى إطار المنظور الشامل ضمن الخطط الاستراتيجية

لمنظمات الأعمال وربما سيكون التطور اللاحق على أساس الإدارة من خلال المسؤولية الاجتماعية .

المبحث الثالث: مناهج دراسة المسؤولية الاجتماعية وأنماطها:

مع التطور الحاصل في بيئة عمل المنظمات ومع تصاعد وتائر تأثير قوى الضغط المختلفة على منظمات الأعمال فإن هذه المنظمات من جانبها قد طورت من التزاماتها إزاء الطلب الاجتماعي المتزايد وبالتالي فإنها قد بررت مشروعية تواجدها عبر المراحل الزمنية المختلفة بمنهجيات متباينة للنظر إلى طبيعة العقد الضمني المبرم مع المجتمع. ولو راجعنا الأدبيات المكتوبة عن المسؤولية الاجتماعية فإننا نستطيع أن نؤشر مناهج متعددة في دراسة محتوى المسؤولية الاجتماعية وأنماطها
يمكن أن نجملها بالمناهج التالية :

المنهج الأول :

يقوم هذا المنهج على أساس بلورة ثلاث توجهات أساسية للمسؤولية الاجتماعية تعبر عنها ثلاثة أنماط:

1. النمط التقليدي للمسؤولية الاجتماعية، حيث تقوم الفكرة هنا على مبادئ الاقتصاد الحر والقوى المتحكمة فيه والتي ترى أن المنظمة تتبنى مسؤوليتها الاجتماعية من خلال التزامها بتقديم السلع والخدمات التي ترضي المجتمع وتستجيب لحاجاته وأن أية التزامات أخرى إضافية فإنها ترجع إلى تقدير المنظمة وإدارتها والتي يجب أن تؤخذ في إطار قدرة المنظمة وإمكانياتها وبما لا يؤثر على أهدافها الاقتصادية وفي مقدمتها تحقيق أقصى الأرباح.
2. النمط الاجتماعي للمسؤولية الاجتماعية، وتأسست فكرة هذا النمط استناداً إلى النقد الموجه إلى النمط الاقتصادي باعتبار أن إطار عمل المنظمة يفترض أن

يتسع ليشمل مجمل الأهداف الاجتماعية بالإضافة إلى الأهداف الاقتصادية فقد ذهبت بعض الطروحات بعيداً في هذا النمط ونادت بضرورة أن تنتقل مسؤولية الرقابة على أعمال المجتمع من المسؤولية الخاصة إلى المسؤولية العامة، وهنا فإن المسؤولية الاجتماعية ما هي إلا التزام المنظمة بالعمل على وفق مصالح وطلبات المجتمع وأن تعطي لهذه أسبقية حتى على أهداف المنظمة الخاصة. ويمكن اعتبار الفلسفات المادية الاشتراكية والماركسية في طليعة من نادوا بهذا التوجه.

3. نمط الكلفة الإجتماعية، وهذه تستند إلى وجهة نظر أكثر تطوراً عن طبيعة العقد الاجتماعي الذي أضاف مسؤوليات وأعباء جديدة تفرضها المجتمعات بقواها المختلفة على المنظمات وبهذا فإن المسؤولية الاجتماعية يمكن اعتبارها وظيفة ومهام جديدة تضاف إلى وظائف رجال الأعمال وبالتالي فإن ما تتحمله المنظمة من مسؤولية اجتماعية يمكن أن تحسب كغيرها من الكلف في ضوء بدائل متعددة للقرار. وهنا فإن القرارات الاقتصادية للمنظمة يجب أن تحسب في إطارها كلف مسؤوليات اجتماعية يفترض عدم التخلي عنها بكونها ضرورية لاستمرارية نشاط المنظمة وتطور المجتمع (السعد والغالبي، 1999، ص 116-119).

المنهج الثاني :

في هذا المنهج يمكن النظر للمسؤولية الاجتماعية ببعدين أساسيين ينصب الأول على الداخل ويرتبط بالعاملين وتحسين ظروف عملهم بجميع أشكالها والبعد الثاني خارجي مرتبط بالتعامل مع مجموعة كبيرة من الإشكالات التي يعاني منها المجتمع ومع ذلك وضمن هذا المنهج طورت ثلاثة أنماط للمسؤولية الاجتماعية.

1. النمط الكلاسيكي التقليدي : وهذا النمط في حقيقته لا يبتعد كثيراً عن فكرة النمط الاقتصادي المشار إليه سابقاً والتي تتمحور حول هدف تعظيم الربح في إطار

نظرة عقلانية يؤمن بها مدراء المنظمات، وكذلك فإن التعامل مع المستهلك لا يخرج عن إطار تعظيم الربح هذا، كما أن نظرة الإدارة للعاملين تنطلق من فكرة أن العمل سلعة تباع وتشترى في ضوء العرض والطلب عليها.

2. **النمط الإداري.** بعد إدراك وجود فجوة بين النمط الكلاسيكي للمسؤولية الاجتماعية وطبيعة بيئة الأعمال الجديدة فإن هناك أفكاراً دعت إلى توسيع قاعدة أهداف المشروع ليشمل أصحاب المصالح المتعددين، وهكذا إذا أردنا إعطاء فكرة عن المفهوم الإداري للمسؤولية الاجتماعية من خلال سلوك المدراء فإنه يمكن القول أن تحقيق المنفعة الذاتية للمنظمة بالإضافة إلى تحقيق منفعة المجاميع الأخرى يمثل توجهاً عقلانياً جديداً للإدارة. إن العلاقة مع المستهلكين تقوم على أسس الموازنة في المصالح وعلى شاكلة العلاقة مع مجهزي المواد الأولية للمنظمة فضلاً عن أن تحقيق رضا المستهلك يعد أمراً حيوياً.

3. **النمط البيئي :** مع التطور الحاصل في كبر حجم المنظمات وتغير بيئة عملها بدأت تظهر ملامح نمط جدي لكون مسؤولية هذه المنظمات الاجتماعية لا تنحصر ـ في حدود الوضع الداخلي للمنظمة وترتبط بالسوق حصراً لكنها – أي هذه المسؤولية – يجب أن تتوسع لتشمل فئات وأطراف متعددة يؤطرها عموم المجتمع، وهنا فإن المنظمات الكبيرة على وجه الخصوص يفترض أن تضع المصلحة العامة فوق أي اعتبار ذاتي لها. إن ما يمكن تأشيره في هذا النمط هو مسؤولية المنظمة في المحافظة على البيئة وتحقيق نوعية حياة أفضل للعاملين وللمجتمع ككل. كذلك فإن ما هو نافع وضروري للمجتمع يجب أن يحظى بعناية خاصة من قبل إدارة المنظمة. (البكري والديوه جي، 2001).

المنهج الثالث :

وقد أطر هذا المنهج وأنضج أسسه الباحث Carroll حيث يرى أن المسؤولية الاجتماعية يمكن أن تدرس في ظل أربعة أبعاد محددة وهي :

1. **البعد الاقتصادي** Economic Dimension : ويستند إلى مبادئ المنافسة والتطور التكنولوجي حيث يشتمل على مجموعة كبيرة من عناصر المسؤولية الاجتماعية يجب أن تؤخذ في إطار احترام قواعد المنافسة العادلة والحرة والاستفادة التامة من التطور التكنولوجي وبما لا يلحق ضرراً في المجتمع والبيئة .

2. **البعد القانوني** Legal Dimension : ويقوم هذا البعد على أساس مبادئ حماية البيئة والسلامة المهنية والعدالة وقوانين حماية المستهلك ويحتوي مجموعة كبيرة من العناصر يفترض أن تحترم من قبل المنظمات وبالشكل الذي يعزز ويساهم في الارتقاء بالعلاقة مع المستهلك ومع العاملين بمختلف أجناسهم وأعراقهم وأديانهم وكذلك منع الأضرار بالبيئة من خلال الاستخدام التعسفي للموارد أو التلوث الحاصل في الماء والهواء والتربة.

3. **البعد الأخلاقي** Ethical Dimension : يستند إلى مبادئ ومعايير أخلاقية وكذلك إلى أعراف وقيم اجتماعية وفي إطارها توجد مؤشرات عديدة تندرج في إطار تكافؤ الفرص والتوظيف والجوانب الأخلاقية في الاستهلاك ومراعاة مبادئ حقوق الإنسان واحترام العادات والتقاليد السائدة في المجتمع وغيرها.

4. **البعد الخيّر** Philanotrophic Dimension : ويرتبط بمبدأ تطوير نوعية الحياة بشكل عام وما يتفرع عن ذلك من عناصر ترتبط بالذوق العام ونوعية ما يتمتع به الفرد من غذاء وملابس ونقل وغيرها من جوانب أخرى.

المنهج الرابع:

يقوم على أساس تحديد ثلاثة أنماط مختلفة لتبني المسؤولية الاجتماعية من قبل المنظمات:

1. **النمط الأول : المسؤولية الاقتصادية** Economic Responsibility، وفق وجهة النظر هذه فإن منظمات الأعمال يجب أن تركز على هدف تعظيم الربح وأن

المساهمات الاجتماعية ما هي إلا نواتج عرضية ومشتقة منه، ومن أنصار هـذا التوجـه Milton Freidman الـذي يرى أن المدراء هم محترفون وليسوا مالكين للأعمال التي يديرونها وبهذا فهم يمثلون مصالح المالكين التي يفترض أن تنجز بأحسن الطرق لتعظيم الأرباح .

2. **النمط الثاني : المسؤولية الاجتماعية** Social Responsibility ، وهـو نقيض لتوجهـات الـنمط الأول، وفي إطاره فإن منظمات الأعمال تُعتبر وحدات اجتماعية بدرجة كبيرة تأخذ بنظر الاعتبار المجتمع ومتطلباته عند اتخاذ قراراتها مراعية آثار هذه القرارات في كل جوانب المجتمع.

3. **النمط الثالث : المتوازن** Socio - Economic، وفي إطار هذا النمط فإن إدارة المنظمات لا تمثل مصالح جهـة واحـدة أو بعض جهات ذات مصلحة بل إنها تمثل مصالح جهات عديدة يفترض أن تـوازن إدارة المنشـأة بـين مصـالحها مجتمعـة (الغالبي والعامري، 2003، ص 2-4).

وهكذا فإنه يبدو ومهما تعددت مناهج دراسة محتوى المسؤولية الاجتماعية فإنها تلتقـي بتوجهـات عامـة تبـدأ مـع بداية تطور الصناعة والتركيز على مصالح المالكين لتمتد لاحقاً إلى مصالح الفئات المختلفة داخل المنظمة لتصل إلى مرحلـة أخذ مصالح الأطراف المختلفة والخارجية منها بشكل خاص بنظر الاعتبار. ومع هذا فإنـه لا يمكـن القـول بـأن المنظمات باختلاف حجومها وملكياتها وبيئات عملها وطبيعة نشاطها وفلسـفة إدارتهـا وقيمهـا تسـتطيع تبنـي المسـؤولية الاجتماعيـة بمستوى واحد.

المنهج الخامس: منهج المسؤولية الاجتماعية الشاملة Corporate Social Responsibility .

في إطار هذا المنهج تتجسد المسؤولية الاجتماعية والأداء الاجتماعي لمنظمات الأعمال بثلاثة أبعاد مهمة : (Nickels et al, 2002, P. 103)

1. **البعد الخيّر الشامل Corporate Philanthropy** : يتضمن هذا البعد تبرعات إنسانية وهبات الإحسان المستمرة للمجموعات غير الهادفة إلى الربح من جميع الأصناف. وتقع هذه التبرعات في إطار استراتيجية خيرية تتبعها المنظمة على الأمد البعيد دعماً لقضية مهمة من قضايا المجتمع، فمثلاً شركة ماكدونالد للوجبات السريعة أسست ودعمت عدد كبيراً من المساكن المخصصة لإيواء العوائل التي يوجد لديها أطفال مرضى مرضاً عضالاً دائمياً ويحتاج إلى علاج مستمر بعيد عن منطقة سكن العائلة. ويقع ضمن نفس الإطار اسناد مؤسسة شومان في المملكة الأردنية الهاشمية للباحثين والطلاب من خلال الإنفاق المستمر على مكتبة شومان والخدمات المتنوعة فيها.
2. **بُعد المسؤولية الشاملة .Corporate Responsibilities**: ويشتمل هذا على جميع المبادرات الاجتماعية مثل تشغيل العاملين من الأقليات والعمل على تحسين البيئة وتقليل التلوث وترشيد استخدام الطاقة والاستغلال العقلاني للموارد وتأمين بيئة عمل صحية ونظيفة وإنتاج منتجات أمينة وغيرها من الأمور التي تعكس مسؤولية عالية اتجاه المجتمع .
3. **بعد السياسة الشاملة Corporate policy** : ويشمل هذا البعد موقف المنظمة الذي تتبناه اتجاه القضايا Issues السياسية والاجتماعية المثارة بقوة بالمجتمع. ومن المعلوم أن هذه القضايا تتجدد وتتغير باستمرار بسبب التطور الحاصل في المجتمع وانعكاسات هذا التطور خاصة التكنولوجي على الجانب الاجتماعي والسياسي والثقافي. لذلك تبادر المنظمة إلى أن تحمل طواعية بعضاً من متطلبات هذا الدور للمجتمع بصورة عامة أو بعض فئاته بشكل خاص.

وخلاصة الأمر في إطار مناهج دراسة المسؤولية الاجتماعية نود الإشارة إلى ما يلي :

أ. تبين هذه المناهج المختلفة مدى ثراء موضوع المسؤولية الاجتماعية وأهميته للمجتمع والأفراد والمنظمات، فقد درّس بتوسع كبير من قبل الباحثين وأعطت المنظمات رأيها فيه. وهناك ممارسات رائدة طوّرت ولا تزال تطور في المجتمعات الصناعية من قبل الشركات على اختلاف أنشطتها، فهذه شركة (Xerox) وشركة (IBM) تمنحان إجازة سنوية مدفوعة الأجر كاملاً مع كافة الامتيازات الأخرى للموظف المتطوع للعمل الخيري في المجتمع .

ب. أعطت هذه المناهج بعداً جديداً في تقييم أداء منظمات الأعمال، فبعد أن كان الأمر منصباً على الأداء بجانبه المادي متمثلاً في الأرباح والتوسع والنمو وباقي المعايير ذات الطابع المالي، أضيف لها الأداء في الجانب الاجتماعي ومثل فرصة كبيرة أمام المنظمات لتحسين صورتها في المجتمع من خلال مبادراتها الإنسانية.

ج. ورغم تعدد وتنوع مناهج دراسة المسؤولية الاجتماعية إلا أننا نجد أن هذه المناهج تتكامل فيما بينها ولا يوجد تعارض في الآراء المطروحة، وأن هذا التعدد يعود إلى زيادة اهتمام الباحثين بإغناء المفهوم والتوسع في دراسته من وجهات نظر متعددة، تنعكس في التنوع البيئي والثقافي والاجتماعي والسياسي بل والديني .

د. نرى أن هناك ميلاً باتجاه أن يكون هذا المفهوم صيغة عملية وواقعية تستطيع منظمات الأعمال تبنيها وممارستها بشكل فعال بل وحتى طرح هذه المبادرات بوضوح لكافة منظمات المجتمع المدني وجمعيات الاهتمام بالبيئة والتنمية السياسية وغيرها. وهنا نلاحظ أن المنهج الأخير قد طرح بكل وضوح ثلاث صيغ عملية لمنظمة الأعمال في إطار مسؤوليتها الاجتماعية الأول أن تتبنى قضية أساسية واحدة مهمة للمجتمع تنفق عليها وتتابعها مثل دعم دار الأيتام بشكل مستمر، الثاني يتمثل بتحملها لمسؤولياتها في كافة أوجه النشاط التي تعكس حسها الاجتماعي مثل منتج آمن، عدم تلويث البيئة، لا فساد

إداري......ألخ. الثالث يعكس موقف للمنظمة يناصر قضايا المجتمع المثارة بإلحاح سواء كانت اجتماعية أو سياسية.

المبحث الرابع: المؤيدون والمعارضون للمسؤولية الاجتماعية :

إن المتتبع للأدب الإداري الذي يعالج موضوع المسؤولية الاجتماعية يجد أن هناك مواقف مؤيدة لأن تتبنى المنظمة مزيداً من الأدوار الاجتماعية وبالمقابل يكتشف بسهولة أن هناك من يعارض هذا التوجه ويعتبره مهدداً لوجود منظمات الأعمال الحرة. ويدعم كلا الطرفين آراءهم بحجج قائمة على أسس عقلانية وعلمية. ويمكن أن نستعرض آراء الطرفين وكالآتي :

(Robbins, 1999, P.145.), (Robbins and De Cenza, 1998, P. 41), (Pride, 2000, P, 49)

أ. المؤيدون لتبني المسؤولية الاجتماعية :

يمثل المجتمع الإطار أو الوعاء الكبير الذي تعمل المنظمات في ظله، وأن وجود هذه المنظمات يصبح غير مبرراً في حالة عدم اهتمامها بقضايا المجتمع الأساسية منها بشكل خاص. إن تعارض أهداف المنظمة مع مصالح المجتمع مسألة محسومة من قبل هذا الفريق بإعطاء الأولوية للمجتمع قياساً للمنظمة وهم مستندين إلى الحجج التالية:

1. يتوقع الجمهور من منظمات الأعمال أن تلعب دوراً كبيراً في تحقيق أهدافه ومن خلال مجالات متعددة ليست اقتصادية فقط، وهذا يجسد كون منظمة الأعمال جزء لا يتجزأ من المجتمع الذي تعيش وتنمو وتزدهر فيه.
2. يرى أنصار هذا الرأي أن الأرباح على المدى البعيد يمكن أن تزداد من خلال تبني المنظمة دوراً اجتماعياً أكبر، حيث أن رضا المجتمع ومد جسور التعاون والتفاهم والثقة معه يمثل مدخلاً مهما ذي مردود مستقبلي كبير. إن الدور

الاجتماعي وإن كان مكلفاً اليوم فإنه يشكل استثمار مستقبلي مهم لمنظمة الأعمال.

3. إن الالتزامات الأخلاقية تملي على منظمات الأعمال أن يكون لها دوراً اجتماعياً، حيث أن الالتزام الاجتماعي يمثل حالة موازنة معقولة اتجاه النقد الموجه إلى الأعمال بكونها تهتم فقط بزيادة الأرباح وتوسع الاستثمار على حساب العديد من المتطلبات الأساسية للعاملين والمجتمع بشكل عام.

4. الصورة العامة للمنظمة ستكون أفضل حينما تلعب دوراً اجتماعيا أو تمارس نشاطاً ثقافياً ينعكس مستقبلاً على زيادة المبيعات. إن تبني دوراً اجتماعياً أكبر من قبل منظمات الأعمال يعزز من الميزة التنافسية الجديدة التي تسعى منظمات الأعمال إلى تحقيقها وهي السمعة أو الشهرة الشاملة للمنظمة Corporate Reputation.

5. بيئة أفضل ونوعية حياة أرقى للمجتمع ككل، أن التطور الصناعي والتوسع في مجالات الخدمة المختلفة وزيادة الميل إلى الاستهلاك صاحبه العديد من التأثيرات السلبية الجانبية والتي لا يمكن أن تتحمل مسؤولية مكافحتها الدولة لوحدها نظراً لمحدودية مواردها وإمكاناتها، وبالتالي يصبح من الضروري أن تساهم منظمات الأعمال بتخصيص جانب من عوائدها لمواجهة وتقليل الآثار السلبية على الحياة والمجتمع. وهنا لا يمكن أن يترك المجال دون وجود إطار منظم للعلاقات يستوعب مبادرات منظمات الأعمال ومن خلال هذه المبادرات تمد جسور الثقة والتعاون مع الدولة والمجتمع.

6. تقلل من إجراءات الحكومة وقوانينها المتعلقة بالتدخل في شؤون الأعمال. إن المبادرات الاجتماعية وحل المشاكل الملقاة تقليدياً على عاتق الحكومة يقطع الطريق على طموحات وطروحات بعض السياسيين الراغبين في تقييد حرية الأعمال في المجتمع. إن الإحجام عن القيام بهذا الدور يولد الدافع لدى الحكومة بسن العديد من التشريعات والقوانين التي تقيد من حرية المنافسة

وازدهار الأعمال، وتضع منظمات تلك الدولة في موضع تنافسي ضعيف أمام منظمات دول أخرى.

ويعتقد البعض أن التردد والإحجام من قبل الأعمال في الولايات المتحدة عن تبني دور اجتماعي أكبر سهل على الحكومات التدخل إلى سن تشريعات وضعت بموجبها المنظمات الأمريكية في موقع الضعف في المنافسة الدولية وخاصة قياساً إلى المنظمات في اليابان التي تجد نفسها دائماً في انسجام تام مع الدولة والمجتمع لكونها المبادرة إلى تبني برامج اجتماعية متنوعة تنعكس بعلاقات إيجابية بين جميع الأطراف .

7. الموازنة بين مسؤولية المنظمة ونفوذها حيث أن المسؤولية الاجتماعية تقلل من النقد الموجه لهيمنة منظمات الأعمال على القرارات المتعلقة بحياة الناس. حيث يبدو في حالة التداخل والعلاقات الوطيدة بين السياسيين الحاكمين ورجال الأعمال المسيطرين على المنظمات وخاصة الكبيرة منها قد يثير النقد وربما يولد حالة من عدم الثقة بالحكومات لهيمنة أصحاب رؤوس الأموال والأعمال على القرارات السياسية، أن تبني دوراً اجتماعياً أكبر يساهم في التقليل من الآثار السلبية هذه ويعطي ارتياحاً وثقة من قبل المجتمع اتجاه المنظمات الخاصة .

8. مصلحة المالكين حيث يتعزز موقف المنظمة وتزداد مبيعاتها حينما تساهم اجتماعياً بإنعاش الوضع العام للدولة. إن فكرة المردود المستقبلي الناجم عن الأثر الحسن الذي تتركه المساهمة الاجتماعية في نفوس الناس يجب أن يعزز وأن لا يكون التركيز على المردود المادي الآني. إن حل إشكالية تعارض المصالح وخاصة مصلحة المالكين من جهة ومصالح الفئات الأخرى من جهة أخرى يمكن أن تكون المسؤولية الاجتماعية والمبادرات الطوعية وخاصة المستمرة منها مدخلاً فعالاً في زيادة الثقة وعدم تعارض المصالح.

9. امتلاك الموارد حيث أن منظمات الأعمال وخصوصاً الكبيرة منها تتمتع بموارد مالية وموارد فنية كبيرة يمكن معها أن تؤدي إنجازات اجتماعية هائلة. إن أمثلة كثيرة يمكن أن تعرض هنا، فالجامعات مثلاً يمكن أن تساهم في زيادة الوعي الاجتماعي والثقافي، وتعزيز انتشار اللغات الأجنبية ودعم الأعمال الصغيرة عن طريق الاستشارات الفنية والتدريبية وهي تمثل مبادرات تعزز من رصيد هذه المنظمات التعليمية، كذلك يمكن لمنظمات أخرى أن تساهم بما يعزز رصيدها الاجتماعي.

10. تدابير وقائية لتجنب المشاكل الاجتماعية المعقدة التي ستحدث عاجلاً أم آجلاً، وهذه التدابير يجب أن تتطور باستمرار وفي ضوء احتياجات المجتمع لها.

ب. آراء المعارضين لتبني المسؤولية الاجتماعية :

إن حجج المعارضين لتبني دوراً اجتماعياً أكبر من منظمات الأعمال الخاصة هي في حقيقتها حججاً علمية وموضوعية تستحق المناقشة وإبداء الرأي بشأنها وتدور أغلب هذه الحجج حول واحدة أو أكثر من التوجهات التالية :

1. إن تبني دوراً اجتماعياً أكبر من قبل منظمات الأعمال الخاصة يؤدي إلى خرق قاعدة تعظيم الأرباح التي هي جوهر وجود منظمات الأعمال الخاصة فهذه المنظمات وجدت أساساً للعمل وتقديم سلع وخدمات بنوعية عالية وبأسعار معقولة ومن حقها الحصول على عائد تعيد استثماره وتتوسع وبالتالي يمثل هذا مسؤولية معقولة للمنظمات لكونها ستقوم بعمليات توظيف لمزيد من العاملين ودفع الضرائب للدولة والمساهمة في تحسين ميزان مدفوعاتها وما يتبع ذلك من مردود إيجابي على المجتمع بمفردات متعددة وهذه هي وجهة نظر الاقتصاديين الليبراليين وعلى رأسهم Milton Freidman الحائز على جائزة نوبل في الاقتصاد كما مر سابقاً.

2. ذوبان الأهداف الأساسية الاقتصادية للمنشأة واضمحلالها مع مرور الزمن وزيادة مطالبة المجتمع والدولة للمنظمات في تبني أهداف اجتماعية وتصبح المنظمات عاجزة عن الارتقاء بالإنتاجية العالية والاستثمار في البحث والتطوير وتطوير تكنولوجيا الإنتاج وتقديم منتجات جديدة وهذا الأمر سينعكس مرة أخرى بضعف في الأداء الاقتصادي لمنظمات الأعمال وبالتالي ستتراجع مبادراتها الاجتماعية بسبب عدم قدرتها على متابعة مثل هذه البرامج الاجتماعية.

3. تحميل منظمات الأعمال كلفة عالية جراء الأنشطة الاجتماعية المتزايدة حيث أن قدرة المنظمة ومهما كانت مواردها فهي محددة فإذا ما حمّلت بأهداف اجتماعية تتجاوز هذه القدرة أو تحد منها فإن المنظمة ستتعرض للمخاطر وفي المقولة الشهيرة لمدير شركة General Motors "إن كل ما هو جيد وصالح لشركة جنرال موتورز هو بالتأكيد صالح لأمريكا ولكن ليس كل ما هو جيد وصالح لأمريكا هو جيد وصالح لشركة General Motors". إن هذه المقولة يجب أن لا تفهم سطحياً في إطار إعطاء الأولوية لمصالح الشركة على مصالح الدولة ولكن يجب أن تؤخذ في إطار أن قدرة الشركة محدودة قياساً إلى قدرة الدولة أو مواردها وأن إصابة الشركة بأذى سوف يؤدي إلى إلحاق الضرر بمصالح البلاد.

4. سلطة إضافية أكبر ستتمتع بها منظمات الأعمال تعزز من نفوذها وقدرتها فإذا كانت منظمات الأعمال تمتلك الموارد الاقتصادية فإن تعزيز هذه الموارد بسلطة اجتماعية إضافية سيجعل منها قوة كبيرة في المجتمع.

5. تفتقر منظمات الأعمال إلى المهارات الكافية التي تمكنها من النهوض بالدور الاجتماعي بشكل صحيح من جانب ومن جانب آخر فإن هناك مؤسسات متخصصة بهذا الدور الاجتماعي يجب أن يعزز دورها وأن تكرس منظمات الأعمال دوراً أكبر للأداء الاقتصادي وتعزيز المنافسة وتنشيط الاقتصاد.

6. صعوبة المساءلة القانونية والمحاسبة عن الأنشطة الاجتماعية وترجع هـذه الصـعوبة إلى عـدم وجـود معـايير مطورة لقياس الأداء الاجتماعي Social Performance Measurement.

7. لا توجد جهة عليا رسمية من الجمهور يمكن أن تتابع مدى الإنجاز الاجتماعي المتحقق، حيث أن عدم وجود مثل هذه الجهة يعقد من عملية التأكد من مدى الإنجاز المتحقق وقد يترك المجال للادعاء بدور أكبر مما هـو واقع فعلاً أو قـد يغمط حق منظمة رغم تبنيها دوراً اجتماعياً أكبر.

وهكذا يبدو أن حجج كلا الطرفين المؤيد والمعارض للمسؤولية الاجتماعية تبدو منطقية ومقنعة إذا ما أخذت في إطار التطرف لزيادة الدور الاجتماعي لمنظمات الأعمال بشكل كبير أو نقصان هذا الـدور وضموره بشكل كبـير جـداً. حيـث أن تحميل المنظمة دوراً اجتماعياً يفوق طاقتها قد يربك أداء دورها الاقتصادي وتحقيق العائد المجزي والذي من خلالها تساهم بمبادرات اجتماعية من الجانب الآخر فإن الاهتمام بتعظيم الأرباح والأخذ بنظر الاعتبار مصالح المساهمين بعيداً عن مصالح الفئات الأخرى ذات العلاقة يجعل من منظمة الأعمال نظاماً اقتصادياً مغلقاً وقائماً بذاته لا تربطه علاقة طيبة مع المجتمع ولا تتحمل المنظمة ما يواجه المجتمع من إشكالات تتطلب الحل. وفي إطار هذين التناقضين يبدو أن هنـاك مـدخلاً وسـطاً يحاول أن يجعل من منظمة الأعمال نظاماً مفتوحاً على البيئة وضمنه تجد منظمة الأعمال صيغة للموازنة معقولة بين الدور الاقتصادي الذي تلعبه بشكل فعال وتنافسي وكفوء وبين الدور الاجتماعي الذي تتبناه وتحاول مـن خلالـهُ أن تكـون مواطنـاً صالحاً في المجتمع يساهم في تطويره ومعالجة قضاياه الملحة ولكن حسب قدرتها.

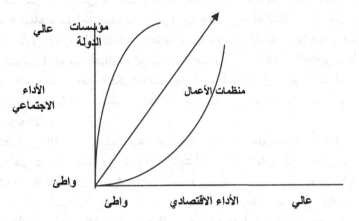

شكل (2-1)

الأداء الاقتصادي والأداء الاجتماعي للأعمال

المبحث الخامس : اتجاهات البحث في المسؤولية الاجتماعية

لقد تعددت اتجاهات كتابة البحوث والدراسات التي تتناول موضوع المسؤولية الاجتماعية لمنظمات الأعمال وأصحاب رأس المال واتخذت أشكالاً مختلفة من ناحية المنهج والمضمون اعتماداً على اختصاص الباحثين ومجالات التطبيق، ويمكن أن نجمل أهم هذه الاتجاهات في المجاميع التالية وهذا لا يعني حدوداً زمنية فاصلة بين هذه الاتجاهات أو توقف البحث والدراسات في البعض منها:

1. الاتجاه المفاهيمي وتأصيل فكرة المسؤولية الاجتماعية : ويعتبر هذا الاتجاه من أقدم الاتجاهات حيث مثل بداية ظهور المفهوم والتنظير في مضمونه ومحاولة ترويجه لتبنيه من قبل منظمات الأعمال. وتأتي في إطار هذا الاتجاه مجموعة الدراسات التي ركزت على تحديد المفهوم وتوضيح الإطار الدقيق للمسؤولية الاجتماعية والتي أعدت من قبل كبار الأستاذة والباحثين الأمريكان منهم بشكل خاص ونشرت في كبريات المجلات المتخصصة في إدارة الأعمال. ولا شك أن تطور المفهوم ارتبط ارتباطاً وثيقاً بالتطور الحاصل في بيئة الأعمال

وبالتغيرات الحاصلة في نظام القيم السائدة في المجتمع وبذلك فقد أخذ مفهوم المسؤولية الاجتماعية أبعاداً متعددة.

2. مجموعة الدراسات التي ركزت على مجالات وعناصر المسؤولية الاجتماعية وهذه تمثل محاولات الباحثين لجعل مفهوم المسؤولية الاجتماعية مفهوماً عملياً يقاس بمؤشرات وعناصر قابلة للتطبيق من قبل منظمات الأعمال. لقد شخصت الدراسات الأولى ضمن هذا الاتجاه مجموعة من الممارسات والأنشطة والعناصر التي تقع ضمن الاهتمام المباشر للطابع الاجتماعي لمنظمات الأعمال ثم توالت الإضافات إلى هذه الأنشطة والعناصر تباعاً مع التطور الحاصل في الحياة الاقتصادية والاجتماعية. ومع انتقال المجتمع من عصر الصناعة إلى عصر المعلومات والمعرفة نجد أن هذه العناصر التي تقاس بها المسؤولية الاجتماعية للمنظمات أصبحت من الكبر والكثرة بحيث تم إدراجها ضمن منهجيات في أبعاد مختلفة ستراها لاحقاً.

3. الدراسات التي تتطرق إلى العلاقة بين المسؤولية الاجتماعية والأداء الشامل لمنظمات الأعمال. وفي بداية هذا التوجه كان التركيز ينصب على دراسة العلاقة بين المسؤولية الاجتماعية والأداء المالي بشكل خاص ثم توالت الدراسات لربط المسؤولية الاجتماعية بالأداء الشامل بمنظمات الأعمال سواء كان هذا الأداء مقاساً بمعايير مالية أو غير مالية. وتجدر الإشارة هنا إلى أن نتائج أغلب هذه الدراسات قد جاءت مؤيدة لوجود علاقة إيجابية بين المسؤولية الاجتماعية لمنظمات الأعمال والأداء فيها وإن كان هناك عدد قليل من هذه الدراسات لم تؤيد وجود مثل هذه العلاقة، في حين يجب التنويه إلى أن هناك عدداً متزايداً من البحوث جاءت نتائجه محايدة بشأن العلاقة بين المسؤولية الاجتماعية والأداء .

4. البحوث والدراسات التي تربط بين المسؤولية الاجتماعية وأخلاقيات الإدارة، وتركيز هذه البحوث على المحددات القيمية وتأثير الأعراف والتقاليد السائدة

في المجتمع على الدور الاجتماعي الذي تتبناه منظمات الأعمال، كما أنه من المفيد الإشارة إلى أن المنظمات في الدول الاسكندنافية تبادر في تبني أدوار اجتماعية أكبر من المنظمات في باقي الدول الأوربية أو الولايات المتحدة الأمريكية.

5. مجموعة الدراسات والبحوث التي تركز على استشراف مستقبل إدراك المسؤولية الاجتماعية Socail Responsibility Perception ، وقد جاءت هذه الدراسات لتتجاوب مع التغيرات التي حصلت وتحصل في المجتمعات والحياة بشكل عام. إن بروز العديد من الظواهر في الحياة المعاصرة مثل العولمة والخصخصة وانتشار الديموقراطية وسرعة الاتصال وشدة المنافسة ولّدت تحديات مختلفة مثل التحدي التكنولوجي وضمور دور الدولة وزيادة المطالبة بحماية البيئة وغيرها وهذه كلها أوجبت على منظمات الأعمال إعادة النظر وتطوير دورها الاجتماعي ومساهماتها لغرض التكيف والتعامل مع الواقع الجديد.

6. دراسات وبحوث ركزت على المسؤولية الاجتماعية بشكلها الشامل .Corporate Social Responsibility وهذا النمط يرى في المسؤولية الاجتماعية تركيباً معقداً Complex Construction وليس مفهوماً مبسطاً قابلاً للقياس بمعايير موحدة عالمياً أو إقليمياً حيث أن التداخل الحاصل في المتغيرات الحضارية والدينية والثقافية والسياسية وأمور أخرى ولّد تعقيداً في معرفة متطلبات المجتمع تجاه منظمات الأعمال فيه وبذلك أصبح لزاماً على الإدارة متابعة التغيرات الحاصلة في هذا الاتجاه لغرض فهمها والتعامل معها بشفافية.

7. مجموعة الدراسات الحديثة التي تربط بين المسؤولية الاجتماعية ومتغيرات أخرى أفرزتها نتائج ثورة المعلومات والمعرفة ودخول الدولة الحديثة إلى الاقتصاد الرقمي Digital Economy والاقتصاد المعرفي Knowledge

Economy. إن ما ترتب على هذه النتائج من إعادة تأهيل للعاملين وزيادة نسبة المشاركة بالقرار والإدارة المفتوحة Open-Book Management وانتشار شبكة الاتصال والإنترنت ونقل المعلومات بسرعة فائقة وعرض المعلومات بكميات هائلة وإمكانية الدخول إليها بسهولة شكّل تحدياً تطلب من منظمات الأعمال إعادة النظر بدورها الاجتماعي للاستجابة لمثل هذا النوع من المتغيرات. إن مجالات واسعة للدراسة لا تزال تفتح بعلاقة المسؤولية الاجتماعية مع نظم المعلومات وشفافيتها وكذلك المسؤولية الاجتماعية في المنظمات الافتراضية والمسؤولية الاجتماعية في ظل الإدارة الإليكترونية وتأثير الحكومة الإلكترونية على الدور الاجتماعي لمنظمات الأعمال وغيرها من موضوعات تبحث الآن بعمق وغنى كبير في العالم الغربي.

ومن الجدير بالذكر، فإن الدراسات والبحوث الخاصة بالمسؤولية الاجتماعية في الدول النامية على وجه العموم وفي الدول العربية بخاصة هي دراسات قليلة وحالات فردية تحتاج إلى كثير من الجهود والدعم المستمر لغرض النهوض بها مع التركيز على إجراء البحوث الميدانية لخصوصية الموضوع وحساسيته وارتباطه بشكل كبير بتطور مؤسسات المجتمع والتنمية السياسية في أي قطر من الأقطار العربية. إن نقل الصيغ الغربية تبدو كبيرة الفائدة في هذا الجانب ويمكن الاستفادة من تجارب منظمات الأعمال في الدول الصناعية مع إيجاد خصوصية للدور الاجتماعي لمنظمات الأعمال في العالم الإسلامي مثلاً. وليس أدل على الاهتمام بجانب التوعية بأهمية المسؤولية الاجتماعية عالمياً من تكريس المنظمات الدولية لجهودها في مجال التنمية البشرية وتنمية الوعي الخاص بالشفافية ومكافحة الفساد الإداري والحكومي والتركيز على تطوير الحاكمية Governance في دول العالم المختلفة.

المبحث السادس : قياس الأداء الاجتماعي :

أ. أصحاب المصالح:

إن وضع قياسات ومعايير ممكنة للمسؤولية والأداء الاجتماعي تتطلب معرفة توجهات أصحاب المصالح Stakeholders لغرض تبني الأعمال مبادرات ممكنة ومقاسة تجاه كل فئة من فئات أصحاب المصالح هذه، وبما أن الأعمال تجد نفسها في مقابل فئات متزايدة باستمرار بسبب التطور الحاصل على الصعيد الاجتماعي والسياسي والتكنولوجي وتطور مؤسسات المجتمع المدني، فإن أخذ مصالح هذه الفئات وبشكل متوازن ويرضي الجميع أصبحت مسألة محفوفة بالكثير من المخاطر. والشكل التالي يوضح فئات أصحاب المصالح المختلفة.

شكل (2-2)

منظمة الأعمال وفئات أصحاب المصالح

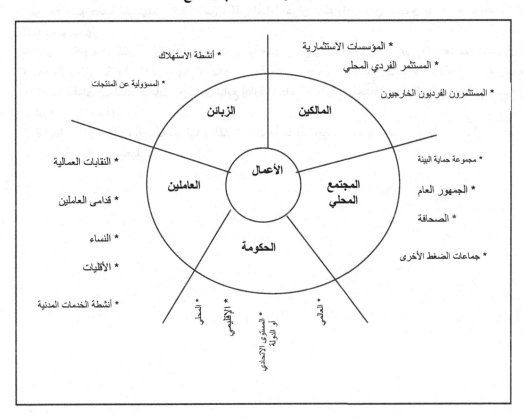

إن مجاميع أصحاب المصالح أو المستفيدين لديها طروحاتها الخاصة ووجهات نظرها المختلفة بشأن تبني الأعمال لمسؤولية اجتماعية تجاهها. ومما يلاحظ أن هذا الأمر أخذ أبعاداً متجددة في العالم الصناعي المتقدم بسبب تطور الحياة الثقافية والاجتماعية والسياسية. إن ما يعقد الأمر أمام منظمات الأعمال بشأن دورها الاجتماعي المقبول من قبل هذه الفئات هو :

1. تزايد أعداد هذه الفئات ذات المصلحة باستمرار بسبب تطور الحياة بشكل عام.

2. تزايد قبول المجتمع لفئات متجددة تمثل مؤسسات المجتمع المدني المختلفة والتجاوب معها ودفعها نحو الواجهة السياسية للدول فمنظمات مثل جمعيات حقوق الإنسان وجمعيات محامين بلا حدود وأطباء بلا حدود وغيرها أصبحت ذات تأثير مهم وكبير. ولعل الأكثر وضوحاً هو ما بدأت تحتله أحزاب الخضر المنادية بحماية البيئة من مكانة سياسية واجتماعية وحصولها على مقاعد متزايدة في البرلمان الأوروبي مثلاً وغيرها من دول العالم.

3. تطور مفاهيم حماية المستهلك وانتقاله من متلقي لسلع تفرض عليه وتعرض في السوق إلى صاحب رأي بشأن هذه السلع ونوعياتها.

4. تعارض مصالح هذه الفئات الكثيرة إذا أخذت ضمن مدى زمني واسع وبالتالي فإن على إدارة منظمة الأعمال أن تجد صيغة ملائمة لموازنة هذه المصالح وعرض هذه الصيغة بشكل صحيح ومرضي لهذه الأطراف المختلفة والملاحظ أن هناك سلم أولويات لهذه الفئات يجب أن تتابع إدارة المنظمة التأثيرات المختلفة لهذه الفئات عليها في حالة الإخلال بسلم الأولويات هذا .

5. كثرة الحاجات والطلبات الاجتماعية لهذه الفئات ذات المصلحة بحيث تجد منظمة الأعمال نفسها غير قادرة على الوفاء بالالتزامات جميعها.

ب. عناصر المسؤولية الاجتماعية :

إن تبني أهداف أصحاب المصالح من قبل منظمات الأعمال يحتل اسبقيات متسلسلة في ضوء طبيعة تأثير هذه المجاميع على أهداف المنظمة ومصالحها الخاصة لذلك فإن الدراسات تشير إلى اختلاف ترتيب هؤلاء المستفيدين استناداً إلى اختلاف البيئات وعبر الزمن. و يلاحظ أن البعض من هذه الفئات يأتي في مراتب متقدمة وبشكل مستمر كما هو عليه الحال في الدول المتقدمة حيث نجد هذا الاهتمام الكبير بالزبائن مع فئات حديثة ظهرت وبدأت بلعب دور كبير، في حين يمكن أن تلعب الحكومة هذا الدور الأكبر في الدول النامية وتأتي في مرحلة متقدمة نظراً لتأثيرها الكبير في جوانب الحياة المختلفة .

ويعرض بعض الباحثين عناصر المسؤولية الاجتماعية في إطار عام يغطي مجموعة من الأبعاد بشكل عام ويرون أن هذه العناصر يمكن أن تكيف بقياسات مختلفة وفق اعتبار طبيعة عمل المنظمة ونشاطها وتأثير فئات أصحاب المصالح المختلفين. إن شمولية محتوى المسؤولية الاجتماعية جعلت الباحث Carroll يشير إلى جوهرها بأربعة أبعاد رئيسية هي الاقتصادي Economic والأخلاقي Ethical والقانوني legal والخيّر Philanotrophy. وفي إطار ذلك طوّر مصفوفة يبين فيها هذه الأبعاد الأربعة وكيف يمكن أن تؤثر على كل واحد من المستفيدين في البيئة (Carroll, 1991, P. 401) ويوضح الجدول التالي خلاصة للممارسات الأكثر شيوعاً في دول العالم والتي يمكن أن تعتبر أبعاداً أساسية لمحتوى المسؤولية الاجتماعية تجاه مختلف أطراف المستفيدين (Carroll, 1991, P. 405) ، (Ferrell and Fraedrich, 1994, P. 68.86).

جدول (2-2)

ابعاد المسؤولية الاجتماعية وعناصرها الرئيسية والفرعية

البعد	العناصر الرئيسية	العناصر الفرعية
الاقتصادي	المنافسة العادلة	• منع الاحتكار وعدم الإضرار بالمستهلكين. • احترام قواعد المنافسة وعدم إلحاق الأذى بالمنافسين.
	التكنولوجيا	• استفادة المجتمع من التقدم التكنولوجي والخدمات التي يمكن أن يوفرها. • استخدام التكنولوجيا في معالجة الأضرار التي تلحق بالمجتمع والبيئة.
القانوني	قوانين حماية المستهلك	• عدم الاتجار بالمواد الضارة على اختلاف أنواعها. • حماية الأطفال صحياً وثقافياً. • حماية المستهلك من المواد المزوّرة والمزيّفة.
	حماية البيئة	• منع تلوث المياه والهواء والتربة. • التخلص من المنتجات بعد استهلاكها. • منع الاستخدام التعسفي للموارد. • صيانة الموارد وتنميتها.
	السلامة والعدالة	• منع التمييز على أساس العرق أو الجنس أو الدين. • ظروف العمل ومنع عمل الأحداث وصغار السن . • إصابات العمل . • التقاعد وخطط الضمان الاجتماعي. • عمل المرأة وظروفها الخاصة. • المهاجرين وتشغيل غير القانونيين. • عمل المعوقين.
الأخلاقي	المعايير الأخلاقية	• مراعاة الجوانب الأخلاقية في الاستهلاك. • مراعاة مبدأ تكافؤ الفرص في التوظيف. • مراعاة حقوق الإنسان .
	الأعراف والقيم الاجتماعية	• احترام العادات والتقاليد . • مكافحة المخدرات والممارسات اللاأخلاقية.
الخيّر	نوعية الحياة	• نوع التغذية. • الملابس. • الخدمات. • النقل العام. • الذوق العام.

ولغرض فهم هذه المكونات الأربعة للمسؤولية الاجتماعية التي قدمها Carroll فإننا نجد علاقة وثيقة بين متطلبات النجاح في العمل ومتطلبات تلبية

حاجات المجتمع وخاصة في إطار الأبعاد الاقتصادية والقانونية حيث تمثل هذه الأبعاد مطالب أساسية للمجتمع يجب تلبيتها من قبل الأعمال، في حين يتوقع المجتمع من الأعمال أن تلعب دوراً أكبر في ما يخص عناصر بُعدي الأخلاقي والخير علماً بأن هذا الأخير يمثل في حقيقته رغبات مشروعة للمجتمع يفضل أن تتبناها منظمات الأعمال المختلفة. والملاحظ أن Carroll وظف هذه الأبعاد بشكل هرمي متسلسل Pyramid لتوضيح الترابط بينها من جانب ومن جانب آخر فإن استناد أي بُعد على بُعد آخر يمثل حالة واقعية فلا يمكن أن تتوقع من منظمات الأعمال مبادرات خيّرة ومسؤولية إذا لم تكن هذه المنظمات قد قطعت شوطاً في إطار تحملها لمسؤولياتها الاقتصادية والقانونية والأخلاقية تجاه المجتمعات التي تعمل فيها والشكل أدناه يوضح "هرم Carroll للمسؤولية الاجتماعية".

شكل (3-2)

هرم Carroll للمسؤولية الاجتماعية

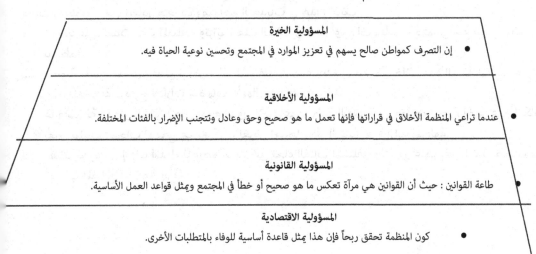

المسؤولية الخيرة
• إن التصرف كمواطن صالح يسهم في تعزيز الموارد في المجتمع وتحسين نوعية الحياة فيه.
المسؤولية الأخلاقية
• عندما تراعي المنظمة الأخلاق في قراراتها فإنها تعمل ما هو صحيح وحق وعادل وتتجنب الإضرار بالفئات المختلفة.
المسؤولية القانونية
• طاعة القوانين : حيث أن القوانين هي مرآة تعكس ما هو صحيح أو خطأ في المجتمع ويمثل قواعد العمل الأساسية.
المسؤولية الاقتصادية
• كون المنظمة تحقق ربحاً فإن هذا يمثل قاعدة أساسية للوفاء بالمتطلبات الأخرى.

Source : Carroll, 2002, P. 40

إن المسؤولية الاجتماعية الشاملة Corporate Social Responsibility هي حاصل مجموع هذه الأنواع الأربعة ويمكن كتابتها بشكل معادلة :

المسؤولية الاجتماعية الشاملة = المسؤولية الاقتصادية + المسؤولية القانونية + المسؤولية الأخلاقية + المسؤولية الخيرة.

وتجدر الإشارة إلى أن وجهات نظر الفئات ذات المصلحة الأساسية حول المسؤولية الاجتماعية لمنظمة الأعمال وفق هذه المكونات الأربعة تتباين من ناحية ترتيبها وفق الأهمية التي تعكس مصلحتها فمثلاً يركز المالكون في الدرجة الأولى على البعد الاقتصادي بشكل عام في حين يركز الزبائن على البعد الأخلاقي أولاً أما العاملين فما يهمهم هو البعد القانوني بالدرجة الأولى ولكن المجتمع المحلي يعطي أهمية كبرى للبعد الخيّر من المسؤولية.

ج. المؤشرات التفصيلية لقياس الأداء الاجتماعي :

تواجه عملية إيجاد مؤشرات تفصيلية لقياس الأداء الاجتماعي لمنظمات الأعمال عدة إشكالات وتحتاج إلى تجميع بيانات ومعلومات من مصادر متعددة ومن أهم التحديات في هذا الجانب :

1. تحديد عدد الفئات ذات المصلحة وترتيب هذه الفئات في سلم أولويات مناسب يتماشى مع الظرف البيئي المحيط بالمنظمة.

2. صعوبة تحديد الممثل الفعلي لبعض فئات المستفيدين وكيف يتم التعبير من خلال هذه الجهة الممثلة عن متطلبات هذه المجموعة بوضوح لإدارات منظمات الأعمال .

3. عدم سهولة القياس الكمي لبعض أوجه الدور الاجتماعي لمنظمة الأعمال من جهة ومن جهة أخرى عدم إمكانية ترجمة بعض طلبات أصحاب المصالح بمعايير كمية لغرض أخذها بنظر الاعتبار في قرارات المنظمة.

4. هناك فجوة بين إدراك المدراء لدورهم الاجتماعي تجاه الفئات المختلفة والتعبير عنها بقرارات المنظمة وما يتوقعه أصحاب المصالح فعلاً من أداء

اجتماعي للمنظمة وكلما تقلصت هذه الفجوة فهذا يدل على تقارب وجهات النظر ووجود فهم مشترك بين الجانبين .

5. ان المؤشرات التفصيلية التي سنعرضها لاحقاً ما هي إلا مؤشرات عامة لكافة أنواع منظمات الأعمال والمفترض أن تطور إدارة المنظمة المؤشرات الخاصة بها في ضوء طبيعة نشاطها ومساهمتها في المجال الاجتماعي وقدراتها المختلفة، فالدور الاجتماعي مثلاً لمستشفى يختلف عن الدور الاجتماعي لمنظمة صناعية وهذا بدوره يختلف عن جامعة خاصة.

وإجمالاً يمكن أن نشير إلى المؤشرات التفصيلية التالية لقياس الأداء الاجتماعي وما تتوقعه فئات المستفيدين المختلفة المذكورين أدناه من منظمات الأعمال :

1. المالكون .
2. العاملون .
3. الزبائن .
4. المجهزون.
5. المنافسون.
6. المجتمع المحلي .
7. البيئة.
8. الحكومة.
9. جماعات الضغط المختلفة .
10. الأقليات والفئات ذات الاحتياجات الخاصة .

أولاً: المالكون :

يمثل المالكون فئة مهمة جداً من أصحاب المصالح والمستفيدين المباشرين من نشاط المنظمة. إن هؤلاء المالكون يتحملون مخاطر الاستثمار من خلال المغامرة بأموالهم الخاصة متوقعين عائداً مجزياً ومناسباً من هذه الاستثمارات.

ويمكن أن يكون المالك شخصاً واحداً أو مجموعة أو شركة مساهمة أو شركة تضامن أو أي شكل قانوني آخر. إن المؤشرات التالية تعبر عن متطلبات هذه الفئة ويمكن أن تعتبر مقاييس لقياس الأداء الاجتماعي تجاهها:

1. **تحقيق أكبر ربح ممكن** : وهذا يعني بذل أقصى الجهود من قبل الإدارة والعاملين وحسن استخدام الموارد لتحقيق أرباح عالية تعود بالنفع على هذه الفئة بالدرجة الأساس والفئات الأخرى.

2. **تعظيم قيمة السهم** : إن المالكين يتطلعون إلى أن تكون قيمة أسهم شركتهم بارتفاع مستمر وقيمة عالية .

3. **زيادة قيمة المشروع أو المنظمة**: يرغب المالكون أن تزداد قيمة مشاريعهم ومنظماتهم الكلية وهذه تمثل قيمة حقيقية يعرضها واقع عمل المنظمة في البيئة التنافسية وفي الأسواق التي تعمل فيها.

4. **رسم صورة محترمة للمنظمة** : يحبذ المالكون أن تكون منظمتهم ذات سمعة جيدة وثقافة تنظيمية إيجابية قوية وصورة محترمة في المجتمع كون هذه المفردات مهمة جداً لعمل المنظمة وأنها تعطي نتائج إيجابية في المنافسة والأداء.

5. **زيادة حجم المبيعات** : قد تستطيع المنظمة أن تكون الأولى من حيث الحصة السوقية وأرقام المبيعات نظراً لارتباط حجم المبيعات هذا والحصة السوقية بالأرباح وبقيمة المنظمة .

6. **تحقيق نسب نمو عالية**: تعبر نسبة النمو عن ظاهرة صحية، فالمنظمات التي تتوسع وتنمو تعطي مؤشرات إيجابية للاستثمار فيها وبالتالي ترتفع قيمة أسهمها وقيمتها الحقيقية الكلية .

7. **حماية أصول المنظمة وموجوداتها**: فالمالكون هم أول المتضررين من حصول أي ضرر في الموجودات والممتلكات العائدة للمنظمة وقد يؤدي

الإهمال أحياناً إلى انهيار المنظمة وخروجها من السوق لذلك فهم يتوقعون من المنظمة القيام بدورها على أفضل وجه.

8. **تطوير مستمر لقدرات المنظمة وإمكاناتها:** يعبر تطوير قدرات المنظمة وإمكاناتها عن حالة مرغوبة للمالكين باعتبار أن هذه القدرات هي التي يتم من خلالها تحقيق مختلف الإنجازات سواء على صعيد الأرباح أو قيمة الشركة أو نسب النمو فيها.

9. **تحقيق سبق في مجال النوعية :** إن جودة المنتجات سواءً كانت سلعاً أو خدمات تعبر عن حالة نشاط فعال واستخدام كفوء للموارد البشرية والمادية في المنظمة ويتطلع المالكون أن تعرف منظماتهم بجودة السلع والخدمات التي ينتجونها لما في ذلك من مردود إيجابي لصالح الجميع.

10. **سلامة الموقف القانوني والأخلاقي :** تشير سلامة الموقف هذه إلى احترام لقوانين المجتمع وتشريعاته وبالتالي لا تتحمل المنظمة غرامات ولا مساءلات قانونية وتتعايش بسلام ووئام مع مختلف فئات المجتمع، وهذا يعتبر مدخلاً لاستمرارية عمل المنظمة ومشروعية وجودها من الناحية القانونية والاجتماعية.

ثانياً :العاملون :

لا نقصد بالعاملين هم الفنيون فحسب بل تشمل هذه الفئة جميع العاملين من إداريين وفنيين وفئات أخرى، حيث أن لهم مصلحة مهمة في المنظمة لا تقتصر على الأجور فحسب بل تتعداها إلى عدد أكبر من المؤشرات التي نوجزها في الآتي:

1. **أجور ومرتبات مجزية:** يتوقع العاملون أن تدفع لهم أجوراً تتناسب مع الجهد المبذول من قبلهم سواءً كان جهداً فكرياً أو عضلياً. كما يتوقع العاملون العدالة في هذه الأجور من حيث وفائها بمتطلبات العيش الكريم، وسداد

احتياجاتهم واحتياجات عوائلهم المختلفة. علماً بأن الأجور التي تدفع للعاملين تمثل محركاً فاعلاً في اقتصادات الدول المختلفة كونها تمثل حلقات متسلسلة من القيمة المضافة لشرائح المجتمع المختلفة .

2. **فرص ترقية متاحة وجيدة**: وهي حالة مطلوبة من قبل العاملين لأنها تؤدي إلى تحسين قدراتهم الفنية والمالية وتشعرهم بأهميتهم في المنظمة.

3. **تدريب وتطوير مستمر**: فالعلم لا يتوقف عند حد معين لذلك فالعامل الذي أنهى دراسته في مرحلة معينة يتطلع أن يحصل على معلومات إضافية تتعلق بما يستجد في مجال تخصصه وبالتالي يتوقع من المنظمة التي يعمل فيها أن تزجه في دورات تدريبية وتطويرية تؤهله للإيفاء بمتطلبات بيئة عمل تتسم بالحركة والتطور الدائم.

4. **عدالة وظيفية** : تولد هذه العدالة شعوراً بالانتماء والإحساس بالثقة وتساهم بتنمية ثقافية تنظيمية إيجابية تكون المنظمة بأشد الحاجة لها.

5. **ظروف عمل صحية ومناسبة** : تساعد بيئة العمل على الإنجاز الصحيح للمهمات وأداء الوظائف بشكل حسن إذا كانت بيئة مشتملة على المستلزمات الضرورية للحفاظ على صحة العامل وسلامته من الاخطار بمختلف أنواعها. فالتهوية الجيدة والإضاءة الكافية وعدم وجود ضوضاء أو إشعاع ودرجات الحرارة الملائمة والمكاتب الواسعة ومكان العمل النظيف والمفتوح كلها شروط صحية أساسية لأداء العمل وتهتم وحدات السلامة المهنية بهذا الأمر وقد استحدثت مؤخراً في مختلف الدول جوائز خاصة بالسلامة المهنية تمنح للمنظمات التي تفي بمتطلبات السلامة كاملة.

6. **المشاركة في القرارات**: أصبح العاملون يتطلعون إلى مزيد من المشاركة في القرارات التي تخصهم أو تخص عملهم وقد بقيت المشاركة تمثل مدخلاً مهماً لتحفيز العاملين وإندماجهم في العمل فلا تكتفي المنظمات بالاستفادة من الجهود

الفنية للعاملين بل تحاول أن تستفيد من مبادراتهم الإبداعية وذهنياتهم على اعتبار أنهم أقرب إلى المكائن والمعدات وبيئة العمل المباشرة.

7. **رعاية صحية جيدة:** لهذا الجانب أهمية قصوى في حياة العاملين وعوائلهم فالتأمين الصحي ومدى شموليته والرعاية الصحية الجيدة في موقع العمل هي متطلبات ضرورية يطمح لها العاملون في كل منظمات الأعمال.

8. **إجازات مدفوعة :** في حالات التدريب أو الدراسة أو المرض أو الراحة والاستجمام أو التطوع للعمل الاجتماعي الخيري كما هو في بعض الدول، فإن الإجازة المدفوعة تعتبر مساهمة مهمة من قبل منظمات الأعمال.

9. **إسكان وخدمات مختلفة أخرى للعاملين:** إن توفير السكن يوفر للعامل استقراراً عالياً وحافزاً مهماً للبقاء في المنظمة وتطوير الذات. إن مساهمة المنظمة بتوفير السكن جزئياً أو كلياً أمر مطلوب وهو يعد إسهاماً اجتماعياً مهماً وتتميز المنظمات اليابانية عن غيرها في هذا المجال بمساهمتها الواضحة.

10. **الشفافية في العمل وتقليل الاتصالات غير الرسمية السلبية:** إن منهج الإدارة المفتوحة يُعدّ مدخلاً ملائماً لتنمية العلاقة مع العاملين حيث أنهم على اطلاع تام بما يحيط بالمنظمة من مواقف مختلفة وبالتالي فهم أسرع للمبادرة بمعالجة المواقف المختلفة ومساعدة المنظمة على التطور والرقي، فبدلاً من الإشاعات التي تسري بين العاملين ويكون لها مردود سلبي عليهم تؤدي الشفافية والوضوح في الاتصالات إلى تقليل هذا الأمر.

ثالثاً: الزبائن :

إن هذه الشريحة من أصحاب المصالح ذات أهمية كبيرة لكل منظمات الأعمال بدون استثناء، فوجود المنظمة مرتبط بإنتاج سلع أو خدمات وهذه يستهلكها زبائن وطبيعة التعامل معم وإقناعهم باستهلاك هذه المنتجات عمل مهم من أعمال

إدارة التسويق في أي منظمة من المنظمات. وفي الدول المتقدمة يعبر الزبائن عن الكثير من طلباتهم من خلال مصادر متعددة للرأي وجمعيات حماية المستهلك والنشرات والدوريات الخاصة بهذه الجمعيات تعتبر أداة ضاغطة على منظمات الأعمال بالإضافة إلى ذلك فإن المنظمات تجري باستمرار استبيانات واستطلاعات للرأي بشأن توجهات الزبائن وآرائهم بالسلع والخدمات المعروضة أو محتملة التطوير وهذه الآراء هي مصدر مهم لاتخاذ قرارات في منظمات الأعمال. أما في الدول النامية فلا تزال مثل هذه الجمعيات غير موجودة أو أنها في طور الإنشاء أو إن وجدت فهي قليلة التجربة ومحدودة التأثير. ولما للزبائن من أهمية قصوى في حياة منظمات الأعمال فيجب على هذه الأخيرة أن تبادر بالقيام بدراسات حول هذه الفئة لمعرفة متطلباتها وأسلوب تلبية هذه المتطلبات. وبشكل عام يمكن أن تصلح المؤشرات التالية كمقاييس للأداء الاجتماعي موجهة لهذه الشريحة:

1. **منتجات بأسعار مناسبة :** ترتبط الأسعار بكلفة الإنتاج فكلما استطاعت منظمة الأعمال السيطرة على تكاليف الإنتاج استطاعت تقديم سلع وخدمات بأسعار تتماشى وقدرة وإمكانات الأغلبية الساحقة من هذه الفئة أو الشريحة.

2. **منتجات بنوعية جيدة:** يجب أن يتولد شعور حقيقي لدى الزبائن من أن نوعية السلع والخدمات التي تنتجها المنظمة جيدة قياساً بالسعر المدفوع فيها وتطابق احتياجات الزبائن حيث أن الجودة تفهم بشكل واسع على أنه مطابقة للاستخدام "Fitness to Use".

3. **متاحية وميسورية للحصول على المنتجات:** يرغب الزبائن بوجود قنوات توزيع منتشرة على مدى واسع تجهزهم بهذه المنتجات بدون انقطاع وبأسعار تتسم بالاستقرار قياساً بدخولهم وإمكاناتهم.

4. **إعلان صادق وأمين :** يريد الزبائن أن يكون التعريف بالمنتج متصفاً بالصدق والوضوح وعدم ذكر معلومات عن المنتج غير صحيحة أو يتضح بعد ذلك أنها غير واقعية مثال ذلك الأدوية وخصائصها والمبالغة فيها وعدم ذكر

تأثيرها الجانبي، كذلك المبالغة بالإعلانات الخاصة بالتدخين والكحول دون بيان الضرر الذي يمكن أن تحتويه.

5. **منتجات أمينة عند الاستعمال** : لقد حصل تطور مهم في طريقة صنع واستخدام الكثير من المنتجات الصناعية خصوصاً في ما يتعلق بالجانب الأمني منها فمثلاً المدافئ والغسالات وغيرها أصبحت أكثر أماناً بعد أن سببت حوادث هائلة راح ضحيتها عدد كبير من الناس. كذلك لا بد من الإشارة إلى مسؤولية المنظمات التي تنتج منتجات خاصة بالأطفال مثل لعب الأطفال أو الأغذية، هنا لا بد من التأكد من سلامتها تماماً لأن الأطفال أكثر وأسرع عرضة للتأثر بها عند الاستعمال.

6. **إرشادات واضحة بشأن استخدام المنتج والتخلص منه بعد الاستعمال:** حيث يجب أن يرفق المنتج بنشرة إرشادية توضيحية لكيفية استخدام المنتج والتخلص منه بعد الانتهاء من استخدامه.

7. **التزام بمعالجة الأضرار التي تحدث بعد البيع والاستخدام:** فكثيراً من المنتجات قد تتسبب بأضرار مختلفة الأثر مادية أو نفسية للمستخدمين.

8. **تطوير مستمر للسلع أو الخدمات** : احتراماً للزبائن وسعياً للارتقاء بمستوى حياتهم تبادر المنظمات لتطوير السلع والخدمات بطريقة تعكس اهتماماً واضحاً بالزبون وليس بالعائد المادي فقط.

9. **إعادة تدوير جانب من الأرباح لصالح فئات معينة من الزبائن:** أو تسعى لتصنيع منتجات أو تقديم خدمات لشرائح ذات احتياجات خاصة من الزبائن مثلاً إنتاج شركات المشروبات الغازية أنواعاً خاصة بفئات تعاني من أمراض معينة أو تسعى للترشيق وتخفيف الوزن.

10. **التزام أخلاقي بعدم خرق قواعد العمل في السوق مثل الاحتكار:** أو فرض سلع معينة مع بعض المنتجات أو الغش والتدليس والاحتيال أو إنقاص الأوزان وغيرها.

رابعاً: البيئة :

إن المقصود بالبيئة هنا هي البيئة الطبيعية، التربة والماء والهواء. وقد أصبح المجتمع معني بشكل كبير وبتزايد مستمر بالآثار البيئية التي تتركها عمليات منظمات الأعمال المختلفة على صحة الإنسان أولاً وعلى النباتات والحيوانات والمياه والتربة والهواء من آثار. ولقد شاع مصطلح تخضير الأعمال (Business Greening) والذي يعني بمفهومه العام الاهتمام بالبيئة وتقليل الآثار السلبية لأنشطة منظمات الأعمال على البيئة. وتتفاوت المنظمات حسب طبيعة عملها في تأثيراتها على البيئة. فبعض أنواع المنظمات يعد غير صديق للبيئة "Environmentally unfriendly" مثل شركات تصفية النفط والصناعات الكيماوية وشركات إنتاج الكهرباء بالطاقة الذرية وغيرها وهناك منظمات أخرى أقل تلويثاً للبيئة، لكنه أصبح معروفاً أن جميع أنواع المنظمات ذات أثر سلبي متباين على البيئة بجميع مكوناتها. فحتى منظمات الصيرفة والجامعات التي تبدو لأول وهلة أنها خالية من الملوثات فإن الفحص الدقيق لعملياتها يظهر لنا أنها تؤثر سلباً على البيئة من خلال النقابات والمختبرات ومخلفات ورقية كثيرة وغيرها .

إن هناك العديد من الجهات المدافعة عن البيئة، وهذا يعتمد على التطور الاجتماعي والنضوج الثقافي بالمجتمع ومدى تطور منظمات المجتمع المدني والمنظمات المدافعة عن البيئة. إن الدليل على أهمية موضوع البيئة هو إصدار منظمة التقييس العالمية حزمتها المعرفة ISO 14000. برغم من أنه ليس هناك إجماع على وجود معايير واضحة ومحددة لقياس الأداء البيئي، إلا أنه توجد العديد من المعايير التي يمكن من خلالها الحكم على أداء منظمات الأعمال في هذا المجال أو قياس درجة خضرتها (greenness) وكالآتي : (Douglas j Lobber, 1996, P.187)

1. **السياسة البيئية   Environmental Policy** :
أ. مدى الوضوح والاستقرار والشمولية .
ب. ربط الأداء البيئي برسالة المنظمة .
ج. شرط الاستدامة بالنشاط البيئي .
د.   تقليل المخاطر البيئية .
هـ شمولها لجميع أصحاب المصالح البارزين .
و. متوافقة مع العمليات الدولية للمنظمة.

2. **وجود مدونة الأخلاقيات البيئية ومعايير التطبيق   Code of Environmental Ethics** :
أ. التوقيع على معاهدات خارجية أو إعلان مبادئ مشترك مع قطاعات صناعية أخرى .
ب. التوقيع على مدونات خاصة بالصناعات التي تعمل في إطارها المنظمة.
ج. الالتزام بالأخلاقيات بشكل عام .

3. **الهيكل العام للمنظمة   Corporate Structure** :
أ. وجود قسم خاص أو وحدة خاصة بالبيئة .
ب. موقع المدير البيئي في الهيكل التنظيمي.
ج. إشراك ممثل بيئي في مجلس الإدارة أو الإدارة العليا.
د. وجود آليات للتفاعل والاتصال بشأن البيئة بين الأقسام المختلفة في منظمة الأعمال.

4. **إندماج العاملين في الأنشطة البيئية   Employee Involvement** :
أ. مكافآت وحوافز العاملين المتميزين في مجال الأنشطة البيئية .

ب. تربية وتدريب العاملين فيما يخص شؤون البيئة .

5. وجود نظام الإدارة البيئي (EMAS) Enviromental Management System :

أ. أهداف يمكن قياسها كمياً للأنشطة البيئية .

ب. خطط التنفيذ.

ج. نظام قياس للأداء البيئي.

د. الإيفاء بمتطلبات نظام (ISO 14000).

هـ. موارد مالية كافية للأنشطة البيئية.

و. موارد بشرية كافية مكرسة للشؤون البيئية.

6. إدارة الجودة الشاملة البيئية Total Quality Environmental Management.

7. المواد والطاقة واستخدام المياه Materials, Energy, Water Usage:

أ. سياسة المواد.

ب. جهود تقليل استهلاك الطاقة.

ج. جهود ترشيد استخدام المياه .

8. الوقاية من التلوث وتقليل العادم وأنشطة إعادة التدوير:

Pollution Prevention, Waste Minimization and Recycling Activity

9. الإشراف على المنتج والعمليات Product and Process Stewardship:

أ. الإشراف على عمليات التصنيع ومتابعتها.

ب. الإشراف على المنتجات من حيث تصميمها بطريقة ملائمة للبيئة.

ج. استخدام أسلوب تقييم دورة حياة المنتج البيئية.

د. استخدام أسلوب تحليل المخاطر البيئية.

10. المحاسبة البيئية واستخدام تحليل الربح / التكاليف للأنشطة البيئية :
Environmental Accounting of Benefits /Costs

11. التدقيق البيئي Environmental Auditing :
   أ. التدقيق الداخلي .
   ب. التدقيق الخارجي.

12. الانبعاثات البيئية Environmental Releases :
   أ. جميع الانبعاثات الكيماوية.
   ب. المخلفات المنتجة من قبل المنظمة .
   ج. انبعاثات البيوت الزجاجية المستخدمة في الزراعة.
   د. انبعاث الغازات التي تؤدي إلى تآكل طبقة الأوزون.
   هـ. الروائح والضوضاء.

13. العلاقة المستديمة مع نظم حماية البيئة الطبيعية :
Sustainable Relationships With Natural Ecosystems

   أ. القدرة على امتصاص واستيعاب العوادم والمخلفات.
   ب. القدرة على معالجة وإعادة استخدام العوادم والمخلفات.
   ج. حماية التنوع البيئي .

14. المسؤوليات البيئية، الاستجابة والغرامات :
Environmental Liabilities, Compliance and Penalties

   أ. عدد المواقع البيئية التي تمولها المنظمة.
   ب. السجل البيئي الخاص بالاستجابة للمعايير البيئية الخاصة بالهواء والماء والتربة والعوادم المسموح بها.
   ج. مقدار الغرامات المدفوعة.

15. **الحوادث البيئية** Environmental Accidents :
   أ. عدد وحجم الحوادث.
   ب. نوع الاستجابة.

16. **العلاقة مع الجمهور ووسائل الإعلام**
   Relationships with the public/Media :
   أ. تثقيف الجمهور بقضايا البيئة.
   ب. الإفصاح العام ومصداقية المنظمة بقضايا البيئة.

17. **العلاقات مع المجتمع المحلي**
   Relationships with the Local Community :
   أ. جلسات حوار مع المجتمع المحلي حول قضايا البيئة.
   ب. مسوحات حول البيئة.
   ج. العدالة باختيار مواقع الوحدات الإنتاجية للمنظمة في المدينة.
   د. عدالة الأنشطة البيئية لمختلف المجاميع الاجتماعية والاقتصادية والسكانية.
   هـ عدالة الأنشطة البيئية للأجيال الحاضرة والمستقبلة.

18. **علاقة مع حملة الأسهم** Relationships With Shareholders :
   أ. حلول للمشاكل البيئية وثيقة الصلة بمصالح حملة الأسهم.

19. **العلاقات مع المجهزين** Relationships with Suppliers :
   أ. فحص نظام تقييم الأداء البيئي للمجهزين.

20. العلاقات مع مجاميع حماية البيئة

Relationships with Environmental Groups :

أ. التبرعات المالية .

ب. فرق عمل مشتركة لحل المشاكل.

21. علاقته مع النظام السياسي والتشريعي

Relationships with political / Regulatory System:

أ. دعم المرشحين السياسيين ذوي الاتجاهات البيئية .

ب. علاقة تعاونية مع الحكومة فيما يتعلق بالبيئة.

22. المشاركة في المجالس التعاونية البيئية والتوأمة مع جمعيات حماية البيئة :

Participation in cooperative environmental Councils and Partnerships

23. اتصالات تغطي الأنشطة البيئية

Communication of environmental activity :

أ. إعداد التقرير البيئي السنوي.

ب. فحص القضايا البيئية الواردة في التقرير البيئي السنوي.

ج. مكانة ومنصب الشخص المسؤول عن العلاقات البيئية .

24. البيئة الصناعية Industrial Ecology .

خامساً: المجتمع المحلي :

يمثل المجتمع المحلي شريحة مهمة من المستفيدين وتنظر منظمات الأعمال إلى توطيد العلاقة مع المجتمع المحلي باعتبارها تدعّم النظرة الإيجابية للمنظمات التي تبادر بتعزيز العلاقة مع هذا المجتمع. وتوجد أساليب وطرق كثيرة عبر من

خلالها المجتمع المحلي عن متطلباته من منظمات الأعمال العاملة في هذا المجتمع. ويمكن الإشارة إلى أهم المعايير الخاصة بالمجتمع كصاحب مصلحة من وجود منظمات الأعمال بالآتي:

1. المساهمة في دعم البنى التحتية للمجتمع حيث تمثل هذه البنى مرتكزات أساسية لتحسين نوعية الحياة في المجتمع مثل تبليط الطرق وإنشاء الجسور والمتنزهات والحدائق العامة والإكثار من المساحات الخضراء ودعم الأنشطة الرياضية والثقافية وغيرها من المبادرات .

2. خلق فرص عمل جديدة وبشكل مستمر لحل مشكلة البطالة وتوفير مصادر عيش كريمة لأبناء المجتمع المحلي وزيادة الاستقرار والأمن الاجتماعي.

3. دعم الأنشطة الاجتماعية مثل الأندية الترفيهية وأماكن ترويح لكبار السن وملاعب أطفال ونوادي اجتماعية أخرى تزيد من ترابط الشرائح الاجتماعية والسلم الاجتماعي وتقليل الاضطرابات فيه .

4. المساهمة الإيجابية والفاعلة في حالات الطوارئ والكوارث الطبيعية، فالمجتمع المحلي يتوقع أن تبادر منظمات الأعمال إلى المساهمة في أعمال الإغاثة في حالات الزلازل والفياضانات والحروب الأهلية والحريق والاضطرابات السياسية.

5. الصدق بالتعامل وتزويد المجتمع المحلي والفني والثقافي وأن تكون المنظمات شفافة في تعاملها مع المجتمع عند مشاكل كبيرة تكون المنظمة طرفاً فيها.

6. احترام العادات والتقاليد السائدة في المجتمع وعدم خرق الآداب العامة والسلوك الإيجابي وعدم القبول بالفساد الإداري والرشوة وتحقيق أرباح على حساب صحة المستهلك أو استغفاله مستغلين عادات اجتماعية معينة أو طريقة تفكير أو ثقافة سائدة في ذلك المجتمع .

7. دعم مؤسسات المجتمع المدني وهذه تتمثل بمجموعة كبيرة من الجمعيات والمؤسسات الأخرى التي تهتم بشؤون المرأة والأطفال والشباب وكبار السن

أو ذوي الاحتياجات الخاصة، حيث يتوقع المجتمع من منظمات الأعمال أن تبادر بدعم هذه المؤسسات مادياً ومعنوياً باعتبارها تؤدي واجباً وخدمة مهمة لمختلف شرائح المجتمع ومن خلال هذا الأمر يتعزز التلاحم الاجتماعي وتنخفض معدلات الجريمة بكافة أنواعها .

8. دعم متواصل للمؤسسات العلمية كمراكز البحوث والجامعات والمستشفيات باعتبار أن البحث العلمي والتعاون بين منظمات الأعمال والمؤسسات الأكاديمية سينعكس على المجتمع المحلي بخدمات راقية وسلع بنوعيات جيدة وأسعار معقولة وهذا يرسخ مكانة العلم في المجتمع ويشجع على احترام العلماء.
9. الاتجاه نحو تبني حاضنات الأعمال من أجل دعم الروّاد والمبدعين وهذا أمر مهم في عالم اليوم حيث تتعزز روح الولاء للمنطقة وتقل هجرة المبدعين.
10. المشاركة الفاعلة والدعم المتواصل من أجل تنمية المجتمع المحلي سياسياً عن طريق التوعية المستمرة والالتزام العالي بعدم خلق حالة من الفساد السياسي والتكتلات وعدم دفع رشاوى من أجل فوز مرشح أو كتلة معينة مقابل الحصول على امتيازات ومنافع للمنظمة.

سادساً: الحكومة :

تمثل الحكومة فئة من المستفيدين عادة ما تعير لها منظمات الأعمال في الدول النامية أهمية كبيرة قد تفوق باقي الفئات الأخرى وبدرجة ربما تزيد كثيراً عن الاهتمام الذي تلقاه هذه الفئة في الدول المتقدمة، لكن بالمقابل فإن أجهزة الحكومة ضعيفة مثل الجهاز الضريبي والإحصائي وبالتالي فإن هذا سينعكس على العلاقة بين الحكومة ومنظمات الأعمال ويصبح من الصعب على الحكومة توجيه منظمات الأعمال بشكل كفوء وبدون تدخل كبير وبما يساهم في حل العديد من المشاكل التي تواجه الدولة باعتبار أن الحكومة هي الممثل القانوني للدولة. كذلك

فإن المشاكل التي تواجه الدولة باعتبار أن الحكومة هي الممثل القانوني للدولة ستزداد. أن الحكومة تتوقع أن يكون لمنظمات الأعمال دوراً في المجالات التالية :

1. الالتزام بالتشريعات والقوانين والتوجهات الصادرة من الحكومة، فمن المتوقع أن تكون هذه التشريعات والقوانين هي بخصوص تنظيم العمل والأجور والأسعار وغيرها من الأمور الأخرى ذات المساس المباشر بحياة الناس وأن المنظمة بطاعتها والتزامها ستكون قدوة صالحة .

2. احترام تكافؤ الفرص بالتوظيف لما لذلك من أثر إيجابي والعمل بقاعدة وضع الشخص المناسب في المكان المناسب. ورغم أن منظمات الأعمال يغلب على أنشطتها طابع الربح إلا أن ذلك يجب أن لا يكون على حساب الالتزام بمبدأ تكافؤ الفرص للجميع بعيداً عن الاعتبارات العائلية والقبلية والعشائرية والانتماء لفئة سياسية أو عرقية أو مذهبية أو طائفية .

3. المساهمة بالصرف على البحث العلمي حيث أن للحكومة مصلحة حقيقية من قيام منظمات الأعمال بالصرف لتطوير مختلف مناحي الحياة الصناعية والصحية والتعليمية وباقي الأنشطة الأخرى، إن إحجام المنظمات عن الصرف في هذا الجانب يجعل من الدولة متخلفة قياساً بالدول الأخرى لأن الحكومة لا تستطيع أن تتحمل الإنفاق بمفردها نظراً لمحدودية مواردها.

4. تسديد الالتزامات الضريبية والرسوم وعدم التهرب الضريبي وما يتبع ذلك من صدق في التعامل مع الجهات الحكومية المختصة فالإفصاح المحاسبي والضريبي يجب أن يكون صادقاً وأميناً وموثوقاً به ويأتي في الوقت المناسب وفي موعده دون إبطاء أو تأخير وما يتبع ذلك من إجراءات قانونية قد تضر سمعة المنظمة وتضعها في إشكالها بعلاقتها مع الحكومة .

5. المساهمة بحل مشكلات اجتماعية وثقافية واقتصادية وغيرها مثل البطاقة حيث ان قدرة المنظمة على النمو وخلق فرص عمل تساهم في دعم جهود الحكومة في القضاء على البطالة وما يتبعها من آثار سلبية .

6. المساعدة في التأهيل والتدريب المجتمعي وبعض الأنواع الخاصة من التأهيل لذوي الاحتياجات مثل معوقي الحروب والمصابين بعاهات وغيرها .
7. تعزيز جهود الدولة بمكافحة الأمراض المتوطنة والمستعصية والتي تؤثر في خفض معدلات الإنتاجية والتطور.
8. احترام الحقوق المدنية للجميع دون تمييز لأي سبب كان .
9. تسديد أقساط الضمان الاجتماعي بانتظام وفي مواعيدها المقررة لما في ذلك من آثار إيجابية لتعزيز برامج الدولة الخاصة بالمسنين والمتقاعدين وغيرهم.
10. تعزيز سمعة الدولة والحكومة عند التعامل الخارجي وعدم التورط في أي نشاط مخالف للقوانين الدولية أو التغطية على أنشطة غير مشروعة مثل التهريب وغسيل الأموال وتمويل الإرهاب وخلق الفتن في الدول الأخرى.

سابعاً: المجهزون:

يمكن أن ينظر للعلاقة بين المجهزين ومنظمات الأعمال على أنها علاقة مصالح متبادلة ووثيقة جداً، لذلك يتوقع كل طرف من الطرف الآخر أن يصون هذه العلاقة ويحترمها ويبادر إلى تعززيها. لذلك يتوقع المجهزون أن تحترم منظمات الأعمال تطلعاتهم ومطالبهم المشروعة والتي يمكن تلخيص أهمها بالآتي :

1. الاستمرار بالتجهيز والإمداد خاصة لبعض أنواع المواد الأولية اللازمة للعمليات الإنتاجية والتي قد تتوفر بكثرة في السوق في فترات معينة وتشح ربما في فترات أخرى، حيث أن احترام هذا المبدأ يؤدي إلى مردود إيجابي لكلا الطرفين.
2. أسعار عادلة ومقبولة للمواد المجهزة لمنظمات الأعمال .
3. تطوير استخدام المواد المجهزة، ينتظر المجهزون من منظمات الأعمال المتعاملين معها أن يطوروا استخدامات جديدة للمواد المجهزة، حيث أن ذلك يضمن استمرار عملهم وزيادة الطلب على هذه المواد .

4. تسديد الالتزامات والصدق في التعامل، ان تسديد الالتزامات يساعد المجهزون على تطوير أعمالهم، وكذلك يمثل صدق التعامل. ظاهرة صحية ودليل على الثقة بين الطرفين.
5. تدريب المجهزين على مختلف أساليب وطرق تطوير العمل من أجل ضمان جودة المواد المسلمة، وخير مثال على ذلك قيام شركة TOYOTA بتدريب كوادر أكثر من مائة وثمانون شركة تقوم بتزويدها بالمواد وقطع الغيار المختلفة ضمن تطبيقها لفلسفة الإنتاج الآني (JIT)، حيث تضمن بهذا الأسلوب عدم وجود أي عيب في المواد المصنعة .

ثامناً: المنافسون :

لقد اشتدت المنافسة كثيراً خلال السنوات الأخيرة بسبب كثرة المنتجين والمعرفة بأسرار المنتجات وانتشار التعليم المهني وسرعة الاتصال والنقل وحرية التجارة وممارسة الأعمال وكذلك لانتقال أغلب الدول إلى آليات السوق المفتوحة وفي خضم هذا التنافس تنتظر منظمات الأعمال المتنافسة بعضها في البعض الآخر عدالة المنافسة ووضوح آلياتها والاتفاق على إجراءاتها وأن لا تكون منافسة غير عادلة وشريفة. لذلك فإن المنافسين يتوقعون الآتي كمؤشرات للأداء الاجتماعي اتجاههم:

1. منافسة عادلة ونزيهة، يكون فيه الأفضل أو الأحسن أحق في تحقيق نتائج إيجابية أكثر.
2. عدم سحب العاملين والموظفين من الآخر بأساليب غير نزيهة ومشروعة، حيث أن آليات السوق والعمل الشفاف هي المحرك للقوى العاملة في التوجه إلى ميدان العمل الذي يناسبهم.
3. عدم الإضرار بمصالح الآخرين وبأي وسيلة كانت، إن الإضرار بمصالح المنافس بدون مبررات موضوعية يجعل من عملية المنافسة تدميرية للجميع وبالتالي تتضرر مصالح منظمات الأعمال.

تاسعاً: الأقليات وذوي الاحتياجات الخاصة :

لا يخلو مجتمع من المجتمعات من وجود أقليات عرقية أو دينية أو مذهبية أو أي نوع آخر من الأقليات، كذلك توجد شرائح ذوي الاحتياجات الخاصة سواء كانت شريحة النساء أو الشباب أو الأطفال أو كبار السن. وتنظر هذه الشرائح من منظمات الأعمال أدواراً مختلفة تجاهها تساهم في تلبية هذه الاحتياجات الخاصة.

إن هذه الاحتياجات الخاصة هي فسيولوجية أو طبيعية تحول دون أن تكون هذه القوى قوى كاملة التأهيل الطبيعي للعمل بسبب الخصائص الجسدية أو صغر أو كبر السن أونقص خلقي يسبب عوقاً معيناً. ويمكن أن تكون الصورة أوضح عند استعراض الدور المطلوب تجاه كل فئة من هذه الفئات وكالآتي :

أ. الأقليات :

وهذه مجموعات يقصد به أقليات قومية أو عرقية أو دينية في مجتمع أكبر منها يشكل إطاراً حاوياً لها. لذلك فهي تنظر من منظمات الأعمال دوراً اجتماعياً يساهم في تعزيز وجودها والمحافظة على كيانها وهويتها وكالآتي :

1. عدم التعصب ونشر روح التسامح نحو الأقليات في أماكن العمل خصوصاً.
2. التعليم والحق في إقامة الشعائر والطقوس الدينية وإحياء المناسبة القومية وغيرها .
3. المساواة في التوظيف والعدالة في الوصول إلى المناصب العليا والمناطق القيادية.
4. المساهمة في عملية دمجهم في المجتمع المحلي مع المحافظة على هويتهم الخاصة .
5. تكافؤ الفرص والعدالة في الفرص والأجور والإجازات وكل الامتيازات الأخرى.

ب. المعوقين :

وهذه فئة موجودة دائماً وفي كل المجتمعات سواء كانت إعاقتهم طبيعية أم بسبب الحروب والكوارث الطبيعية حيث تصل نسبة العوق في بعضهم إلى حد العجز، حيث ينتظر هؤلاء من منظمات الأعمال ما يلي :

1. توفير فرص عمل ومساعدتهم على أن يكون لهم دور في بناء المجتمع .
2. توفير التدريب والتطوير بما يؤدي إلى تأهيلهم للعمل .
3. توفير تجهيزات وأدوات خاصة بهم تساعدهم على مواصلة حياتهم اليومية مثل سيارات خاصة للاستخدام، أكشاك تليفون سهلة الوصول، عصي لكفيفي البصر، كراجات خاصة، ساعات خاصة، أطراف صناعية وغيرها.
4. دعم الجمعيات التي تساعد على دمجهم بالمجتمع مثل أندية ثقافية خاصة أو أندية رياضية تهتم برياضة المعوقين.

ج. النساء :

تمثل النساء نصف المجتمع وعادة ما تستغل المرأة في بيئة العمل لأسباب متعددة لذلك أنشأت جمعيات الدفاع عن حقوق المرأة العاملة وجمعيات حماية المرأة من الاعتداء عليها في المنزل وغيرها. وتتوقع هذه الشريحة المهمة من المجتمع أن تبادر منظمات الأعمال إلى القيام بالعديد من الأدوار التي تعزز من مكانتها في المجتمع يمكن تلخيصها في أدناه :

1. توظيف عادل تبتعد منظمات الأعمال فيه عن التحيز ضد النساء دون مبرر مقبول أو موضوعي.
2. إجازات مدفوعة الأجر في حالات الولادة والأمومة أو الإصابات أثناء العمل .
3. مساواة في الأجور وظروف العمل وساعاته مع الفئات الأخرى.
4. احترام في مكان العمل وتقديم مكانة المرأة ومنع الابتزاز والتحرش الجنسي وممارسة الضغوط عليها.

5. احترام خصوصية المرأة وتوفير أماكن خاصة لها تتناسب وطبيعتها الفسيولوجية .
6. فرص ترقية وتدريب متساوية مع الرجل والسماح لها بالوصول إلى المناصب القيادية.

د. الشباب :

فئة مهمة لها احتياجات معينة تختلف فيها عن باقي شرائح المجتمع وعدم مداراتها قد ينجم عنه مشاكل اجتماعية خطيرة حيث يمكن أن يحصل انحراف لهؤلاء الشباب يؤدي إلى ضرر كبير في المجتمع ويمكن أن نلخص بعض متطلبات هذه الفئات بالآتي :

1. فرص تدريب وعمل مناسبة أثناء الإجازات الدراسية .
2. أنشطة شبابية ورياضية مبرمجة تشغل أوقات فراغهم.
3. مكافأة المتفوقين في مختلف المجالات وتشجيع مبادراتهم .
4. عدم التحيز لفئات معينة منهم لأي سبب كان لخطورة هذه المرحلة العمرية وحساسيتها المفرطة تجاه تصرفات الآخرين.
5. سماع آرائهم وإيصالها إلى مختلف الأطراف والجهات وإشعارهم بأهميتهم بالمجتمع.
6. تشجيعهم على التفكير العلمي والديموقراطي وقبول الرأي الآخر والتسامح وعدم التطرق أو التعصيب للرأي أو القومية أو المذهب أو الطائفة تعصباً انعزالياً موجهاً ضد الآخر.

هـ. كبار السن :

وهذه فئة مهمة أفنت عمرها في العمل والعطاء للمجتمع وتمثل شريحة كبيرة في بعض الدول وينتظر هؤلاء من منظمات الأعمال الآتي :

1. الاهتمام بقدامى العاملين ومتابعتهم وتقديم الممكن لهم .
2. إنشاء أندية ومقاهي ومكتبات لهم .

3. المساعدة في تقديم العلاج للمصابين منهم بأمراض مزمنة.
4. رحلات ترفيهية مبرمجة .
5. المساعدة في توفير سكن لمن لا يملكون سكن منهم .

و. الأطفال :

إن هذه الشريحة مهمة جداً وتمثل مستقبل الدول وتنتظر هذه الفئة :

1. الحفاظ على الطفولة واحترام حقوقها .
2. منتجات لاستخدام الأطفال أمينة ومتاحة للجميع.
3. توفير ملاعب ومساحات خضراء للأطفال .
4. معالجة الحالات الخاصة للأطفال المشوهين أو حاملي أمراض بالوراثة .
5. وضع علاوات مناسبة خاصة بالأطفال للآباء والأمهات العاملين

عاشراً: جماعات الضغط :

تمثل جماعات الضغط فئات كثيرة وعديدة ازدادت بسبب التقدم التكنولوجي والسياسي والثقافي والاجتماعي في أي بلد من البلدان وتطالب هذه الجماعات من منظمات الأعمال بالعديد من المطالب بعضها خاص بجماعة معينة، والآخر أكثر شمولية للجماعات الأخرى ونلخص في أدناه أهم تلك المطالب :

1. التعامل الجيد مع جمعيات حماية المستهلك.
2. احترام أنشطة جماعات حماية المستهلك.
3. احترام دور النقابات العمالية والتعامل الجيد معها .
4. التعامل الصادق مع الصحافة ووسائل الإعلام الأخرى.
5. احترام رأي الأقليات وأصحاب المهن .
6. احترام مبدأ الاستشارة ببعض القضايا عن اتخاذ القرارات .
7. الصدق بالتعامل ونشر المعلومات عن حالة المنظمة وتطورها مثل توفير موقع على الإنترنت فيه معلومات أساسية كافية تفي باحتياجات مثل هذه الجماعات.

المبحث السابع : المسؤولية الاجتماعية في الشركات الدولية ومتعددة الجنسية :

تمثل ظاهرة انتشار الشركات متعددة الجنسية حالة جديدة رافقت تطور الاقتصاد العالمي وساعدت عوامل كثيرة على ظهور مثل هذه الشركات حيث الاستثمار المباشر من قبل هذه الشركات في بلدان وقارات متعددة كما أصبح هناك العديد من الدول النامية ممن يمتلك أسهماً مهمة في مثل هذه الشركات بل أصبحنا لا نتحدث عن جنسية معينة لمثل هذه الشركات، لقد أصبحت الساحة الدولية مجالاً للمنافسة لهذه الشركات وتطلب بالتالي من إدارة هذه الشركات أن تفهم طبيعة بيئات مختلفة اجتماعياً وقيمياً وأخلاقياً وسياسياً وثقافياً وحتى اقتصادياً. إن هذا الأمر جعل من هذه الشركات في موقف المواجهة مع متطلبات اجتماعية متعددة ومختلفة.

ونحن هنا لا نريد أن نعيد ما ذكر سابقاً من أدوار اجتماعية لمنظمات الأعمال تجاه الفئات المختلفة، فالغالبية العظمى من المؤشرات التي ذكرت سابقاً هي مسؤولية اجتماعية أيضاً لهذه الشركات متعددة الجنسية، لكننا نود الإشارة هنا إلى أمرين مهمين : الأول : ضرورة أن تحترم وتتقيد هذه الشركات الدولية بالكثير من المعايير وأخلاقيات العمل الدولية إضافة إلى احترام التقاليد والأعراف السائدة محلياً في الدول التي تتعامل فيها هذه الشركات. أما الأمر الثاني فيتمثل في العديد من التحديات التي تواجه الشركات والمآخذ التي تؤشر ضدها وفي مجالات متعددة نود أن نذكر بعضها وكالآتي :

1. إن الشركات متعددة الجنسية في بداية ظهورها صاحبت تطور في العالم الرأسمالي فهي تمثل حالة للاستغلال والانتقال إلى حيث تتوفر الموارد الطبيعية الرخيصة وأجور العمل المتدنية لكي يتم الاستفادة منها بأقصى ما يمكن وتقديم منتجات رخيصة في دول العالم المختلفة. إن هذا الأمر لا يمكن تعميمة بصورة مطلقة على جميع الشركات متعددة الجنسية فعلى العكس هناك

شركات خدمت الدول التي دخلت فيها حيث طورت استخدام الموارد وحركت سوق العمل وتركت بصمات إيجابية في اقتصاد الدولة المضيفة.

2. يمكن أن يشار إلى حالات تجاوزت فيها الشركات متعددة الجنسية إجراءات توفير السلامة المهنية في مكان العمل وكذلك عدم اهتمامها بتوفير ظروف عمل صحية ومناسبة مما قد يؤدي إلى خروقات مهمة في ما يتعلق بصحة العامل وسلامته كما حصل لشركة Union Carbide والتي أدت الحادثة الشهرية إلى موت الآلاف من العاملين في الهند وغيرهم من المسنين. ولكن الأمر الإيجابي الآن هو الضغوط التي تمارسها الصحافة والإعلام وسرعة انتقال المعلومات وكذلك انتشار المبادئ الديموقراطية ساهمت في التقليل من حدوث هكذا حوادث وعززت من إجراءات السلامة المهنية وشددت من الرقابة على تصرفات الشركات متعددة الجنسية في هذا المجال.

3. هناك حالات من الفساد الإداري ودفع رشاوى والتواطؤ مع السياسيين والمتنفذين في البلدان النامية خاصة مما يؤثر على سمعة هذه الشركات على المدى البعيد ويجعلها عرضة للانتقاد من قبل شعوب هذه البلدان ولكن تطور الحياة السياسية وجنوح الكثير من البلدان نحو محاربة الفساد والتنمية السياسية في مختلف دول العالم قلل من هذا الأمر كثيراً.

4. خرق القيم والعادات والتقاليد حيث أن العاملين في هذه الشركات أو تصرفات هذه الشركات تؤدي إلى تجاوز يكون كبيراً في بعض الأحيان للأعراف السائدة وهو أمر حساس بالنسبة للمجتمعات في الدول المضيفة ويحصل هذا إما بسبب الجهل في معرفة التقاليد والثقافة السائدة، أو قد يكون بسبب تعارض هذه الأعراف مع مصالح الشركة في المدى القصير، وهنا يجب ملاحظة هذا الأمر من قبل إدارة الشركة. ولا بد من الإشارة إلى أن خطوات مهمة في هذا الإطار تتخذها الجامعات والمعاهد لتجاوز هذه المشكلة، حيث أن هناك مواد

دراسية للطلاب الذين يتوقع أن يعملوا في شركات متعددة الجنسية أو في بلدان أخرى تتعلق بالثقافة المحلية أو الدين السائد في ذلك البلد.

5. من المآخذ الأخرى المهمة والتي تحظى باهتمام كبير هو مسألة التلوث ودفن النفايات بشكل عام وخاصة النووية منها. فقد استغلت هذه الشركات الكبرى وجودها في الدول النامية بالذات وبسب القصور في تطور مؤسسات المجتمع المدني ونقص الديموقراطية والفساد الإداري السائد وعدم فاعلية أجهزة الرقابة المحلية وقصور الرأي العام فقد استغلت هذه الشركات هذه الجوانب وأتت للعمل هاربة من مؤسسات مجتمع مدني متطورة وضاغطة وتسببت في تلوث كبير أو قامت بدفن نفايات نووية أو سامة.

ومع وجود هذه المآخذ لكن الشركات متعددة الجنسية تعتبر ظاهرة جديرة بالدراسة والعناية، فهذه الشركات تحاول تطوير استثماراتها في دول يتوفر فيها الاستقرار السياسي والأمني بالإضافة إلى بيئة اقتصادية ملائمة. كما أن دول العالم اليوم تتبارى في تقديم الإغراءات لغرض جذب شركات متعددة الجنسيات على أراضيها ولكن هذا الأمر لا يحصل إذا لم تتوفر البيئة الملائمة من الناحية السياسية والاقتصادية. وعادة ما تكون الدول النامية مغرية من الناحية الاقتصادية بسبب توفر الموارد الطبيعية والقوة العاملة الرخيصة والسوق الاستهلاكي والعمل الرخيص نسبياً ولكن هذه الدول لا تتمتع ببيئات سياسية ملائمة بسبب مخاطر الاضطرابات والحروب والإرهاب وعدم نضوج الجهاز السياسي بشكل عام. ويمكن أن نذكر هنا أن بعض الشركات قد أحدثت نقلة نوعية في حياة الدولة أو المنطقة التي تواجدت فيها من حيث تطوير البنى التحتية والنهوض بالمستوى المعاشي والاجتماعي والثقافي للمجتمع المحلي ومن أمثلة هذه الشركات شركة أرامكو في المملكة العربية السعودية وما أحدثته من تأثير إيجابي هناك وكذلك مؤسسة "كولبنكيان" في العراق. ومن الإيجابيات المهمة للشركات متعددة الجنسيات

وكما أثبته واقع الحال في دول نامية عديد هو ما تدخله من ممارسات إدارية تؤدي إلى تغييرات في الأنماط والعادات السلبية تجاه العمل والوقت والتعامل الإنساني.

المبحث الثامن : محاسبة المسؤولية الاجتماعية والبيئة :

تعتبر المحاسبة اختصاصاً مهتماً بالقياس والمعايرة وفق مؤشرات محددة وكميه في أغلب الأحيان، ولغرض أن لا يكون الحديث عن الأداء الاجتماعي لمنظمة الأعمال مفهوماً نظرياً مجرداً فقد طور المتخصصون في المالية والمحاسبة معايير يتم بموجبها قياس الأداء الاجتماعي بوحدات مالية ونقدية تبين الإنفاق والاستثمار التي قامت به المنظمة خلال فترة زمنية معينة تجاه مختلف أصحاب المصالح. ومن المعلوم أن النظام المحاسبي للمنظمة يوفر بيانات ومعلومات تفصيلية عن المجهودات ومنجزات الادارة تستخدم أساساً لترشيد قراراتها الإدارية. وقد كانت المحاسبة الإدارية كحقل دراسي هي التي تهتم بتوفير مثل هذا النوع من المعلومات. أما اليوم فإن أغلب منظمات الأعمال الكبيرة في العالم الغربي توجد لديها وحدات محاسبية متخصصة في تقديم التقارير والقوائم المالية ذات العلاقة بالأداء الاجتماعي لمختلف الجهات. إن فئات أصحاب المصالح تحاول أن تجري تقييماً من خلال هذه التقارير والمعلومات المالية والمحاسبة عن أداء المنشأة خلال فترة زمنية معينة وكيف كان هذا الأداء متوازناً وشاملاً لأصحاب المصالح دون إهمال لفئة منها. ويمكن القول أن هذه البيانات والمعلومات تتسم بالدقة والمصداقية والثقة خاصة وأنها تعبر عن محتوى محاسبي ومالي قامت بتأييده أطراف داخلية من المنظمة وأخرى كجهات خارجية ومكاتب محاسبية مستقلة. ومن المعلوم أن قياس المسؤولية الاجتماعية والبيئية للمنظمة يفترض أن يغطي محورين : المصلحة الاقتصادية للمنظمة ونطاق تأثيرها الاجتماعي الإيجابي على مختلف الجهات. كما أنه يمتد ليشمل ما يترتب عن المعاملات المالية للمنظمة من آثار جانبية تنعكس في ظاهرة العناصر الخارجية والتي تتبلور في التكاليف والمنافع الاجتماعية وهذا يعني

امتداد قياسات هذه المسؤولية بمعايير مالية ومحاسبية إلى مختلف الأطراف وإن بدا أن البعض من هذه الجهات لم تطور لها بعد مؤشرات مالية مقبولة. كما أن طريقة عرض البيانات المحاسبية لا تأخذ شكلاً محدداً أو قوالب تتصف بالعمومية بل إنها يمكن أن تكون بقوائم خاصة ومفردات في التقارير المالية حسب طبيعة عمل المنظمة والقطاع الذي تعمل فيه. على هذا الأساس بدأ اهتمام المحاسبين بتطوير الأنشطة المرتبطة بالمسؤولية الاجتماعية والبيئية للمنظمة والتي ينبغي أن تدخل في إطار اهتمام المحاسبة وأساليب معالجة ما يرتبط بذلك من تقارير أداء اجتماعي وبيئي .

لقد ظهرت محاسبة المسؤولية الاجتماعية كنتيجة للضغوط التي عمّت الدول المتقدمة من قبل جمعيات المحافظة على البيئة وجمعيات حقوق الإنسان وسميت بعدة أسماء مثل المحاسبة الاجتماعية Social Accounting أو المحاسبة الاجتماعية لمنظمات الأعمال Corporate Social Accounting لكن الشائع هو تسمية محاسبة المسؤولية الاجتماعية Social Responsibility Accounting (محمد مطر، P50،2000). وتعرف بأنه فرع من فروع المحاسبة يهدف إلى تحديد نتيجة أعمال المنظمة ومركزها المالي من خلال مدخل اجتماعي باعتبار أن المنظمة لها علاقة بفئات المجتمع المختلفة وليس فقط مصالح المالكين. وتقوم هذه المحاسبة على الافتراضات التالية :

أ. ان المنظمة لها التزامات تجاه المجتمع الذي تعمل فيه ولأطراف وفئات متعددة في المجتمع وعليها تقبل هذه الالتزامات والوفاء بها.

ب. إن الموارد المتاحة للمجتمع نادرة ومحددة، لذلك يتوجب استثمارها بفاعلية وبما يؤدي إلى تحقيق عائد اجتماعي مقبول من مثل هذه الاستثمارات.

ج. لا توجد موارد مجانية يمكن استغلالها دون أضرار كالماء والهواء فهي موارد نادرة يتوجب على منظمات الأعمال تعويضها للمجتمع .

د. من حق المجتمع على المنظمة الاطلاع على ما تقوم به من أعمال وخاصة في الإطار الاجتماعي من خلال مبدأ الإفصاح المحاسبي.

أولاً: أهمية القياس والإفصاح المحاسبي للأداء الاجتماعي :

تجد إدارة منظمات الأعمال أهمية كبرى من خلال قيامها بالإفصاح عن أدائها الاجتماعي من مختلف الجهات ذات العلاقة. إن الفئات ذات المصلحة تنظر إلى هذا الإفصاح المحاسبي على أنه إجابات دقيقة واضحة ومحددة تساهم في تطوير العلاقة بين هذه الجهات المختلفة وبالتالي فإن المصداقية أكبر في حالة وجود تقارير ملحقة في ميزانيات المنظمة تفصح عن أدائها المالي لجهات محددة وكيفية استفادة هذه الجهات من هذا الاستثمار الاجتماعي. ومن المعلوم أن هناك العديد من المعايير الدولية وحتى المحلية من تطالب بنشر وتوصيل المعلومة الموثوقة والدقيقة إلى مختلف الجهات بل وتوسيع نطاق الإفصاح المحاسبي إلى جهات أخرى قد لا ترتبط بعلاقات مباشرة مع المنظمة. إن الإفصاح والتوصيل المحاسبي يتطلب مراعاة ما يلي :

أ. جهود ومهارات من المحاسبين والمتخصصين الماليين بتطوير مؤشرات للإفصاح خاصة في الجوانب الجديدة والتي لا تزال التخصصات المحاسبية والمالية قاصرة عن توفير القياسات والعرض الملائم لها (Fraincis, 1973, P245).

ب. الدعوة الجادة إلى توسيع حدود الإفصاح عن المعلومات المحاسبية بحيث توفر كم ونوع من المعلومات في القوائم الختامية وملحقاتها يجعل منها معلومات نافعة وضرورية وغير مضللة (الحسني، 2003، ص 22).

إن حدود الإفصاح الواسع النطاق في الإطار الاجتماعي يتطلب إعادة النظر في الكثير من أدوات التحكم والمعايير المحاسبية سارية المفعول حتى الوقت الحاضر. وفي العالم الغربي يوجد اتجاهان رئيسيان لعرض البيانات والمعلومات المتعلقة بالأداء الاجتماعي الأول وجود تقارير مستقلة عن الإفصاح الاجتماعي قد

تكون وصفية في بعض جوانبها أو تفصيلية ومتخصصة بعرض العوائد والتكاليف الاجتماعية. والثاني وجود تقرير واحد تفصح من خلاله منظمة الأعمال عن أدائها الاجتماعي وفق اعتبارات قوائمها المالية وملحقاتها .

وهكذا يمكن أن نلخص ما تستهدفه منظمات الأعمال من خلال الإفصاح عن أدائها الاجتماعي والبيئي بما يلي :

1. تحسين العلاقة مع مختلف الجهات صاحبة المصلحة الداخلية منها والخارجية من خلال أخذ مطالبها بنظر الاعتبار ضمن مؤشرات نقدية ومالية .

2. زيادة مصداقية منظمة الأعمال تجاه هذه الأطراف من خلال التقارير الرسمية والمصادق عليها من قبل جهات خارجية موثوقة كمكاتب التدقيق المحاسبية والقانونية.

3. تحسين العلاقة مع الدولة باعتبارها الإطار الراعي والمهتم بإيجاد توازن مقبول لمختلف الأطراف.

4. المساهمة في إظهار أهمية الأداء الاجتماعي والبيئي على نطاق واسع والبرهنة للمجتمع على إيلاء المنظمة أهمية كبيرة لحماية البيئة والعاملين في وقت اتسع نطاق الخصخصة وتنامى شعور لدى المجتمع والعاملين بتخلي الدولة عن كثير من الأدوار التي كانت تقوم بها .

ثانياً: بعض نماذج القياس المحاسبي للأداء الاجتماعي والبيئي

تعددت النماذج المحاسبية المستخدمة لقياس الأداء الاجتماعي والبيئي من قبل منظمات الأعمال وطورت هذه النماذج وكيفت وفق اعتبارات منظمات الأعمال والقطاعات التي تعمل فيها سواءً كانت قطاعات صناعية ملوثة أو قطاعات خدمات مثل التعليم والصحة وغيرها. ويمكن الإشارة هنا إلى البعض من هذه النماذج والتي تعد أشهر الموجود في الميدان المحاسبي :

1. النموذج الأول : نموذج SMFC : Scovill Manufacturing Company

يقسم هذا النموذج الأنشطة الاجتماعية للمنظمة إلى مجموعتين الأولى تتمثل بالأنشطة ذات التأثير الإيجابي من الناحية البيئية والاجتماعية والثانية الأنشطة ذات التأثير السلبي ويتم عرض المجموعتين على شكل ميزانية عمومية بحيث تشكل المجموعة الأولى جانب الموجودات وتشكل المجموعة الثانية جانب المطلوبات. ويصار إلى تبويب الميزانية وفق النموذج إلى أربعة أجزاء رئيسية يغطي كل جزء مجال مهم وحيوي من مجالات المسؤولية الاجتماعية والبيئية ففي المجال الأول يتم عرض فرص العمالة والثاني يكرس للرقابة البيئية والثالث للمضمون الاجتماعي والأخير لخدمة الزبائن وقضايا المستهلكين. وفي أدناه عرض افتراضي لمنظمة أعمال صناعية.

نموذج SMFC:

يمثل هذا التقرير محاولة من جانبنا كمنظمة صناعية لعرض أنشطتنا وأداءنا الاجتماعي والبيئي محاولين جهد إمكاننا أن نحدد قيماً نقدية لما تؤديه مؤشرين لبعض الجوانب التي لا يمكن تحديدها بدقة بمؤشرات مالية.

إيجابي	سلبي
1. فرص العمل	
- وفرنا 400 فرصة عمل جديدة خلال عام 2003 منها 250 عقد مؤقت و 150 على الملاك الدائم . -وفرنا خمسة فرص عمل لمعوقين يزيد نسبة العجز عندهم عن 40%. - التعاون مع الجامعات ومع مؤسسة التدريب المهني للشباب في وزارة الصناعة لتدريب 120 شاب وشابة خلال برنامج استمر لمدة ستة أشهر.	- هناك قصور في تركيبة القوة العاملة من حيث ميلها لصالح العاملين الذكور. - هناك نقص في تجهيزات السلامة المهنية عن المستويات المعتمدة دولياً رغم تجاوزنا للمعايير المحاسبية . - عدم المشاركة بشكل كاف في المؤتمرات والوحدات خارج الوطن.

إيجابي	سلبي
2. الرقابة البيئية	
1. المساهمة في دعم جمعية حماية البيئة والاشتراك في برنامج تدوير المواد المستعملة (5000 دولار). 2. استجابة شركتنا لطلب الجهات الرقابية في وزارة الصناعة ووزارة البيئية وقامت بشراء ونصب معدات تنقية الهواء من العوادم في منطقة عملنا بمبلغ (100.000 دولار). 3. قامت الشركة بتشجير الشارع المؤدي إلى مصنعنا بطول 2 كم وتكلفة (5000 دولار).	1. عدم حل مشكلة تسرب مياه فيها بعض التلوث بشكل كامل . 2. مشكلة تسريب الزيوت وحصول تلوث بالتربة في المناطق القريبة من المصنع. 3. ظهور أمراض في بعض مزارع الزيتون المجاورة ونشك أن يكون السبب بعض الغازات المنبعثة. 4. نفوق بعض أنواع الأسماك في النهر القريب والمجاور للمصنع نشك أن يكون بسبب تسرب بعض المخلفات الكيماوية.
3. المضمون الاجتماعي :	
1. قامت الشركة بالمساهمة ببناء المسجد القريب من القرية التي تقع بجانب المصنع (10000 دولار). 2. ترتيب حديقة أطفال بمبلغ (20000 دولار). 3. دعم جمعيات مكافحة المخدرات (2000 دولار).	1. إن نظام النقل العام في الشركة لم يصل إلى المستوى المطلوب. 2. هناك حاجة لتطوير المركز الصحي في الشركة وضرورة رفده بأطباء متخصصين.
4. مجال خدمة الزبائن :	
* إصدار كتيبات إرشادية لاستخدام منتجاتها بشكل آمن يوزع على الزبائن مجاناً (3000 دولار). * بناء موقع إنترنت لتسهيل عملية الاتصال والاطلاع على المنتجات (10000 دولار). * يوم مفتوح للزبائن وسماع آرائهم في ما يخص منتجاتنا (2000 دولار). * دعم قسم العلاقات العامة بكوادر جديدة وإدخالهم في دورات تدريبية خارج الوطن (3000 دولار).	* اضطرت الشركة إلى دفع تعويض لأحد الزبائن لعيب موجود بالمنتج تسبب عنه ضرر مادي (500 دولار).

2. نموذج (EGFA) : Eastern Gas an Fuel Associates

يعد هذا النموذج أكثر قدرة على توفير معلومات كمية وفي أربعة مجالات رئيسية لعمل المنظمة وهي:

أ. الأمن الصناعي والسلامة المهنية .

ب. توظيف الأقليات.

ج. المساهمات الخيرية .

د. الرواتب والأجور.

ويعرض هذا النموذج أداء المنظمة الاجتماعي والبيئي في هذه المجالات الأربعة في السنة الحالية مقارنة بأدائها في نفس المجالات للسنة السابقة وكما يبدو في الشكل التالي :

نموذج الأداء الاجتماعي للشركة

خلال عام 2003

أ. الأمن الصناعي والسلامة المهنية :

مصدر الحوادث	الحوادث				حالات الوفاة	
	معدل التكرار		معدل شدة الحوادث			
	2002	2003	2002	2003	2002	2003
• الكهرباء . • الآلات والمعدات. • استخدام المواد الأولية. • الإشعاع						
المعدل العام						

ب. توظيف الأقليات :

المستوى الوظيفي	مقارنة توظيف الأقليات			
	2002		2003	
	العدد	% من إجمالي العاملين	العدد	% من إجمالي العاملين
• إداريين . • فنيين . • عمال غير ماهرين				
الإجمالي				

ج. المساهمات الخيرية والتبرعات :

بيـــان	إجمالي المساهمات الخيرية	
	2002	2003
• إجمالي قيمة المساهمة . • نسبة المساهمة من الأرباح بعد الضريبة . • نسبة الموزع على المؤسسات الصحية . • نسبة الموزع على المؤسسات العلمية . • نسبة الموزع على دور الأيتام.		

د. الأجور والرواتب :

بيـــان	إجمالي الأجور والرواتب السنوية (ألف دولار)	
	2002	2003
• المسدد لنقابات العمال . • المسدد لجهات أخرى. • المسدد للضمان الاجتماعي.		
الإجمالي		

2. نموذج Abt :

يهدف هذا النموذج إلى توفير معلومات لمتخذ القرار لتحسين العائد المالي للاستثمار الاجتماعي. يقوم النموذج على أساس إعداد ميزانية عمومية مالية اجتماعية وقائمة بصورة نقد كما في القوائم التالية (بدوي، 2000، ص 106).

الميزانية المالية الاجتماعية للفترة من - إلى -

الأصول		الالتزامات	
موارد بشرية	×××	موارد بشرية	××
أصول تنظيمية	×××	التزامات تنيظيمة	××
حق انتفاع بخدمات عامة	×××	التزامات عامة	××
أصول مالية	×××	التزامات مالية	××
أصول مادية	×××	حقوق المجتمع	××
المجموع	××××	**المجموع**	××××

قائمة الدخل

الفئات الاجتماعية المستفيدة	المنافع	التكاليف	الصافي
الشركة وحملة الأسهم	××	××	××
العاملون	××	××	××
الزبائن	××	××	××
الهيئات العامة	××	××	××
صافي الربح الإجمالي	×××	×××	×××

وهكذا يبدو من الاستعراض السابق أن المحاسبة عن المسؤولية الاجتماعية والبيئة تحظى باهتمام متزايد في العالم المتقدم ولو أننا في الوطن العربي بشكل خاص والدول النامية بشكل عام لا زلنا في بداية الطريق من ناحية الاهتمام بهذا الموضوع بسب عدم نضوج مهنة المحاسبة من جانب وعدم الوعي بأهمية الأبعاد الاجتماعية في أداء منظمات الأعمال من جانب آخر.

المبحث التاسع : نموذج مقترح لتبني برنامج للمسؤولية الاجتماعية في منظمات الأعمال :

يمكن لأي منظمة أن تحاول تعزيز فرص نجاحها في المجتمع من خلال زيادة الاهتمام بعرض الدور الاجتماعي وتبني مفردات مطلوبة بإلحاح كبير من قبل فئات المجتمع ذات التأثير وبشكل مستمر، كما يمكن عرض هذا الدور الاجتماعي للحوار والمناقشة وإبداء الرأي من قبل الأطراف المستفيدة في المجتمع. وليس ضرورياً أن تكون المبالغ المخصصة لهذا الدور الاجتماعي كبيرة جداً وتتجاوز قدرات منظمة الأعمال بل المهم المشاركة والتوعية والمبادرة في جعل هذا الدور مقبولاً وممثلاً بجهود تتسم بطابع الاستمرارية.

ولكي يتم تطوير مثل هذا البرنامج يجب القيام بالخطوات التالية :

1. التزام الإدارة العليا وتكريس جهد لهذا البرنامج، لأنه بدون هذا الالتزام لا يمكن أن يكتب النجاح لمثل هذا البرنامج. ومن الضروري أن يمثل البرنامج هذا واحد وأكثر من أعضاء مجلس الإدارة أو الإدارة العليا للمنظمة، وأن يتم صياغة رسالة واضحة تعكس اهتمام الإدارة بالشؤون الاجتماعية والبيئية بحيث تصبح دليلاً للعاملين في مختلف المستويات الإدارية .

2. التخطيط: يتم تشكيل لجنة للتخطيط للبرنامج وتكون على علاقة وثيقة بالإدارة العليا للمنظمة، تضع هذه اللجنة خطة مناسبة للبرنامج في ضوء رسالة هذا البرنامج المعلنة لمختلف الجهات. من الضروري رسم سياسة واضحة وتحديد أهداف معلنة ممكنة التحقيق ويتوفر فيها قدر الإمكان قابلية القياس الكمي. وهنا يمكن أن نستعان بمستشارين خارجيين أو من جمعيات حماية البيئة أو وزراء الدولة التي لها اهتمام بهذه الجوانب .

3. تعيين مدير للبرنامج، بعد وضع خطة المنظمة الاجتماعية، يتوجب تعيين مدير مسؤول عن متابعة تنفيذ الخطة وتقييمها من ناحية العائد الاجتماعي المتحقق. وقد يكون لهذا المدير مساعدون وهذا الأمر يرتبط بحجم المنظمة وطبيعة خطتها الاجتماعية فبعض المنظمات في العالم الغربي لديها دائرة كبيرة للأخلاقيات والسلوك الإداري مثل شركة بوينك.

4. التدقيق أو المراجعة الاجتماعية: وهنا يتم إعداد تقرير شامل لما يتوجب على المنظمة عمله وما تقوم بعمله الآن في أنشطة اجتماعية وبيئية. إن هذه الوثيقة تتضمن معلومات تحتاج المنظمة فيما يخص الموارد البشرية، وسلامة وأمن المنتجات، وقضايا تتعلق بالتلوث البيئي وشؤون حماية المجتمع المحلي. إن المعلومات الواردة في التقرير يجب أن تكون دقيقة وكمية قدر الإمكان وتعرض الجوانب الإيجابية والسلبية في البرنامج. فقد تستمع المنظمة إلى العاملين وجهات أخرى باهتمام حول طرح قضايا الخروقات التي تقوم بها المنظمة للقوانين والتشريعات والممارسات الأخلاقية في ميدان الأعمال وكذلك في مجال صحة العاملين في البيئة.

5. ترتيب عملية تمويل البرنامج، إن الأنشطة الاجتماعية والبيئية تتطلب تكاليف عالية وبالتالي فإنها تحتاج إلى تمويل مناسب وقد يكون كبير جداً. إن مصادر التمويل قد تكون واحد أو أكثر من المصادر المحتملة التالية :

* يمكن للمنظمة أن تمرر بعض تكاليف البرنامج المعد للجانب الاجتماعي إلى الزبائن من خلال إضافة زيادة مناسبة على أسعار السلع والخدمات التي تقدمها. وهنا يجب الإشارة إلى ضرورة أخذ الجانب الأخلاقي في قرارات من هذا النوع، حيث أن تدفع زيادة قليلة جداً لسعر المنتج والذي يذهب إلى تمويل عمليات إنسانية واجتماعية وبيئية .

* تتحمل المنظمة كاملاً نفقات البرنامج، حيث أن الوضع التنافسي في الأسواق لا يسمح لها برفع السعر، في هذه الحالة تعتبر نفقات البرنامج كلف اجتماعية يجب تحملها لكونها تعطي مردود اجتماعي إيجابي لها.

* تتحمل الحكومة كل أو جزء من نفقات البرنامج عن طريق الإعفاءات الضريبية أو تقديم معونات مالية وحوافز أخرى من أجل تشجيع منظمات الأعمال على القيام بالأدوار الاجتماعية.

ويمكن من خلال المخطط التالي أن نوضح حالة افتراضية لمنظمة ترغب في تبني برنامج أداء اجتماعي وبيئي بشكل مستمر وفعال.

المرحلة	الأنشطة	الجهة المسؤولة	المدة
المسح والتهيؤ	* مسح الحاجات. * دراسة المنطقة والفئات المستفيدة منها. * تحديد الأولويات للأنشطة الاجتماعية * اختيار حزمة أنشطة مرشحة للدخول ضمن البرنامج الاجتماعي والبيئي. * تقدير الأموال اللازمة للإنفاق على هذه الأنشطة	يقوم بالعمل فريق عمل مشكل من قبل الإدارة مع مرشحين من فئات أصحاب المصالح والجمعيات المختلفة المعنية بشؤون المجتمع المدني	6 أشهر
ولادة البرنامج والتخطيط	* إعلان عن الموافقة على البرنامج والأنشطة الواردة فيه. * فحص آليات التمويل المناسبة والتأكد من القدرة على توفيرها وإقرارها. * وضع هيكل ملائم للبرنامج وتعيين مسؤول ومساعدين. * إعلان رسالة البرنامج. * وضع خطة واضحة تتضمن أهداف البرنامج والأنشطة الواردة فيه * إقرار البرنامج بأنشطته وخطته وإجراءات العمل فيه بشكل كامل.	الإدارة العليا واللجنة المشكلة لمتابعة البرنامج	6 أشهر
تشغيل البرنامج والتدقيق الأولي	* البدء بتنفيذ البرنامج. * تنفيذ الآليات الخاصة بالحد من التلوث. * تنفيذ آليات خاصة بالمساعدات الاجتماعية. * تنفيذ آليات مساعدة العاملين. * حملات توعية مكثفة بأهمية الأنشطة الاجتماعية الواردة في البرنامج. * إجراء عملية التدقيق الأول وفحص المؤشرات ومقارنتها بالمعايير المحددة إقليمياً ودولياً. * مراقبة الإدارة لتنفيذ البرنامج واتخاذ الإجراءات التصحيحية في حالة وجود الانحرافات	الإدارة العليا واللجنة الخاصة بالبرنامج وجهود جميع العاملين	سنة واحدة
النضوج والرقابة والتدقيق الاجتماعي	* تركيز البرنامج على الأنشطة ذات المردود الإيجابي الأكبر والذي اتضح تأثيره على المجتمع. * التحقق من فاعلية آليات المتابعة ومدى دقة قياسها للنتائج. * تركيز على الحساب الكمي للعائد الاجتماعي وعرض التقارير الخاصة بالأداء الاجتماعي وإيصالها إلى مختلف الأطراف المستفيدة. * بناء موقع على شبكة الإنترنت. * محاولة الارتباط مع جمعيات متخصصة بشؤون الأنشطة الاجتماعية التي تبنتها المنظمة * اعتبار الأداء الاجتماعي جزء مهم في الأداء الكلي للمنظمة	الإدارة العليا واللجنة الخاصة بالبرنامج وجميع العاملين	سنتان
استدامة البرنامج واستمراريته	* السعي للدخول في ميادين اجتماعية أخرى أكثر طموحاً. * الدعاية الواسعة للبرنامج وتعزيز مصادر التمويل. * تعزيز العلاقات والشراكة مع مختلف الجمعيات البيئية والإنسانية والاجتماعية المحلية والدولية.	الإدارة العليا واللجنة الخاصة للبرنامج	مفتوح

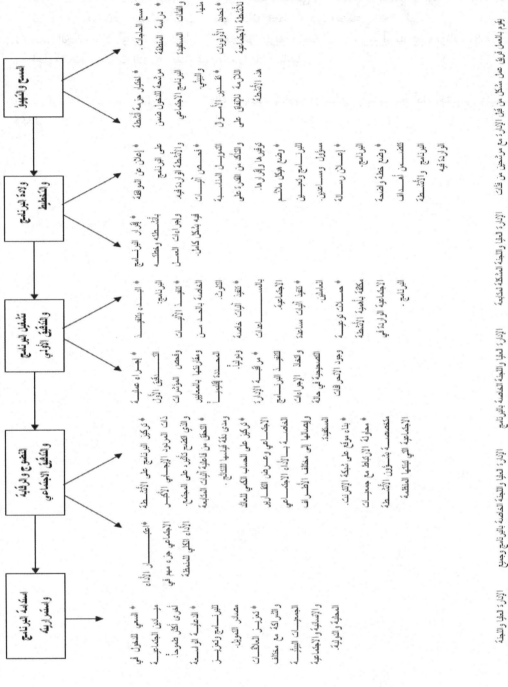

وتلعب الموارد البشرية المؤهلة بدقة عالية دوراً أساسياً في نجاح البرنامج البيئي المقترح في المنظمة. حيث أن بعض المنظمات الصناعية قد تتسبب في إحداث العديد من الأضرار البيئية والتي تحتاج إلى متخصصين يتابعون تنفيذ البرنامج بمؤشرات فنية على درجة عالية من الدقة. ويلاحظ في التطبيق العملي وخاصة في الدول النامية عدم العناية في المنظمات والتي تقوم بمثل هذه الأدوار عادة ما تكون أماكن لتجميع الناس غير المؤهلين أو المطلوب إبعادهم عن أماكن معينة.

إن واقع الحال يشير إلى أن المهام الملقاة على عاتق بعض الوزارات والدوائر المرتبطة بها ذات أهمية عالية، فمثلاً وزارة البيئة في كثيرمن الدول تحتاج إلى متخصصين وخبراء في مجال معالجة النفايات الصلبة وتلوث الهواء والماء والتربة وخبراء في النفايات الكيماوية والمواد الخطرة ومعالجة المياه العادمة والصناعية وكذلك في مجال التصحر والتنوع الحيوي والأمطار الحامضية وغيرها. إن هذا الاهتمام الكبير في قضايا البيئة أوجد العشرات بل المئات من الوظائف الجديدة بمسميات ومحتويات مختلفة لا يجوز أن يشغلها إلا متخصص عالي التأهيل. ونورد في أدناه بعض المسميات الوظيفية والمهام والواجبات الداخلة في محتواها:

المسمى الوظيفي	المهام والواجبات العامة
أخصائي نفايات صلبة **Solid Waste Specialist**	- إنشاء قاعدة بيانات للنفايات الصلبة في أماكن تجميع النفايات والتشريعات المتعلقة بها. - إعداد البحوث الميدانية عن واقع الحال لإدارة النفايات وآلية تحسينها من جمع ونقل ومعالجة. - المشاركة في إعداد أسس ومعايير تحديد مواقع تجميع النفايات والتنسيق مع الجهات المعنية. - تقديم المقترحات والتوصيات المتعلقة بمعالجة النفايات العضوية والورقية والبلاستيكية والمعدنية وإعادة التدوير.

المهام والواجبات العامة	المسمى الوظيفي
- القيام بتدريب الكوادر العاملة في قطاع النفايات حول معالجة النفايات الصلبة. - إعداد مقترحات مشاريع على المستوى الوطني لإدارة النفايات الصلبة. - متابعة التجارب الإقليمية والدولية في مجال إدارة النفايات الصلبة وتقديم مقترحات للاستفادة منها وطنياً.	
- إنشاء قاعدة بيانات متعلقة بتلوث الهواء والضجيج وأبراج التقوية والتشريعات المتعلقة بالموضوع . - تقييم وتحليل التقارير الواردة من مراكز الفحص ومحطات الرصد وإعداد التوصيات اللازمة ورفعها إلى متخذي القرار. - إعداد البحوث واقتراح وتنفيذ المشاريع اللازمة للحد من تلوث الهواء أو التلوث الضوضائي الناتج من وسائط النقل والمصانع والنشاطات الحرفية. - إعداد المواصفات الفنية للأجهزة والمعدات لقياس الضجيج وملوثات الهواء. - تطبيق سياسات المنظمات الدولية فيما يتعلق باستخدام الطاقة النظيفة لرفع الكفاءة التشغيلية للمصانع وتقليل التلوث. - إعداد نشرات إرشادية وعلمية في مجال التكنولوجيات الرفيقة بالبيئة بما فيه قطاع الصناعة والنقل. - إعداد البرامج التدريبية وتدريب الجهات ذات العلاقة في مجال قطاع الغلاف الجوي ونوعية الهواء. - إعداد نشرات وبرامج وندوات لتوعية كافة الجهات ذات العلاقة بقطاع الغلاف الجوي ونوعية الهواء والتلوث الضوضائي.	أخصائي تلوث الهواء Air Pollution
- إنشاء قاعدة معلومات عن المواد الكيماوية وما ينتج عنها من نفايات خطرة وتحديد سميتها وخطورتها والتشريعات ذات العلاقة. - إعداد الأسس والمعايير اللازمة لإدارة المواد الكيماوية والنفايات الخطرة من حيث النقل والتداول والتخزين والاستيراد والتعامل مع دائرة الجمارك. - إعداد مواصفات المحارق الخاصة بمعالجة النفايات الطبية وكافة النفايات الخطرة. - إعداد مقترحات مشاريع على المستوى الوطني وإدارة النفايات.	خبير نفايات خطرة ومواد كيماوية Hazardous Waste & Chemical Specialist

المهام والواجبات العامة	المسمى الوظيفي
- متابعة التجارب الإقليمية والدولية في مجال إدارة النفايات الخطرة وتقديم المقترحات للاستفادة منها وطنياً. - وضع الاشتراطات اللازمة لعبور الشاحنات المحملة بالمواد الكيماوية أو النفايات ضمن أراضي البلاد والمتوجهة إلى دول أخرى. - إعداد البرامج التدريبية وتدريب الجهات المعنية بالتعامل مع المواد الكيماوية والنفايات الخطرة.	
- إنشاء قاعدة بيانات حول دراسات التنوع الحيوي والنباتات والحيوانات المهددة بالانقراض والتشريعات المتعلقة بهذا المجال. - مراجعة دراسات واستراتيجيات التنوع الحيوي وإعداد الخطط والبرامج والمشاريع والآليات اللازمة لتنفيذها . - تحديد متطلبات الاتفاقيات والبروتوكولات الدولية والعمل على تنفيذها من خلال إعداد المشاريع القابلة للتمويل من المنظمات الدولية والجهات المانحة والصناديق الدولية. - تقييم وتحليل الأثر الناجم عن النشاطات التنموية على التنوع الحيوي. - وضع معايير وطنية لاستثمار الموارد البيولوجية في قطاعات التنمية والاقتصاد المختلفة. - إعداد نشرات توعية خاصة حول التنوع الحيوي. - وضع أسس واشتراطات إنشاء المحميات الطبيعية وإدارتها. - وضع الخطط والآليات اللازمة لتشجيع السياحة البيئية.	خبير تنوع حيوي Bio-Diversity Specialist
- إنشاء قاعدة بيانات بيئية حول الأراضي الزراعية والغابات والأراضي المشجرة والأراضي الصحراوية والتشريعات المتعلقة بحماية التربة والأراضي الزراعية ومؤشرات التصحر على الصعيد الوطني. - تحديد الأراضي الصحراوية والأراضي المهددة بالتصحر وإعداد الخرائط الخاصة بها. - وضع الخطط والبرامج اللازمة لتنمية الأراضي الصحراوية وزيادة الرقعة الخضراء بما فيه الأحزمة الخضراء وإعادة تأهيل مواقع المقالع والمحاجر والكسارات ومواقع تجميع النفايات التي تم الانتهاء من استخدامها. - وضع الآليات اللازمة لتنفيذ متطلبات اتفاقية مكافحة التصحر وإعداد المشاريع القابلة للتمويل وفقاً لمعايير المنظمات الدولية والجهات المانحة.	خبير التصحر Desertification Specialist

المسمى الوظيفي	المهام والواجبات العامة
	- إعداد نشرات توعية في مجال التصحر وتدهور الأراضي لعدة فئات مستهدفة. - تقييم وتحليل التأشيرات البيئية الناجمة عن النشاطات القائمة والمنوي إقامتها على نوعية التربية وكذلك مراجعة وثائق تقييم الأثر البيئي.
خبير مياه عادمة وصناعية Industrial Waste Water Specialist	- إنشاء قاعدة معلومات حول مصادر المياه العادمة والمياة الصناعية وكمياتها وأنواعها والتشريعات المتعلقة بهذا المجال - إعداد الطرق والأسس والمعايير اللازمة لتصريف المياه العادمة والصناعية المعالجة وإدارة المياه الصناعية. - وضع أسس ومعايير اختيار مواقع محطات التنقية والاشتراطات اللازم توفرها في مواقع محطات التنقية. - إعداد مواصفات الأجهزة والمعدات الممولة لقياس ملوثات المياه. - تقييم وتحليل التقارير الواردة من مراكز الفحص وتقديم التوصيات اللازمة لمتخذي القرار. - تطوير وتحديث المواصفات المتعلقة بالمياه العادمة والمياه الصناعية المعالجة وأوجه استخدامها. - متابعة أحدث التقنيات والتجارب الإقليمية في مجالات إدارة المياه العادمة والصناعية واقتراح كيفية الاستفادة منها وطنياً.

المصدر: نموذج مواصفات وظائف لمتخصصين في وزارة البيئة الأردنية.

مصادر الفصل الثاني

المصادر العربية :

1.   أحمد عبد الكريم عبد الرحمن، " المسؤولية الاجتماعية لمنظمات الأعمال مجالاتها معوقات الوفاء بها دراسة ميدانية تطبيقية"، مجلة البحوث التجارية المعاصرة، مجلد 11 عدد (2)، 1997.

2.   أمين السيد أحمد لطفي، "المراجعة البيئية"، الدار الجامعية للنشر، الاسكندرية، مصر العربية، 2005.

3.   ثامر ياسر البكري وأبي سعيد الديوة جي، "إدراك المديرين لمفهوم المسؤولية الاجتماعية"، المجلة العربية للإدارة، المجلد (2)، العدد (1)، 2001.

4.   سرمد كوكب الجميل: "الاتجاهات الحديثة في مالية الأعمال الدولية" دار الحامد للنشر، عمان، 2001.

5.   صادق الحسني، "تدقيق الأداء الاجتماعي للمنشآت في ضوء معايير المراجعة الدولية والأمريكية" مجلة الإداري، العدد (93) يونيو 2003.

6.   طاهر محسن الغالبي ومحمد حسين منهل، "الأداء الاجتماعي الداخلي وعلاقته بدوران العمل: دراسة ميدانية في شركة نفط الجنوب والشركة العامة للحديد والصلب في العراق"، أبحاث اليرموك، المجلد العشرون، العدد الأول، 2004.

7.   طاهر محسن الغالبي وصالح مهدي محسن العامري، "المسؤولية الاجتماعية لمنظمات الأعمال وشفافية نظام المعلومات، دراسة تطبيقية لعينة من المصارف التجارية الأردنية" قيد النشر في مجلة كلية الإدارة والاقتصاد، جامعة بغداد، ومنشور في وقائع المنظمة العربية للتنمية الإدارية، 2002.

8.   علي عبد المجيد عبد الحميد، "الإفصاح عن الأداء الاجتماعي لوحدات القطاع العام الصناعي في تقارير تقييم الأداء المنشورة: دراسة ميدانية، مجلة البحوث التجارية المعاصرة، جامعة أسيوط، العدد الأول، يونيو، 1987.

9. محمد عباس بدوي، "المحاسبة عن التأثيرات البيئية والمسؤولية الاجتماعية للمشروع، بين النظرية والتطبيق"، دار الجامعيين، مصر، 2000.

10. محمد مطر، "محاسبة المسؤولية الاجتماعية"، مجلة المجمع العربي للمحاسبين القانونيين العدد (114)، 2000.

11. مسلم علاوي السعد وطاهر محسن منصور، "السياسات الإدارية، المفهوم، الصياغة والحالات الدراسية"، دار الكتب للطباعة والنشر، جامعة البصرة، 1999.

المصادر الإنجليزية:

1. Adela Cortina And Juan Carlos Siurana" ,Business Ethics In The Information And Communication Society", Journal Of Business Ethics (J.B.E), Vol 39, N°1-2, August 2002.

2. Barbara Porker" : Globalization And Business Practice, Managing Across Boundaries", Sage Publication, 1988.

3. Bernan, D" .Managing Public Issues By Objective", Report Of The Taskforce Of Corporate Social Performance U.S Department Of Commerce, July, 1979.

4. Carroll Archie B And Buchholtz Ann. K" Business And Society" Thomson, 2002".

5. Carroll Archie B" .The Pyramid Of Corporate Social Responsibility Toward The Moral Management Of Organizational Stakeholders, Business-Horizons, July. August, 1991.

6. Cochran, P.L. And Wood. R.A" : .Corporate Social Responsibility And Financial Performance". Academy Of Management Journal (A.M.J), Vol 27, N°1, 1984.

7. Daft R" :Organizational Theory And Design". West Publishing Co. New. York, 2002.

8.   Davis K" :Can Business Afford To Ignore Social Responsibilities". Califorina Management Review (C.M.R) Vol 2, N°3, 1960.

9.   Drucker, Peter F" ,An Introductory View Of Management" Harper's College Press. U.S.A. 1977.

10.   Ferrell, O.C And Fraedrick John" ,Business Ethics" Houghton, Mifflin Company, 1994.

11.   Francis, M.E" Accounting And Evaluation Of Social Programs, A Critical Comment", The Accounting Review, 1973.

12.   Fredrick. W" .The Growing Concern Over Business Responsibility". California Management Review (C.M.R) Vol 64. N°8, 1975.

13.   Gratacap. Anne. E" : Le System D'information Vector De Globalization De La Firm Industrielle", Revue Francaise De Gestion, N°116, 1997.

14.   Gravers. S B And S.A Waddock" Institutional Owners And Corporate Social Performance" Academy Of Management Journal, Vol 37, N°, 1994.

15.   Mintzberg H" ,Managing Government, Governing Management" H.B.R. Vol 74, N°3, May-June, 1996.

16.   Holmes, Sundra" ,Corporate Social Performance And Present Areas Of Commitment" Academy Of Management Journal (A.M.J), Vol. 20, 1985.

17.   Nickels, W.G et al" ,Understanding Business" 6th Ed, Irwin, Boston, 2002.

18.   Pride William M et al" ,Business", Houghton Miffin Company, Boston, 2000.

19.   Robbins And De Cenza, Fundamental Of Management, Prentice-Hall, 1998.

20.   Robbins Stephen" ,Management Concept And Application", Prentice-Hall Inc. U.S.A.

21. Sanara A. Waddock And Samuel B. Gravers" : The Corporate Social Performance – Financial Performance Link" Strategic Management Journal, Vol 8, N°4, 1977.

22. Stark. W" ,What Is The Matter With Business Ethics", Harvard Business Review (H.B.R) , Vol 71, N°3, May-June, 1993.

23. Steiner, And Miner J.B" .Management Policy And Strategy" Macmillan, New-York 1977.

24. Strier, Franklin" ,The Business Manager's Dilemma, Defining Social Responsibility, (J.E. M) Journal Of Engineering Management , Vol2, N1, 1979.

25. Levitt L" ,.The Globalization Of Markets", Harvard Business Review (H.B.R), Vol 61, N°3, May-June, 1983.

26. Zairi Mohammed" ,Social Responsibility, And Impact On Society", The Tqm Magazine, Vol 12, N°3, 2000.

الفصل الثالث
أخلاقيات الأعمال

الفصل الثالث
أخلاقيات الأعمال

مقدمة :

أصبح موضوع أخلاقيات الأعمال من المواضيع التي تحظى باهتمام متزايد في السنوات الأخيرة نتيجة لأسباب عديدة يقع في مقدمتها تزايد الفضائح الأخلاقية والنقد الموجه للأعمال والمعايير التي تعتمدها بعيداً عن إطار أخلاقي واضح وشفاف، وفي ظل تزايد الضغط القادم من مؤسسات المجتمع المدني وجماعات الضغط الأخرى والاتجاه نحو العولمة وتنميط المعايير الفنية على الأقل عالمياً وتراجع الحكومة عن الأعمال بل وأغلب المؤسسات في ظل تنامي ظاهرة الخصخصة، فإن موضوع أخلاقيات الأعمال أصبح من المواضيع ذات الاهتمام الكبير من مقبل الحكومات والجامعات والمنظمات العالمية والمحلية تجسد في شكل منظمة الشفافية العالمية International Transparency Organization وإدخال الموضوع كمادة دراسية مستقلة في كل الجامعات العالمية تقريباً وإنشاء الأجهزة المختلفة في الدول لمكافحة الفساد الإداري. وهكذا نجد اصداءً تتردد لمفاهيم مثل Business Ethics و Ethics of Management وقواعد آداب المهنة وأخلاقيات الوظيفة العامة والقيم والسلوك الأخلاقي والمسؤولية الأخلاقية وغيرها من المصطلحات ذات العلاقة. وقد اتسع أيضاً مدى هذا الموضوع من خلال التوسع الحاصل في مجالات العمل المختلفة فهناك حديث عن أخلاقيات الحاسوب وأخلاقيات المنظمات الافتراضية وأخلاقيات استخدام الانترنت وأخلاقيات البحث في الهندسة الوراثية وغيرها. ولا نستغرب أن توجد في الولايات المتحدة الأمريكية وحدها ما يزيد على 500 مقرر دراسي من مقررات أخلاقيات المهنة في الجامعات الأمريكية (نجم، 2000، ص 13). لذلك ارتأينا تكريس هذا الفصل الحيوي والمهم لموضوع أخلاقيات الأعمال الذي ستتناوله من خلال عدة مباحث.

المبحث الأول : مفهوم أخلاقيات الأعمال وأهميته

أ. المفهوم :

تشير الأخلاقيات Ethics بشكل عام إلى القيم والمعايير الأخلاقية التي يستند لها أفراد المجتمع لغرض التمييز بين ما هو صحيح وما هو خطأ. ويبدو أن المجتمعات قد طورت هذه القيم والمعايير لتشكل وعاءً حضارياً لها عبر فترات زمنية متعاقبة وفي هذا الإطار يمكن أن تنظر للمجتمعات البدائية ومعاييرها الأخلاقية الصارمة ثم المجتمعات الصناعية ومعاييرها الأخلاقية المتجددة المرنة وأخيراً المجتمع العالمي المعرفي ومعاييره الأخلاقية النسبية التي تستوعب هذا التطور الهائل في مجمل الأوضاع الاقتصادية والاجتماعية والثقافية والتكنولوجية وغيرها. وتتعدد المصادر التي تستند عليها الأخلاقيات في أي مجتمع من المجتمعات كما أن أهمية هذه المصادر النسبية وقدرتها على تشكيل المعايير والمبادئ الأخلاقية تختلف من مجتمع لآخر ومن فترة زمنية إلى فترة زمنية أخرى. إن الدين والتاريخ والتقاليد والأعراف والثقافة القومية والوطنية والتكوين القبلي والعائلي وظهور الجماعات المرجعية والقادة والأحزاب السياسية ووسائل الإعلام وتطورها والخبرة العلمية والعملية للمجتمع تعتبر كلها مصادر تساهم في تشكيل أخلاقيات الأعمال في أي مجتمع من المجتمعات.

لقد كانت المجتمعات القديمة تلتزم بمعايير أخلاقية مثالية إذا نظرنا إليها بالمعايير الأخلاقية في وقتنا الحاضر. فإذا ما اعتبرنا أن العائلة مقصرة وغير ملتزمة أخلاقياً إذا ما شذ أحد أفرادها يعتبر معياراً صارماً قياساً للوقت الحاضر لأن المسؤولية الأخلاقية هي فردية. وفي الوقت الحاضر نحن نتكلم عن المدخل الموقفي للأخلاق وهذا يأتي في إطار النظرة النسبية للأمور فقد يقف فرداً واحداً مواقف أخلاقية في مواضع معينة ويبدو في مواقف أخرى مناقضاً لهذه الحالة. وإذا ما أردنا أن نعطي تصوراً محدداً وتعريفاً لأخلاقيات الأعمال سنجد أن ما ذكره (Pride et al, 2002, 37) يعتبر وافياً لهذا الغرض حيث أشار إلى أنها تطبيق

للمعايير الأخلاقية الفردية في مواقف الأعمال المختلفة. كذلك هناك تعريف آخر مقدم من قبلVan Vilock. يشير فيه إلى أن أخلاقيات الأعمال ما هي إلا الدراسة والتحليل المنهجي للعمليات التي يتم من خلالها تطوير القرار الإداري بحيث يصبح هذا القرار خياراً أخلاقياً آخذاً في الاعتبار ما هو صحيح وجيد للفرد وللمجموعات وللمنظمة (Van Vilock, 1993, P38-48). وقد أوضح باحث آخر أن أخلاقيات الأعمال هي مجموعة من المبادئ والقيم الأخلاقية التي تمثل سلوك منظمة ما وتصنع محددات على قراراتها (Wiley, 1995, P22) .

إن تطور المفهوم في مجال الأعمال قد نحى منحيين الأول، وفيه تم الاهتمام بالمعايير والقيم الأخلاقية للأهداف والغايات المعلنة من قبل منظمات الأعمال بمعنى هل أن هذه الأهداف تأخذ بنظر الاعتبار مصالح جميع الأطراف ولا تخرق القواعد العامة والناموس الأخلاقي للمجتمع. وضمن نفس المنحى يمكن أن يكون المبدأ الميكافيلي (الغاية تبرر الوسيلة)، هو السائد بحيث تستخدم وسائل وأساليب وطرق غير أخلاقية وغير مشروعة في تحقيق أهداف مشروعة وأخلاقية وصحيحة. أما المنحى الثاني هو أن تشمل المعايير الأخلاقية والسلوكية الصحيحة بالإضافة إلى الغايات والأهداف والوسائل المستخدمة لبلوغ هذه الأهداف. إن الأمر الأكثر تعقيداً هنا هو كيفية إيجاد معايير قياس موضوعية للاعتبارات غير المالية والسلوكية في قرارات منظمات الأعمال خاصة وأن العديد من هذه القرارات لا تحتمل أن تحلل فقط بمعايير الكلف والعوائد المصاحبة لمثل هذه القرارات. ويمكن أن تتصور ما ذكر أعلاه من خلال .الشكل التالي الذي يوضح كون الفرد يمتلك معايير شخصية يحكم من خلالها على الفرصة المتاحة أمامه وفي ضوء محددات المجتمع الأخلاقية أيضاً، التي يمكن أن تقوي من دوافعه لاقتناص الفرصة بالرغم من عدم أخلاقيتها أو الإحجام عنها.

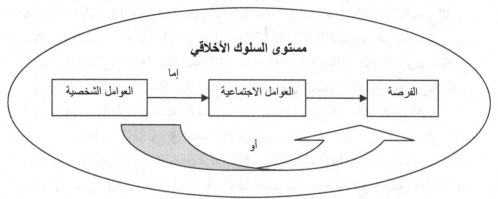

شكل (3-1)

الفرد والحكم على الفرصة في ضوء العوامل الشخصية والاجتماعية

مستوى السلوك الأخلاقي

العوامل الشخصية ← إما العوامل الاجتماعية ← الفرصة

أو

Source : Ferrell, Gresham, 1985, P.89

ب. أهمية أخلاقيات الأعمال :

إن الالتزام بالمبادئ والسلوك الأخلاقي سواءً على صعيد الفرد في الوظيفة أو في مهنة معينة أو مجموعة أو منظمات الأعمال يعتبر ذو أهمية بالغة لمختلف شرائح المجتمع حيث أن هذا الأمر يقوي الالتزام بمبادئ العمل الصحيح والصادق ويبعد المنظمة عن أن ترى مصالحها بمنظور ضيق لا يستوعب غير معايير محددة تتجسد في الاعتبارات المالية التي تحقق لها فوائد على المدى القصير ولكنها ستكون بالتأكيد ذات أثر سلبي في الأمد الطويل. وفي مجتمعاتنا النامية والمجتمعات الإسلامية بشكل خاص فإن الإسلام يعتبر الوعاء الحضاري والإنساني الذي يطرح مفاهيم أخلاقية راقية، في مختلف مناحي الحياة استمد منها الأفراد والمنظمات قواعد عمل ومدونات أخلاقية نظرياً على الأقل مقبولة وجيدة في حين يشير واقع الحال إلى وجود فجوة كبيرة بين هذا الوعاء الحضاري وبين الممارسات الفعلية

لهؤلاء الأفراد والمنظمات، ولـو أنـنـا قـد نجـد ممارسـات مشـابهة في العـالم المتقدم ولكنها على نطاق أضيق.

وإذا ما أردنا الإشارة إلى أهم الفوائد التي يمكن أن تحصل عليها منظمات الأعمال جراء التزامها بالمنظور الأخلاقي القيمي في العمل والتي تعطي أهمية لهذا الالتزام فإننا يمكن أن نؤشر التالي :

1. لا يمكن القبول بالمنظور التقليدي للعمل والذي يرى تعارضاً بين تحقيق مصالح منظمة الأعمال المتمثلة بالربح المادي وبين الالتـزام بالمعاييـر الأخلاقيـة والتي عرضت وكأنها تقلل من الكفـاءة ضـمن هـذا المنظور التقليـدي. ففـي إطار المنظور الحديث نجد ارتباطاً إيجابياً بين الالتزام الأخلاقي والمردود المالي الـذي تحققه المنظمة وإن لم يكن ذلك على المدى القصير فإنه بالتأكيد سوف يكون واضحاً على المدى الطويل .

2. قد تتكلف منظمات الأعمال كثيراً نتيجـة تجاهلها الالتـزام بالمعاييـر الأخلاقيـة وهنا يأتي التصرف اللاأخلاقي ليضع المنظمـة في مواجهة الكثير مـن الـدعاوى القضائية بل والجرمية في بعض الأحيان خاصة إذا ما تمادت المنظمـة وأخـذت تركز كثيراً على مبدأ الرشد والنموذج الاقتصادي بعيداً عن التوجه الاقتصادي الاجتماعي الأخلاقي.

3. تعزيز سمعة المنظمة على صعيد البيئة المحلية والإقليمية والدولية وهـذا أيضـاً له مردود إيجابي على المنظمة.

4. إن التوجهات الحديثة تـرى أن تجاهـل الأخلاقيـات في العمـل هـو نـزوح نحـو المصلحة الذاتية الضيقة في حين أن الالتزام بالأبعاد الأخلاقية للعمل يضعها في إطار المصلحة الذاتية المستنيرة ومن المعلوم أن ردود فعل سلبية على التصرف اللاأخلاقي قد تنشأ من قبل المنافسين والحكومة وباقي فئات المجتمع وهـذا يؤدي إلى الإضرار بسمعة المنظمة على المدى البعيد (نجم،2000، ص 31).

5. إن الحصول على شهادات عالمية وامتيازات عمل خاصة (مثل ايزو 9000 و ايزو 14000) يقترن بالتزام المنظمة بالعديد من المعايير الأخلاقية في إطار الإنتاج والتوزيع والاستهلاك والاستخدام والاعتراف بالخصوصيات والعمل الصادق والثقة المتبادلة ودقة وصحة المعلومة. بعبارة أخرى، فإن الشهادة الدولية بالالتزام بالمعايير الفنية في إنتاج السلع والخدمات تحمل في طياتها اعترافاً بمضمون أخلاقي واجتماعي مهم أظهرته منظمة الأعمال.

المبحث الثاني : مصادر الأخلاقيات في منظمة الأعمال :

إذا كانت الأخلاق تشير إلى النظامي القيمي والمعايير الأخلاقية التي يستند لها المديرون في قراراتهم المختلفة آخذين بنظر الاعتبار ما هو صح أو خطأ فإن ما نريد أن نؤكد عليه هنا هو أن الأخلاق لدى هؤلاء المدراء تتجسد بسلوكيات أخلاقية تراعي عدم خرق الناموس والقواعد والمعايير والمعتقدات في المجتمع من جانب وكذلك القوانين والمدونات الأخلاقية المعمول بها من جانب آخر، بل إننا نأمل من السلوك الأخلاقي أن يتجاوز ما مطلوب رسمياً منه كنتائج إيجابية إلى ما هو أبعد في إطار تحمل مسؤولية اجتماعية كبيرة لمنظمة الأعمال تجاه الفئات المختلفة. وبشكل عام يمكن أن تستند أخلاقيات الأعمال إلى ركنين أساسيين : الأول : نظام القيم الاجتماعي والأخلاقي والأعراف والتقاليد السائدة في المجتمع والثاني، هو النظام القيمي الذاتي المرتبط بالشخصية والمعتقدات التي تؤمن بها وكذلك خبرتها السابقة، ويمكن توضيح ذلك بالمخطط التالي : (محمد ياغي، 2001 ، ص 106) .

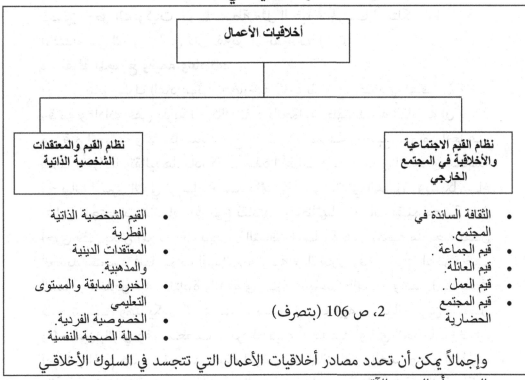

شكل (3-2)

مصادر الاخلاقيات في الأعمال

أخلاقيات الأعمال

نظام القيم والمعتقدات الشخصية الذاتية

نظام القيم الاجتماعية والأخلاقية في المجتمع الخارجي

- القيم الشخصية الذاتية الفطرية
- المعتقدات الدينية والمذهبية.
- الخبرة السابقة والمستوى التعليمي
- الخصوصية الفردية.
- الحالة الصحية النفسية

- الثقافة السائدة في المجتمع.
- قيم الجماعة .
- قيم العائلة.
- قيم العمل .
- قيم المجتمع الحضارية

2، ص 106 (بتصرف)

وإجمالاً يمكن أن تحدد مصادر أخلاقيات الأعمال التي تتجسد في السلوك الأخلاقي الحميد أو السيء بالآتي :

1. العائلة والتربية البيتية:

تمثل العائلة النواة الأولى لبناء السلوك لدى الفرد لذلك اهتمت الأديان والمجتمعات الحضارية ببناء العائلة وأكدت على تماسكها حيث يبدأ الفرد صغيراً باكتساب سلوكه الحسن أو السيء من هذا المنبع الأول. فلا تتوقع من عوائل مفككة لا تحترم بعضها بعضاً ولا تحترم العمل المشروع والكسب الحلال أن تبني فرداً صالحاً يتمتع بأخلاقيات ملتزمة في ميدان عمله. وفي حقيقة الأمر فإن الفرد

في بيئة العمل أو المدرسة هو سفير عائلته ويعكس الوضع الاجتماعي والأخلاقي لها. وتنفق الدول الكثير من الأموال على برامج كثيرة الهدف منها تحسين بعض السلوكيات غير المنضبطة مثل الرغبة بتخريب الممتلكات العامة أو الاعتداء على الآخرين التي كان يفترض أن تقوم بها العائلة.

2. ثقافة المجتمع وقيمه وعاداته:

يتأثر سلوك الفرد بمؤثرات خارجية كثيرة يقع في مقدمتها ثقافة المجتمع وقيمه وعاداته، ففي بداية احتكاك الفرد بالجماعة تظهر لديه القابلية أن يأخذ من قيم الجماعة وتتشكل لديه روح الانتماء للجماعة ويصبح هو مدافعاً عن قيمها وأعرافها وتقاليدها، فإذا كانت هذه الأعراف واضحة لدى الفرد ومنسجمة مع بنائه الأسري الأولي نراها تتجسد دائماً في سلوكياته في العمل. وبشكل عام تتباين المجتمعات الإنسانية في نوع ثقافتها وإعطائها أولويات لقيم معينة دون أخرى ففي بعض المجتمعات نجد أن الثقافة السائدة هي ثقافة منفتحه تقبل الجديد وتتجسد فيها سمات التسامح والرغبة في التعاون وقبول الرأي الآخر وحب العمل والإخلاص فيه والمثابرة والدقة في احترام المواعيد والصدق وعدم المبالغة في طرح الموقف، وهنا يكون الفرد متمتعاً بسلوكيات إيجابية تجاه الآخرين والعمل والمخالفين بالرأي وغير متعصب لفكره أو دينه أو مذهبه أو لأي اتجاهات أخرى. إن الأمر المهم هنا هو تجسيد صيغة الموضوعية في التعامل والعمل وعدم التطرف والأنانية والمغالاة في حب الذات. وبالطبع فإننا لا ندعو إلى حالة مثالية ولكن نطلب حالة مناسبة ومعقولة من الوسطية، إن الفرد الذي يعيش في بيئة ثقافية ملوثة سيتأثر بكل تأكيد بإفرازات هذه البيئة لذا فالوعي من جانب الفرد مهم جداً للانتباه للنواقص والإشكالات في الوضع الاجتماعي والثقافي في المجتمع وأن يجد الأسلوب الملائم للتعامل معها، مثال ذلك كيفية التعايش والتعامل في مجتمع تكثر فيه الوساطات والمحسوبية ويتوجب على الفرد اتخاذ قرارات عمله في ظل هذه الحالة. وعادة ما تكون الأمور في مجتمعاتنا غير واضحة بشكل جيد لدى الأفراد خاصة إذا ارتبطت

بمصالحهم الضيقة فكثيراً ما تسمع عبارات تحمل في طياتها قيماً سلبية إذا أخذت في مجالها المحدود فقول الطلاب مثلاً لأستاذ المادة (انت كريم ونحن نستاهل) تعني قيماً مشوهة إذا صح التعبير فكيف يمكن للأستاذ أن يتكرم بدرجات تمثل معياراً علمياً للطلبة وحقاً يجب أن ينتزعوه بجهودهم ومثابرتهم وأدائهم، فهل يمكن أن تطلب من مدير المصرف أن يتكرم بمبلغ من أموال المصرف مرددين نفس العبارة؟.

3. التأثر بالجماعات المرجعية :

إن الجماعات المرجعية هي في حقيقتها مصدر مهم للسلوك الفردي الأخلاقي وغير الأخلاقي وقد يكون التأثر بها سبباً في اتخاذ قرارات كارثية أحياناً. وقد تكون هذه المرجعيات سياسية أو دينية أو أدبية أو عشائرية أو عسكرية أو غيرها. وعادة ما يقع الفرد في مجتمعاتنا تحت تأثير أكثر من جماعة مرجعية واحدة في نفس الوقت تجعله في موقف محيّر ومتناقض ينعكس على شخصيته وقراراته. فهناك الكثير من الأعمال التي قد لا ينظر لها بإيجابية من جانب ديني أو عشائري، وكذلك ترى مواقف معينة تجاه مسألة الفائدة في المصارف أو العمل في أماكن اللهو والقمار وبيع الخمور وغيرها. في إطار المنظمة يمكن أن يكون الفرد عرضة للتأثير من قبل هذه المرجعيات وبالتالي قد يسلك سلوكاً يضر المنظمة التي يعمل فيها أو يتسبب في اضرار للمجتمع. ويلاحظ في مجتمعاتنا النامية بل وحتى في بعض الدول المتقدمة ان بروز مرجعيات معينة لم يتم من خلال البناء والتجربة الطويلة لهذه المرجعيات بل إنها تأسست في غفلة من الزمن وبحكم ظروف معينة وأصبحت تشكل مرجعيات للكثير من الناس بحكم ما يسمى "روح القطيع" أو بعبارة أخرى التأثر الجماعي دون تفكير أو تأمل.

4. المدرسة ونظام التعليم في المجتمع :

يلعب النظام التعليمي دوراً مهماً في المجتمع وفي تكوين القيم الأخلاقية وتنمية السلوك الأخلاقي لدى الأفراد. وقد تمتلك الدولة فلسفة تعليمية واضحة

تتكامل فيها مختلف آليات العمل بجميع المراحل بـدءاً برياض الأطفال وانتهاءاً بالدراسات العليا وتجسد الدولة خلال هـذه الفلسفة منظوراً وسـلوكاً أخلاقياً نابعاً من قيمها وعاداتها ويساهم هذا في تطوير السـلوك الإيجابي وتعزيـز المسؤولية والمساءلة والإخلاص في العمل والصدق فيه. وبالمقابل فإن بعض الـدول قد لا تمتلك مثل هذه الفلسفة المتكاملة ومع ذلك فإن النظام التعليمي تسود فيـه قيم كثيرة قـد يصل بعضها حـد التعارض والتقاطع والصراع وعـدم الوضوح في المواقف في حالات معينة، وبالتالي فإن السلوكيات ضمن هـذا النظام قـد لا تكـون جميعها سلوكيات إيجابية تعزز المسؤولية والإخلاص والثقة. وفي مجتمعات الـدول النامية وبسبب العديد من الإشكالات وتداخل الـرؤى والمصالح وانعكـاس الحالـة المذهبية والدينية والعشائرية والسياسية على أداء المدارس فإننا نجد قيمـاً تـؤدي إلى سلوكيات مرفوضة ومـع كـون هـذه السلوكيات مرفوضة فإنها حالة واقعيـة وموجودة فظاهرة الغش في الامتحانات ظاهرة يرفضها النظـام القيمـي لكنها تبرر بأساليب كثيرة ونحن نتوقع أن من يسلك مثل هذه السلوكيات المنحرفـة سيسـلك نفس هذه السلوكيات في الوظيفة ولن يكون أميناً على واجبات وظيفته. و يفتـرض بالنظام التعليمـي أن يعـزز القيم الإيجابيـة والتي تـؤدي إلى سـلوكيات أخلاقيـة، فالمنافسة الشريفة والثقة والصدق والعمـل المثابر وأدب الحوار وتبـادل الأفكـار والنقد البناء وقبول الرأي الآخر والتفاعل الإيجابي واحترام القـوانين كلهـا سـلوكيات يجب أن تعزز ضمن إطار النظام التعليمي .

5. إعلام الدولة والصحافة ومؤسسات الرأي :

يعبر البعض عـن الصحافة بكونها مـرآة المجتمع، وفي نفس الوقت فـإن الصحافة ووسائل الإعلام الأخرى تبث قيماً وأفكاراً تصلنا حيثما نكون فهي أدوات واسعة الانتشار وكبيرة التأثير، فإذا لم تكن هذه الصحافة حرة وصادقة ومهنية فإن بعداً واحداً سيطغى عليها وتصبح بالتالي ذات تأثير سلبي كبير عـلى المجتمع. وإذ نتكلم عن الصحافة في الوقت الحاضر فإننا نجد أنفسنا في فضاء كوني واسع

تمارس فيه مختلف وسائل الإعلام ومؤسسات الرأي عملها للتأثير على الآخرين بمختلف الوسائل والطرق. ويجب أن ندرك حقيقة مهمة وهي أن الكثير من وسائل الإعلام اليوم ينتقل تأثيرها عبر الأثير ولا يمكن السيطرة عليه فإن الحاجة إلى الالتزام الأخلاقي وتعزيز النوايا الحسنة والسلوكيات الإيجابية مطلوبة بشكل كبير. ويلاحظ أن إعلامنا في الدول النامية يأخذ في أغلبية منحى واحداً هو الاتجاه السياسي على الرغم من ظهور بوادر تغيير في هذه الاتجاهات حيث بدأنا مشاهدة برامج حوارية تطرح الرأي والرأي الآخر وكذلك نلاحظ بروز الإعلام الاقتصادي والرياضي ولكن الحاجة لا تزال كبيرة للتطوير.

6. مجتمع العمل الأول :

يؤثر مجتمع العمل بكل مكوناته على الأفراد ويغير من أخلاقياتهم ويفرض عليهم سلوكيات جديدة، وبالأخص مجتمع العمل الأول أو أول وظيفة يمارسها الشخص، فحالات مثل احترام الوقت والتعاون وحب العمل الجماعي والمشاركة في الرأي وتحمل المسؤولية واستعمال السلطات وإصدار الأوامر أو تلقيها كلها أمور مهمة تنعكس على قناعات الشخص وسلوكه اليومي سلباً أو إيجاباً. وقد نجد أن بعض المنظمات قد تحولت فعلاً إلى مجتمع صالح ومناخ نظيف تنمو فيه السلوكيات الصحيحة وترفض الفاسدة منها فإن البعض الآخر من المنظمات قد يكون عكس هذه الحالة تماماً وبالتالي فإن الفرد الداخل إلى أي منهما لن يكون مقبولاً أو يواجه صعوبات بالغة في التكليف مع هذا المناخ وبالتالي فإن تكيفه يعني تغييراً في قيمه وسلوكياته ومبادئه. وتجدر الإشارة إلى أن الانتقال من مجتمع العمل الأول إلى مجتمع آخر أياً كان سبب الانتقال سيؤدي إلى نوع من المعاناة وعدم القدرة على التخلص من آثار المجتمع الأول.

7. سلطة القديم والقيم الشخصية المتأصلة لدى العاملين :

في المجتمعات التقليدية فإن للموروث الثقافي والحضاري تأثيراً كبيراً على سلوكياتنا وأخلاقياتنا خاصة وأن هذا الموروث جاء متأصلاً عبر فترات زمنية

متلاحقة. وإذ يبدو القديم براقاً في نظر الكثير من الأفراد فإنه يحمل أيضاً في طياته العديد من السلبيات والنواقص التي تقبلناها دون فحص أو تدقيق أو مناقشة لمحتوى هذه العادات والتقاليد وبالتالي السلوكيات والأخلاقيات القديمة. فالقديم وما فيه من أمثال شعبية وعبارات ومقولات تنسب أحياناً لشخصيات لها أثرها الديني أو القبلي في المجتمع تؤثر بشكل كبير على أخلاقيات الأفراد وسلوكهم وبالتالي فإنها تحتاج إلى تفحص وتحليل وحوار لغرض فرز ما هو غث منها ويأتي بنتائج سلبية إذا ما أخذ في إطار الوضع العالمي الراهن وتطوره. نحن لا نعترض على المضامين القيمية والمبادئ الأخلاقية الحميدة فالعودة للأخلاق مطلوبة دائماً ولكن يجب أن نميز بينها وبين مظاهر الحياة البدائية التي عاشها الأجداد وأن نأخذ بنظر الاعتبار التطور الحاصل في جميع نواحي الحياة. ويلاحظ أن وضعاً مؤسفاً وكارثياً قد يحصل بناءاً على اتخاذ قرار متأثرين بأمثال وحكم شعبية لا تمت لواقع الحياة المعاصرة ولا تنسجم مع المنطق والعقل، فقد تكون مرجعية مدير عام منظمة أو أي فرد يشغل منصباً مهماً حكمة قديمة أو قولاً قديماً ترسخ في ذهنه مثل "إذا لم تكن ذئباً أكلتك الذئاب"، وكأن المنظمة كلها هي قطيع من الذئاب ويجب عليه أن يكون الذئب الأشرس لكي يقود المنظمة ويحكم سيطرته عليها، أو أن الكثير من منظماتنا تدار بمفهوم العشيرة أو القبيلة. لذلك لا بد من الانطلاق إلى فضاء رحب متسامح فيه منظور كلي للحياة يتجرأ على مناقشة كثير من القيم والتقاليد البالية.

8. القوانين واللوائح الحكومية والتشريعات :

يمكن النظر للقوانين بأنها عبارة عن نتائج تيار أو اتجاه معين بما يتوقعه المجتمع من حيث السلوك المقبول، ويمكن اعتبار الممارسات على أنها غير قانونية إذا ما كان المجتمع ينظر إليها على أنها سلبية وغير أخلاقية (,Sisk and Clifton 1981, P4) فالقانون يحدد ويضع المعايير المقبولة في مجال الأعمال التي تعمل بدورها على توجيه المدراء وعليه فإن وجود هذه القوانين يعتبر جزءاً من عملية التحديد الفعلي لمهنة الإدارة من جانب ومن جانب آخر فإن هذه القوانين تخلق

144

قنوات لسلوك المنظمات مما يجبرها على السير باتجاه القواعد الأخلاقية التاريخية في مجال الأعمال، فعندما تتصرف المنظمة بطرق يعتبرها المجتمع سلبية يتم سن القوانين التي تعكس قيم المجتمع وتذكر بالسلوك الأخلاقي الصحيح . (Schermerhorn, 1996, P 65).

وهكذا فالقوانين تمثل رغبات المجتمع كما أنها تعد رادعاً للسلوكيات غير المقبولة والمنحرفة . أما اللوائح الحكومية فإنها مجموعة المعايير المحددة من قبل السلطات للممارسات المقبولة وغير المقبولة لذلك تصدر السلطات اللوائح الهادفة إلي الحد من التلوث أو التقليل من الزحام والضوضاء في المدن الكبيرة فهذه تعبر عن مساهمة الحكومة بترسيخ المسؤولية الأخلاقية تجاه المجتمع (العامري والتميمي،2002، ص92). وهكذا فان تأثير القوانين واللوائح الحكومية والتشريعات يبدو واضحاً في تأصيل قواعد السلوك الأخلاقي في المجتمع للأفراد ومنظمات الأعمال.

9. قوانين السلوك الأخلاقي والمعرفي للصناعة والمهن :

نظراً للتشعب الكبير في الصناعات والمهن فقد سُنت قوانين ومدونات أخلاقية رسمية وهناك العديد من الأعراف والسلوكيات غير المدونة تمثل بمجموعها أدلة إرشادية لعمل المديرين والعاملين والمهنيين في إطار هذه الأعمال المختلفة. وتعد هذه القوانين والسلوكيات الأخلاقية والمهنية بمثابة أدوات تستخدم لتوجيه التصرفات في مجالات العمل المختلفة كما وتعد آليات تستخدمها المنظمات لتوجيه قراراتها وبما يتفق مع أخلاقيات الأعمال والمهنة (Wiley, 1995, P.25).

وتحقق هذه القوانين والسلوكيات مجموعة من الأهداف :

أ. توجيه وإرشاد المديرين في المجالات غير الواضحة للسلوك المهني .

ب. تذكير العاملين والمديرين بالمتطلبات القانونية والأخلاقية.

ج. الإعلان عن المرتكزات الأخلاقية للمنظمة.

د. تقوية ودعم الثقة بالمنظمة.

هـ تقوية الانضباط الذاتي لدى المنظمة بقواعد السلوك الأخلاقي.

(Ireland, et.al, 1983, P. 39)

وعادة ما يتم الرجوع في الخلافات الحاصلة بشأن العمـل في مهـن كثـيرة إلى لجـان تحكيم من المتخصصين في المهنة وهـؤلاء يعـدون كمراجـع ويعتـبر حكمهـم نافـذاً ومقبولاً لمعرفتهم بأصول وقواعد والسلوك الصحيحة لتلك المهنة.

10. الخبرة المتراكمة والضمير الإنساني الصالح :

تعتبر الخبرة التي يتمتع بها الفرد مصدراً مهماً لتكوين سـلوكياته في العمـل وتمتعه بأخلاقيـات معينـة تجـاه الإشكالات والقضايا المطروحة. إن المرتكـزات الأخلاقية للمديرين لا يمكن الحكم عليها دائماً من خلال الاختيار الواضح بين ما هو خيّر وفي صالح المجتمع وبين ما هو عكس ذلك، بل إن القرارات الأخلاقية عـادة مـا تخضع لحكم يتسم بالضبابية وعدم الوضوح وبهذا فالمـدراء الأخلاقيـون يضعون حسابات المصلحة الشخصية الضيقة بعيداً عـن اتخـاذهم قـرارات تخص فئـات عديدة في المجتمع. إن المديرين ذوي الضمير الإنساني الصالح والمتفتح يفكرون دائماً بمستقبل العمل ويعملون على حماية سمعتهم الشخصية وسـمعة منظماتهم في حين يكون مدراء آخرين قصيري النظر وتبدو لهم تكـاليف المرتكـزات الأخلاقيـة أكبر من الفوائد المتحققة، ذلك لأن التكاليف غالباً ما تحصل في الوقت الحـاضر في حين تأتي الفوائـد لاحقاً (Parry, 1982: 40). وتعـد المعـايير للمنظومـة الأخلاقيـة الشخصية أكثر صرامة من منظومة الأخلاق الاجتماعية أو المنظمية لكونها تـرتبط بالفرد ذاته وخبرته وحسه الإنساني، فهي قد تشكلت من لدن أغلب المؤثرات عليـه وهي العائلة وتجربة العمل والأصدقاء المقـربين حيـث يسـعى كـل فـرد أن يكون بأجمل صورة وأطيب كلمة لدى الآخرين، (المنصور، 2003، ص26). لـذلك تنفق المنظمات كثيراً لاستثمارات مهمـة في المـوارد البشرـية وخاصـة في المـدراء الـذين يتولون مواقع قيادية مهمة.

11. جماعات الضغط في المجتمع المدني

بالإضافة للمصادر السابقة تشكل جماعات الضغط بجميع أشكالها مصدراً مهماً لقواعد السلوك الأخلاقي للعاملين في منظمات الأعمال. وقد تمارس الكثير من جماعات الضغط تأثيراً في سن الكثير من القوانين وقواعد العمل أو قد تنظر بشكل غير رسمي لتعزيز اتجاهات وأخلاقيات معينة تسترشد بها الإدارات عند اتخاذ قراراتها. وفي الدول المتقدمة نجد أن جماعات الضغط هذه أخذت تلعب أدواراً متعددة ومتباينة ويحكم علاقاتها تنسيق عالي لاتخاذ مواقف موحدة بشأن القضايا المطروحة، في حين قد يكون دور هذه الجماعات في الدول النامية مهماً ولكنه بالتأكيد أقل وضوحاً بسبب عدم تبلور البعض من هذه الجماعات إلا في فترات متأخرة. ولعل أوضح الأمثلة على جماعات الضغط هي نقابات العمال، وجمعيات حماية المستهلكين، جمعيات الدفاع عن حقوق المرأة، جمعيات حماية البيئة، جماعة السلام الأخضر، أطباء بلا حدود، الخ.

المبحث الثالث : الفلسفات الأخلاقية

تمثل الفلسفة علماً اهتم بالبحث عن الحقيقة والحكمة ويعتبر العالم الغربي رائداً في تطوير مفاهيم الفلسفة بشكل عام والفلسفة الأخلاقية بشكل خاص بمنظورها الحالي مستفيداً من إسهامات الفكر الإسلامي والمصلحين في بلاد الصين والهند وبلاد فارس. ولقد بقيت الدراسات الفلسفية عقوداً طويلة تبحث عن ماهية الحياة وسر الوجود والعلاقة بالخالق لذلك ارتقت إلى أن تكون فلسفة دينية حياتية بشكل كبير. وكانت أغلب الاتجاهات تبحث عن سر الموازنة بين ما هو خيّر وإيجابي وبين ما هو شر ومفسد في الأرض وهكذا ارتبطت الفلسفة بالعقل والبحث عن الحقيقة ورسم المنظور الأخلاقي لحل أزمات الحياة الإنسانية وتكونت عبر هذا التطور التاريخي فلسفة أخلاقية عامة شكلت رصيداً إنسانياً استفادت منه فروع

المعرفة المختلفة وهكذا فنحن نتحدث عن تطبيقات الفلسفة الأخلاقية في الأعمال وفي المهن وفي مختلف نواحي الحياة.

أولاً: مفهوم الفلسفة الأخلاقية :

تعني الفلسفة الأخلاقية الرصيد المتراكم من الأنظمة وقواعد العمل والإجراءات والتي تتشكل كمعايير يستخدمها الناس لتحديد ما هو جيد وصالح وما هو سيء وخاطئ فقد يعتمد المدراء على فلسفة إدارية عامة تشجع العاملين لمعرفة أكبر واستخدام هذه المعرفة في تقديم منتج أفضل للزبائن. لكن الفلسفة الأخلاقية لا تبدو دائماً بهذه الصورة العمومية بل يواجه المدراء قرارات كثيرة يصعب فيها تحديد الفلسفة الأخلاقية المناسبة للحالة المراد اتخاذ موقف بشأنها، فعندما يواجه المدير مثلاً قراراً بشأن إبلاغ أو عدم إبلاغ بعض الموظفين بنية المنظمة إيقافهم عن العمل خلال ربع السنة القادم فأي فلسفة أخلاقية تحكم هذه الحالة إذا كانت رغبة العاملين أن يتم تحذيرهم مسبقاً وأن هذا الأمر سيؤثر سلباً على نوعية المنتج وكميته في الفترة المتبقية. إن مثل هذه القرارات تتطلب من المدير أن يقوم بإجراء تقييم شامل آخذاً في الاعتبار جودة القرار ومدى أخلاقية الخيارات ومدى الأثر السلبي الذي يلحق بأصحاب الشأن وقدرتهم على معالجة الضرر الناشئ ليتم بعد ذلك اتخاذ القرار في ضوء مبادئ المدير وقيمه .

إن الفلسفات الأخلاقية تقدم خطوطاً عريضة لتحديد كيفية تسوية الصراعات ومعرفة اهتمامات الأفراد للوصول إلى أكبر قدر ممكن من عوائد إيجابية تعم الشرائح الواسعة من هؤلاء الناس.

إن رجال الأعمال يحتكمون إلى فلسفات أخلاقية متباينة عندما يضعون استراتيجيات أعمالهم أو عند قيامهم بحل بعض القضايا المرتبطة بالجانب الأخلاقي أو اللاأخلاقي في العمل، إن هذا الأمر يبين أنه لا توجد فلسفة أخلاقية واحدة ومقبولة من الجميع، فالمديرين الذين يرون أن الربح هو الهدف الأول والوحيد

لمنظماتهم ولا يعيرون أهمية لتأثير نشاط منظماتهم السلبي على البيئة والمجتمع ينطلقون من فلسفة أخلاقية مغايرة لأولئك المدراء الذين يحاولون أن تسهم منظماتهم بدور اجتماعي أكبر ولمختلف فئات المجتمع ذات المصلحة.

ويمكن أن نلاحظ الفلسفة الشخصية الأخلاقية وارتباطها بالفلسفة الأخلاقية للعمل من خلال المثال التالي حيث قامت مجموعة من الشركات الكبرى في الولايات المتحدة الأمريكية بتطوير برنامج للحاسوب أطلق عليه اسم (PACT) Project Access to Computer Training والذي يساهم بإعداد الأفراد المعاقين جسمياً إعداداً كفوءاً لشغل وظائف تتعلق بالحاسوب وتطبيقاته، فقد موّلت هذه الشركات مستلزمات البرنامج من توفير معدات وتسهيلات للأشخاص المعاقين وموارد بشرية متخصصة لتطوير برامج التعليم ضمن إطار هذا المشروع وقد لاقى المشروع نجاحاً كبيراً وأصبح مدراء هذه الشركات فخورين بكون استراتيجيات أعمالهم تعتمد على فلسفات أخلاقية شخصية مكنت الأعمال من تحقيق الأرباح وساهمت في نفس الوقت في حل معضلة إنسانية واجتماعية. وعلى هذا الأساس فإن الفلسفة الأخلاقية تمثل نظام قيم وقواعد عمل تسترشد بها المنظمات والمديرون عند اتخاذ قراراتها (Ferrell & Fraedrich, 1994, P. 53) .

وهكذا فإن الفلسفة الأخلاقية الذاتية للمدير تعتمد على مفهوم الصح والخطأ أو ما هو أقرب إلى الصحيح وأبعد عن الخطأ. لكن المشكلة التي تواجه المدراء في أغلب الحالات هو عدم معرفة الحالة ما إذا كانت حالة صحيحة ومشروعة أو أنها حالة غير صحيحة وغير مشروعة وبالتالي فإن المطلوب من المدير هو اتخاذ قرارات في المنطقة الوسطى الرمادية Ambiguous Situation (نجم، 2000، ص83).

ثانياً: منظورات الفلسفة الأخلاقية :

توجد العديد من الفلسفات الأخلاقية في أدب دراسة الأخلاق وسنقتصر ـ نقاشنا هنا على الفلسفات الأخلاقية القابلة للتطبيق والممكنة في مجال الأعمال. يجب الانتباه هنا أننا لا نوصي باستخدام فلسفة أخلاقية محددة لحل المشكلات بسبب تنوع الحياة ولا يمكن أن تحصر المسائل الأخلاقية للأعمال في منظور واحد، وسنعرض الآن ثلاث فلسفات أخلاقية وكالآتي :

1. الفلسفة الغائية Teleology :

وهذه تستند إلى رؤية أخلاقية تقوم على أساس أن كل شيء موجود في الطبيعة موجه نحو غاية معينة وهكذا فإننا نحكم بموجبها على صحة العمل من عدمه في ضوء الغاية المراد الوصول إليها. إن هذه الفلسفة تقيم السلوك بالنظر إلى النتائج المترتبة عليها لذلك يطلق عليها الفلسفة النتائجية Consequencialisim ويحكم اتخاذ القرارات هنا منظوران مهمان لدى المدراء أو الأفراد بشكل عام:

أ. الذاتية (الأنوية) Egoism :

وتعرف الذاتية بأنها السلوك الصحيح أو المقبول للفرد بالاعتماد على نتائج هذا السلوك للفرد بذاته وبالتالي فإنه يتخذ القرارات التي تجعل مصالحه الشخصية أوسع ما يمكن ويجب أن نلاحظ هنا أن مفهوم المصالح يعرف وينظر إليه بشكل متفاوت من شخص لآخر وهكذا فإن المصلحة الذاتية تتجسد لدى الفرد بالصحة الجيدة والقوة والمنعة والشهرة والوظيفة الجيدة وتأمين حياة جيدة للعائلة والثروة وأي شيء آخر ذو دلالة شخصية. وبالنسبة للشخص الذاتي فإن اتخاذ القرارات في المواقف الأخلاقية يعتمد على اختيار البدائل التي تساهم في تحقيق مصالحه الشخصية. وقد ظهر الشكل المحسّن للذاتية آخذاً بنظر الاعتبار مراعاة مصالح الآخرين ولكن المصلحة الذاتية ما تزال هي السائدة ومثل هؤلاء المدراء يتبعون القواعد المهنية الأخلاقية بحدودها المعقولة اعتماداً على أن هذه الأمور التي تنفع الآخرين تساعدهم في تحقيق أهدافهم الأساسية الذاتية. فعلى سبيل المثال تعتمد

شركة IBM سياسة تقوم على التبرع أو التقليل من تكاليف أجهزة الكمبيوتر للمؤسسات التعليمية لحصول الشركة على ضرائب مخفضة نتيجة اتباع هذه السياسة. كذلك تروم الشركة وضع منتجاتها داخل المؤسسات الجامعية حيث عندما يتخرج الطلبة ويذهبون إلى سوق العمل يكونوا قد اعتادوا على استخدام هذه الأجهزة وهكذا يبدو في الوقت الذي تخدم الشركة المجتمع المحلي فإنها تخدم نفسها على المدى البعيد.

ب. النفعية Utilitarianism :

إن هذا المنظور مشابه للمنظور السابق في الاهتمام بالمنافع والنتائج ولكن هذا المنظور يبحث في الحصول على أكبر قدر من المنفعة لأكبر عدد من الناس. إن المدراء يفترض أن يتخذوا قراراتهم التي ينتج عنها أكبر قدر ممكن من المنفعة الكلي وهنا تجري المقارنة المنهجية والمنظمة بين التكاليف من جانب والعوائد التي تجنيها مختلف الأطراف. وكمثال على هذا نشير إلى حادثة وقعت للخطوط الجوية البريطانية (دلتا) عندما تلقت مكالمة هاتفية من منظمة إرهابية أعلنت فيها أنها ستفجر إحدى طائراتها أثناء إحدى الرحلات وهنا اتخذت الشركة قراراً بإعلام الزبائن عن التهديد وسمحت لمن يرغب بسحب تذاكرهم والتوجه إلى خطوط أخرى دون غرامة. لقد استخدم مدراء الخطوط هنا معيار مقارنة الكلفة بالمنفعة ففي حالة حصول التفجير ستكون الخسائر بالأرواح كبيرة يصاحب ذلك إعلام سلبي ضد الشركة، يقابل ذلك خسائر محتملة في الدخل والأرباح معقولة. وهكذا تم إصدار القرار بأن المنفعة الأكبر ستكون بالإعلان عن وجود التهديد. ومن الضروري الإشارة هنا إلى أن الأضرار التي يتم مقارنتها بالمنافع يجب أن تأخذ منحى شمولي فالإضرار بالإنسان والحيوان والنبات والتربة والمياه والهواء يجب أن تحسب. يستخدم النفعيون معايير مختلفة لتحديد مدى أخلاقية السلوك حيث يرى بعض الفلاسفة النفعيون بأن القواعد العامة يجب اتباعها لتحديد أي من القرارات هي الأفضل ويحدد السلوك بالاعتماد على المبادئ والقوانين التي تم تصميمها لترويج

المنفعة الأكبر وبالتالي فهم لا يعتمدون على فحص كل موقف على حدة (فإذا كانت الرشوة شيء خاطئ وهناك من الناس من يمتلك الجرأة على رشوة الآخرين لتحقيق منفعة شخصية فإن القانون العام يمنع الرشوة باعتبار أن هذا القانون يؤدي إلى زيادة المنفعة الكلية للمجتمع). لذلك يحرم القانون على الفرد رشوة المسؤول بهدف الحفاظ على وظيفته وبذلك فإن القانون يحدد السلوك ويؤدي إلى تعظيم المنفعة. وهناك من النفعيين من يعتقد بضرورة تقييم صحة سلوكيات الأفراد وفي ما إذا كانت هذه السلوكيات تنتج أكبر قدر من المنفعة لأكبر عدد منَ البشر وبذلك فإن فحص السلوك نفسه مهم أكثر من فحص القوانين التي تتحكم بالسلوك. ويرى بعض النفعيين أنه يمكن تبرير بعض التصرفات فمثلاً إذا رأى مدير المبيعات بأن شركته لن تحصل على عقد معين إلا إذا تم رشوة أحد المسؤولين عن إرساء العقود وإذا لم تبرم الشركة هذه الصفقة فإنها ستكون مضطرة إلى طرد العشرات من العمال وسيلحق بهم الضرر جرّاء ذلك ويبرر المدير رشوة المسؤول عن العقود بهدف الاحتفاظ بوظائف هؤلاء العمال أي أن المنفعة المتحققة لهؤلاء العمال تفوق في أهميتها اتباع السلوك القانوني. إن هذا المنطق غير مقبول شرعاً وقانوناً لأنه في حقيقة الأمر سيعرض حالة المنافسة الشريفة بين الأعمال للخطر ويعطل آليات السوق الصحيحة وبالتالي فإن الضرر أكبر مما يتصوره المدير.

2. الديونتولوجية (Deontology) أو فلسفة النوايا الحسنة :

وتعني هذه الفلسفة بالأخلاقيات التي تركز على حقوق الأفراد والنوايا المرتبطة بكل سلوك وهي بهذا تركز على النوايا الصادقة والحسنة أكثر من تركيزها على النتائج المترتبة على اتخاذ هذا السلوك أو ذاك. إن النظرة الفلسفية في هذه الطروحات تتمركز بشكل أساسي على الفكرة القائلة بأن الاعتبار والاحترام يجب إعطاءه لجميع الأفراد بشكل متساوي. ويرى أصحاب هذه الفلسفة - على خلاف النفعيين - وجود أعمال لا يمكن القيام بها حتى وإن كان الهدف من وراء ذلك جعل المنفعة أكبر. على سبيل المثال فإن اتباع هذه الفلسفة يرون أنه من

الخطأ قتل الناس الأبرياء أو ارتكاب أخطاء فادحة في حق الأفراد مهما كانت المنفعة المترتبة على مثل هذه القرارات لكونها ستؤدي إلى انتهاك حقوق الإنسان. كذلك فإن أصحاب هذه الفلسفة يفترضون وجود سلوكيات صحيحة أصلاً وان تحديد مدى صحة السلوك يتمركز حول العمل الفردي وليس حول المجتمع. ومن الجدير بالذكر أن هذه الفلسفة تأثرت بشكل كبير بأفكار العالم الألماني (ايماثوئيل كانت) الذي طور ما يسمى بأولوية البدائل. في حين يرى Deontolo بأن الأفراد لهم حقوق مطلقة وهي حرية الضمير، الخصوصية، حرية الكلام وحرية التملك. وهنا فإن تحديد ما إذا كان السلوك أخلاقي أم لا فإن الفرد يبحث عن مدى التوافق بين هذا السلوك والمبادئ الأخلاقية وحقوقه المطلقة. على سبيل المثال، إذا أصبح أحد العاملين مريضاً أو توفي لأسباب تتعلق بمكان العمل وظروفه فإن مدير المنظمة المؤمن بهذه الفلسفة قد يطرح ضرورة تحسين وتطوير طرق الإنتاج وظروف العمل بغض النظر عن النظر عن التكاليف المصاحبة لمثل هذا النوع من العمليات في حين أن هذه الحالة بالنسبة للمدير النفعي يتم تحليل تكاليفها وأرباحها ليتخذ القرار في ضوء ذلك.

3. الفلسفة النسبية Relativism

بموجب هذه الفلسفة فإن الحقائق الأخلاقية تتفاوت تبعاً للفرد والزمان والظروف. ويشتق تعريف السلوك الأخلاقي ضمن هذه الفلسفة من تجارب الأفراد والمجموعات والمنظمات والشعوب حيث يتخذ النسبيون تجاربهم الذاتية أو تجارب الناس من حولهم كأساس في تعريفهم للسلوك الأخلاقي. إن الفرد النسبي يتفحص الأعمال للأفراد الآخرين وللمجموعات ويحاول أن يحدد مدى تطابق آراء هؤلاء الأفراد والمجموعات حول السلوك المعطى وفي حالة التطابق أو الاتفاق الإيجابي فإن هذا السلوك يصبح مقبولاً والعكس صحيح. إن تغير الأفراد والمجموعات أو تغير الظروف يتبعها تغير المعايير الأخلاقية والحكم عليها. وكمثال لذلك كانت

مهنة المحاسبة تقليدياً تعبر عن حالة عدم الإعلان والبوح بالأرقام ويعتبر هذا الأمر غير أخلاقياً، لكن في الوقت الحاضر يعتبر هذا الأمر مقبولاً من قبل الجميع.

المبحث الرابع : الإطار الأخلاقي للقرارات الإدارية :

يواجه المدراء يومياً العديد من المواقف والقرارات التي تحتاج إلى تطوير إطار صحيح للعمل يتم بموجبه الحكم على كون القرارات المتخذة والسياسات الموضوعة تتماشى مع الأعراف والأخلاق الصحيحة والتي تؤدي إلى زيادة المنفعة وتحقيق أهداف المنظمة. لقد طور الباحثون نماذج توضح العوامل المؤثرة بالسلوك الفردي والجماعي وبالتالي على إعطاء القرارات المتخذة الطابع الأخلاقي والقيمي الصحيح. ولعل النموذج لتالي (شكل رقم 3 - 3)، يمكن أن يوضح لنا أهم العوامل المؤثرة في تشكيل السلوك الأخلاقي أو غير الأخلاقي والذي يمثل قاعدة لاتخاذ القرارات في المنظمة.

شكل (3-3)

العوامل المؤثرة في السلوك

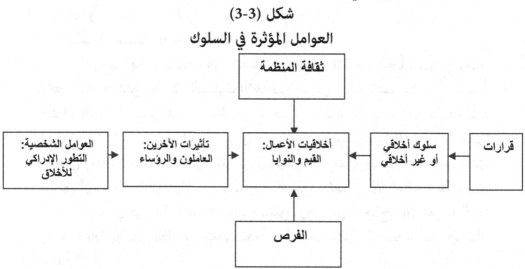

Source : Ferrell and Fraedrich, 1994, P.95 (بتصرف)

154

أ. **العوامل الشخصية** : إن المدراء يتخذون قرارات مختلفة في مواقف أخلاقية متشابهة بسبب كونهم في مراحل مختلفة من مستوى تطورهم الإدراكي والأخلاقي. لقد تطور المنظور الشخصي لرؤية السلوك الأخلاقي والالتزام بمعايير هذا السلوك عبر الزمن بحيث يمكن تأشير هذا التطور بالمراحل التالية (Ferrrell, Fraedrich, 1994, P-9, 97):

- **المرحلة الأولى** : الخوف من العقاب والطاعة للقانون وفق اعتبارات معيار ما هو صالح أو غير صالح من وجهة نظر القانون. ومن المعلوم أن القوانين المشرعة لا يمكن أن تغطي مفردات الحياة المتطورة وبالتالي فإن هناك الكثير من سلوكيات اتخاذ القرار التي لا تغطيها القوانين. لذلك فإن المرحلة الثانية مثلت نقلة نوعية في الحكم على السلوك الأخلاقي.

- **المرحلة الثانية** : الذرائعية وتبادل المنافع : وهذه تمثل مقياس للسلوك الصحيح باتجاه أطراف العلاقات في القرار المتخذ، فإذا كانت المنظمة تتبادل المنافع مع الزبائن فإن أخلاقيات قراراتها بهذا الاتجاه يجب أن تراعي من خلال معايير محددة العلاقة بين المنظمة وهؤلاء الزبائن. إن أخلاقية القرار تقوم على أساس المنفعة المتبادلة بدلاً من المبادئ والولاء والعدالة.

- **المرحلة الثالثة** : العلاقات والانسجام والتوقعات المتبادلة بين الأفراد: في هذه المرحلة فإن السلوك الأخلاقي يأخذ بنظر الاعتبار مصالح الآخرين وتوقعاتهم ويقوم على أساس العدالة باتجاه الآخرين وليس التركيز على الأوامر والإجراءات فقط والتي تمثل مصلحة طرف واحد ظاهرياً.

- **المرحلة الرابعة** : النظام الاجتماعي ومراعاة الضمير : لا يتحدد السلوك الأخلاقي بالنظر إلى مصالح فئات محددة من الناس، بل باحترام ومراعاة مصلحة المجتمع ككل حيث يكون النظام الاجتماعي هو نقطة التركيز الأساسية في سلوك الفرد.

- **المرحلة الخامسة:** أولوية الحقوق والعقد الاجتماعي والمنفعة العامة: إن السلوك الأخلاقي يستند إلى الالتزام بالعقد الاجتماعي لكافة الفئات الاجتماعية وفي حالة حصول نوع من الصراع بين هذه المصالح فإن المدير يتخذ قراراته التي تقلل من هذا الصراع في إطار حسابات رشيدة تأخذ بنظر الاعتبار تعظيم المصلحة الكلية. يحاول متخذو القرارات في هذه المرحلة إيجاد نوع من التكامل لمنظورات العقد الاجتماعي ونظرية المنفعة ونظرية الحقوق الشخصية للأفراد.

- **المصلحة السادسة :** مرحلة المبادئ الأخلاقية العالمية : يعتقد الأشخاص في هذه المرحلة أن الحقوق محددة ضمن مبادئ أخلاقية عالمية ينقاد لها الجميع. فالحقوق والقوانين وبعض الاتفاقات الاجتماعية هي حقوق شرعية لا يمكن تجاوزها بسبب كونها ذات مشروعية عالمية وعلى سبيل المثال فإن العدالة والمساواة تعتبر من المبادئ والحقوق ذات طبيعة عالمية لكل البشر ـ وبالتالي لا يمكن اتخاذ قرارات مهما كان نوعها تخرق هذه المبادئ .

ومن الملاحظ أن الفرد يتخذ سلوكيات متعددة ومختلفة في ضوء تطور إدراكه للجوانب الأخلاقية ونضجه الشخصي ـ عبر الزمن. إن بداية دورة الحياة العملية وعندما يكون الفرد قد تخرج من الجامعة بمرحلة عمرية صغيرة فإنه يكون مندفعاً للعمل ومتحمساً لتغيير الواقع الذي يحيط به. وعادةً ما تكون سلوكياته متأثرة بهذه الجوانب: الاندفاع، التسرع، الطموح العالي، قلة التجربة والنضج سواء على المستوى الديني أو الاجتماعي أو الخاص بالعلاقات وغيرها. فيمكن ملاحظة الأمر ببساطة أن الأستاذ الجديد في الجامعة هو أكثر تشدداً من الأساتذة القدامى حيث صقلت سلوكياتهم بالتجربة الماضية. كلما مرت التجربة وعرض الإنسان لخبرات مختلفة ومواقف عديدة تأثر سلوكه الأخلاقي بهذه التجارب. فبعد الزواج واتساع نطاق المسؤولية يتأثر السلوك الأخلاقي والإحساس بهذا الحدث المهم، ويصبح الحال ليس كما هو عليه قبل الزواج. وعند التقدم بالسن والصعود بالوظيفة إلى

المستويات العليا في الهرم التنظيمي يكون الإدراك قد تغير وبالتالي أصبحت السلوكيات ذات منحى جديد وأثرت على القرارات المتخذة. وعند ذهاب الإنسان إلى الحج والعمرة يصبح الأمر مختلفاً أيضاً عما هو عليه الحال قبل هذا الحدث المهم. إن سعة الاطلاع والتثقيف الذاتي وزيادة الاتصال بالآخرين تساهم جميعها في توسيع وتغيير مستويات الإدراك وهذه تؤثر بدورها على القرارات المتخذة من الناحية الأخلاقية.

ب. **المؤثرون الاخرون**: يتأثر السلوك الأخلاقي للفرد في إطار العمل بالعديد من الشرائح أولها زملاء العمل الأقرب وكذلك الرؤساء والمرؤوسين. ويتم ذلك عن طريق تبادل الاتصالات والآراء معهم واستلام الإرشادات والنصائح والاستشارات سواء كانت بطرق رسمية أو غير رسمية. فقد يكتسب الفرد استعداداً لسلوك غير أخلاقي بفعل تأثير مناقشات وإرشادات زملاء العمل. ولعل الأهم من هذا هو الممارسات العملية اليومية التي قد تبدو عادية ولكنها بمرور الزمن تصبح سلوكاً لا أخلاقياً خطيراً. فعلى سبيل المثال يرى الموظف الجديد زملاء العمل يسرقون التجهيزات البسيطة من المنظمة مثل الأوراق والأقلام وأقراص الكمبيوتر فإنه سيعتقد بأن هذا عملٌ مقبول وسلوك طبيعي وبالتالي يصبح مقلداً لهم. كذلك عندما يراهم يستخدمون التلفون والوقت المخصص للعمل للأغراض الشخصية الخاصة فإن هذا الأمر يصبح سلوكاً طبيعياً ولا يتم مناقشته من الناحية الأخلاقية، في حين لا يكون كذلك في منظمة أخرى ويعتبر عملاً غير مقبولاً من الناحية الأخلاقية. وفي إطار العمل بالمنظمة، فإن السلوك الأخلاقي أو غير الأخلاقي يتأثر بعوامل منها اتساع نطاق الإشراف في الإدارة وكذلك الرضوخ لسلطة الرئيس، والضغط والإجهاد الذي يتعرض له الفرد في العمل. ومن المعلوم أن لشخصية المدير تأثير مهم جداً في تشكل السلوكيات الأخلاقية وغير الأخلاقية لدى العاملين. فبعض المدراء اللامعين الذين لديهم خصائص القيادة الكارزمية والنجومية

الشخصية في منظمة ما فإن مقترحاتهم وأفكارهم ونظامهم القيمي يتم تبنيها في جميع أنحاء المنظمة.

وتتأثر بعض السلوكيات بطبيعة العلاقة مع السلطة العليا ومدى الطاعة لها والخضوع لسلطاتها. فقد يتم تنفيذ بعض الأعمال في إطار سلوكيات غير مقبولة وخلل أخلاقي واضح في القرار المتخذ من قبل الموظف تحت طائلة الخضوع والخوف من السلطات الأعلى، وفي حالة ظهور الخلل قد يبرر الموظف ذلك بالخوف أو الطاعة لهذه السلطات وضرورة تنفيذ أوامرها. إن تأثير الفرد بالآخرين يرجع إلى الفرد ذاته وكيفية بناء شخصيته المستقلة ضمن إطار سلوكيات محددة. فبعض الأفراد قد يكون لديهم ثقة عالية واعتزاز بالنفس قد يدفعهم إلى تصرفات غير أخلاقية أو العكس.

جـ **الثقافة المنظمية** : تمثل ثقافة المنظمة مجموعة القيم والأعراف والتقاليد والرؤى والتطلعات التي تمثل إطار عمل يحدد سلوكيات العاملين على مختلف الأصعدة والمستويات. فالمنظمات العريقة في ثقافتها ولديها قيم راسخة في العمل تمثل لغة مشتركة للجميع، يكون تأثير هذه الثقافة واضحاً على سلوكيات العاملين ومنعكساً في القرارات التي يتخذونها، ويبلغ الاعتزاز بالثقافة المنظمية المتميزة في بعض الشركات درجة تجعلها منهاجاً تربوياً يُدرس في تلك الشركة. ولعل أوضح مثال على ذلك هو شركة (Walt Disney) التي تُدخل جميع موظفيها الجدد دورة تدريبية خاصة بثقافتها التنظيمية وتاريخها، بما في ذلك الأبعاد الأخلاقية لهذه الشركة. إن المناخ الأخلاقي ومكوناته السائد في المنظمة يجب أن يكون تحت مجهر الإدارة لغرض تطويره وتعزيزه لينعكس على السلوكيات في العمل والأداء واتخاذ القرارات.

د. **الفرص**: تمثل الفرص وصفاً للشروط التي تحدد أو تسمح بممارسة السلوك الأخلاقي أو غير الأخلاقي. وقد تنتج الفرصة من هذه الشروط وتتحدد بالعوائد الداخلية والخارجية التي تحيط ببيئة العمل. إن وجود نظام واضح

وصريـح ومعلـن ومعـروف مـن قبـل جميـع العامليـن تتحـدد فيـه العقوبـات والمكافآت وفق اعتبارات الأداء المرتبطة بالسلوك الأخلاقي سـوف يعـزز مـن الأداء والقرارات ذات الصبغة الأخلاقية، أما إذا لم يوجد مثل هذا النظام فربما تكون السلوكيات غير مؤطرة بمثل هذا الإجراء. فإذا ما تم مكافأة رجل البيـع عـن زيـادة المبيعـات المتحققـة بسلوكيـات غيـر أخلاقيـة فـإن هـذا الأمـر يعطـي مؤشراً بكون المنظمة لا تُعيـر أهميـة للأداء والقـرارات المرتبطـة بالسلوكيات الأخلاقيـة المقبولة. إن الإطار القريـب مـن وظيفـة الشخص يمثل محدداً أو فرصاً قد يقدم عليها الفرد ولا يلتزم بالسلوكيات الأخلاقيـة في القرار. كمـا أن تأثير الرؤساء باستخدام سياسة الجزره والعصا قد تشجع السلوك الأخلاقي أو السـلوك اللاأخلاقـي. ويمكـن للمنظمـة أن تقلـل أو تنهـي السـلوكيات غيـر الأخلاقية من خلال التأكيد على المدونات الأخلاقية الرسمية وكذلك السياسات والقواعـد والإجـراءات التي تسـتطيع ترسيخها بالتـدريج والتـدقيق والمتابعـة للالتزام بها من قبل جميع العاملين .

هـ **أخلاقيات الأعمال، التقييم والنوايا** : إن الإشكالية في السلوكيات الأخلاقية وغير الأخلاقية تبقى دائماً موجودة ولا يمكن إزالتها بسهولة بسبب كـون الإطار المحدد للعمل والقرار لا يمكن تحديده بوضوح ودقة تامـة. وفي كـل الأحـوال فإن جوانب التفكير الناقد والجهـد المبـذول مـن قبـل المديـر للتأكـد مـن أن القرارات لا تخرق قواعد السلوك الأخلاقي يعتبـر أمـراً مهمـاً لتحسـين العمـل. وفي حقيقة الأمر لا توجد نماذج أو وصفات جاهزة يتم قياس السـلوك عليهـا دائمـاً، وأن الأمـر مرتبط في كثير من الحالات بالنوايا الحسـنة والرغبـة الصادقـة بعمل ما يفيد المنظمة والمجتمـع بفئاته المختلفة. فمثـلاً إذا ما رغب أحـد العاملين بعمل إعلان مظلل لدى جهة إعلانية معينة، ويدفع مـن جـراء هـذا العمل مبالغ جيدة، فكيف يمكن اتخاذ قرار بقبول أو رفض هـذا العمـل وفق مبادئ السلوك الأخلاقي المقبول والصحيح. إن هذا الأمر مرتبط بالعوامل

السابقة جميعاً يضاف إليها التقييم الشخصيـ للموقف والنوايا المرتبطة به والحالة المرغوبة من قبل المدير.

و. **السلوك الأخلاقي وغير الأخلاقي والقرارات المرتبطة به :** إن حاصل تأثير العوامل والأبعاد السابقة تتجسد بسلوكيات أعمال مختلفة وهذه تنعكس بشكل مباشر على القرار المتخذ. وتواجه منظمات الأعمال مواقف مختلفة قد تنحى في البعض منها نحو اتخاذ قرارات متعارضة مع السلوكيات الأخلاقية المقبولة. ولا توجد منظمة طيلة فترة حياتها الطويلة إلا وتتعرض لإشكالات أخلاقية تتجسد بالعديد من المطالبات القانونية والإجراءات المضادة لمصالحها المباشرة. وفي كل الأحوال فإن المهم أن لا يحدث خرق سلوكي يتجسد بمواقف وقرارات لا أخلاقية ذات تأثير شمولي وكبير لا يمكن معالجته أو إصلاحه بسهولة. وبصورة عامة فإن المعرفة الواسعة والنقد المستمر للمواقف المتخذة ومناقشتها من الجوانب الأخلاقية والسلوكية سوف يساعد على تحسين قرارات المنظمة ويعطيها مشروعية اكبر وقبول أوسع ولا تحدث خرقاً مهماً في الأبعاد الأخلاقية للقرارات .

المبحث الخامس : تصنيف عام للمشاكل الأخلاقية في الأعمال :

لا يمكن تجاهل ظهور الإشكالات والمشاكل الأخلاقية في منظمات الأعمال في عصرنا الحاضر. ويمكن تعريف القضية الأخلاقية بكونها تمثل مشكلة، موقف أو فرصة مرتبطة بالفرد أو المجموعة أو المنظمة بعمل خيار من بين مجموعة من الأفعال التي يجب أن تقيم بمنظور الصح والخطأ أو بكونها أخلاقية أو غير أخلاقية. وتبدو الإشكالية الأخلاقية مرتبطة بصراع المصالح الفردية والجماعية والتنظيمية الناتجة عن اختلاف المنظور والفلسفات والقيم والتصرفات بين هذه الأطراف. بعبارة أخرى إن الموقف الأخلاقي ينجم عن الرؤية الخاصة بالأهداف المرغوب تحقيقها من قبل المنظمة والجهد المبذول من الأفراد والذي قد لا ينسجم

مع متطلبات المنظمة أو مع اختلاف أهداف الأفراد عـن المنظمـة وعـن أهداف المجتمع. إن رغبة المنظمة بتحقيق أرباح على حساب جودة المواد الأولية المستخدمة قد يـؤدي إلى منتجات غير جيدة وغير أمينة وهـذا يخـالف رغبـات المجتمع والزبائن مما قـد يـؤدي إلى إشكاليـة أخلاقيـة يجب اتخـاذ قـرار وسلوك أخلاقي حيالها. إن المجتمع الذي يرغب في تكافؤ الفرص في التعيين وحل مشكلة البطالة قد يواجه مشكلة مع بعض منظمات الأعمال التي تبحـث عـن الكفـاءات حتى لو كانت من غير أبناء هـذا المجتمع أو التجـاوز عـلى هـذه المبادئ وتعيـين الأكفاء دون المساعدة في حـل مشكلة البطالة لشرائح اجتماعيـة مثل النسـاء أو الأقليات .

وبشكل عام يمكن أن ندرج القضايا الأخلاقية وأسبابها في أربعة مجاميع كالآتي :

1. تضارب المصالح Conflict of Interests :

وهذه تثير العديد من الإشكالات التي ينظر لها مـن وجهـات نظر فئـات مختلفة في مصالحها وتوجهاتها وتباين هذه التوجهـات وتعارضها في أحيـان كثيرة. ويحصل تضارب المصلحة عندما يكون الفرد في موقف يتوجب عليه الاختيار بـين تقديم مصلحته الشخصية على مصلحة المنظمة التي يعمل فيها وبالعكس. لـذا يجب تنمية مناخ تنظيمي يستطيع الأفراد فيه الفصـل بـين مصـالحهم الشخصـية ومتطلبات العمل والصفقات الخاصة بالمنظمة .

2. العدالة والنزاهة Honesty and Fairness :

العدالة تشير إلى أن يكون الفرد منصفاً وغـير متحيـزاً، في حـين أن النزاهـة تعني المصداقية والاستقامة والأهلية للثقة. إن العدالـة والنزاهـة يفـترض أن يكونـا صـفتين ملازمتـين لمتخـذي القرارات، ومـن المتوقع أن يلتـزم أصحـاب الأعمـال والمسـؤولين في المنظمات بـاحترام القوانين والتشريـعات كمظهـر أولي للعدالـة والنزاهة. ويجب أن لا يلحقوا ضرراً عن قصد بالزبائن والعاملين والمنافسين مـن خلال المخادعة والتحريف وإعطاء أفكار خاطئة وممارسة القسرـ والإجبار. ورغـم تصرفات الأفراد وفق مصالحهم الخاصة إلا أن ذلك يجب أن لا يكون في إطار

خرق قواعد النزاهة والعدالة والمصداقية والثقة المتبادلة مع الآخرين. فالثقة عامل مهم ومحرك أساسي للأعمال، فلا يمكن تحقيق البيع دون وجود ثقة بين البائع والمشتري وكذلك في عقود الاقراض. وينظر أحياناً للأعمال على أنها مجال لهُ قواعده الخاصة التي تحكم من خلالها عليه، ولا يجوز تطبيق المعايير الأخلاقية للمجتمع بعموميتها، فالأعمال تهدف إلى تعظيم الأرباح والمنافسة الجادة والاستمرار والتوسع كمتطلبات للبقاء واستمرار احتفاظ العاملين بوظائفهم. ولو أخذنا المستشفيات الخاصة كمثال فماذا لو أن المستشفى لم يقبل بعض المرضى غير القادرين على الدفع، فهل يعتبر هذا العمل لا أخلاقياً؟

3. الاتصالات Communications :

تمثل حالة نقل المعلومات وتبادلها بين مختلف الأطراف وهنا يمكن أن تبرز إشكاليات أخلاقية تتعلق بالرسائل والمعلومات التي يتم إيصالها من خلال الإعلانات حول سلامة المنتجات وظروف العمل والتلوث وغيرها. فالمعلومات المظللة أو الكاذبة يمكن أن تحطم ثقة الزبون بالمنظمة. إن الكذب يُعد من أكبر المشاكل الأخلاقية في مجال الاتصالات في إطار منظمات الأعمال. الادعاءات المبالغ فيها في الإعلانات والتي لا يمكن تدعيمها بدليل مادي، مثل ادعاء بعض الشركات بأن منتجها هو الأفضل والمتفوق على غيره من المنتجات في السوق تعتبر سلوكيات غير صحيحة. إن التعمية وكتمان الحقائق وتقديم رسائل إعلانية يساء فهمها وتفسيرها تندرج ضمن المشاكل الأخلاقية. إن الأدوية التي تعالج الأمراض تمثل حالات لاتصالات تثير إشكالات أخلاقية، فالمعروف بأن المريض يتشبث في شراء العلاج لحالته في ضوء اتصال يزوده بمعلومات غير موثوقة، ويدخل هذا ضمن إطار استخدام كلمات مبهمة وغير واضحة.

162

4. العلاقات المنظمية Organizational relationships :

وهذه تتعلق بسلوك العاملين بالمنظمة تجاه الزبائن، المجهزين، المرؤوسين والرؤساء والزملاء وغيرهم، حيث يمكن ملاحظة أن العاملين المتمتعين بحس أخلاقي يحاولون المحافظة على المصداقية في علاقاتهم والالتزام بواجباتهم وتحمل مسؤولياتهم وتجنب الضغط على الآخرين بطريقة قد تؤدي إلى دفعهم لسلوك غير أخلاقي. إن انتحال عمل الآخرين والحصول على ميزات جراء ذلك يعتبر عملاً لا أخلاقياً.

ورغم أن القضايا أعلاه تمثل أهم ما يثار بشأن السلوك الأخلاقي، إلا أنه يلاحظ وجود علاقة بين نوع الأعمال وأهم الإشكالات الأخلاقية فيها. ويلخص الجدول رقم (3-1) أهم خمسة قضايا أخلاقية مرتبة حسب أهميتها في كل قطاع من القطاعات.

جدول (3-1)

أهم خمسة قضايا أخلاقية حسب القطاع

الزراعة والغابات والصيد والتعدين :	التصنيع :
1. تجاوزات المخدرات والكحول.	1. تجاوزات المخدرات والكحول.
2. تلوث البيئة .	2. إغلاق المصانع وتسريح العاملين.
3. سرقات العاملين .	3. تلوث البيئة.
4. صراع المصالح.	4. التلاعب بالجودة.
5. إغلاق المصانع وتسريح العاملين.	5. صراع المصالح.
البناء :	**النقل والاتصالات والمنافع العامة :**
1. تجاوزات المخدرات والكحول .	1. تجاوزات المخدرات والكحول.
2. التلاعب بجودة الإنتاج.	2. سرقات العاملين.
3. صراع المصالح .	3. تلوث البيئة.
4. سرقات العاملين .	4. صراع المصالح.
5. التمييز والتفرقة .	5. التفرقة والتمييز.

Source : Ethics Policies And Programs In American Business By The Ethics Resource Centre And The Behavior Research Centre, Washington, D.C. Ethics Resource Centre, Inc, 1990.

وفي دراسة مهمة قام بها مركز مصدر الأخلاقيات في الولايات المتحدة الأمريكية في عام 1988 حول ثمانية وستين برنامج تخصص علمي في الجامعات ومدى تغطيتها للمشاكل الأخلاقية الرئيسية، وجدت الدراسة عدداً كبيراً من هذه المشاكل مغطاة بنسب مختلفة ضمن هذه البرامج. ويلخص الجدول رقم (3-2) هذه المشاكل وعدد ونسب البرامج التي تغطيها.

جدول (3-2)

القضايا الأخلاقية ونسبة وعدد تغطيتها في 68 برنامج دراسي في U.S.A

المفردات	نسبة البرامج	عدد البرامج
1. النزاهة	%65	56
2. صراع المصالح	%63	54
3. التسويق، وقضايا الإعلان	%63	54
4. قضايا البيئة	%62	53
5. التمييز على أساس العرق والجنس والعمر	%57	49
6. المسؤولية تجاه المنتجات وسلامتها	%57	49
7. المدونات الأخلاقية والضبط الأخلاقي الذاتي	%56	48
8. العلاقات مع الزبائن	%55	47
9. الرشوة	%53	46
10. الحقوق والمسؤوليات تجاه المالكين	%51	44
11. التشهير	%51	44
12. ابتزاز حقوق العاملين بصور مختلفة	%50	43
13. المتاجرة بأسرار المنظمة الداخلية	%49	42
14. قضايا الاحتكار	%49	42
15. مشاكل تواجه الشركات متعددة الجنسية	%49	42
16. علاقات مع الحكومات الأجنبية	%48	41

عـــدد البرامج	نسـبة البرامج	المفـردات
40	47%	17. الأسس الأخلاقية للرأسمالية
40	47%	18. الصحة والسلامة المهنية في مكان العمل
39	45%	19. إدارة البيئة الأخلاقية .
39	45%	20. علاقات مع المجهزين والمتعاقدين الفرعيين
37	43%	21. استقلال معرفة معلومات عن ملكية المنظمة
35	41%	22. دقة السجلات
35	41%	23. خصوصية سجلات العاملين
34	40%	24. الأنشطة السياسية والمساهمة في دعم السياسيين
34	40%	25. إساءة استخدام أصول المنظمة
34	40%	26. قضايا حاكمية المنظمة الشاملة
33	38%	27. النظرية الأخلاقية
33	38%	28. الأخلاقيات في التفاوض
33	38%	29. العلاقات مع السلطات المحلية
33	38%	30. إغلاق المصانع وتسريح العاملين
31	36%	31. انضباط وتأديب العاملين
29	34%	32. استخدام معلومات عن ملكية الآخرين
29	34%	33. علاقات مع ممثلي الحكومة المركزية
29	34%	34. علاقات مع المنافسين
27	31%	35. إعانات العاملين
26	30%	36. اندماج وشراء الشركات
26	30%	37. تجاوزات المخدرات والكحول
24	28%	38. اختبارات المخدرات والكحول
20	23%	39. جمع المعلومات الاستخباراتية

Source : Report prepared by Lynn Sharp Paine, in Ethics Education in American Business Schools (Washington, D.C, Ethics Resource Centre Inc, 1988).

ويلاحظ ازدياد أهمية الجوانب الأخلاقية على صعيد البيئة العالمية، وتركيز منظمات الأعمال وخاصة الشركات الدولية على القضايا الأخلاقية ومفردات المسؤولية الاجتماعية. إن بروز هذه الجوانب وازدياد الاهتمام بها يعود إلى العديد من المؤثرات في مقدمتها زيادة الاهتمام بحقوق الإنسان وتعزيز الحكم الديمقراطي واتساع نطاق الحريات وتعاظم دور وسائل الإعلام الحرة وتشابك المصالح بين مختلف دول العالم والدور الذي تلعبه مراكز البحوث والجامعات وتراكم البحوث في هذا المجال. وفي مقابل ذلك نجد أن المنظمات في الدول النامية ومنها الدول العربية لم تعطِ هذا الجانب حقه من الاهتمام ولا تزال هناك الكثير من النواقص والإشكالات فلا تزال قيم البداوة السلبية والشيخوقراطية وتأليه الحاكم وعبادة الفرد والفهم الخاطئ للدين وعدم المشاركة وقلة الحوار بين أصحاب المصالح، والشللية، والفساد الإداري والمالي وغيرها تثقل كاهل منظمات الأعمال العربية. أما مراكز البحوث والجامعات فإن دورها وتأثيرها محدود جداً، فلا توجد مساقات متخصصة في جوانب السلوك الأخلاقي والمسؤولية الاجتماعية إلا نادراً أو مفردات ضمن مساقات دراسية أخرى.

المبحث السادس : أخلاقيات المهنة والمدونات الأخلاقية :

في السنوات الأخيرة زاد الاهتمام الشعبي بالجوانب السلوكية والأخلاقية ومتابعة حالات المخالفات على مستوى منظمات الأعمال الخاصة والعامة. كما ازداد الاهتمام بموضوع مكافحة الفساد الإداري والمالي وكذلك بموضوع الشفافية وسلامة الإجراءات في كافة منظمات الدولة والقطاع الخاص. ويلاحظ أن الدول والمنظمات على اختلاف أشكالها وبيئة عملها تحاول تطوير السلوك الأخلاقي والمهني لدى العاملين كمدخل ملائم للتقليل من الظواهر السلبية وتعطيل الأداء. وبذلك يتم تعزيز أخلاقيات المهنة في العمل وتكوين مدونات أخلاقية يرجع إليها في حالة الاختلاف عن الجوانب السلوكية والأخلاقية في العمل. ويرى البعض أن

الاستراتيجية الأخلاقية الشاملة في هذا الإطار يجب أن تحوي إجراءات وقائية وأخرى علاجية يمكن أن تطبق على المدى المتوسط والبعيد ومنها (صبيحات، 1996).

- جانب ثقافي يقوم على أساس تعزيز التوعية للموظفين وعموم المواطنين.
- جانب اقتصادي يعطي للوظيفة بعدها الاقتصادي والمرتب المجري والذي يتماشى مع تطور الظروف الاقتصادية، وكذلك بالقضاء على البطالة وتوفير فرص العمل.
- جانب سياسي وهو تعزيز الممارسة الديموقراطية والحرية.
- جانب قضائي يقوم على تعزيز الشفافية وتطوير النزاهة والاستقلالية في العمل.
- جانب تشريعي يساهم في تعزيز التشريع والقوانين وبشكل يعالج جوانب الفساد على مختلف الأشكال.
- جانب بشري يتعلق بتطوير الموارد البشرية في المنظمة ويقوم على أساس وضع الشخص المناسب في المكان المناسب وتطوير الإبداع والجدارة.
- جانب إداري وهو قائم على أساس أحكام المسؤوليات والصلاحيات وتوزيع الأدوار وتعزيز جوانب الرقابة.

أ. أخلاقيات المهنة :

إن المقصود بالمهنة هو عمل يشغله الفرد بعد أن يتلقى دراسة نظرية كافية وتدريباً عملياً طويلاً في مراكز أو مدارس أو جامعات، فالمهنة تتطلب مجموعة من المهارات والمعارف النظرية والقواعد والإجراءات التي تنم طبيعة العمل في إطارها فالطب مهنة لها قواعد وأصول تنظم ممارستها وكذلك المحاماة والمحاسبة والهندسة وغيرها. وقد يشير البعض إلى أن ممارسة العمل الوظيفي الإداري إلى كونه لا يمثل مهنة تخصصية بقدر ما هي أعمال إدارية يمكن ممارستها من قبل مختلف الأفراد في إطار اعداد معين ومن مختلف المهن، فالطبيب المدير هو مهني لكن المدير الإداري قد يعتبره البعض غير مهني وهو يمارس وظيفة إدارية في

المنظمة. فالوظيفة هي عمل يقوم بـه شـخص في منظمـة مـا في مجالات العمل الكتابي أو العمل الإداري. ومع تطور المجتمعـات أصبح الحـد الفاصـل بـين المهن والوظائف قليل جداً حيث أن مختلـف الوظـائف حاليـاً تمارس بعـد إعـداد طويل وتجربة كافية، فالعاملين في مجالات التسويق أو الشؤون الإدارية والقانونيـة أو في مجـال العلاقـات العامـة أو في مجـالات البحـث والتطـوير أو في إدارة المـوارد البشرية أصبحوا عاملين متخصصين يمارسـون مـن خـلال وظـائفهم أعـمالاً مختلفـة تحتاج إلى خبرات تخصصيـة ومهنيـة. وإذا كـان في السـابق يقتصرـ وجـود الأخـلاق المهنيـة في مهـن بـذاتها كمهنـة الطبيـب والمحاسـب فإننـا نجـد في الوقـت الحـاضر تعميماً لهذه الأخلاقيات المهنية والوظيفية بحيث أصـبحت تمثـل التزامـاً اجتماعيـاً وأدبياً وأخلاقياً تجاه المنظمة التي يعملون فيها وتجـاه زملاءهـم في العمـل وتجـاه المسـتهلكين وتجـاه أصـحاب رؤوس الأمـوال والدولـة ومؤسسـات المجتمـع المـدني والمجتمع بشـكل عـام. وحالمـا تتطـور المجتمعـات فـإن هـذه الأخلاقيـات المهنيـة والوظيفية تنتقل من إطار كونها أخلاقيات غير رسمية وتمثل عرفـاً وتقاليـد سـائدة ومعروفة إلى أخلاقيات رسمية موضوعة بمدونات أخلاقية ربمـا يقسـم عليهـا الفـرد العامل ويحاول الالتزام بها وعدم تجاوزهـا. (عبـد الحميـد الحيـاري، 1985، ص 9-13).

ولتعريف مصـطلح الأخـلاق المهنيـة نـذكر الآتي : إن الأخـلاق المهنيـة هـي المبادئ والمعايير التي تعتبر أساساً لسلوك أفراد المهنة المستحب والتي يتعمد زمـلاء المهنة بالتزامها. وترتبط أخلاقيات المهنة بسلوك أخلاقي قويم لا يخرق ولا يتعارض مع الأخلاقيات المهنية المدونـة ضـمن لائحـة أخلاقيـة (مدونـة أخلاقيـة) للعـاملين. ويفـترض أن تكـون المسـؤولية الأخلاقيـة للمهنـة مستوعبة للمسـؤولية القانونيـة للمهنة وتتجاوز ذلك حيث أن العامل لا يلتزم فقط بالمسؤولية القانونية للمهنة بل بالمسؤولية الأخلاقية لها رغم أن المسـؤولية الأخلاقيـة للمهنـة تمثـل التزامـاً أخلاقيـاً يخرج عن دائرة القانون ولا يترتب عليها في كثير من الأحيان عقوبـات قانونيـة بـل خروقات أدبية واجتماعية تتجاوز في بعض الأحيان الأطر القانونية

الضيقة. إن أخلاق المهنة تتمثل بسلوك أخلاقي قويم يلتزم فيه شاغل الوظيفة تجاه مختلف الأطراف وضرورة الابتعاد عن السلوك غير الأخلاقي. إن ما يحد السلوك الأخلاقي أولاً هو مجموعة القواعد العامة للسلوك والأخلاق في المجتمع مثل العفة والابتعاد عن المجاهرة بالظلم والابتعاد عن الخيانة والنزاهة وتتمثل بالابتعاد عن مواقف الريبة والطمع الجشع والأنانية وتغليب المصلحة الخاصة على المصلحة العامة وكذلك الصيانة وهي حماية النفس من الحاجة والتذلل للآخرين كذلك المؤازرة وهي تقديم العون للمحتاجين. ولكي يأخذ السلوك الأخلاقي مداه يجب أن يمتلك الموظف شخصية متوازنة إنسانية اجتماعية وأن يتوفر لديه الضمير الأخلاقي والاعتدال في المواقف والسيطرة على الأهواء والميول والقدرة على الرجوع عن الأخطاء والتسامح والصفح والاعتذار والتوازن الفكري بمعنى الانصياع إلى صوت العقل والتوجه نحو السلوكيات الصحيحة والابتعاد عن السلوكيات الخاطئة (الدفس، 1993) وبالمقابل فإن شاغل الوظيفة يصبح أكثر عرضة لممارسة السلوك غير الأخلاقي إذا ما وضع تحت هاجس الخوف والقهر والاستيراد والعوز المادي والجنوح العاطفي والجشع الذي يؤدي إلى البغض والحسد والغيرة وفقدان الإحساس بأهمية القيم والوازع الأخلاقي والديني والاجتماعي في العمل كذلك التردد والحيرة في تحمل الواجبات والمسؤوليات والتزمت وعدم قبول الرأي الآخر والاهتمام بالحياة اليومية والمصالح الفردية الضيقة والتقلب والاهواء وعدم التقيد بالمبادئ العامة للعمل والقوانين والأنظمة المرعية.

وقد تستخدم المنظمات جوانب التعزيز الإيجابي للسلوك الأخلاقي لكون هذا السلوك عاملاً أساسياً في تنمية إرادة الفعل الأخلاقي والتعود على الممارسة الجيدة للسلوك الأخلاقي وتأطير العلاقة بين الفرد والآخرين على أسس سليمة وتنمية إحساس الفرد على تحمل المسؤوليات والواجبات بشرف ونزاهة وأمانة. ويمكن أن ندرج في أدناه أهم مرتكزات السلوك الأخلاقي.........

* الصدق : وهو فضيلة مهمة من فضائل العمل وأن المشاكل في المنظمة، تزدهر في ظل فقدان الصدق وانتشار مظاهر الكذب والتزوير والابتعاد عن الفضائل.

* الأمانة: يزداد التماسك في المنظمة والعاملين فيها في إطار خلق جو يتصف بالأمانة والنزاهة وهي في أضيق حدودها تعني الحفاظ على ما يودع من مال أو ممتلكات أو أسرار لدى العاملين في حين أن المعنى الواسع لها هو الالتزام بالواجبات الاجتماعية وأدائها على خير ما يرام.

* عدم قبول الفرد لعمل لا يستطيع القيام به وهذه تمثل فضيلة كبرى نبتعد بموجبها عن شرور نظام المحاباة والمفاسد والوساطات ويصبح تولية الأصلح هو المبدأ السائد واختيار الأمثل فالأمثل للمناصب المهمة في المنظمة ويتطور لديها نظام فرز دقيق وصحيح لمواردها البشرية المؤهلة وأصولها المعرفية المهمة .

أما السلوك غير الأخلاقي فيمكن أن يتمثل بأنماط متعددة مثل :

● الغياب المتعمد عن العمل والتباطؤ فيه.

● الرشوة.

● الغش والاحتيال والتدليس .

● التزوير والاختلاس .

● إفشاء الأسرار.

● السعي للوظائف بطرق ملتوية برغم عدم الأهلية.

● الوساطة .

ب. المدونات الأخلاقية :

تتأثر أخلاقيات الأعمال بفلسفة الإدارة العليا وكذلك بالخبرة المتراكمة لدى الشركة. ومع اتساع ساحات عمل الشركات وتعقد علاقاتها مع أطراف متعددة فقد أصدرت العديد من الشركات مدونات أخلاقية والتي هي عبارة عن وثيقة تصدرها

المنظمة وتتضمن مجموعة من القيم والمبادئ ذات العلاقة بما هو مرغوب فيه وما هو غير مرغوب فيه من سلوكيات للشركة والعاملين فيها (نجم، 2000، ص 75). وقد تبالغ بعض الشركات في تسجيل ما يمكن أن تعتبر مثالياً في قواعدها الأخلاقية وأساليب تقدمها حيال المشكلات الأخلاقية المطروحة ولكن الصيغة الواقعية هي الأفضل والتي يمكن من خلالها للمنظمة تثبيت واقع عملها بصورة عملية وذات مدلول إيجابي وممكن التطبيق حيال مختلف الأطراف.

وعلى الرغم من تباين محتوى المدونات الأخلاقية بين المنظمات بشكل كبير إلا أنه يمكن إجمالاً ملاحظة كون هذه المدونات تختلف استناداً إلى فلسفتها ومنظورها لطبيعة العقد الأخلاقي بين المنظمة والأطراف الأخرى ويمكن إجمال هذا بنوعين أساسيين :

1. المدونات الأخلاقية القائمة على أساس الإذعان : في إطار هذه المدونات يتم التركيز كثيراً على الجوانب القانونية والمعايير التي تمنع السلوك اللاأخلاقي وذلك من خلال زيادة الرقابة وتجنب العقوبات القانونية.

2. المدونات القائمة على أساس النزاهة والاستقامة : تعمل هذه المدونات على تعزيز وتعريف القيم المنظمية وتخلق بيئة تدعم السلوك الأخلاقي في القويم وتؤكد على دعم روح الالتزام لدى العاملين. والجدول التالي يلخص أهم الفروقات بين النوعين من المدونات الأخلاقية.

الجدول رقم (3-3)

مقارنة بين نوعي المدونات الأخلاقية

المحددات القائمة على أساس النزاهة	المدونات القائمة على أساس الإذعان	عامل المقارنة
المطابقة مع المعايير الخارجية: القوانين والتشريعات ومقاييس داخلية ممتازة .	المطابقـة مـع المعايـير الخارجيـة : القوانين والتشريعات	التوجه
تؤهـل للسـلوك المسـؤول مـن قبـل العاملين	تجنب سوء التصرف الجرمي	الهدف
المدراء بمساعدة المحامين والآخرين	المحامون	المسؤولين
التربية، القيادة، المساءلة، عملية اتخاذ القرار، الرقابة، الجزاءات، المبادرات	التربية، التعليم، الرقابة، العقوبـات والجزاءات، تقليل تحفظ العاملين	الوسائل

Source : Nickles et. Al, 2002, P. 102

وتجدر الإشارة إلى أن المنظمات وحسب تراكم خبرتها وتزايدها تنتقـل مـن إصدار مدونات أخلاقية مستندة للإذعان والجوانب القانونيـة فقط إلى مـدونات أخلاقية قائمة على أساس النزاهة وتعزيز إطار تحمـل المنظمـة لمسؤولياتها بشكل أوسع وليس في إطار الـدفاع وتبريـر السـلوكيات الخاطئـة. وفي كـل الأحوال فـإن المدونات الأخلاقية يراد منها تعزيز جوانب السلوك الأخلاقي المسؤول لدى الجميع وأن تحمي مصالح جميع الأطراف الداخلة في إطار علاقات متبادلـة وكـذلك يمكن للمدونات الأخلاقية أداء الوظائف الأخلاقية التالية (نجم، 2000، ص 76-81).

1. تنمي الاهتمام بالسلوك الأخلاقـي ومعالجـة المشكلات الأخلاقيـة وتعـزز مـن إدراك المنظمة لطبيعة العلاقات بين أطراف مختلفة وتقوي الإحساس بالانتماء والولاء للمنظمة.

2. تؤدي المدونات الأخلاقية إلى التجانس والتوافـق في العمـل الإداري في جميـع مستويات المنظمة وبذلك فإنها تحمي الإدارات والعاملين مـن سـوء التصرف

الأخلاقي وتعطي إحساساً بالقدرة على مواجهة الإشكالات الأخلاقية المثارة وعدم التأكد الذي يحيطها.

3. تساهم المدونات الأخلاقية في تطوير العمل الإداري وتعزيز مهنة الإدارة لكونها تحمي السمعة والمكانة وتخلق قواعد عمل إدارية سليمة لذلك فإن الكثير من المنظمات تجري اختبارات أخلاقية للمتقدمين إليها.

4. توفر المدونات الأخلاقية إطاراً سليماً يوضح للعاملين أسلوب العمل ويحميهم من الانتهاكات اللاأخلاقية تحت ضغط الإدارة العليا.

5. تنمي المدونات الأخلاقية لدى العاملين الإحساس بأهمية المعايير والقيم الأخلاقية التي تصب باتجاه تعزيز للسلوك الأخلاقي والأداء لذلك فإن بعض الشركات العالمية تدرب عامليها على اكتساب المهارات في هذا الجانب وكذلك التمسك بالقيم الأساسية للشركة.

6. تساهم المدونات الأخلاقية في تقليل الأعباء التنظيمية والصراع التنظيمي وذلك من خلال جعل القيم والأهداف الشخصية متلائمة ومنسجمة مع قيم وأهداف المنظمة.

* مثال [1]: المدونة الأخلاقية لشركة Du Pont للصناعة الكيمياوية :

تم تبني هذه السياسة الأخلاقية في تشرين أول 1975 وأجريت عليها تعديلات من قبل مجلس الإدارة في تشرين الأول 1988. تؤازر هذه المدونة كافة السياسات المتعلقة بأخلاقيات الأعمال وصراع المصالح في الشركة وفروعها وبكافة العمليات المسؤولة عنها.

---

[1] المثال مأخوذ من كتاب Ferrell an Fraedrich "Business Ethics", 1994, P. 310.

* سياسة أخلاقيات الأعمال :

إن نية الشركة دائماً هي المحافظة على أعلى المعايير الأخلاقية من قبل العاملين سواء في سلوكهم أو الشؤون الخاصة بالشركة. إن المجموعة التالية من البنود صيغت لمصلحة كافة العاملين بالشركة أينما كانوا وهي متعلقة بالآتي :

1. الهدايا والأفضال والضيافات والمدفوعات والمقبوضات من قبل العاملين.
2. أهم أوجه صراع المصالح.
3. بعض القضايا الأساسية الأخرى .

إن الجوهر الأساسي لهذه السياسة هو أن كل عامل في الشركة يتصرف ويعمل في وظائف الشركة بنزاهة وطاعة للقوانين السائدة بطريقة بعيدة عن الاعتبارات والامتيازات الشخصية .

أ. مدفوعات الشركة :

1. الهدايا والأفضال والضيافات المقدمة من قبل الشركة إلى آخرين تكون مسموحاً بها وفق الاعتبارات التالية فقط :

* أن تكون متوافقة وممارسات العمل الاعتيادية.
* ليست غالية الثمن بشكل باهظ ولا يفهم منها على أنها رشوة أو مساومة مقابل شيء.
* لا تتعارض مع القانون والمعايير الأخلاقية السائدة.
* إن الإفصاح عنها للجمهور لا يسبب إحراجاً للشركة أو للعاملين فيها.

2. في ما يتعلق بالمبيعات فإن العمولات والحسومات والخصومات والائتمان والسماحات يجب أن تمنح أو تضمن من قبل الشركة للمبيعات التي تم تسجيلها في سجلات الشركة وفق الشروط التالية :

* لها علاقة معقولة ومبررة مع قيمة السلع المسلمة أو الخدمات المقدمة.

* أن تدفع بصك أو حوالة بنكية لوحدة الأعمال المعنية التي عقدت معها الصفقة أو لمن أصدر إشعار الشراء الأصلي لأجله وليس لموظفين بشخصياتهم أو وكلاء لتلك الوحدات المتعاقد معها.

* تدفع فقط في الدولة التي تقع فيها وحدة العمل المتعاقد معها.

* يجب أن تدعم بوثائق ومستندات كاملة وواضحة حول طبيعة وغرض الصفقة المعقودة.

إن الاتفاقات بشأن العمولات والحسومات والائتمان والخصومات والسماحات يجب أن تكون مكتوبة وإذا لم يكن هذا ممكناً فإن ترتيب الدفع يجب أن يكون مستنداً إلى مذكرة توضيحية مصدق عليها من قبل الدائرة القانونية بعد مراجعتها من قبل الدائرة المعنية.

3. بالنسبة لمشتريات الشركة من السلع والخدمات وبضمها العمولات ومتعلقاتها يجب أن تدفع في البلد البائع أو مكان المجهز أو في الدولة التي يتم تسليم المنتج أو الخدمة فيها. كل هذه المدفوعات يجب أن تخضع لمعايير الممارسات التجارية السائدة.

ب. الهدايا المستلمة :

يجب أن لا يستلم ولا يطلب العاملون أي هدايا أو أفضال أو استضافات دون غرض أعمال قانوني كذلك لا يجوز استلام أو طلب قروض (خلاف القروض القانونية بفوائد البنوك السائدة في السوق) من أي شخص أو منظمة أعمال لديه أو لديها علاقات عمل مع شركتنا أو من المنافسين لها. ولتطبيق هذه السياسة يجب :

1. لا يقبل العاملون أو أفراد عائلاتهم بعض المجاملات المعتادة ذات علاقة بالأعمال وممارستها.

2. هناك معيار مُقيّد يتوقع الالتزام به في ما يتعلق بالهدايا والخدمات والخصومات والاستضافات أو أي اعتبار آخر من أي نوع يُقدم من المجهزين.

3. لا يسمح بتاتاً استلام هدايا نقدية أو شبه نقدية (مثل أسهم أو أي سندات قابلة للتمويل) وبأي كمية.

ج. صراع المصالح:

يجب أن يتجنب العاملون أي موقف يتضمن أو قد يتضمن صراع بين مصالحهم الشخصية ومصالح الشركة. وبما أن العاملين قد يتعاملون مع زبائن ومجهزين ومقاولين ومنافسين أو أي جهة أخرى فإنه يتوجب عليهم العمل بأفضل ما يستطيعون لمصلحة الشركة. وبعيداً عن أي مصلحة شخصية أو منفعة خاصة.

إن أي عامل يجب عليه الإفصاح من خلال تقرير مكتوب إلى إدارة القسم الذي يعمل فيه عن أي موقف يشتمل على صراع مصلحة، وهذه تشمل :

1. ملكية العامل أو أحد أفراد عائلته (حسب علم العامل) لمصالح مالية في شركة لها تعامل أو تسعى للتعامل مع شركتنا أو تنافسها في مجال عملها.
2. العمل كمدير أو موظف أو شريك أو مستشار أو أي موقع إداري آخر أو توظيف القدرات الفنية في أي منظمة أخرى تسعى للتعامل مع شركتنا أو تنافسها في ميدان العمل.
3. العمل كوكيل أو وسيط أو مؤسس أو معقب أو القيام بأي دور آخر لصالح طرف ثالث في صفقات تكون الشركة طرفاً فيها.
4. أي ترتيبات أو ظروف قد تشمل العلاقات العائلية للعامل أو أي علاقة أخرى والتي يمكن أن تدفع الموظف لعدم العمل لصالح الشركة بشكل كامل.

إن جميع المعلومات الواردة في تقارير الإفصاح يتم التعامل معها بسرية مطلقة عدا ما هو ضروري لحماية مصالح الشركة.

د. المعلومات الداخلية :

يجب على الموظف ما يلي :

1. عدم تقديم أو تسهيل الحصول بدون موافقة من الشركة – على معلومات ذات صفة سرية إلى أي شخص خارج الشركة أو أي موظف آخر في الشركة لا يكون بحاجة لهذه المعلومات، طيلة فترة خدمته في الشركة.

2. استخدام معلومات ليست ذات طبيعة عامة حصل عليها الموظف أثناء خدمته في الشركة (,تشمل معلومات عن الزبائن والمجهزين والمنافسين) لغرض المصلحة الشخصية للعامل أو أي جهة أخرى. وهذه المصلحة تشمل وبدون تحديد، الحصول على مزايا من هذه المعلومات عن طريق :

   أ. المتاجرة أو تزويد الآخرين بهذه المعلومات في مجال التعامل بالأسهم.

   ب. اقتناء العقارات من أي نوع ولا تقتصرـ على المصانع أو المكاتب أو أي منشآت مشابهة.

   ج. اقتناء أو نية الاقتناء لمصالح تتعلق بالنفط والغاز والمعادن الأخرى، سواءً بالإنتاج أو تحقيق أرباح بطرق أخرى.

هـ المساهمات السياسية:

يجب على العاملين أن لا يساهموا بدعم أي حزب سياسي أو منظمة سياسية سواءً كانت وطنية أو أجنبية أو دعم أي مرشح سياسي محلي أو على مستوى الولاية أو على المستوى الفيدرالي، باستخدام أموال وممتلكات وخدمات الشركة. إن هذه السياسة يجب أن لا تعوق :

1. عمل اللجان السياسية في ظل القوانين المطبقة والسائدة.

2. مساهمة الشركة عندما يكون ذلك قانونياً لدعم أو معارضة الاستفتاءات حول قضايا عامة أو أي اقتراعات مماثلة.

3. المساهمات السياسية عندما تكون قانونية أو عندما يتم مراجعتها من قبل لجنة تنفيذية أو أي لجنة أخرى تصادق عليها اللجنة التنفيذية لهذا الغرض .

و. المعايير المحاسبية والتوثيق:

يجب أن توثق الحسابات والسجلات بطريقة تؤدي إلى :

1. وصف وتشخيص بشكل واضح للطبيعة الحقيقية للصفقات التجارية والأصول والمطلوبات.

2. تصنيف وتسجيل بشكل مناسب وفي نفس الوقت في السجلات المحاسبية لكل العمليات وبما يتماشى مع المبادئ المحاسبية الأصولية المعترف بها.

لا يجب أن تكون هناك أي عملية مسجلة أو سجل أو وثيقة مزورة أو غير صحيحة أو محرفة أو مضللة أو موجهة بالخطأ أو غير كاملة بشكل يثير التساؤلات أو محظورة.

* إن التنفيذ الدقيق لهذه السياسة سوف يحمي الشركة والعاملين فيها من النقد والملاحقة القضائية والتورط في متاعب مالية وقانونية تنجم عن صراع مصالح أو ممارسات غير أخلاقية. على العاملين الإفصاح عن أي خروقات محتملة لهذه السياسة من خلال سلسلة المراجع التنظيمية، إذا فضلوا ذلك أو الاتصال بشكل مباشر بالمدقق العام للشركة أو بأي عضو من إدارة التدقيق الداخلي. يمكن الاتصال بقسم التدقيق بالكتابة إلى : المدقق العام في ولنغتون، دلاور، أو بالاتصال بالرقم 1300-774 (302) – ستبذل كل الجهود للحفاظ على سرية هوية العامل أو الموظف الذي اختار تقديم الإفصاح.

* لائحة الأخلاق [1] المهنية للجمعية الأمريكية لأساتذة الجامعات

مقدمة :

ابتداءً، فإن الجمعية الأمريكية لأساتذة الجامعات أدركت أن العضوية في المهنة الأكاديمية تحمل في طياتها مسؤوليات خاصة. وقد دأبت الجمعية على تأكيد هذه المسؤوليات بشكل مستمر في لوائح السياسة العامة مزودة الأساتذة بدليل يرشدهم للتصرف كمواطنين وكممارسين لمسؤولياتهم تجاه الطلاب وزملاء المهنة، كما يوضح سلوكهم عندما يستقليون من مؤسسة أكاديمية أو عندما يتحملون مسؤولية الإشراف على بحث. إن هذه اللائحة للأخلاق المهنية التالية تضع الخطوط العامة التي تستخدم كمنّبه للمسؤوليات التي يتحملها أعضاء المهنة .

وتعزيزاً للمعايير الأخلاقية، فإن المهنة الأكاديمية تختلف عن المحاماة والطب والذي تقوم جمعياتهما بالعمل على ضمان نزاهة الأعضاء الذين لديهم أعمال خاصة. أما في المهنة الأكاديمية فإن المؤسسات الفردية للتعليم العالي توفر هذا الضمان وتعالج عادة مسائل تتعلق بمدى صحة السلوك بإطارها الخاص بالمقارنة مع أعضاء فريق العمل فيها. والجمعية هنا تساند هذا الإجراء المحلي وهي جاهزة من خلال سكرتاريتها العامة ولجانها الخاصة لتقديم النصح والمشورة لأعضاء المجتمع الأكاديمي بشأن كل ما يتعلق بأخلاقيات المهنة وتتابع من خلال القضاء عندما يكون الإجراء المحلي غير مناسب أو غير ممكن. وإذا كان الادعاء المزعوم صعب الدحض فإن الإجراءات المتخذة يجب أن تكون وفقاً للائحة مبادئ الحرية الأكاديمية وتعيين الأساتذة ولائحة المعايير الإجرائية لتسريح الأساتذة أو البنود القابلة للتطبيق الخاصة بالجمعية من التشريعات المؤسسية المعمول بها في ما يخص الحرية الأكاديمية وتوظيف الأساتذة.

([1]) اللائحة مأخوذة من كتاب Ferrell an Fraedrich "Business Ethics", 1994, P. 297.

* **اللائحة :**

1. إن الأساتذة مسترشدين بالقناعة التامة لقيمة وكرامة التقدم المعرفي يدركون المسؤوليات الخاصة الملقاة على عاتقهم. إن المسؤولية الأولى لمهمتهم هي البحث عن الحقيقة وتقريرها كما هي. ولهذا الغرض فإن الأساتذة يكرسون كامل طاقاتهم لتطوير وتحسين قابلياتهم التدريسية. يجب أن يقبلوا ممارسة نقد انضباطهم الذاتي ومحاسبة النفس عند استخدام ونشر وبث أو نقل المعرفة، فهم يمارسون النزاهة الفكرية. وبالرغم من أن الأساتذة قد يمارسون أعمالاً ثانوية لمصلحتهم فإن هذه المصالح يجب أن لا تؤثر بجدية في حرية البحث.
2. كتدريسيين، على الأساتذة تشجيع طلابهم على حرية مواصلة التعلم، بإعطائهم المثل الحسن من خلال التدريس ملتزمين بالمعايير الأخلاقية التي تؤطر اختصاصهم. يجب على الأساتذة إظهار الاحترام للطلبة كأفراد وأن يخلصوا الولاء لدورهم كموجهين فكريين ومستشارين لهؤلاء الطلبة. ويجب على الأساتذة بذل الجهد المعقول لتعزيز السلوك الأكاديمي النزيه وضمان كون التقييم مؤشراً صادقاً للمستوى الحقيقي للطالب.
ويتوجب عليهم احترام العلاقة القائمة على أساس الثقة بينهم وبين الطلبة، يجب أن يتجنبوا أي استغلال أو ابتزاز أو تمييز بين الطلبة أثناء التعامل معهم ويقتضي الأمر أن يعترفوا بأي مساعدة أكاديمية أو دراسية تقدم لهم من قبل الطلبة كما يجب عليهم حماية حريتهم الأكاديمية.
3. كزملاء، على التدريسيين التزامات متأتية من العضوية المشتركة في مجتمع الأساتذة لذا يجب أن لا يمارسوا التمييز أو الابتزاز مع الزملاء. يجب احترام والدفاع عن حرية البحث للزملاء كما يجب إظهارا لاحترام لآراء وأفكار وانتقادات الزملاء الآخرين. يجب أن يشكر الأكاديميون زملاءهم عند

الاستفادة من نتاجهم كذلك يجب أن يكونوا موضوعيين عند ممارسة التحكيم المهني مع زملائهم ونتاجهم العلمي، الأكاديميون يجب أن يتقاسموا المسؤوليات في إدارة المؤسسات الأكاديمية.

4. كأعضاء في مؤسسة أكاديمية، يجب على الأساتذة، فوق كل شيء، أن يكونوا علماء ومدرسين فاعلين. بالرغم من ملاحظة التشريعات السائدة في المؤسسة الأكاديمية وكونها لا تتعارض مع الحرية الأكاديمية فإنهم يحتفظون بحقهم بالانتقاد والبحث عن تعديلات مناسبة لهذه التشريعات. ويجب على الأكاديميين أن يعطوا الاهتمام الواجب للمسؤوليات الكبيرة التي يتحملونها تجاه المؤسسة التي يعملون فيها وهم يقررون العمل خارج المؤسسة من خلال تحديد حجم وصفة هذا العمل. عند وجود نية الانقطاع أو إنهاء خدماتهم مع المؤسسة الأكاديمية، على الأكاديميين إدراك أثر قرارهم هذا على برنامج المؤسسة التعليمية وأن يقدموا الإشعار الواجب بذلك حول نيتهم.

5. كأعضاء في المجتمع، فالأساتذة لهم حقوق وعليهم واجبات كالمواطنين الآخرين. ويقيس الأساتذة مدى حراجة هذه الواجبات في ضوء مسؤولياتهم تجاه مهنتهم وطلابهم ومهامهم ومؤسستهم التي يعملون فيها. وعندما يتحدثون أو يتصرفون كأشخاص عاديين يجب أن يتجنبوا خلق الانطباع بأنهم يتكلمون لصالح كليتهم أو جامعتهم. وكمواطنين مرتبطين بمهنة تعتمد على الحرية وازدهارها ونزاهتها فإن الأساتذة لديهم التزام خاص لترقية ظروف حرية البحث ودعم تنمية الوعي الجماهيري بالحرية الأكاديمية.

المبحث السابع: أخلاقيات الأعمال وعلاقتها بثقافة المنظمة :

أولاً: مفهوم الثقافة التنظيمية ومكوناتها:

تمثل الثقافة التنظيمية الإطار القيمي والأخلاقي والسلوكي الـذي تعتمـده المنظمـة في تعاملهـا مـع مختلـف الأطـراف. لقـد بـدأ الاهتمـام بدراسـة الثقافة التنظيمية في منتصف السبعينات مـن القرن المـاضي ومثلـت مقالـة (Pettigrew) بداية لاهتمام واسع النطاق لدراسـة ثقافة المنظمـة ومكوناتها. إن المطلـع عـلى الأدب الإداري يجد تعاريف متعددة لما يمكن أن يمثل ثقافة المنظمة فالبعض يركز على المظاهر السلوكية الظاهرة أو الخفية في حين يركز آخرون على القيـم المشـتركة وغيرهم يركز على الجوانب الرمزية. وقد رأت مجموعة أخرى أن الثقافة ما هي إلا تدوين للقواعد والمعايير الأخلاقية والسلوكية ورغـم ذلك فإن التعريـف الشـامل للثقافة يصفها بكونها متمثلـة بمجموعـة القيـم والمعتقدات والافتراضـات والرمـوز والطقوس والمعايير السلوكية والاتصالات والتقاليـد والأعـراف السـائدة في المنظمـة (Burnett, 1984, P.60) و (سعد غالب، 2002، ص 91 – 92) . ويمكـن القـول أن ثقافة المنظمة تتأثر بشكل كبير بثلاثة قضايا أساسية وهي :

* بيئة الأعمال التي توجد فيها المنظمـة، فبعض الأعمال تتصـف بثقافة تنظيميـة ديناميكية وحديثة مثل منظمات الاتصالات والحاسوب والمنظمات الافتراضية وأخرى أكثر استقراراً ونضجاً مثل بيئة المنظمات الصناعية التقليدية.

* القادة الاستراتيجيون والذين تنتشر أفكـارهم وآراءهـم إلى بـاقي أجـزاء المنظمـة والعاملين فيها.

* خبرة هؤلاء القادة وممارستهم السابقة وتجربتهم.

ويرى العديد من الباحثين أن الثقافة تلعب أدواراً مهمة للمنظمة فهي تمثل النسيج الرابط الذي يوحد السلوك للعاملين والإدارة حيال مختلف القضايا المطروحة وخاصة القضايا الأخلاقية والسلوكية. كذلك تعطي الثقافة الشعور بالهوية وبالاعتزاز وبالتالي يمكن أن تمثل محفزاً للأداء وللعمل. وتلعب الثقافة دوراً مهماً في ترابط مختلف أجزاء التنظيم بكونها - أي الثقافة - المصدر الرئيسي للقيم التي يتحلى بها العاملون خلال سلوكهم وعملهم اليومي. ويمكن أن نلخص أهمية الثقافة بالآتي (حريم، 1997، ص 452):

1. بناء إحساس بالتاريخ (History): فالثقافة ذات الجذور العريقة تمثل منهجاً تاريخياً تُسرد فيه حكايات الأداء والعمل المثابر والأشخاص البارزين في المنظمة.
2. إيجاد شعور بالتوحد (Oneness): فالثقافة توحد السلوكيات وتعطي معنى للأدوار وتقوي الاتصالات وتعزز القيم المشتركة ومعايير الأداء العالي .
3. تطوير إحساس بالعضوية والانتماء (Membership) : وتتعزز هذه العضوية من خلال مجموعة كبيرة من نظم العمل وتعطي استقراراً وظيفياً وتقرر جوانب الاختبار الصحيح للعاملين وتدريبهم وتطويرهم.
4. زيادة التبادل ين الأعضاء (Exchange) : وهذا يتأتى من خلال المشاركة بالقرارات وتطوير فرق العمل والتنسيق بين الإدارات المختلفة والجماعات والأفراد. ومن الملاحظ أن الأحرف الأولى تكون كلمة HOME على اعتبار أن ثقافة المنظمة القوية تعطي إحساساً وشعوراً بالتوحد العائلي المترابط ويمكن تمثيل هذه الفكرة بالشكل التالي

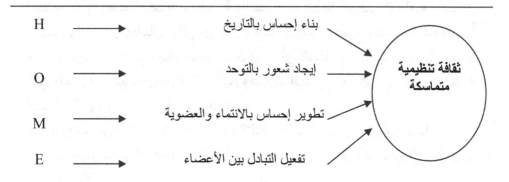

شكل (3-4)
أهمية الثقافة التنظيمية

H	بناء إحساس بالتاريخ
O	إيجاد شعور بالتوحد
M	تطوير إحساس بالانتماء والعضوية
E	تفعيل التبادل بين الأعضاء

ثقافة تنظيمية
متماسكة

المصدر: حريم، 1997

وتحاول إدارات منظمات الأعمال بناء ثقافة تنظيمية قوية وإيجابية وتتمثل قوة الثقافة التنظيمية بالآتي :

1. الاشتراك والالتزام بمختلف مكونات الثقافة التنظيمية مـن قبـل أكبر عـدد مـن العاملين بالمنظمة. فإذا لم يشترك أغلب أعضاء التنظيم بالقيم والافتراضـات والمعتقدات والطقوس والرموز كمكونـات للثقافة التنظيمية فنحن إذن في منظمة ذات ثقافة ضعيفة وغير متماسكة.

2. وضوح ترتيب مفردات ومكونات الثقافة التنظيمية لدى مختلف العـاملين فـإذا كانت الثقافة التنظيمية منتشرة علـى مختلـف المسـتويات ويفهمهـا الجميـع بنفس المعـاني والـدلالات فإننـا نتحدث عـن ثقافة تنظيمية قوية وواضحة الترتيب والعكس صحيح.

3. الغنى والتعقيد فالثقافة التنظيمية القوية تمثل لغة مشتركة تكثر فيها مفردات وسلوكيات متعددة تعطي لغة يفهمها الجميـع وتعـزز قيـم الأداء وتزيـد مـن تماسك

المنظمة وهي تسعى لتحقيق أهدافها. فالثقافة القوية هي ثقافة غنية بتقاليدها وطقوسها ومفرداتها السلوكية المتعددة .

أما أبعاد الثقافة التنظيمية فإن أغلب الباحثين مثل(, Narayanan, 1993 P.445) و (القريوتي، 1993، ص 104) ، و (David, 1997, P. 114) و (العطية ، 1993، ص 24) و (Harris and Moran, 1988, P. 202) فإنهم يشيرون إلى الأبعاد التالية أو بعضها كمكونات للثقافة التنظيمية:

1. القيم (Values): والتي يقصد بها نوع خاص من المعتقدات يحملها أعضاء التنظيم وتشير إلى ما هو مقبول وغير مقبول أو ما هو جيد أو سيء، ويعتقد هؤلاء الأعضاء بقيمتها ويلتزمون بمضامينها فهي إذن تحدد السلوك المقبول أو المرفوض وتتسم بالثبات قياساً بالاتجاهات.

2. المعتقدات (Belief): وتمثل هذه المستويات الأعمق للثقافة كونها في عقول وتفكير الأفراد وتشير إلى جميع المعارف، الأفكار، القوانين الشعبية، الخرافات والأساطير لذلك فإنها معتقدات حول الذات وحول الآخرين. تؤثر المعتقدات وتحدد السلوك داخل التنظيم تضع معايير للإنجاز وتختلف درجة الالتزام بها بين العاملين.

3. الافتراضات (Assumptions) : وهذه تلامس الجانب الأعمق في الثقافة حيث لا يمكن رؤيتها بسهولة وتشكل الأساس للقواعد السلوكية داخل التنظيم والافتراضات الأساسية وتتكون من مجموعة الحقائق المسلم بها والتي يشترك بها أعضاء التنظيم وتظهر هذه الافتراضات الأساسية إلى السطح في حالة الأزمات التنظيمية (Schermerhorn et al, 1997, P. 271).

4. الرموز (Symbols) : وهذه لا يمكن رؤيتها إذ تنقل عن طريق القصص والشعائر والطقوس وأفكار القادة المؤسسين واللغة وغيرها من وسائل الانتقال، فالرموز صورة قوية لطريقة إيصال الأفكار ونقل المعاني لذلك فهي تصب باتجاه هدف أو عمل أو حادثة نوعية أو علامة أو غيرها.

5. الطقوس : هي شعائر وعادات يعمل بها الأفراد والمجموعات وقد تكون فريدة ومتميزة وبذلك تعكس الفكر الجماعي للمنظمة وسلوكها ولا يشترط أن تكون مكتوبة وقد عرفها البعض على أنها الأفعال الاعتيادية التي تمارس في مناسبات ومواقف معينة والتي تحدد الحدود والعلاقات بين العاملين والإدارة وتمثل الطقوس الاحتفالات في المناسبات واستقبال الموظفين وتكريم المبدعين وطقوس التقاعد وحفلات توزيع الهدايا والجوائز.

6. المعايير (Standards) : وهي من أبعاد الثقافة التي يمكن ملاحظتها ويحدد (Jose Fotiz, 1980) المعايير بأنها القواعد الشفوية التي تنص على ما يجب أن يقوم به الأفراد وعلى ما لا يجب أن يقوموا به. وعلى الرغم من أن المعايير تتعامل مع السلوك فإنها تعالج المواقف أيضاً فهي إذن قواعد سلوكية تغطي للفرد قواعد العمل للعقاب والثواب وغيرها.

7. الاتصالات (Communication) : وهي تمثل الشريان الذي يغذي المنظمة ويتم من خلاله تبادل الآراء والأفكار والمعلومات والمقترحات والأوامر والإرشادات والخطط والقرارات والسياسات وغيرها. ويرى (Ronen, 1986) بأن الاتصالات مهمة لإيصال ثقافة المنظمة لمختلف الأطراف بشكل رسمي أو غير رسمي.

8. التقاليد (Traditions) وهذا البعد يلاحظ في محيط جماعة العمل والتنظيم وهي شكل مهم من أشكال الثقافة يعبر عنها بالعادات والمسموحات والمحرمات والعقوبات غير المكتوبة لذلك فإنها تمثل برنامجاً للأفراد يعطي السلوك المناسب أو غير المناسب. ويفترض أن تكون التقاليد من العوامل المؤثرة والداعمة لمكونات الثقافة الأخرى حتى لا تصبح عائقاً يشل تطور المنظمة .

ثانياً: إشكاليات الثقافة التنظيمية والسلوك الأخلاقي في المنظمات العربية :

إن الثقافة التنظيمية القويمة والواضحة الترتيب والتي يتقاسمها الجميع تعطي دفعاً والتزاماً قوياً بمبادئ العمل الصحيح والسلوك الأخلاقي القويم. إن الاحترام والالتزام بمعايير الجودة وخدمة المستهلك ورفاهية العاملين وعدم خرق القواعد القانونية تمثل قيماً أساسية تدعم السلوك الأخلاقي في المنظمة. إن اعتبار ثقافة المنظمة مفهوماً مركباً يتكون من أبعاد متعددة يشير أغلبها إلى ما هو صحيح وما هو خاطئ في التعامل مع مختلف القضايا الأخلاقية والسلوكية لذلك يمكن القول أن الثقافة تمثل حكماً على سلوك الأفراد والجماعات وهم يتخذون مواقف مختلفة حيال الفئات الأخرى (Bhatia, 2003, P67). وبعبارة أخرى فإن ثقافة المنظمة أصبحت مستجيبة أكثر للمعايير الأخلاقية والسلوكية وهي بهذا تحقق التوازن بين مصالح وأهداف مختلف الجماعات، كما أصبحت الثقافة السمة المشتركة لأغلب المنظمات الأكثر نجاحاً في عالم الأعمال وكما يشير إلى ذلك (Peters و Waterman) في كتابهما "البحث عن التميز" In Search of Excellence .

لقد تشكل لدينا نمطان من الإدارة، الأول قائم على أساس الأوامر والأهداف والثاني هو النمط المعتمد على الثقافة والسلوك الأخلاقي ويلخص الجدول التالي اختلاف نمط الادارة ونوع الممارسة الإدارية في كليهما.

جدول رقم (3-4) : نوع الممارسات الإدارية ونمط الإدارة

نوع الممارسة الإدارية	نمط الإدارة بالأوامر والأهداف	نمط الإدارة المعتمدة على الثقافة والسلوك الاجتماعي
1. التطبيقات ذات الأولوية	إجراءات تنظيمية وبيروقراطية	إيداع وحلول ابتكارية
2. المهارات المطلوبة لإدارة أعضاء التنظيم.	أسلوب المشاركة وتحفيز جماعي وفردي	إدارة قائمة على الاحتراف والتخصص العام
3. نمط القيادة المفضل	تقليدي وموزع للموارد بالعدالة الممكنة وبما يحقق الأهداف	قيادة تحويلية ذات رؤية ومنظور وقيم مشتركة.
4. النظر للمستهلك	مشتري وزبون دائم	فرد له حق وحرية الاختيار والانتقاد وتقديم الاقتراحات
5. أنماط السوق للمنتجات	احتكاري أو مجزأ إلى أقسام	عالي التنوع وديناميكي
6. الهياكل التنظيمية المفضلة	هرمي بمستويات متعددة أو قليلة	شبكي أو تحالفات أو فرق عمل أو هيكل مصفوفي .
7. القدرة على تحمل الغموض بالمواقف الحرجة والأزمات.	متدنية - متوسطة	عالية
8. الشفافية والمرونة في العمل	قليلة - متوسطة	عالية
9. الرغبة في الاستقلالية	قليلة - متوسطة	عالية
10. نوع البيئة	مستقرة أو بطيئة التغير	بيئة ديناميكية وسريعة التغيير
11. فلسفة الرقابة والسيطرة	إجراءات مكتوبة وموثقة ومبدأ العقاب والثواب	رقابة ذاتية والثقة والالتزام الذاتي والمبادرة
12. التوجه العملياتي	صيانة الموارد وتحقيق النتائج المستهدفة	تحقيق النتائج من خلال التحسين المستمر للعمليات
13. مدى الرؤية الاستراتيجية	قصيرة - متوسطة الأمد	بعيدة المدى
14. القيم المنظمية المفضلة	إنتاج كمي عالي، الولاء، الانسجام، العقلانية، الكفاءة، التحفيز.	التطوير، التعليم المستمر، الإبداع، التكيف، الالتزام، الثقة المتبادلة، المرونة.

* المصدر (بتصرف) : محمد صدام، 2004، ص 35 - 36.

ومن المؤسف أن نجد الكثير من منظماتنا في الدول العربية تعاني من أزمات قيمية ونكوص في بناء ثقافة المنظمة على أسس سليمة وبالتأكيد سوف ينعكس هذا الأمر على وجود ممارسات لا تستند إلى سلوك أخلاقي قويم يأخذ بنظر الاعتبار مصلحة المنظمة والمجتمع. وإذا ما أردنا أن نعطي تصوراً عن مظاهر الأزمة الأخلاقية والسلوكية وانحدار الثقافة في منظماتنا فيمكن أن نشير إلى الآتي:

1. تشوش الفكر الاستراتيجي أو غيابه في المنظمة الأمر الذي انعكس على إمكانية صياغة وتحديد رؤية ورسالة وأهداف المنظمة وبالتالي تشخيص السلوكيات الأخلاقية اللازمة لها. كذلك تجد الإدارة نفسها في مواجهة مشكلات متعددة لا تمتلك وضوحاً فكرياً لمعالجتها والتمييز بين الأهم والمهم في تحديد الأولويات .

2. تكاد تكون معظم المنظمات نظماً مغلقة على نفسها بحيث أن تواصلها مع محيطها البيئي يجري وفق اعتبارات ردود الفعل السريعة وغير القائمة على دراسات علمية ومنهجية منتظمة. ويتبع هذا تكرار نفس المشاكل وقصور الأساليب المستخدمة في معالجتها والانتقال إلى حالات متميزة أفضل .

3. شيوع ثقافة إرضاء المسؤولين أولاً بغض النظر عن الجوانب الموضوعية في العمل، وعلى هذا الأساس فإن منظماتنا وخصوصاً الحكومية منها تبذل جهوداً لإرضاء المسؤولين وإهمال المتعاملين معها.

4. تشبث المسؤولين الكبار بمناصبهم الإدارية في المنظمات لأطول فترة ممكنة متبعين أساليب ومتخذين قرارات فيها جانب كبير من اللاأخلاقية حيث أن بقاءهم لا يرتبط بالأداء والنتائج التي يحققونها.

5. الاهتمام بالمناسبات المظهرية والسياسية وتكريس الاحتفالات لهذه الأمور ونادراً ما تحتفل منظماتنا بالأداء المتميز والاهتمام بالمبدعين وإنجازاتهم أو ترسيخ مناسبات خاصة بالمنظمات ذاتها تساهم في خلق الشعور بالانتماء للمنظمة.

6. تفتقر الكثير من المنظمات العربية للأسلوب العلمي المنهجي للتعامل مع المشكلات المطروحة أو التفكير بحلول إبداعية تطويرية، وقد يكون هذا ناتجاً عن تفضيل الإدارات للحلول الجاهزة والسريعة أو الحل الوحيد بعيداً عن اعتبارات تفتح آفاق للمشاركة وتشكيل رصيد معرفي لهذه المنظمات فإذا كانت المنظمات في الدول الصناعية - أو معظمها - قد استفادت من خبرتها وتجارب الآخرين وكونت مكتبات وأصدرت مجلات علمية ونشرات تطويرية وبشكل منتظم فضلاً عن الحرص على الحصول على أحدث المجلات العلمية المتخصصة في نشاطها الإنتاجي منافسة بذلك أكبر الجامعات، بل ولديها من المختبرات والمعاهد العلمية التابعة لها ما يجعل أرقى الجامعات تتودد إليها لغرض التعاون والاستفادة من منشآتها العلمية، فإن مثل هذه الأمور لم تبدأ بعد - إلا في حالات نادرة جداً - في الوطن العربي.
7. التركيز في العمل على المدخلات وممارسة السلطات والرقابة بعيداً عن اعتبارات الاهتمام بتطوير العمليات ومتابعة النتائج وتقييمها وحتى في حالة الاهتمام بالنتائج فإننا نجد تركيزاً على الجانب الكمي وليس النوعي.
8. عدم الاستفادة من الفرص المتاحة في أغلب الأحيان والتركيز على الإشكالات والأزمات القائمة وتهويلها وعدم القدرة على تحويل الأزمة إلى فرصة محتملة كما هو الحال في منظمات العالم المتقدم. يضاف إلى ذلك، التردد والتخوف من حالات التغيير والتجديد والنظر للقضايا والمشاكل الحاصلة بكونها تهديدات بجميع أشكالها متناسين وجود العديد من الفرص في طيات هذه الإشكالات. وقد يفسر جانب من هذا الأمر باعتبارات ثقافية وسياسية واجتماعية فثقافة الخوف والتردد والحنين للماضي وعدم المرونة في التفكير والتغير السياسي البطيء وعدم وجود الديموقراطية والحرية شكلت معطيات طبعت سلوك الأفراد وبالتالي المنظمات.

9. تفضيل الحلول الجاهزة والابتعاد عن تشجيع المبادرات الإبداع. ويتمثل هـذا الأمر في أن منظمة الأعمال مثقلة بالنصوص والإجراءات واللوائح ويصل البعض منها إلى اكتساب صفة التقديس. وتظهـر في منظمات الأعمال لـدينا مزاوجة غريبة بين النموذج البيروقراطي الغربي الذي يفترض أنه يقوم على أساس الرشد التنظيمي وبين تداعيات تراثية محليـة متمثلـة بقيـم قبليـة وعشائرية سلبية بحيـث ينتـج سـلوك يمكـن أن يصطلح عليـه "البدوقراطيـة" أو / و "الشيخوقراطية" (محمد صدام، 2004، ص 36؛ عامر الكبيسيـ، 1996). ونرى كذلك عدم الحرص على الوقت والاهتمام بالمصالح الشخصية الضيقة بعيداً عن الحـس الأخلاقـي والقيمـي وهكـذا يبـدو عـلى العـاملين شعور بـالاغتراب في منظمتهم ولا يتولد لديهم الاعتزاز والفخر بالانتماء إليها.

10. تكمن قوة منظمات الأعمال لدينا كما يتصور المسؤولون فيها بما تمتلك مـن رؤوس أموال كبيرة وموجودات عديدة وهي بذلك بعيدة كل البعد أن ترى أن قوتها الحقيقية موجودة في عقول المـوارد البشـرية العاملـة فيها. مـن جهة أخرى لم يسجّل أي اهتمام برأس المال المعرفي في منظماتنا وبالتالي فإن المبالغ المخصصة للبحث والتطوير والتدريب قليلة .

11. وكظاهرة عامـة يلاحـظ أن حظـوة المنظمـة وأهميتها مشـتقة مـن النفوذ والحظوة التي يتمتع بها مديرها الأعلى لـدى أصحاب القرار السياسي وكبار موظفي الحكومة وهذا يعني الابتعاد أو الافتراق بين هذا المدير والعاملين لديه ويولد في المنظمات الشللية والنفاق وحجب الحقائق ومداهنة المدير خاصة وأن العاملين يعرفون أن وجود هذا المدير في الموقع لا يـرتبط بقدرته على الأداء ولا الكفاءة ولا السلوك الأخلاقي القويم ولكن بالعلاقات متعددة الأبعاد .

12. لا تزال أغلب المنظمات وإداراتها تنظر إلى البيانات والمعلومات في المنظمة على أنها أسرار لا يجوز البوح بها للآخرين أو عرضها للتحليل والنقد والاغناء رغم أننا في عصر المعلوماتية والاتصالات السريعة المتطورة. وإذا

كانت منظمات الأعمال في العالم المتقدم وإداراتها تمثل مختبرات للبحوث وتعرض تجاربها للحوار والنقاش مع الجامعات والباحثين، وكذلك يقوم مدراؤها وكبار المسؤولين فيها بالإجابة على استفسارات واستبيانات الباحثين ودعوة هؤلاء إلى رفد المنظمة بنتائج بحوثهم، فإننا لا نجد مثل هذا التقليد في منظماتنا بشكل كبير بل إن بعض المسؤولين يجيبون بشكل غير موضوعي وبدون اكتراث حقيقي.

13. في عصر التطور التكنولوجي نجد أن أغلب إدارات منظمات الأعمال لدينا تتسابق على اقتناء التكنولوجيا والتفاخر بالحصول عليها دون ربط ذلك بمعرفة الحاجة الحقيقية لاقتناء هذه التكنولوجيا واستيعابها والتعامل معها، فقد تكون هذه التكنولوجيا عبئاً مالياً ثقيلاً لا يحقق المردود المنتظر منه بسبب عدم استجابة الموارد البشرية والهياكل التنظيمية الحالية لهذا العنصر ـ الداخل الجديد.

14. في ضوء العديد من الإشكالات التي ذكرت أعلاه والتي لم تذكر هنا، فإننا نلاحظ تجسيداً واقعياً في منظمات الأعمال لدينا يتمثل بكونها منظمات لا تبني ثقافة تنظيمية قوية وخالية من الرموز والطقوس والبطولات وبالتالي فإنه يصعب قراءة تاريخها بوضوح لغرض تعديل النهج وتصحيح التجربة وتراكمها في هذه المنظمات.

وإننا إذ نستعرض هذه الخصائص السلبية في منظمات الأعمال لدينا فإننا لا نمارس جلداً للذات وإظهاراً للنواقص وتهويلاً للإشكالات وإنما نستهدف توضيح هذه الإشكالات لغرض معالجتها بصورة علمية أو منهجية. وإذ تبدو هذه الإشكالات كبيرة وتحتاج إلى موارد مختلفة كما أن أولوية البدء في أي منها يصعب تحديدها فإننا نود أن نعطي المفتاح الأساسي الذي لا يمكن البدء بمعالجة هذه المشاكل دون إقامته وهو الديموقراطية بركيزتيها حرية التعبير على كافة المستويات ومبدأ تكافؤ الفرص وفسح المجال للأكفأ.

ثالثاً: تدقيق الجوانب الأخلاقية لثقافة المنظمة:

إن القرارات الأخلاقية في المنظمة لها تأثير كبير على تدعيم أو خلخلة ثقافة المنظمة، فالعلاقة بين القرارات المستندة إلى الأخلاق أو السلوك غير الأخلاقي ذات مفعول كبير في إعطاء صورة المنظمة في بيئتها. وهكذا يبدو منطقياً أن تكون الثقافة التنظيمية ذات علاقة بالأداء من جانب ومن جانب آخر ذات توجه اجتماعي إنساني لكي تكون ثقافة معززة للأداء ومهتمة بالعاملين وسلوكياتهم الأخلاقية المعززة لهذا الأداء وكما يوضح الشكل التالي .

شكل (3-5)
ثقافة المنظمة بين بعدي الأداء والتوجه الإنساني

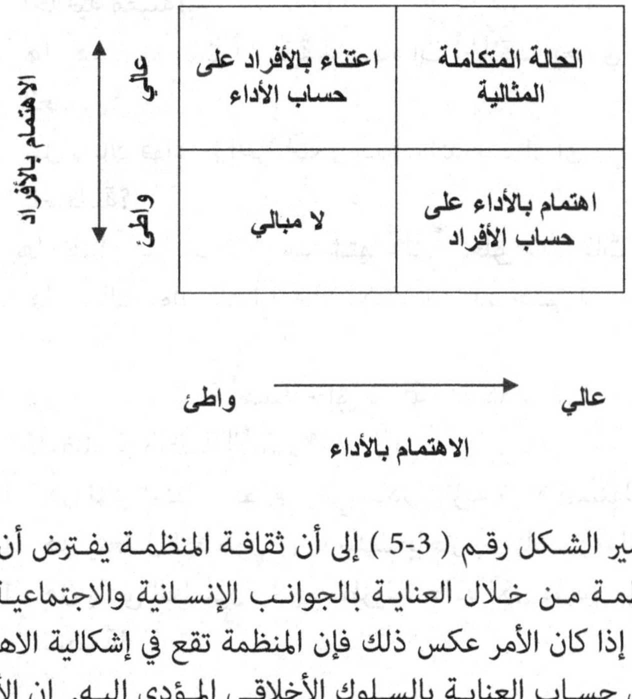

	اعتناء بالأفراد على حساب الأداء	الحالة المتكاملة المثالية
	لا مبالي	اهتمام بالأداء على حساب الأفراد

الاهتمام بالأفراد — عالي / واطئ

عالي ← واطئ

الاهتمام بالأداء

ويشير الشكل رقم (3-5) إلى أن ثقافة المنظمة يفترض أن تعزز الأداء الكلي للمنظمة من خلال العناية بالجوانب الإنسانية والاجتماعية والسلوكية للعاملين أما إذا كان الأمر عكس ذلك فإن المنظمة تقع في إشكالية الاهتمام المفرط بالأداء على حساب العناية بالسلوك الأخلاقي المؤدي إليه. إن الأمر يبدو في المنظمات بكونها تركز كثيراً على وضع آليات لمعاقبة السلوك غير الأخلاقي أكثر من

193

اهتمامها بالإجراءات والأساليب الداعمة والمحفزة للسلوكيات الأخلاقية.

وهكذا فإنه يمكن تدقيق الجوانب الأخلاقية في ثقافة المنظمة من خلال قائمة الجرد التالية:

* أجب بـ (نعم) أو (لا) على أي من الفقرات التالية :

نعم لا 1. هل أسست الإدارة العليا أو مؤسس المنظمة إرثاً أخلاقياً لها؟

نعم لا 2. هل لدى المنظمة وسائل لتشخيص الجوانب الأخلاقية في داخلها أو في بيئتها الخارجية؟

نعم لا 3. هل هناك قيم مشتركة وفهم دقيق لما يجب أن يكون عليه السلوك المناسب في المنظمة؟.

نعم لا 4. هل هناك حكايات ومواقف بطولية تتجسد بالأحاديث اليومية بين العاملين حول السلوك الأخلاقي المناسب في حال مواجهة مواقف أخلاقية معينة؟

نعم لا 5. هل هناك مدونات أخلاقية أو سياسات أخلاقية يجري تعميمها على العاملين؟

نعم لا 6. هل هناك قواعد وإجراءات في دليل التدريب أو أي مطبوعات أخرى للمنظمة؟

نعم لا 7. هل هناك عقوبات تمت مناقشتها علنياً تتعلق بانتهاكات أخلاقية؟

نعم لا 8. هل هناك جوائز للقرارات الأخلاقية الجيدة حتى لو لم تكن مربحة دائماً؟

نعم لا 9. هل تدرك المنظمة أهمية خلق ثقافة متعلقة بالأفراد وتطورهم الذاتي كأعضاء في منظمة الأعمال؟

نعم لا 10. هل لدى المنظمة نظام قيمي عادل ونزيه تجاه المستهلكين؟

نعم لا 11. هل يتعامل العاملون في ما بينهم باحترام ونزاهة وعدالة؟

نعم لا 12. هل ينفق العاملون وقتهم بطريقة جادة لكل ما هو مهم وذي قيمة للمنظمة؟

نعم   لا   13. هل هناك معتقدات قائمة على أساس الأخلاق وقيم لكيفية النجاح في المنظمة؟

نعم   لا   14. هل يوجد أبطال أو نجوم في تاريخ المنظمة يجسدون فهماً مشتركاً حول ما هو مهم في إطار قيم أخلاقية إيجابية؟

نعم   لا   15. هل هناك شعائر يومية أو أنماط سلوكية تخلق اتجاهاً وتبعد المنظمة عن الغموض والإشارات المختلطة وغير الواضحة حول الشؤون الأخلاقية؟

نعم   لا   16. هل أن توجه المنظمة هو بعيد المدى أم أنه قصير المدى؟

نعم   لا   17. هل يتمتع العاملون بالرضا والسعادة وهل أن دوران العمل منخفض؟

نعم   لا   18. هل أن الخطاب السائد ونموذج الحوار والبنى المادية للعمل تمنع شيوع بيئة التجزئة وعدم الاستقرار ونقص الإجماع على ما هو صحيح؟

نعم   لا   19. هل أن الهيجان العاطفي وصراع المصالح والأدوار المهمة نادرة الحدوث؟

نعم   لا   20. هل تم استئصال التمييز بين العاملين والابتزاز الجنسي في المنظمة؟

نعم   لا   21. هل هناك غياب تام للعداء المفتوح والنزاع الحاد؟

نعم   لا   22. هل يتطابق فعل الأفراد وتصرفهم مع ما يقولون أنه أخلاقي ؟

نعم   لا   23. هل أن المنظمة تركز على الأداء الخارجي الذي يتعلق بالمستهلكين والبيئة ورفاهية المجتمع أكثر منها ذات توجه داخلي لتحقيق الأرباح؟

نعم   لا   24. هل هناك اتصالات مفتوحة بين الرؤساء والمرؤوسين لمناقشة القضايا الأخلاقية؟

نعم   لا   25. هل مرت أوقات كان فيها العاملون عرضة للنصيحة حول كيفية تحسين السلوك الأخلاقي أو كانوا معرضين لفعل تأديبي لارتكابهم مخالفات أخلاقية؟

ولتطبيق هذا التقييم ومعرفة نتيجته يجب القيام بالآتي :

جمع العبارات التي كانت الإجابة عليها بـ (نعم) فإذا كانت أكثر مــن الإجابــات بـ (لا) فإن هذا يدل على انخفاض الصراع الأخلاقي في داخل المنظمة وكلما كان العدد كبيراً كلما انخفض هذا الصراع أكثر وبالعكس.

المبحث الثامن : المسؤولية الاجتماعية وأخلاقيات الأعمال :

تقتضي الضرورة وجود علاقة إيجابية بين أخلاقيات الأعمال وتبني منظمات الأعمال لمسؤوليتها الاجتماعية حيال الأطراف المختلفة. ويبدو على الصعيد الفردي أن النزوع إلى الجانب الأخلاقي والاهتمام بالسلوكيات الأخلاقية قد سبق كثيراً جانب التفكير بتحمل المسؤولية الاجتماعية. وفي هذا الإطار فإن المسؤولية الاجتماعية تطورت في منظمات الأعمال انطلاقاً في بداية الأمر من المصلحة الخاصة لهذه المنظمات وليس في إطار تفكير مجرد ومباشر لرؤية أخلاقية للأعمال وتطورها لذلك طرحنا في الفقرات السابقة التطور التاريخي للمسؤولية الاجتماعية وفق الاعتبارات الزمنية المختلفة وما يواجه منظمات الأعمال من إشكالات في بيئة عملها. إن الأخلاقيات والسلوك الأخلاقي في الأعمال يفترض أن تكون أبعد من مجرد الحسابات الاقتصادية أو توسيع المشاركة الجماعية وأنها ترتبط بالنزعات الأخلاقية لدى الإنسان وهي بذلك تمثل صفاءً نفسياً وضميراً مستنيراً آخذاً في الاعتبار الحالات المطلقة في السلوك بعيداً عن اعتبارات تضارب المصالح للفئات المختلفة. في سياق هذا الطرح يمكن أن نجد منظمات أعمال ذات توجه اجتماعي والتزام أخلاقي عالي وفي هذه الحالة فإن المنظمة منسجمة في طبيعة طروحاتها والتزاماتها الاجتماعية مع مجمل الجوانب الأخلاقية القانونية منها وغير القانونية، كذلك قد نجد منظمات أخرى في الجانب المعاكس لهذا الموقف بكونها منظمات غير ملتزمة أخلاقياً وغير مبادرة في أن تتبنى أي مسؤوليات اجتماعية تجاه مختلف الأطراف. وتبقى الحالات الأخرى من المنظمات التي قد نجد

فيها من يلتزم بمسؤولية اجتماعية كبيرة لكنها أقل التزاماً بالجوانب الأخلاقية والسلوكيات المقبولة في قراراتها حتى قد يصل الأمر بالبعض منها إلى تمويل هذه الالتزامات الاجتماعية بما تحصل عليه من عوائد ناتجة من سلوكيات غير أخلاقية. أما الحالات الأخرى والتي تكون فيها المنظمات ملتزمة أخلاقياً بحدود كبيرة لكنها تحجم عن تبني دور اجتماعي أكبر لأسباب عديدة إلا ما يفرضه القانون، والشكل التالي يوضح هذا الأمر .

شكل (3-6)

العلاقة بين المسؤولية الاجتماعية واخلاقيات الأعمال

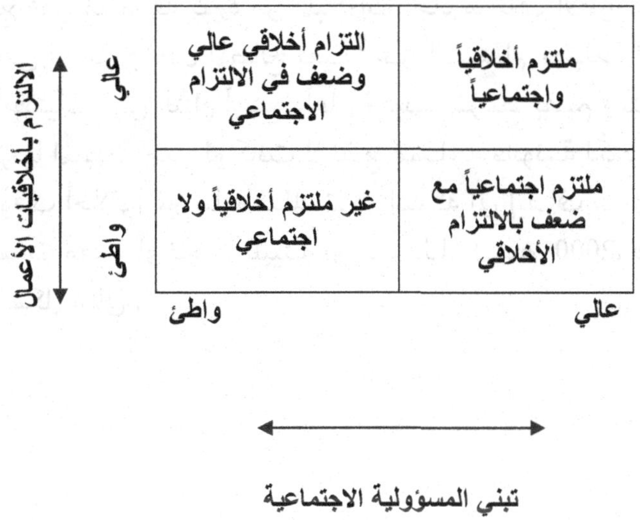

	التزام أخلاقي عالي وضعف في الالتزام الاجتماعي	ملتزم أخلاقياً واجتماعياً
	غير ملتزم أخلاقياً ولا اجتماعي	ملتزم اجتماعياً مع ضعف بالالتزام الأخلاقي

الالتزام بأخلاقيات الأعمال ← عالي ... واطئ

واطئ ← → عالي

تبني المسؤولية الاجتماعية

وفي حقيقة الأمر فإن المسؤولية الاجتماعية يمكن أن تكون بشقين، الأول يتمثل بالبعد الرسمي والمفروض بقوة القانون وهذا لا يمكن تجاهله لأن منظمة الأعمال ستعرض نفسها لمساءلات قانونية تكلفها الكثير، أما الثاني فهو بعد أخلاقي يتمثل بالالتزام والمبادرات الطوعية في الجانب الاجتماعي وهذه تعبر عن نزعات أخلاقية تتجاوز جانب الالتزام بما يفرضة القانون. وفي إطار هذا الأمر فإننا لا نتفق – نظرياً – بوجود منظمات غير ملتزمة أخلاقياً تتابع باهتمام كبير والتزام عالي جوانب المسؤولية الاجتماعية رغم أن هذا الأمر موجود في واقع الحياة

العملية لكن هذا الوجود هو وجود عابر ومؤقت وتبرره المنظمة بعدم وضوح الرؤية الأخلاقية في بعض من قراراتها وسلوكياتها الإدارية. ومن جهة أخرى، لا بد من التذكير بما أشرنا إليه في الفصل الأول عندما تعرضنا لموضوع مشروعية الربح، بمعنى أن يكون تمويل الأنشطة الاجتماعية من أرباح أو تمويل مشروع ومقبول أخلاقياً وقانونياً ودينياً. إن هناك تداخلاً بين الإطار القانوني للعمل والذي يحمل جوانب الرضوخ للتعليمات والإجراءات القانونية والابتعاد عن كل ما يوقع المنظمة في إشكالات تجاه أطراف أخرى بحكم القانون ويمثل هذا الامتثال للقانون الحد الأدنى من الالتزام والذي لا يمكن تجاوزه، في حين أن المسؤولية الاجتماعية تمثل التزاماً أوسع فهي مجموعة كبيرة من المبادرات تجاه مختلف الأطراف لغرض خلق تصور جماعي للعمل وتبادل المصالح بعيداً عن الاهتمام بمصلحة المنظمة لوحدها. أما الأخلاقيات فهي التزام أوسع وأعلى لكونها ترتبط بقيم ومثل عليا يفترض أن لا تخرقها المنظمة حتى لو كانت لا تقع بمساءلة قانونية لكنها ستقع بالتأكيد حيال موقف أخلاقي غير سليم لذلك تبادر الشركة إلى إيقاف عمل مربح لانتهاكه لخصوصيات معينة أو تلويثه للبيئة أو غير ذلك (نجم، 2000، ص 49 – 51) وكما يمثل الشكل التالي .

198

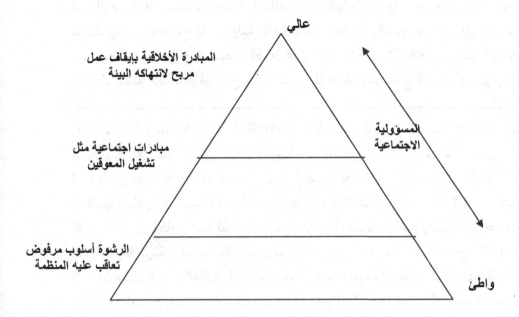

شكل (3-7)
مدى تدرج الالتزام وفق القانون والاخلاق

عالي

المبادرة الأخلاقية بإيقاف عمل
مربح لانتهاكه البيئة

المسؤولية
الاجتماعية

مبادرات اجتماعية مثل
تشغيل المعوقين

الرشوة أسلوب مرفوض
تعاقب عليه المنظمة

واطئ

وفي أغلـب الأدبيـات الإداريـة يستخدم مفهومـا المسؤوليـة الاجتماعيـة وأخلاقيات الأعمال كمترادفين لطبيعة العلاقة الكبيرة بينهما. وقد طرحنا سابقاً كـون المسـؤوليـة الاجتماعيـة تحمـل بُعـداً ومسـؤولية أخلاقيـة Ethical Responsibility وهذه تمثل الأنشطة والسلوكيات المقبولة مـن المجتمـع بشكله الواسع رغم أنها غير متضمنة في إطار القانون، في حين تمثـل المسؤوليـة الاجتماعيـة منظوراً عملياً ذو أبعاد متعددة وبضمنها السلوك الأخلاقـي. ويتطلـب الأمـر مـن منظمات الأعمال أن لا تجعل من المسؤولية الاجتماعية والسلوك الأخلاقي في إطار منهج يتجاوب مع القضايا المطروحة كرد فعل عليها بل يفترض أن تكون الأخلاق والمسؤولية الاجتماعية قاعدة أساسية ومكون مهم من مفردات استراتيجية الأعمال وأن تؤخـذ بنظـر الاعتبـار في قراراتهـا المهمة. ولغـرض تأصيل مفهـوم المسـؤولية الاجتماعية

وتجسيده في عملية صنع القرار اليومي وجعله إطاراً وسياسة عامة للمنظمة فإن هناك طريقاً واحداً لذلك ألا وهو تضمين المتعلقات الأخلاقية في استراتيجيات الأعمال للمنظمة. إن الحقوق والواجبات والقيم يجب أن تكون معلنة في وصف واضح للمسؤولية الأخلاقية للمنظمة وتشير بوضوح إلى عوامل استراتيجية مشخصة في المنظمة فضلاً عن كون المكون الأخلاقي في استراتيجية الأعمال يتمتع بقدرة توفير نوع من التقييم للأعمال ومجاميع العمل وسلوكيات الأفــــــــــــــــــــــــــــــراد (Ferrell & Fraedrich, 1994, P. 83). وفي حقيقة الأمر تلعب الإدارة العليا للمنظمة دوراً كبيراً من خلال تبنيها لاستراتيجيات تتحمل فيها مسؤوليتها الاجتماعية طواعية وكذلك تستند هذه الاستراتيجيات إلى الأبعاد الأخلاقية كما تعكسها المبادئ الأساسية وقيم الإدارة العليا وقيم الأطراف الأخرى المؤثرة. إن هذا الأمر يدخل في إطار وجود ثقافة تنظيمية قوية أسست قواعد راسخة وأوجدت لغة مشتركة مرتكزة أساساً على السلوك الأخلاقي ومراعاة مصالح الجميع. كما أنه لا يمكن قبول الطرح النظري للإدارة العليا لكونها ملتزمة أخلاقياً أو لكونها تمتلك مدونة أخلاقية صيغت بعناية بل يفترض بالإدارة العليا أن تعطي القدوة الحسنة والمبادرة بالتطبيق الفعلي.

وفي ختام هذا الفصل نعرض في الملحق التالي أسلوباً للتقييم الذاتي الأخلاقي. إن الهدف من هذا التقييم هو ليس الحكم على مواقف الشخص الأخلاقية وغير الأخلاقية أثناء اتخاذ القرارات بل يهدف إلى مساعدته في التفكير في قيمه الشخصية.

أولاً: القيم الشخصية:

إن أخلاق الفرد تتأثر جزئياً بالقيم الشخصية. والتمرين التالي يساعد في توضيح القيم الشخصية للفرد وكيفية ارتباطها بعملية اتخاذ القرار.

إن كل سؤال من الأسئلة التالية له ستة إجابات محتملة ويجب ترتيب الإجابات هذه بتخصيص رقم 6، للأكثر أهمية ثم 5 للذي يليه وهكذا إلى 1 والذي يمثل الأقل تفضيلاً من هذه البدائل. وقد توجد صعوبة في عمل الترتيب ولكن لا بد منه .

1. أي حقل من الحقول العلمية التالية تعتبره الأكثر أهمية للجنس البشري ؟

___ أ - الفلسفة ___ د - علم اللاهوت (العلوم الدينية)

___ ب - العلوم السياسية ___ هـ - إدارة الأعمال

___ ج - علم النفس ___ و - الفن والأدب

2. أي من الصفات التالية يجسد شخصيتك؟

___ أ - متدين ___ د - مُقْنع

___ ب - مُؤثر للآخرين (غير أناني) ___ هـ - عملي

___ ج - فنان ___ و - ذكي

3. من بين الشخصيات البارزة التالية، من هو الأكثر أهمية لك؟

___ أ - اينشتاين (مكتشف النظرية النسبية)

___ ب - مارتن لوثر كينغ (مصلح ديني)

___ ج - هنري فورد (رائد في صناعة السيارات)

___ د - مايكل أنجلو (نحات ورسام)

___ هـ - نابليون بونابرت (قائد سياسي وعسكري)

___ و - البرت شويتزر(مبشر وإنساني)

4. أي نوع من الأشخاص تفضل أن تكون؟

___ أ - صناعي ومكتفي اقتصادياً

___ ب - تمتلك خصائص قيادية وقدرات تنظيمية

___ ج – لديك قيم دينية وروحية

___ د – فيلسوف ومهتم بالمعرفة

___ هـ – عاطفي ومتفهم للآخرين

___ و – قابلية فنية وحس مرهف للفن

5. أي من الآتي أكثر أهمية لك؟

___ أ - خبرة فنية ___ د - عقيدة دينية

___ ب - التفكير في الحياة ___ هـ – قيادة الآخرين

___ ج - تراكم الثروة ___ و - مساعدة الآخرين

6. في أي من الحالات التالية ترغب المشاركة ؟

___ أ - مشاركة في الأعمال ___ د - مشروع لمساعدة الفقراء

___ ب – أداء فني ___ هـ – دراسة علمية

___ ج - أنشطة دينية ___ و - حملة سياسية

7. أي نوع من الكتب تفضل قراءتها ؟

___ أ - تاريخ الفن ___ د - العلوم

___ ب – علم النفس الحديث ___ هـ - الكتب الدينية

___ ج - العلوم السياسية ___ و - صحف اقتصادية

8. عندما تريد الزواج، كيف تفضل أن يكون شريك حياتك ؟

___ أ - يحب مساعدة الناس

___ ب - ان يكون قائد في مجال تخصصه

___ ج – علمي ومغامر

___ د - موهوب فنياً
___ هـ - لديه عقيدة روحية عميقة
___ و - له ولع بالفلسفة والقراءة

9. أي الأنشطة التالية تعتبرها أكثر أهمية للأطفال ؟
___ أ - الكشافة ___ د - الفن الإبداعي
___ ب - إنجازات كبيرة ___ هـ - الممارسات السياسية
___ ج - الأنشطة الدينية ___ و - النادي العلمي

10. ماذا يجب أن يكون اهتمام القادة الحكوميين ؟
___ أ - ترقية الإبداع والفنون الجميلة
___ ب - بناء موقع قوة واحترام في العالم للدولة
___ ج - تطوير التجارة والصناعة
___ د - دعم التعليم
___ هـ - ايجاد مناخ داعم للأنشطة الروحية وتطويرها
___ و - الارتقاء بمستوى الرفاهية الاجتماعية للمواطنين

11. أي من المساقات التالية تفضل تدريسها ؟
___ أ - علم الإنسان والأجناس ___ د - العلوم السياسية
___ ب - الديانات في العالم ___ هـ - الشعر
___ ج - الفلسفة ___ و - إدارة الأعمال

12. ماذا ستفعل لو كان لديك وقت ومال كافيين ؟
___ أ - الانعزال بهدف الرياضة الروحية

‫___ ب – زيادة قدرتك على كسب المال‬

‫___ جـ – تطوير مهاراتك القيادية‬

‫___ د - مساعدة المعوقين‬

‫___ هـ– دراسة الفنون الجميلة مثل الموسيقى والمسرح والرسم.‬

‫___ و - كتابة مقالات أو تأليف كتاب‬

‫13. أي من التخصصات التالية ستدعم إذا كانت لك قدرة التأثير في السياسة‬
‫التعليمية:‬

‫___ أ - الدراسات السياسية والحكومية‬

‫___ ب - العلوم والفلسفة‬

‫___ جـ - المهارات المهنية والاقتصادية‬

‫___ د - المشاكل والقضايا الاجتماعية‬

‫___ هـ – دراسات دينية وروحية‬

‫___ و - الفن والموسيقى‬

‫14. أي نوع من الأخبار تعتبره أكثر أهمية ؟‬

‫___ أ - أخبار تحسن الظروف الاقتصادية والأعمال‬

‫___ ب - وصول مساعدات للفقراء‬

‫___ جـ- لقاءات مع رجال دين‬

‫___ د - خطابات الرئيس للأمة‬

‫___ هـ - أخبار جديدة في الفن‬

‫___ و - اكتشافات علمية‬

15. أي المواضيع التالية تفضل مناقشتها؟

____ أ - الموسيقى والأفلام والمسرح

____ ب - معنى الوجود الإنساني

____ جـ- التجارب الروحية

____ د - الحروب في التاريخ

____ هـ - فرص الأعمال

____ و - الظروف الاجتماعية

16. حسب اعتقادك، ما هو هدف الرحلات الاستكشافية للفضاء؟

____ أ - لتوحيد الشعوب في العالم

____ ب - لاكتساب معرفة حول عالمنا

____ جـ- لإبراز جمالية عالمنا

____ د - لاكتشاف إجابات للمسائل الروحية

____ هـ - السيطرة على شؤون العالم

____ و - لتطوير فرص عمل وتجارة

17. أي مهنة تفضل الدخول فيها لـو افترضـنا أن الراتـب متسـاوي ولـديك نفـس القدرة للنجاح في المهن الستة التالية ؟

____ أ - الاستشارات   ____ د - السياسة

____ ب - الفنون الجميلة   ____ هـ - الأعمال

____ ج - العلوم   ____ و - الوزارة

18. باعتقادك أيها أكثر أهمية كحياة وكعمل من بين الآتي ؟

____ أ - مكتشف وعالم فيزياوي   ____ د - رجل ديني معروف

____ ب - سيدة أعمال   ____ هـ - فنان مسرحي

____ ج - رئيس دولة   ____ و - كاتب روائي وشاعر

19. أي من البرامج التلفزيونية التالية تفضل ؟

____ أ - النقد الفني   ____ د - شؤون عائلية

____ ب - برامج دينية   ____ هـ - السياسة والمجتمع

____ ج - برامج اقتصادية وأعمال

____ و - برامج الذكاء والبرامج العلمية

20. أي من المواقع التالية تحب أن تتبوأ؟

____ أ - قائد سياسي   ____ د - متخصص بالشؤون الدينية

____ ب - فنان   ____ هـ - كاتب

____ ج - مدرس   ____ و - رائد في الأعمال والاقتصاد

* التقييم :

الخطوة الأولى : ضع إجابتك على كل سؤال في الفراغ المخصص لكل خيار من الخيارات الستة ولاحظ أن الحروف ليست دائماً في نفس العمود .

مثال : 2 أ   6 ب   4 ج 5 د   3 هـ 1 و

السؤال	أولاً	ثانياً	ثالثاً	رابعاً	خامساً	سادساً
1	أ______	هـ______	و______	جـ______	ب______	د______
2	و______	هـ______	جـ______	ب______	د______	أ______
3	أ______	ب______	هـ______	و______	جـ______	د______
4	د______	أ______	و______	هـ______	ب______	جـ______
5	ب______	جـ______	أ______	و______	هـ______	د______
6	هـ______	أ______	ب______	د______	و______	جـ______
7	د______	و______	أ______	ب______	جـ______	هـ______
8	و______	جـ______	د______	أ______	ب______	هـ______
9	و______	ب______	د______	أ______	هـ______	جـ______
10	د______	جـ______	أ______	و______	ب______	هـ______
11	جـ______	و______	هـ______	أ______	د______	ب______
12	و______	ب______	هـ______	د______	جـ______	أ______
13	ب______	جـ______	و______	د______	أ______	هـ______
14	و______	أ______	هـ______	ب______	د______	جـ______
15	ب______	هـ______	أ______	و______	د______	جـ______
16	ب______	و______	جـ______	أ______	هـ______	د______
17	جـ______	هـ______	ب______	أ______	د______	و______
18	أ______	ب______	هـ______	و______	جـ______	د______
19	و______	جـ______	أ______	د______	هـ______	ب______
20	هـ______	و______	ب______	جـ______	أ______	د______
المجموع	______	______	______	______	______	______

الخطوة الثانية: اجمع الأعمدة الستة.

الخطوة الثالثة : ضع المجموع لكل قيمة شخصية في الموقع المناسب ثم صلها بخطوط لتشكيل مخطط يوضح الاتجاه القيمي للشخص . (أنظر المثال في الشكل).

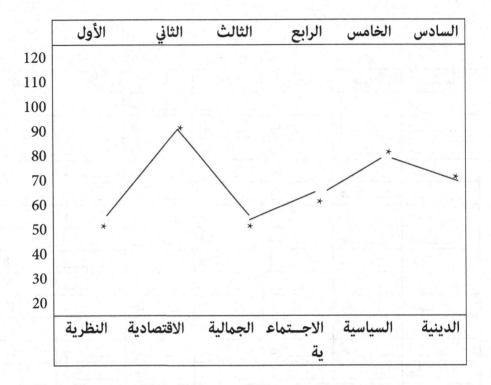

الأول	الثاني	الثالث	الرابع	الخامس	السادس

النظرية	الاقتصادية	الجمالية	الاجتماعية	السياسية	الدينية

* التفسير :

1. القيم النظرية :

إن الاهتمام الأول للشخص حامـل القيم النظريـة هـو اكتشـاف الحقيقـة. وسواء كان الشخص في المختبر أو المكتبـة أو فيما يتعلق لشؤونه الشخصية فإن هدف الفرد هـو معرفـة الحقيقـة فـوق كـل شـيء. لـذلك فإنـه ينظـر إلى التشابه والاختلاف مفضلاً المدخل الإدراكي ومعارضاً لجمالية ومنفعـة الأشياء. إن الحاجـات الأساسية لهذا النمط من الأشخاص هو الملاحظة والتبرير والفهـم. ولأن قيم الفـرد تطبيقيـة وناقـدة ورشـيدة فإن هـذا الشـخص هـو ذكـي وبالعـادة يكـون عـالم أو فيلسوف ومن أكبر اهتماماته هو منهجية المعرفة واكتشاف سر الوجود .

208

2. القيم الاقتصادية :

حامل هذه القيم يهتم بما هو مفيد. تنحصر اهتماماته بالمنافع التـي تمتـد إلى القضايا العملية للاقتصاد والأعمال وإنتاج السـلع والخـدمات ومراكمة الـثروة على أساس إشباع الحاجات الجسدية والحفاظ على الذات.

إن هذا النوع من الأشخاص مجازف ومبدع وكفوء عاكسـاً بـذلك الـنمط الشائع لرجال الأعمال. إن القيم الاقتصادية قـد تتعارض في بعـض الأوقـات مـع القيم الأخرى. إن الشـخص الاقتصادي يبحـث عـن التربيـة العمليـة وينظر إلى المعارف النظرية على أنها مضيعة لوقت. قد تتعارض القيم الاقتصادية مـع القيم الجمالية مثال ذلك الدعاية والإعلان للمنتجات أي أنها لغرض تجاري وليس مـن أجل الفن والناحية الجمالية، وفي ما يتعلق بالأفراد فإن الشخص الاقتصادي يبـدو أكثر اهتماماً بالتفوق بـالثروة عـلى الآخـرين وليس السـيطرة السياسية عليهم أو خدمتهم اجتماعياً (الغالبي، ونعوم، 2004) .

3. القيم الجمالية :

يجد حامل هذه القيم إشباعاً ورضاً كبيراً في التناسق والجمال، حيث أن كل حالة منفردة ينظر إليها من زاوية الانسجام والتطابق والجمالية. الشخص الجمـالي ينظر للحياة على أنها سلسلة أحداث يمكن أن ينظر إلى كل مشهد منها بذاته، وقد لا يكون الفرد هنا فناناً مبدعاً ولكنه يجد متعة فنية في كل حلقات الحياة. وعلى العكس من الشخص حامل القيم النظرية فـإن الشخص الجمـالي يعتبر الحقيقـة مساوية للجمال بل إنه يرى أن عمل شيء جميل أفضل بكثير مـن كونه حقيقة. وفي المجـال الاقتصادي فإن الفرد حامـل هـذه القيم يـرى في التصنيع والإعلان والتجارة هدماً لقيم جمالية مهمة. ومن زاوية الرفاهيـة الاجتماعيـة فإنـه يـرى منفعـة كـبرى في النـاس ولكـن ليـس في رفاهيتهم. كما وأنه يميل إلى الانعزاليـة والاعتماد على الذات والمثالية في العلاقات الشخصية.

4. القيم الاجتماعية:

إن القيمة العليا لهذا الصنف من الأفراد هو الحب وأن الاهتمام بالغير وفعل الخير هو الهدف الأول له. إن الكائن الإنساني هو اجتماعي بالفطرة ويثمن الآخرين كغايات في حد ذاتهم وليس وسائل لتحقيق أهداف أخرى. لذلك فالفرد الاجتماعي هو رحيم ودمث الأخلاق ومتعاون مع الآخرين، كما أنه قد ينظر إلى القيم الاقتصادية والسياسية على أنها غير إنسانية وجامدة. وعلى العكس من النمط السياسي فإن الشخص الاجتماعي يرى أن الحب لا القوة هو الأكثر ملاءمة للعلاقات الإنسانية وبشكل عام فإن القيم الاجتماعية بالكامل ليست أنانية.

5. القيم السياسية:

إن الفرد حامل القيم السياسية له اهتمام كبير بالقوة والتأثير حتى لو كانت أنشطة الفرد لا تقع ضمن الإطار الضيق لعلم السياسة، لذلك فهو يسعى لأن يكون قوياً ومؤثراً. إن القادة في أي مجال من المجالات لديهم اهتمام كبير بالقوة والمكانة. وبما أن المنافسة والكفاح يلعبان دوراً مهماً في حياة الجميع – بين الجنسين، بين المجموعات، بين الشعوب، بين الأفراد - فإن العديد من الفلاسفة اعتبروا أن القوة هي الأساس الأهم والمحرك الأكبر في حياتهم. ويمكن ملاحظة أن بعض الناس، لديهم الرغبة للتعبير المباشر عن القوة والتأثير الاجتماعي وممارسة السلطة على الآخرين بحيث تشكل القيم الأولى لديهم.

6. القيم الدينية :

إن أعلى قيمة لدى هذا النمط من الأفراد هو السلام الروحي كما أن حامل القيم الدينية قد ينتمي إلى منظمة معينة أو لا، والناس المتدينون أو حاملي هذه القيم يؤثرون الرضا لأنفسهم من خلال التجربة والبعض منهم يركز كثيراً على الأحداث والتجارب عبر العالم وهذه التجارب بمجموعها تعطي المعنى الحقيقي للحياة وتمثل تجارب مشتركة للجميع.

وكتقييم عام للقيم الشخصية يجب الإشارة إلى النقاط التالية:

1. إن مجاميع القيم الستة في الاستبانة السابقة هي قيم إيجابية. لا تقيس الأسئلة القيمة السلبية مثل الطمع أو العنف.

2. إن الثقافة تؤثر على القيم الشخصية من خلال الانطباعات والتجسيد والتأهيل الاجتماعي حيث يتعلم الفرد وضع أولويات لهذه القيم. وهكذا، فإن المكانة والاحترام للوزراء والحكام ورجال الدين ورجال الأعمال والمدرسين والفنانين والعلماء تعتمد على قيم المجتمع. ففي بعض المجتمعات فإن التقدير الاجتماعي والمكانة العالية تكون مرتبطة بمدى سخاء الفرد وكرمه وليس بالقوة والذكاء والتميز العلمي أو الفني.

3. إن الإجابة الإجبارية الكاملة على الاستبانة تساعد في اكتشاف التوجه القيمي العام وهذا يعني أن القيم الأكثر انخفاضاً لديك يمكن أن تكون الأكثر أهمية لغيرك. إن هذه الاستبانة تقيس القوة النسبية لستة قيم شخصية بحيث ترسم صورة لتوجهاتك القيمية أو توضح لك ما هو الأكثر أهمية بالنسبة لك. إن المنظمات باختلاف أنواعها تعكس قيماً مختلفة وأن نجاح أي منظمة يعتمد على مدى وجود قادة وأشخاص حريصون على تحقيق رسالتها. إن بعض الأفراد يكونون مثاليين لبعض المنظمات النظرية مثل الجامعات أو لمنظمات اقتصادية مثل الشركات الصناعية أو منظمات فنية مثل المسارح أو منظمات اجتماعية مثل وكالات الخدمة الاجتماعية أو منظمات سياسية مثل الأحزاب، وغيرها. ولعل سوء التقدير يكون واضحاً عند تعيين الأفراد عندما يتم مثلاً إسناد منصب يتطلب القوة والقيم السياسية إلى شخص يحمل القيم الجمالية والدينية وبالعكس.

ثانياً: القيم الاجتماعية : ما هو الأهم بالنسبة لك؟

إن الأحكام الأخلاقية في الأعمال تقوم في جزء منها على القيم الاجتماعية وهذه الأخيرة تختلف بين الأفراد. إن الاستبانة التالية تم تصميمها لمساعدتك على تقييم قيمك الاجتماعية في مجال العمل.

اقرأ المواقف التالية وأشر الجواب الذي يناسبك أكثر، افترض أنه لا خيارات أخرى موجودة .

1. افرض أنك تعمل في احدى الشركات المتخصصة بالاستشارات وأنك أنجزت حديثاً دراسة لإحدى الشركات مقابل مبلغ كبير من المال وأنت تعلم بأنه لا يمكن تقديم المزيد من الدراسات لهذه الشركة (بصفتك مستشار متخصص)، في حين أن مسؤولك الأعلى أبدى رغبته لعمل مزيد من الدراسات لهذه الشركة، فإن موقفك سيكون:

_____ أ. التخطيط لدراسات أكثر كما يريد مسؤولك.

_____ ب. التخطيط لمشروعات قليلة أخرى.

_____ جـ التخطيط لدراسة واحدة إضافية فقط لإرضاء مسؤولك.

_____ د. التخطيط لمشروع إضافي واحد ولكن تقوم بصياغته بطريقة ترفضه الشركة.

_____ هـ تخبر مسؤولك الأعلى بأن دراسة أخرى غير ممكنة.

2. لو كنت المسؤول المالي في إحدى الشركات الصناعية وعلمت أن ممثلي الشركة يدفعون بشكل روتيني رشوة للموزعين لغرض زيادة مبيعات منتجات الشركة وطلبت من المدير المفوض أن يوقف دفع الرشوة أو أنك ستستقيل من عملك، علماً بأن المدير المفوض يعرف مسبقاً بالرشوة وأخبرك بأنه سيستمر بالدفع فما هو موقفك؟

_____ أ. تنسى الموضوع.

_____ ب. تستشير آخرين قبل تنفيذ قرارك.

_____ جـ تبدأ بالبحث عن وظيفة أخرى بهدوء.

_____ د. تحاول إقناع المدير المفوض بدون التلويح بالاستقالة.

_____ هـ تقديم الاستقالة.

3. لو طلب إليك إيجاد بديل لأحد الموظفين الذي هو من أصدقائك والـذي سـيتم تسريحه من العمل، وطلب منك المدير أن يبقى الأمـر سراً، وصـديقك يحـاول معرفة ما الذي يجري، فإنك في هذه الحالة من الصراع النفسي :

_____ أ. لن تخبره بشيء وتبحث عن البديل.

_____ ب. لن تقول شيئاً وتراوغ في إيجاد البديل.

_____ جـ ترتيب الأمر مع صديقك لاكتشاف الأمـر دون أن تقول شـيئاً وتـراوغ في إيجاد البديل.

_____ د. تخبر صديقك بالحقيقة.

_____ هـ ترفض المشاركة.

4. باعتبارك موظف في شركة، فإنك بين فترة وأخرى :

_____ أ. تأخذ إلى البيت أشياء من الشركة قيمتها 25 دينار أو أقل.

_____ ب. أشياء قيمتها 10 دنانير أو أقل.

_____ جـ أشياء قيمتها دينار أو أقل.

_____ د. أشياء قيمتها أقل من دينار.

_____ هـ لا تأخذ شيئاً.

5. لو كنت المسؤول عن المشتريات في شركة كبرى، وفي إحدى المواقف ومن خلال محادثة مع ممثل احدى الشركات المجهـزة عـرض عليك شراء كمية مـن منتجاتهم وأنـه سيقدر تعاونك وسيكافئك، في هـذه الحالـة مـاذا سيكون موقفك :

_____ أ. تسأل عن مقدار المكافأة.

_____ ب. تقول بأنك ستفكر بالأمر.

_____ جـ. تظهر وكأنك مهتم بالأمر وتترك المحادثة مفتوحة.

_____ د. تظهر الغضب وتتجاهل العرض.

_____ هـ تقول "لا" وتوضح موقفك الرافض.

6. لو كنت مندوباً متجولاً وهنـاك مصـروف يـومي مخصـص مقـداره 100 دينـار ولكنك نادراً مـا تصـرف هـذا المبلغ، كمـا أن الشركة لا تطلب فـواتير عـلى الصرف في جميع النواحي، وعليـه يمكـن أن تحـتفظ ببعض المبلغ، في هـذا الموقف:

_____ أ. تقدم تقرير بمصروفات تصل إلى 100 دينار سواء صرفت هـذا المبلغ أم لا يومياً.

_____ ب. تقدم تقرير بمصروفات تصل إلى 100 دينار في أغلب الأيام.

_____ جـ. تضيف مصاريف قليلة فوق المصاريف الفعلية.

_____ د. تقدم تقريراً بالمصروفات الفعلية فقط.

_____ هـ تقدم تقريراً بالمصروفات التي يمكن إثباتها بأدلة فقط.

7. لو كنت تعمل في شركة لتعليب اللحوم وساورك شـك في أن الشركة تقـوم ببيـع لحم الخيول إلى شركات أخرى تستخدمه في معلبات للاستهلاك البشري فإن موقفك سيكون:

_____ أ. لا تتدخل بالأمر.

_____ ب. تناقش الموضوع مع موظفين آخرين.

_____ جـ. تحاول معرفة الشركة التي تتعامل معها شركتك في هذا المجال ولكنك لا تعمل أي شيء.

_____ د. تواجه المسؤول وتطالبه بتصحيح الخطأ.

_____ هـ. إذا لم توقف الشركة هذه الممارسة فإنك ستخبر السلطات المختصة وتشهر علناً بالقضية.

8. لو كنت تعمل كموظف استلام في أحد المخازن في شركة كبيرة واستلمت شحنة كبيرة من الإطارات واكتشف عند جردها، أن هناك نقص ثلاث إطارات تم سحبها إما بواسطة المدير أو بعض العاملين حيث لا يدخل أحد غيرهم إلى المخزن، فإن موقفك سيكون :

_____ أ. لا تعمل شيئاً.

_____ ب. تهتم للأمر لكن إذا لم يحصل شيء بعد أسبوع تنسى القضية.

_____ جـ. تقدم تقريراً للمدير وتترك الأمر له.

_____ د. تخبر مسؤولك وتشدد الرقابة على الجميع.

_____ هـ. تهتم للأمر جداً وترسل تعميماً لكل العاملين في الشركة ربما يكون أحدهم قد "عثر" على الإطارات.

9. لو كنت مسؤولاً لشؤون العاملين في شركة وعلمت أن الشركة ستغلق أبوابها خلال ثلاثة شهور ولكن إدارة الشركة لا تريد أن تعلن ذلك، ولو سألك مالكو البناية التي تشغل الشركة بعضاً منها حول هذه الشائعة حيث أنهم كانوا على وشك عمل صيانة وتجديد للبناية ولن يقوموا بذلك إذا أغلقت الشركة، فما هو موقفك:

_____ أ. لن تقول لهم شيئاً.
_____ ب. تقترح عليهم الاتصال بك خلال أسابيع قادمة.
_____ جـ. تقترح عليهم لقاء رئيس الشركة.
_____ د. تعطي إشارات على أن هناك شيء من هذا.
_____ هـ. تجيب على استفسارهم بنزاهة وبعد ذلك تخبر الإدارة.

10. أخبرتك زميلة في العمل أنها تأخذ بين 5 - 10 دنانير بين فترة وأخرى من الصندوق ولمدة أكثر من سنة ولم يكتشف ذلك أحد أو يشك بالأمر، فما هو موقفك :
_____ أ. تعمل نفس الشيء.
_____ ب. تخبرها بأنك لا ترغب بمعرفة الموضوع.
_____ جـ. تسألها إذا كانت على صواب في عملها أم لا.
_____ د. تخبرها أن هذا تصرف غير نزيه وعليها إعلام المشرف بذلك.
_____ هـ. تضغط عليها لإعلام المشرف بالأمر وإعادة المبالغ المسروقة.

التقييم : أشر الإجابة لكل سؤال حسب ما تراه مناسباً للأسئلة العشرة ثم رتبها على المقياس في أدناه وكالآتي : إذا أجبت على السؤال الأول (أ) ضع إشارة في حقل أ في المقياس المذكور وإذا كانت إجابة السؤال الثاني (د) مثلاً ضع الإشارة في حقل (د) من المقياس نفسه وهكذا للأسئلة العشرة.
إن الإجابة تعكس مدى كونك أنانياً ومهتماً بنفسك فقط أو كونك مهتماً بالآخرين. كلما كانت الإشارات في حقلي أ و ب فإن ذلك يعني أنك مهتم بنفسك في المواقف الأخلاقية أما إذا كانت الإجابة في حقلي (د) و (هـ) فإن ذلك يشير إلى اهتمامك بالآخرين.

مهتم بالآخرين (يعمل للمصلحة العامة)						مهتم بنفسه (يعمل لمصلحته)
	هـ	د	جـ	ب	أ	

ثالثاً: القيم والتطبيع الفعلي :

ما هي القيم والممارسات التي تقودك وترشدك في الحياة؟ تأمل القائمتين أدناه ثم رتب القيم الستة عشر حسب أهميتها لك (1 هو الأهم ثم 2 إلى 16 الأقل أهمية) ثم رتب الخصائص الستة عشر في القائمة الثانية بنفس الطريقة:

القيم المهمة	الخصائص المهمة
______ المتعة	______ مبدع
______ البقاء	______ متحمس
______ المسؤولية	______ عملي
______ النظام	______ نزيه
______ الأمان	______ منشرح
______ الإنجاز	______ مصمم على تحقيق الأهداف
______ الحب	______ منظم
______ الثروة	______ تابع
______ النمو	______ حازم
______ الحقيقة	______ متنوع الاتجاهات
______ الاعتراف بالإنجاز	______ متعاون
______ الجمال	______ مستقل
______ القوة	______ مؤثر
______ السلام	______ حليم
______ العدالة	______ منضبط
______ الحرية	______ ذكي

* التقييم : اختر أربعة قيم والتي تمثل الأكثر أهمية لك وكذلك أربعة خصائص والتي تمثل أيضاً الأكثر أهمية لك (أوطأ الأرقام)،

القيمة المهمة	الخصائص المهمة
.1	.1
.2	.2
.3	.3
.4	.4

قيم نفسك، فهل أن حياتك التي تعيشها منسجمة مع القيم الأربعة المهمة؟ هل أن ممارساتك تدعم القيم التي تؤمن بها؟ هل أن قيمك وممارساتك تنعكس في شخصيتك وحياتك في العمل؟

رابعاً: المعتقدات والقيم :

إن هذه الاستبانة تستوضح معتقداتك وقيمك حول الحياة والناس. ستتفق مع بعض العبارات ولا تتفق مع الأخرى، وستجد نفسك في بعض الحالات حائراً في اختيار الجواب المناسب ولكن يجب أن تختار. سجل إجابتك أمام كل عبارة وفق المقياس الآتي:

5 موافق بشدة ، 4 موافق نسبياً ، 2 غير موافق نسبياً ، 1 غير موافق بشدة.

______ 1. يجب أن يعتقد الناس بالله والحياة الآخرة .

______ 2. إن الإنجازات العظيمة تجعل الحياة ذات قيمة لكي نعيشها.

______ 3. إن أفضل طريقة للعيش هو السيطرة على العواطف والتصرفات والقناعة بالقليل.

4. _____ بما أن الأفراد لديهم احتياجات مختلفة وقيم مختلفة وشخصيات مختلفة أيضاً فإنه يجب أن تعيش وتدع الآخرين يعيشون.

5. _____ إن فهم سبب تصرف الآخرين هو علم أكثر منه فن.

6. _____ بالرغم من ما نسمع ونقرأ ونشاهد في الأخبار فإن الحياة تتحسـن للناس، وأن ظروف المعيشة اليوم أحسن منها بالأمس.

7. _____ هناك حكمة إلهية في كل شيء حتى لو كانت صعبة الفهم في وقتها.

8. _____ إن البطالة هي ورشة الشيطان.

9. _____ من المستحسن الاحتفاظ بالأفكار والمشاعر سراً شخصياً لعدم التسبب بالمعاناة نتيجة الثقة الكبيرة بالآخرين وإفشاء أسرارنا لهم.

10. _____ يجب أن يقتنع الناس بأن الحقيقة نسبية وأن ما هو صحيح للشخص قد يكون غير صحيح للآخر.

11. _____ إذا استطعت السيطرة على بيئة الفرد فإنك تستطيع السيطرة على سلوكه.

12. _____ الناس يجب أن يركزوا على الجانب الإيجابي مـن الحياة، ويجب أن يبحثوا عن ما هو إيجابي وعن الجانب الطيب في الناس.

13. _____ انك تمر بطريق الحياة مرة واحدة، لـذلك يجـب أن تعيشها بكل مباهجها.

14. _____ يجب أن يعلم الناس بأنهم لن يكسبوا شيئاً دون المخاطرة.

15. _____ إن ما يحتاجه العالم هو ناس ذوي مبادئ وقوة.

16. _____ لا يمكن السيطرة التامة على الأشخاص لأن كل شخص لـه رغبـة بالعيش بحرية.

17. _____ إن العالم بالطريقة التي يسير بها الآن، فإن الحضارة يحتمل أن تدمّر بمرض أو نكبة.

18. _____ إذا كنت تشعر بأن هذا الأمر جيد افعله.

_____ 19. يجب أن لا يتصرف الفرد إلا بعد أن يستطلع البيئة المحيطة به.

_____ 20. إن طاعة واحترام السلطة هما قيمتان مهمتان يجب تطويرهما في المجتمع والناس.

_____ 21. إن الفهم العلمي للسلوك الإنساني محدود بسبب أن كل فرد هو نظام قائم بذاته وعنده خصائص لا يمكن قياسها أو التنبؤ بها.

_____ 22. إن العالم مليء بالفقر والمرض والظلم والقساوة وهناك القليل مما يدفع للاعتقاد بأن الأمور ستتحسن.

* التقييم :

أ. اجمع السؤالين 1 و 7   = _____

ب. اجمع 2 و 8   = _____

جـ اجمع 13 و 18   = _____

د. اجمع 3 و 9   = _____

هـ اجمع 14 و 19   = _____

و. اجمع 4 و 10   = _____

ز. اجمع 15 و 20   = _____

ح. اجمع 5 و 11   = _____

ي. اجمع 16 و 21   = _____

220

ك. اجمع 6 و 12 = ______________

م. اجمع 17 و 22 = ______________

هناك ستة مقاييس فرعية للقيم والمعتقدات وكالآتي :

- المقياس الأول = 10 + أ - ب
- المقياس الثاني = 10 + جـ - د
- المقياس الثالث = 10 + د - هـ
- المقياس الرابع = 10 + و - ز
- المقياس الخامس = 10 + ح - ط
- المقياس السادس = 10 + ك - م

ولتفسير النتائج نقول أن هناك ستة أبعاد مهمة يمكن قياسها بالمعتقدات والقيم وكالآتي :

1. المقياس الأول : يقيس مدى الاقتراب من الايمان والتوحيد او عدمه، التقييم العالي يشير إلى التمسك بالدين والتقييم الواطئ عكس ذلك، متوسط التقييم 10.

2. المقياس الثاني : يقيس مدى الإنجاز مقابل الخبرة، التقييم العالي يعني الاستخدام البناء للوقت وتحقيق الأهداف، أما التقييم الواطئ فإنه يشير إلى أن الفرد يريد أن يعيش حياته الآنية ولا يفكر بالمستقبل وليس لديه رغبة بعمل خطط بعيدة المدى. المتوسط 11 .

3. المقياس الثالث : يوضح مدى الانعزال عن بيئة المنظمة أو مدى التكريس والالتزام بها. إن التقييم العالي يتجنب المجازفة العاطفية وهنا يقيم الفرد السيطرة والقدرة على التوقع في حين أن التقييم الواطئ يرى أنه من المهم الالتزام والانخراط بالحياة والتعامل مع الناس، حتى لو كان هناك مخاطرة شخصية، متوسط التقييم 6 .

4. المقياس الرابع : يقيس التسامح أو عدم التسامح: إن التقييم الواطئ يعتقد أن هناك نظام حقيقي واحد للمعتقدات والمعايير في الشؤون الشخصية والسلوك الاجتماعي. اما التقييم العالي فإنه يشير إلى أن الفرد متحرر ومتسامح ويرفض فكرة الحقيقة المطلقة. متوسط التقييم هنا 10 .

5. المقياس الخامس : ويقيس الإنساني مقابل السلوكي. إن التقييم العالي يعني وجود وجهة نظر محددة واعتقاد قوي في العلم كوسيلة لفهم الناس وأسلوب للتعامل معهم. أما التقييم الواطئ فيعني التركيز على خصوصية كل فرد ويقدر الفردية في العمل. متوسط التقييم 7.

6. المقياس السادس : يقيس التوجه الإيجابي أو السلبي، فالتقييم العالي متفائل حول الحياة والناس ويعتقد أن الحياة في السنوات القادمة تتحسن باستمرار. أما التقييم الواطئ، فإنه يعني الحزن والتشاؤم حول المستقبل. متوسط التقييم 10.

إن هذه الأبعاد الستة يمكن أن تفسر سبب اختلاف نظرة الأفراد للعالم، وتؤثر في نظرتنا وعلاقاتنا وتطبع أسلوب حياتنا بطابع معين ولا توجد نظرة واحدة صحيحة لأي من المقاييس الستة.

مصادر الفصل الثالث

المصادر العربية :

1. الدفس، محمد موسى، "بعض القيم الاجتماعية الأردنية لدى ثلاثة مصانع أردنية"، مجلة دراسات – الجامعة الأردنية – مجلد (20)، 1993.

2. العطية، ماجدة عبد الكاظم، "تغيير الثقافة التنظيمية دراسة مسحية وتحليلية في مصرفي الرافدين والرشيد"، أطروحة دكتوراة غير منشورة، جامعة بغداد، 1998.

3. القريوتي، محمد قاسم، "السلوك التنظيمي، دراسة السلوك الإنساني الفردي والجماعي في المنظمات الإدارية"، الجامعة الأردنية، عمان، 1993.

4. العامري، صالح مهدي محسن وشذى أحمد علوان التميمي، "المرتكزات الأخلاقية في قرارات إدارة الإنتاج والعمليات ومؤشرات قياسها" ، مجلة آفاق اقتصادية، المجلد (23) ، العدد (92)، 2002.

5. ياسين، سعد غالب، "الإدارة الاستراتيجية"، دار اليازوري، عمان، 2002.

6. صبيحات، فارس، مقابلة شخصية، مديرية الدراسات والمعلومات في ديوان الرقابة والتفتيش الإداري، عمان – الأردن، 1996.

7. الغالبي، طاهر محسن وآمال فؤاد نعوم، "نظام القيم لدى المديرين العراقيين، دراسة ميدانية في عينة من المنشآت الصناعية والخدمية"، محافظة البصرة، مقبول للنشر في مجلة المنارة، جامعة آل البيت، الأردن.

8. المنصور، كاسر نصر، "ثقافة الخدمة، المرتكزات والأخلاقيات"، سلسلة ثقافة الخدمة، دار الرضا للنشر، دمشق، 2003.

9. صدام، محمد، " الإدارة المعتمدة على القيم، اتجاه إداري حديث لمديري القرن الحادي والعشرين"، مجلة الإداري، العدد (97) يونيو 2004 (مسقط، سلطنة عمان).

10. ياغي، محمد عبد الفتاح، "الأخلاقيات في الإدارة"، مكتبة اليقظة لنشر ـ والتوزيع، عمان، الأردن، 2001.

11. حريم، حسين، "السلوك التنظيمي، سلوك الأفراد في المنظمات"، دار زهران للنشر والتوزيع، عمان، 1997.

13. نجم، نجم عبود، "أخلاقيات الإدارة في عالم متغير"، المنظمة العربية للتنمية الإدارية، 2000.

المصادر الإنجليزية:

1. Burnett John J, "Promotion Management, A Strategic Approach" St. Paul: West Publishing Com., 1984.

2. Carolyn Wiley , "The ABC's of Business Ethics- Definitions Philosophies and Implementation, Industrial Management – January – February, 1995.

3. David F R, "Strategic Management" Prentice-Hall Inc. 1997.

4. Harris P.R and Moran R.T, Managing Cultural Differences" , Gulf Publishing Company, Houston Texas, U.S.A, 1998.

5. Ireland, Lweis et al, "Ethics For The Project Manager", Project Management Quarterly, Special Report, August, 1983.

6. Nickels, Mchngh and Mchugh, "Understanding Business", McGraw-Hill, 2002.

7. O.C Ferrel and Larry G. Gresham, "A Contingency Framework For Understanding Ethial Decision Making in Marketing", Journal of Marketing, Summer, 1985.

8. O.C. Ferrell and John Fraedrich, "Business Ethics", Houghton Mifflin Company, 1994.

9. P.W. Van Valock, "Ethics of Management in H.B Maynard (Editor) Handbook of Business Administration" McGraw-Hill Book Co. N.Y, 1993.

224

10. Parry, Mathew. H, "Code of Ethies For Project Mangers" Project Management Quarterly, vol13, N$^{\circ}$4, December, 1982.

11. Pettigrews A.M: "On Studying Organizational Cultures" Administrative Science Quenterly, (ASQ), vol 24, 1979.

12. Pried W.M et al, "Business", Houghton Mifflin Company, 2002.

13. Schermerhorn John R., "Management For Productivity" John Wiley and Sons Inc, New- York, 1996.

14. Schermerhorn JR et al, "Organizational Behavior" John Wiley and Sons Inc, Canada, 1997.

15. Sisk, Herry L. and Clifton Williams J. "Management and Organization", 4th ed South- Western Publishing co. 1981.

16. T.J Peters and R.H Waterman, "In Search of Excellence, Lessons from American's Bes-Run Companies", Harper and Row Publishers Inc, New- York, 1982

الفصل الرابع
المسؤولية الاجتماعية وأخلاقيات الأعمال في إطار أنشطة المنظمة والوظائف الإدارية

● مقدمة

المبحث الأول : المسؤولية الاجتماعية وأخلاقيات الأعمال في إطار الإنتاج والعمليات .

المبحث الثاني : المسؤولية الاجتماعية وأخلاقيات الأعمال في إطار التسويق .

المبحث الثالث: المسؤولية الاجتماعية وأخلاقيات الأعمال في إطار الموارد البشرية .

المبحث الرابع: المسؤولية الاجتماعية وأخلاقيات الأعمال في الإدارة المالية والمحاسبية .

المبحث الخامس: المسؤولية الاجتماعية وأخلاقيات الأعمال في العلاقات العامة

المبحث السادس: المسؤولية الاجتماعية وأخلاقيات الأعمال في نشاط البحث والتطوير .

المبحث السابع: المسؤولية الاجتماعية وأخلاقيات الأعمال في إطار الموارد المعلوماتية والمعرفية .

المبحث الثامن: المسؤولية الاجتماعية وأخلاقيات الأعمال في إطار الوظائف الإدارية :

أ . التخطيط .

ب. التنظيم .

ج. التوجيه.

د. الرقابة.

هـ الإدارة الاستراتيجية.

* ملحق : قائمة تدقيقية مقترحة للمسؤولية الاجتماعية وأخلاقيات الأعمال في المنظمة.

227

الفصل الرابع

المسؤولية الاجتماعية وأخلاقيات الأعمال في إطار أنشطة المنظمة والوظائف الإدارية

مقدمة :

إذا كانت المسؤولية الاجتماعية وأخلاقيات الأعمال تمثل إطار عـام يفترض أن لا تحيد عنه منظمات الأعمال، فإن هذا الإطار العام يتجسد بآليات وصيغ عمل تنتهج سلوكاً أخلاقياً لمختلف إدارات المنظمة أنشطتها الفرعية ولمختلف المـديرين في جميع المستويات الإدارية .

إن منظمة الأعمال التي تتبنى دوراً اجتماعياً أكبر وسلـوكاً أخلاقياً مرتكزاً على ما هو أبعد مما هـو مـذكور في مـدونتها الأخلاقيـة، فهـي بـذلك تجسـد هـذا السلوك في أنشطتها الإنتاجية والتسويقية والماليـة والبشرـية وفي البحث والتطوير وفي المعلومات وفي العلاقات العامة. وهكذا فإن الإدارة العليا للمنظمة التي تتابع باهتمام هذه الجوانـب الاجتماعيـة والسـلوكية فإنها لا تسـمح بـأن تكـون هنـاك خروقات للجوانب الأخلاقيـة أو تعـارض بـين آليـات عمـل هـذه الإدارات الفرعيـة وقراراتها والرؤية المرسومة للمنظمة في بيئتها من خلال تبنيها لدور اجتماعـي أكبر والتزامها بسلوك أخلاقي قوي. ويلاحظ أن بعض الخروقات التي تحـدث في مجـال الإنتاج والعمليات أو في مجال التسويق أو غيرها مـن المجـالات لا يمكـن معالجتهـا بسهولة بل ربما تحتاج المنظمة إلى وقت وجهود وموارد لغرض إصلاح الخلل النـاتج عن مثل هذه الخروقات التي تحدث في الإدارات الفرعية.

إننا نريد مـن خـلال هـذا الفصل أن نوضـح كـون المسؤوليـة الاجتماعيـة والسلوك الأخلاقي تنعكس بمفردات عمل كثيرة في مختلـف أنشطة المنظمة مـن جانـب وبالسـلوك الملتـزم مـن قبـل المـدراء والعـاملين عـلى مختلـف المسـتويات التنظيمية سواء على مستوى الإدارة العليا لمنظمات الأعمال أو بـالإدارات الفرعيـة، لذلك

229

قســمنا هــذا الفصــل إلى عــدة مباحـث يتنـاول كـل مــنهما المسـؤولية الاجتماعية والأخلاق الإدارية في مختلف الأنشـطة التي تمارسـها المنظمـة كالإنتـاج والعمليات، التسويق، إدارة الموارد البشرية، الإدارة المالية والمحاسـبية، إدارة المـوارد المعلوماتيـة والأصـول المعرفيـة، إدارة البحـث والتطـوير وإدارة العلاقـات العامـة. وكذلك المسؤولية الاجتماعية والأخلاقية في إطار الوظـائف الإداريـة المختلفـة مـن تخطيط وتنظيم وتحفيز وقيادة ورقابة وكذلك أبعـاد أخلاقيـات الأعـمال في الإدارة الاستراتيجية لمنظمات الأعمال .

تمهيد :

بالرغم من اختلاف الوظائف الأساسية للمنظمة باختلاف حجوم المنظمات وطبيعة القطاعات التي تعمل فيها ودرجة الاتمتة واتساع نطاق أعمال هذه المنظمات جغرافياً ورغبة الإدارات بدمج بعض الوظائف والأنشطة في إدارة واحدة فإنه يمكن الإجماع على أن الوظائف الرئيسية لمنظمات الأعمال - سواء كانت صناعية أم ذات إنتاج خدمي، كبيرة أم صغيرة، مشروعاً عائلياً أم شركة مساهمة - هي: الإنتاج والعمليات، التسويق، إدارة الموارد البشرية، الإدارة المالية والمحاسبية، إدارة الموارد المعلوماتية والأصول المعرفية وإدارة البحث والتطوير وكذلك إدارة العلاقات العامة. أن المسؤولية الاجتماعية الشاملة للمنظمة تتجسد من خلال التفاعل الإيجابي لمختلف هذه الأنشطة والإدارات لكي تكون القرارات المتخذة من قبل المنظمة ذات أبعاد سلوكية إيجابية وكذلك لا تؤثر سلباً على مصالح أي من الفئات التي تتعامل معها المنظمة بمعنى آخر، أن المسؤولية الاجتماعية والسلوك الأخلاقي يمكن البحث عنهما والنظر إليهما في المنظمة من خلال آليات عمل هذه الإدارات والقرارات التي تتخذها:

المبحث الأول : المسؤولية الاجتماعية وأخلاقيات الأعمال في إطار وظيفة الإنتاج والعمليات :

Operations & Production Management

إن سبب وجود أي منظمة من المنظمات ومهما كانت طبيعتها هو إنتاج سلعة أو خدمة، تقدم للمستهلك وترضي حاجاته ورغباته وتطلعاته. ومن خلال هذه السلع والخدمات تستطيع المنظمة بناء جسور من الثقة مع الزبائن ومع مختلف فئات المجتمع. لقد تطورت أساليب عمل إدارة الإنتاج بشكل كبير، وأصبحت القرارات المتخذة في هذه الإدارة ذات تأثير كبير جداً على مستقبل منظمة الأعمال

بشكل شامل وعلى مساس مباشر بحياة الناس، فلم تعد إدارة الإنتاج دائرة مغلقة تعمل ضمن إجراءات فنية وتكنولوجية، منعزلة عن الظواهر السلوكية التي تجسد العلاقة مع الأطراف الأخرى بل إنها أصبحت حلقة الوصل التي تمر من خلالها كثير من أوجه العلاقة مع فئات المجتمع المختلفة من مدافعين عن حقوق المستهلك وجمعيات حماية البيئة من التلوث وكذلك الدولة بقراراتها المختلفة خاصة في مجال استخدام الموارد واختيار مواقع الوحدات الإنتاجية والمخازن وكذلك القوانين متعلقة بجودة المنتج ومواصفاته وإصابات العمل بسبب التكنولوجيا المستخدمة وغيرها من مفردات عمل هذه الإدارة.

إن كون إدارة الإنتاج والعمليات ذات أهمية كبيرة لمنظمات الأعمال فقد حظيت هذه الإدارة بعناية خاصة لتجسيد المرتكزات الأخلاقية والسلوكية في مختلف أوجه عملها وقراراتها ويلاحظ أن المنظمات الملتزمة بالسلوك الأخلاقي واعتماد مرتكزات أخلاقية في قراراتها فإنها في هذا الأمر تخدم المنظمة على المدى البعيد وتبني سمعة متميزة في السوق وكذلك ترضي جميع أصحاب المصالح. ويلاحظ أن بعض الدراسات أشارت إلى أنه كلما زاد اهتمام المديرين بالجانب الأخلاقي والتزامهم بالسلوكيات الاجتماعية كلها زاد الانضباط الذاتي وجعل العاملين يخضعون وينفذون تلقائياً آليات أخلاقية وليس مجرد الالتزام بالوسائل الرقابية والانضباطية التقليدية (Slact et al, 1998, P.763). وإذا ما أردنا أن نبين المسؤولية الاجتماعية لهذه الإدارات والمرتكزات الأخلاقية التي تستند عليها فإننا نجدها متجسدة في مجالات قرارات كثيرة ومتنوعة تحاكي مختلف أوجه العمل في هذه الإدارة المهمة وكالآتي :

أ. في مجال تصميم المنتج أو الخدمة Product Design :

يفترض أن المنشآت التي تهتم بعلاقتها مع المجتمع وتخدم الإجراءات والقوانين السائدة أن تراعي وهي تتخذ قرارات تصميم المنتج العديد من الجوانب منها المواد الأولية المستخدمة وطبيعة هذه المواد وصلاحيتها وسلامة المستهلكين

خاصة إذا كانوا أطفالاً أو مـرضى أو كبـار السـن أو غـير واعـين في مجتمـع تكثر فيه الأمية. كذلك فإن طبيعة المواد المستخدمة وأسلوب استخدامها والطاقـة المستهلكة وتأثيراتها موضـعياً وبيئياً وغيرهـا مـن الجوانب الأخـرى. ومـع تطـور المجتمع أصبحت جوانب تصميم المنتج أو الخدمة عنصراً مهماً في الارتقاء بالـذوق العام والانسجام مع البيئة والألفـة مـع بـاقي مكونـات المكـان بمعنى أن الناحيـة الشكلية والخارجية للمنتج لا تقل أهمية عن المضمون الفعـلي لـه. ونـود أن نشـير هنا إلى أن الربح المادي الكبير هو سبب رئيس في وجود بعض الأبنيـة أو المنتجـات التي فيها مخاطر عـلى حيـاة النـاس بسبب عـدم الالتـزام بالأبعـاد المثلى وتـوفير التهوية والإضاءة المطلوبة وفق المعايير المعمول بها في هذا النوع من الإنتاج .

ب. تصميم مواقع الإنتاج Facility Layout:

في هذا الإطار هناك العديد من القرارات التي تتخذ ويفترض أن تستند إلى أسـس أخلاقيـة تعطـي انطباعـاً إيجابيـاً بـاحترام المنظمـة والتزامهـا بمسـؤوليتها الاجتماعية. أن تصميم موقع العمل يفترض أن يأخـذ بنظر الاعتبـار العديـد مـن الجوانب وأولها سلامة العاملين وسهولة حركتهم وحركة معدات العمـل في الموقـع، خاصة وأن هذه الجوانب تنعكس على كلفة الإنتاج وبالتالي أسعار هذه المنتجـات. ولا بد من الإشارة إلى أن بيئة العمل لها أثر نفسي كبير على العاملين فلا نتوقع أن تكون المنتجات بنوعية ممتازة من كافة النواحي إذا كان العاملون يعانون من عدم نظافة مكان العمل بسبب التصميم الرديء لتصريف الزيوت ومخلفات الإنتاج في المصنع، أو عم التهوية والضوضاء العالية في المكاتب الإدارية والخدمية. إن اختيار الموقع بالقرب من أسواق ومدن مكتظة بالسكان سيؤثر سلباً على البيئة، لذلك فإن المنظمات ذات الشعور العالي بالمسؤولية الاجتماعية لا تهمل هذه الجوانب وتعيـد النظر فيها باستمرار.

جـ تكنولوجيا العمليات المستخدمة Operation Technology :

مهما يكن نوع التكنولوجيا المستخدمة في الإنتاج والعمليات فإن لها تأثيرات جانبية وسلبية على العديد من جوانب الحياة اليومية لذلك فإن المنظمة الملتزمة اجتماعياً والمستندة في قراراتها إلى سلوك أخلاقي قويم يجب أن تعالج بمنظور إنساني هذه الجوانب ومنها إشكالية التخلص من مخلفات الإنتاج وتقليل الضوضاء التي تحدثها المكائن وتلوث الهواء والانبعاث الحراري وكفاءة استخدام الطاقة وترشيد هذا الاستخدام وكذلك سلامة العاملين والهيئات الإدارية في المنظمة. إن تحمل المسؤولية الاجتماعية يرتبط مع حجم المنظمة وعدد المتعاملين معها ونوعية بعض الآلات والأجهزة المستخدمة حيث أن هناك بعض المنظمات التي تستخدم أنواعاً من الطاقة والمواد في الإنتاج أكثر تلويثاً وخطورة من منظمات أخرى أصغر حجماً ولا تستخدم مواد بهذه الخطورة. وفي كل الأحوال فإنه يلاحظ في الوقت الحاضر أن المنظمات الخدمية كالمستشفيات ومراكز البحوث أصبحت هي الأخرى مصدراً للتلوث، فمثلاً تقدر كمية المخلفات التي تطرح من بعض المستشفيات بعدة كيلوغرامات من مواد ملوثة وخطرة أسبوعياً للسرير الواحد، كذلك إن استخدام الإشعاع الذري والجرعات الكيماوية في معالجة بعض أنواع الأمراض يزيد من احتمالات التلوث فضلاً عن مشكلة إتلاف الأدوية الفاسدة التي هي عبارة عن مواد كيماوية يمكن أن تتفاعل بسهولة مع العوامل الجوية وتخلق مشاكل كثيرة وقد تفسر هذه الحالة بظهور أمراض لا يعرف مصدرها ولا تعرف وسائل علاجها.

د. تصميم الوظائف Jobs Design :

تتجسد المسؤولية الاجتماعية والأخلاقية في إطار تصميم الوظيفة باهتمام إدارة العمليات والإنتاج بالعاملين كأفراد ومجموعات وبشكل غير مباشر بالمستهلك لاحقاً. إن تصميم الوظيفة يجب أن يأخذ بنظر الاعتبار تقليل الاجهاد في موقع العمل والحفاظ على سلامة النظر والجهاز التنفسي والجهاز العصبي . إن توفير

معدات السلامة المهنية أمر حيوي للحفاظ على حياة العاملين لذا يجب أن يشير المحتوى الوظيفي إلى المعدات الضرورية لإنجاز العمل مثل القفازات والنظارات الواقية والقبعات والملابس الواقية والأحذية وغيرها من المستلزمات.

هـ ـ تخطيط ورقابة الإنتاج Production Planning and Control :

يمكن لإدارة الإنتاج والعمليات أن تكرس مسؤوليتها الاجتماعية وسلوكها الأخلاقي باتجاه مختلف الفئات ذات المصلحة من خلال الفلسفة التخطيطية وآليات الرقابة التي تعتمدها في النظام الإنتاجي للمنظمة. إن هذا الأمر يأتي منسجماً مع طبيعة البيئة التي تعمل فيها المنظمة من جانب ومدى توفر القدرات البشرية للقيام بهذه العملية ومن جانب آخر فإن خطط الإنتاج والرقابة عليها يفترض أن تعزز من قدرات المنظمة ورغبتها في التطور والتحسين المستمر. لذلك يفترض أن تراعى إشكالية استخدام المواد الأولية ونوعيتها والمواد المعادة للتصنيع وطبيعة الاجهاد الذي يتعرض له العاملون في موقع العمل وكذلك أن تأخذ هذه الخطط بنظر الاعتبار ساعات العمل الاجتماعية وفترات الراحة للعاملين في النظام الإنتاجي. ومن المفترض أن تتجلى جميع الأمور لاحقاً في العمل الرقابي والتخطيطي الذي يحدد أولويات المستهلك وتفضيلاته وفق آليات المنافسة السائدة. إن المنظمة تريد هنا تجسيد منظورها الأخلاقي والسلوكي وتتحمل مسؤوليتها تجاه مختلف الأطراف من خلال الخطط التي تتبناها وآليات الرقابة التي تعتمدها. (العامري والتميمي، 2002، ص 24-25).

و. تخطيط ورقابة الطاقة Capacity Planning and Control :

يمكن للمنظمة أن تعكس سلوكاً أخلاقياً وتحملاً للمسؤولية تجاه المجتمع في مجال تخطيط ورقابة الطاقة من خلال سياسات العمل والتوظيف والفصل والاستغناء عن العاملين وأسلوب وطرق التعاقد مع المنظمات والشركات الأصغر وطرق تقديم خدمات معينة للمجتمع في حالات الطوارئ والكوارث والأخذ بنظر

الاعتبـار حاجـات السـوق وتغطيتهـا بالمنتجـات ذات النوعيـة المقبولـة والأسعار التي تتيح للجميع إمكانية الحصول على المنتج أو الخدمة .

ز. تخطيط ورقابة المخزون والشراء

Purchasing and Inventory Planning and Control :

تلعب منظمة الأعمال دوراً أساسياً في تحريك فعاليات وأنشطة اقتصادية مختلفة للمجتمع بأسره ويـتم ذلك مـن خلال العلاقات مع المجهزين والنـاقلين وأصحاب مستودعات التخزين ومن جهة أخرى فإن تخطيط ورقابة الخزين تجسد رؤية أخلاقية للعمل من خلال التعامل الصحيح والنزاهة في العلاقة مع المجهزين والـتخلص مـن المخلفـات وسـلامة المستودعات والعاملين فيها وكفاءة استخدام الطاقة والـدفع للمجهـزين حسب العقـود والاتفاقات وعـدم التلاعب بالأسعار واستغلال الفرص غير الطبيعية في حالة الأزمـات والكوارث وهـذه تعطـي الصورة الناصعة للمنظمة مع أطراف كثيرة .

ح. الصيانة وتجنب الإخفاق Maintenance and Failure Avoiding :

رغم أن الصيانة قد تبدو موضوعاً فنياً من اختصاص المنظمة إلا أنها أيضاً تحمل بعداً أخلاقياً ومسؤولاً تجاه أطراف أخرى، ففي حالات معينة وعند تجاهل موضوع الصيانة والتهاون البسيط فيه قد يعرض المجتمع إلى كوارث بيئية كما هو الحال في محطات توليد الطاقـة النوويـة أو المنشآت الصناعية المنتجـة لمـواد قـد يرافقها سموم وأبخرة ملوثة.

كذلك في شركات الطيران قـد تتعرض حياة المسافرين للخطر إذا لم تـتم الصيانة بشكلها الدقيق. وأهمية الصيانة ليس مقتصرة على المنظمات الصناعية بل إن المنشآت ذات الإنتاج الخدمي تحتاج الصيانة الدقيقة بشكل كبير مثل المصارف وأجهزة الصرف الآلي فيها وكذلك المستشفيات وشركات الاتصالات. إن الصيانة ليست موضوعاً فنياً تتحمل المنشأة من خلاله تكاليف إضافية ويجب تخفيضها عبر الزمن بل هي التزام أخلاقي واجتماعي فالحرص على تدنية التكاليف بتقليل عمليات

الصيانة قد يجلب مشاكل بل كوارث أحياناً لمنظمات الأعمال. وبالإضافة لعمليات الصيانة يتطلب الأمر أن تتابع منظمات الأعمال إشكالية حدوث إخفاق داخلي أو خارجي لعملياتها الإنتاجية وما تحدثه من آثار بيئية أو اجتماعية أو نفسية على العاملين أو ما تسببه من ضرر على المستهلك والفئات الأخرى ، والأمثلة في واقعنا الحالي كثيرة حول هذا الموضوع مثل حوادث تسرب الغاز والأبخرة السامة التي تؤثر على الإنسان والبيئة المحيطة. كذلك تجدر الإشارة إلى مثال حي على تجنب الإخفاق ومحاولة تلافي حصول العيوب من خلال سحب المنتج من السوق لإجراء التعديل المطلوب كما حصل مع شركة Ford وشركة Mitsubishi في بعض موديلات السيارات التي أنتجاها، كذلك نسمع عن كثير من الشركات المتخصصة بإنتاج الأدوية وهي تسحب أدوية معينة قد تكون سببت آثار جانبية للمستهلكين.

ط. أخلاقيات الجودة Quality Ethics :

تستند أخلاقيات الجودة إلى تعزيز ثقة المستهلك والسوق في المنتجات والخدمات التي تقدمها المنظمة. لذلك يلاحظ في السنوات الأخيرة اتساع نطاق البحث في موضوع إدارة الجودة الشاملة التي هي في جوهرها دعوة للالتزام الأخلاقي والاجتماعي داخلياً وخارجياً وهذه الدعوة للالتزام تتجسد في إشاعة مفاهيم العمل المثابر والتحسين المستمر والسلوك المنضبط وهذه بحد ذاتها ثقافة تنظيمية فرعية من النظام القيمي والثقافي للمنظمة ككل.

إن كون ثقافة الجودة جزءاً مهماً من الثقافة التنظيمية أصبحت موضوعاً جديراً بالبحث والدراسة خاصة وأنه يساعد منظمات الأعمال في تحسين صورتها المجتمعية في إطار وضوح سياساته وإجراءاته وقدرته على تحفيز العاملين وإشراكهم في العمل وتنمية روح الإبداع والتفكير وكما يتضح من الشكل التالي .

شكل (1-4)
ثقافة الجودة في منظمة الأعمال

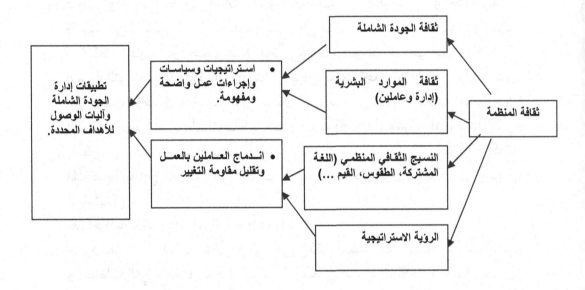

إن كون موضوع الجودة يعد بعداً تنافسياً مهماً على الصعيد العالمي في الوقت الحاضر وخاصة في ضوء معايير الآيزو فقد تحولت هذه المعايير من كون الجودة موضوعاً داخلياً يخص المنظمة وإمكاناتها الفنية والإنتاجية إلى اعتباره فلسفة أخلاقية ومسؤولية للعمل تعطي منتجاً أو خدمة للزبائن والبيئة ولا تؤثر سلباً عليها. وهكذا أصبحت منظمات الأعمال في حالة سباق دائم بكونها تلتزم بمعايير الجودة بل وتتفوق عليها وتقدم سلعاً بمواصفات عالية وبأسعار معقولة ومناسبة لهذه المنتجات. (Bounds et al., 1994).

إن كون الجودة الشاملة التزاماً ذو بعدين داخلي وخارجي فإن البعد الداخلي لها يشير إلى وعي العاملين بأهمية الجودة والتزامهم الأخلاقي تجاه السلوكيات والآليات التنظيمية المؤدية لها بحيث يؤدي هذا إلى تنمية الولاء لدى العاملين

وتعزيز المشاركة بإيجابية في القرارات والعمل واندماج أكبر بين الإدارة والعاملين من جانب والعاملين والمنظمة من جانب آخر. أما البعد الخارجي فإنه يتجسد بتقديم منتجات ذكية أمنية سهلة الاستخدام متعددة الفائدة لها القدرة على إشباع حاجات الزبون المتجددة. والشكل التالي يوضح كون الجودة عامل لتنمية السلوك والوعي الأخلاقي لدى العاملين

شكل (4-2)

الجودة وارتباطها بالوعي والسلوك الاخلاقي

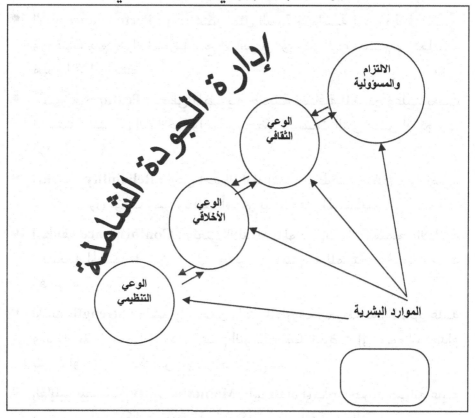

المصدر : الفضل والطائي ، 2004، ص 395 (بتصرف)

إن إدارة الجودة الشاملة أصبحت منظوراً متكاملاً لرؤية المنافسة على أنها تحدي ذو جانب أخلاقي ليس مجرد صراع على الحصة الأكبر في السوق باستخدام الوسائل غير المشروعة أو غير المؤطرة قانونياً. إن المنظمة ذات الرؤية التكاملية المشار إليها ترى في الجودة مجموعة من الأبعاد المتداخلة والتي يتطلب الأمر الوفاء بالتزاماتها جميعاً وهي : (Aquilano et al., 1995, P. 87-89) و (Krajewiski and Ritzman, 1996, P. 91) و (العامري والتميمي، 2002، ص 26-27) ,

- **الأداء Performance** : وهو عنصر يمثل السمة الأساسية المطلوبة في المنتج، وفي ضوئه يتم إجراء المقارنة مع المنافسين، ويركن إليه المستهلك كخاصية مهمة لاقتناء السلعة.
- **المظهرية Features** : تعطي المظهرية جاذبية إضافية للمنتج وعليه يجب الاهتمام بالشكل الخارجي وإضافة بعض اللمسات التي يمكن أن تجذب الزبون.
- **المعولية Reliability** : وهي احتمال أداء المنتج لوظيفته خلال فترة زمنية محددة بدون توقف وهو متطلب أساسي يبحث عنه المستهلك.
- **المطابقة Conformance** : وتعني الالتزام بالمواصفات التصميمية والأدائية والشكلية المستهدفة من خلال العمليات الإنتاجية للمنتج كوحدة واحدة وفرعياته الجزئية.
- **المتانة Strength** : وتشير إلى تحمل المنتج للظروف المحيطة به والمؤثرة عليه وقدرته على الاستمرار بالأداء وعدم التوقف عند تعرضه إلى سوء استخدام بسيط أو عند تحريكه من مكان لآخر.
- **القابلية للصيانة Maintainability** : استعداد المنتج لإجراء الصيانة عليه بسرعة وكفاءة وتكاليف معقولة وأن يكون سهل التفكيك والتركيب .
- **الكلفة Cost** : أن تكون كلفة الإنتاج معقولة الأمر الذي يساعد في تقديمه للمستهلك بسعر معقول.

- **الأمان عند الاستخدام Safety in Use** : إن المنظمات على اختلاف أنواعها تتحمل مسؤولية اجتماعية أولاً وقانونية ثانياً عن سلامة منتجاتها بحيث لا تحدث أضرار مادية أو ضرراً يؤدي بحياة المستهلك. وتكتسب صناعة لعب الأطفال خصوصية ميزة هنا حيث أن الطفل لديه حب استطلاع كبير ويحاول دائماً تفكيك اللعبة لرؤية ما بداخلها فيجب أن تكون على درجة عالية من الأمان.

إن الأبعاد المكونة لجودة المنتج كما وردت أعلاه ينظر إليها بكونها مترابطة مع بعضها البعض وبالتالي فنحن إذ نتكلم عن منتج بجودة عالية أو ممتازة فإننا نقصد منتجاً تتجسد فيه الأبعاد المشار إليها مترابطة مع بعضها دون الإخلال بأحدها أو البعض منها. كذلك إن الإمعان بالنظر لهذه الأبعاد يوضح كونها معايير للحكم ترتبط بالتأكيد بالجوانب الأخلاقية والسلوكية وتعطي منهجاً مسؤولاً تجاه مختلف الأطراف وليس جهة واحدة. إن مشكلة المنظمات في الدول النامية هو اقتصار هذه الأبعاد بمنظور ضيق ولأمد قصير يتمثل بالنظر إليها من خلال معيار الكلفة التي تتحملها المنظمة وإمكانية تقليل هذه الكلفة بشتى الطرق والوسائل .

إن العناصر المذكورة أعلاه لا تخص المنتج السلعي فقط بل إن المنتج الخدمي تتطلب الجودة فيه اهتماماً أكبر حيث أن الخدمة هي تفاعل اجتماعي وبذلك فهي تحتوي قدراً كبيراً من الجانب السلوكي والعلاقات المباشرة بين الناس، خاصة وأنه لا يمكن أتمتة الخدمات بشكل كامل وبالتالي يبقى التفاعل الإنساني والاتصالات موجودة بشكل فاعل. كذلك لا بد من الإشارة إلى أن هناك ترابطاً وثيقاً – قد لا تجده في إنتاج السلع المادية – بين إدارتي الإنتاج والتسويق حيث أن منتج الخدمة غالباً ما يكون هو مسوقها.

المبحث الثاني: المسؤولية الاجتماعية وأخلاقيات الأعمال في التسويق :

يمكن القول أن بداية الاهتمام بالجانب الاجتماعي في منظمات الأعمال قد ظهر في إطار أنشطة التسويق المختلفة على اعتبار أن التسويق هو حلقة الوصل بين المستهلك والمنظمة. ومع تطور المفاهيم التسويقية وظهور بوادر فكر تسويقي متكامل مثلت فيه جوانب التسويق الاجتماعي والتسويق السياسي والتسويق غير الهادف للربح والتسويق للأفكار في القضايا ذات الاهتمام العام فإن المسؤولية الاجتماعية وأخلاقيات الأعمال المرتبطة بها أصبحت من المواضيع المحورية والمهمة في هذا النوع من أنواع التسويق. فمنذ الخمسينات من القرن الماضي عندما طرح Peter Drucker مقولته الشهيرة بكون التسويق يعبر عن عمليات متجددة تقوم بها منظمات الأعمال ويحدث من خلالها تكاملاً بين منتجاتها مع سلوكيات وأهداف وقيم المجتمع فقد تم التركيز على ضرورة أن تكون القرارات التسويقية متناسبة مع قيم المستهلك ومتطلبات المجتمع بشكل عام بحيث تستطيع المنظمات تحقيق رغبات وحاجات هؤلاء المستهلكين وبما ينسجم مع مصالحها بكونها منظمات أعمال هادفة للربح (,Kotler and Armstrong 1990, P.4). إن هذا التطور مثّل انعكاساً مهماً للجانب الاجتماعي والأخلاقي على مختلف آليات وعمل إدارة التسويق بحيث يتم تحقيق مصالح مختلف الأطراف من خلال هذه الآليات. لذلك فإننا نجد بكل سهولة أن التسويق الاجتماعي تنعكس فيه آليات وأفكار ذات منحى اجتماعي يحملها المدراء ويمارسونها في مختلف أوجه النشاط التسويقي في المنظمة وكذلك يسعى هذا النوع من التسويق كمحصلة نهائية إلى تحقيق الرفاه الاجتماعي والحياة الأفضل للمجتمع بفئاته المختلفة وبهذا فإنها أفكار وآليات تتبارى المنظمات الحديثة في تطبيقها وفق اعتبارات تطور وتجدد بيئة عمل هذه المنظمات (Markin, 1982, P. 582). إن الأنشطة التسويقية وفق اتجاهاتها الحديثة تحاول أن تجري موازنة لمصالح الفئات المختلفة في المجتمع كمستهلكين مباشرين يشبعون احتياجاتهم الإنسانية وكفئات مختلفة في المجتمع لها مصلحة مباشرة وغير مباشرة

من وجود منظمات الأعمال وكذلك كمنظمات أعمال تهدف إلى تحقيق مصالحها من خلال أهداف كثيرة متطورة ومتجددة يبقى هدف الربح ضمن أهم الأهداف بينها.

شكل (3-4)

العلاقات المتبادلة بين المجتمع ومنظمة الأعمال والزبائن

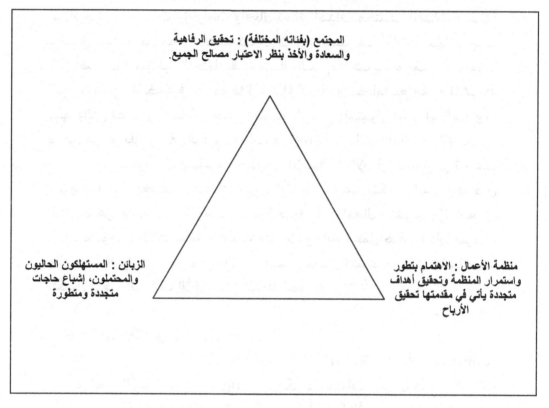

المجتمع (بفئاته المختلفة) : تحقيق الرفاهية والسعادة والأخذ بنظر الاعتبار مصالح الجميع.
الزبائن : المستهلكون الحاليون والمحتملون، إشباع حاجات متجددة ومتطورة
منظمة الأعمال : الاهتمام بتطور واستمرار المنظمة وتحقيق أهداف متجددة يأتي في مقدمتها تحقيق الأرباح

Source : Kotler and Armstrong, 1990, P. 17 (بتصرف)

وهكذا يتضح من خلال ما طرح أعلاه بأن التسويق يعتبر المجال الحيوي المهم الذي تمارس من خلاله منظمات الأعمال دورها الاجتماعي وسلوكها الأخلاقي في المجتمع. ويبدو أن هناك أسباب مهمة جعلت من الأنشطة التسويقية مثار نقد واعتراض من قبل المستهلك خاصة في البدايات الأولى حيث التضليل

والخداع للمستهلك بوسائل الإعلان، والترويج المختلفة أو إجبار المستهلك على اقتناء السلع التي قد لا يحتاجها من خلال وسائل جذب متعددة وكثيرة، وعليه فقد عرفت المسؤولية الاجتماعية في البداية بكونها التزاماً أخلاقياً وسلوكاً مقبولاً تبتعد من خلاله منظمة الأعمال عن ممارسة أي نشاط يؤثر سلباً على مصلحة المستهلك أو باقي فئات المجتمع، ثم تطور هذا المنظور ليعبر عن استراتيجيات وسياسات وإجراءات وأفعال تحقق أهداف مختلف الفئات ومقادة بتحقيق سعادة المجتمع ورفاهيته كهدف مركزي لجميع منظمات الأعمال. وبعد ذلك أصبحت المسؤولية الاجتماعية في مجال التسويق شاملة مجمل الالتزامات التي تتعهد بها المنظمة في تقديم ما يرغبه المستهلك وانسجاماً مع القيم المشتركة بينها والتي تصب في النهاية بتحقيق رفاهية المجتمع واستمرار عمل المنظمة وما تحقق من عوائد مربحة (البكري، 2001، ص 106) (عبيدات، 2004، ص 47-52).

إن المسؤولية الاجتماعية وأخلاقيات الأعمال في الإطار التسويقي تتجسد وتظهر جلية في مختلف آليات التسويق والأنشطة الفرعية المكونة له وبهذا فإن الحديث عن منظمة تتحمل مسؤوليتها الاجتماعية في المجال التسويقي إنما يعني التزاماً مسؤولاً وأخلاقياً شاملاً لمختلف مفردات وقرارات عمل هذه الإدارة المهمة. ومن نافلة القول كون المسؤولية الاجتماعية في مجال التسويق تمثل جانباً مهماً يتكامل ويعزز الجوانب الأخرى من أنشطة المنظمة.

أ. حماية المستهلك ودراسة سلوكه:

Consumer Protection and Behavior Study :

مع تطور البيئة الاستهلاكية والقدرات الكبيرة لمنظمات الأعمال في ضخ كميات وأنواع هائلة من السلع والخدمات في السوق فإن هذا الأمر قد يؤدي إلى خرق قواعد التعامل الصحيح والاستغلال بشتى الطرق والأساليب لحقوق المستهلكين. وهكذا ظهرت في العالم الغربي حركات حماية المستهلك

Consumerism والتي مثلت جهة ضاغطة على المنظمات لكي تأخذ بنظر الاعتبار وتطور من إمكاناتها وسلوكياتها وهي تتعامل مع فئات المستهلكين. وبعبارة أخرى مثلت هذه الجمعيات قوى اجتماعية مختلفة ينصب عملها في الحد من التأثيرات السلبية الناجمة عن أداء منظمات الأعمال باتجاه المستهلكين. وبعد ذلك طورت الحالة وأصبح مفهوم حماية المستهلك مشتملاً عل العديد من الأبعاد وردت في الإعلان الشهير لحقوق المستهلك الذي أصدره الرئيس جون كيندي عام 1956 والذي حدد فيه الحقوق الرئيسية الأربعة : حق الأمان وحق الحصول على المعلومات وحق الاختيار وحق سماع رأي المستهلك، وقد أضيف لهذه القائمة حقان آخران وهما حق تربية المستهلك الذي أضافه الرئيس جيرالدفورد عام 1975 والحق السادس وهو حق الخدمة الذي أضافه الرئيس بيل كلنتون عام 1994 (Pride, et. al., 2002, P. 50-51).

- **حق الأمان The Right to Safety :**

يعني هذا الحق أن تكون جميع المنتجات آمنة عند الاستخدام ومزودة بنشرة إيضاحية تتضمن تعليمات كاملة وصريحة عن كيفية الاستخدام وأن المنتج قد تم فحص جودته ومعوليته من قبل المصنع. كما أن الشركات المصنعة للمنتجات تتحمل مسؤولية تصحيح أخطائها بحق المستهلكين عند بيع منتجات تحتوي عيوباً يمكن أن ينجم عنها آثار سلبية على حياة المستهلكين. إن الإجراءات التي يمكن أن تتخذها الشركات تتضمن : التعويضات للمتضررين، سحب المنتجات من السوق، إصدار تحذير لجمهور المستهلكين حول مخاطر محتملة عند استخدام المنتج. وتقرأ في الصحافة عن الكثير من المستهلكين الذين أقاموا دعاوى وكسبوها لأنهم تضرروا من استهلاك منتج معين مثل التبغ والأدوية والكحول وغيرها.

- **حق الحصول على المعلومات The Right to be informed :**

إن من حق المستهلكين الحصول على المعلومات الكافية عن السلع والخدمات التي يشترونها بحيث يستطيع من حلال هذه المعلومات اتخاذ قرار سليم مقارنة مع

سلع مشابهة أو بديلة للسلعة المشتراة. من جانب آخر يجب أن تكون هذه المعلومات كافية ومراقبة وتعطي نتائج دقيقة وكذلك يجب أن تكون هذه المعلومات صادقة وأمينة وصحيحة وأن تحوي التأثيرات الجانبية المحتملة لاستخدام المنتج كما هو الحال في المنتجات الدوائية.

- **حق الاختيار The Right to Choose :**

يعني هذا الحق أن يكون للمستهلك حق اختيار المنتج المقدم من منظمات الأعمال والبائعين والتي يعتقد أنها ترضي رغبته وتشبع احتياجاته. وفي الدول المتقدمة يتجسد هذا الحق في قوانين منع الاحتكار أو تكوين الكارتلات للتأثير في المنافسة العادلة والشريفة في السوق. إن المنافسة التامة وحق الاختيار الحر يعطيان فائدة إضافية للمستهلك تتمثل بأسعار منخفضة .

- **حق سماع رأي المستهلك The Right to be Heard :**

إن هذا الحق يعني أن يكون هناك من يسمع ويتخذ إجراءات مناسبة للتعامل مع الشكاوى التي يتقدم بها المستهلكون. وقد بدأ الاهتمام بسماع صوت المستهلكين بعد الحرب العالمية الثانية حيث تطورت بعد ذلك إلى ما هي عليه الآن. ونلاحظ أن الكثير من الشركات الكبرى لديها أقسام خاصة لمعالجة شكاوى المستهلكين من خلال نظام الاتصال المجاني أو الموقع الإليكتروني للشركة.

- **حق تربية المستهلك The Right of consumer Education :**

ويدخل في إطار هذا الحق التوعية التامة للمستهلك بمعرفة كافة حقوقه كمستهلك وتزويده بالمعلومات الكافية لاتخاذ قراره الاستهلاكي بحرية تامة وبحيث تتحقق أهدافه التي يسعى إليها من خلال اقتناء السلع أو الخدمات. وتشمل هذه العملية مجموعة كبيرة من البرامج التوعوية لمختلف الفئات والأعمار سواءً كانت هذه البرامج تربوية أو إعلامية.

● **حق الخدمة The Right to Service :**

يتضمن هذا الحق التعامل النزيه وسرعة الاستجابة وملاءمة السلع والخدمات المباعة من قبل المصنعين أو المنتجين لاحتياجات المستهلكين. إن نزاهة التعامل مع المستهلك تمثل جوهر حق الخدمة الذي أضيف أخيراً (تحديداً في عام 1994) بعدما حصلت تجاوزات كثيرة في هذا المجال من قبل الشركات المنتجة للسلع والخدمات.

إن المنظمة المتحملة لمسؤوليتها الاجتماعية والملتزمة أخلاقياً تراعي باهتمام كبير هذه الحقوق باعتبارها القاعدة لنشاط تسويقي ملتزم وأخلاقي، ومن جانب آخر فإن هذه الحقوق قد تم استيعابها بتشريعات قانونية متعددة أصدرتها مختلف الجهات الحكومية وكل منها حسب اختصاصه. وبالتأكيد فإن المنظمات تتبارى لتجسيد دورها الاجتماعي والتزامها الأخلاقي من خلال تطوير قدراتها التسويقية وآليات عملها في مختلف مجالات التسويق لكي تقدم خدمات وسلع ترضي المستهلك. وكلما ازدادت البيئة منافسة ورقياً من الناحية الاقتصادية والاجتماعية وأصبح المستهلك مدركاً وواعياً لدوره وحقوقه فإن هناك العديد من المؤسسات التي تصدر تشريعات مختلفة لتأطير هذا الدور وتطالب منظمات الأعمال باحترام هذه التشريعات والالتزام بها وتقديم الأفضل. فعلى سبيل المثال، فإن الحكومة الفيدرالية الأمريكية أصدرت تشريعات كثيرة لحماية المستهلكين فضلاً عن وجود الحركات غير الحكومية التي تنادي وتتابع أنشطة حماية المستهلك. ونذكر هنا بعضاً من هذه التشريعات:

- القانون الفيدرالي للملصقات الاستعلامية للمواد الخطرة (1960). والذي يلزم الشركات بإلصاق رقعة تحذيرية لتنبيه المستهلك لخطورة المواد الكيمياوية والسمية بالذات.

- قانون سلامة السيارات (1966): يضع معايير تجعل السيارات أكثر أمناً وسلامة.

- قانون المنسوجات القابلة للاشتعال (1967) : ويتعامل مع المعايير التي تحدد درجة قابلية اشتعال الملابس وخاصة ملابس الأطفال.
- قانون حماية الأطفال ولعب الأطفال (1969): يركز على متابعة حماية الأطفال من خلال منع المتاجرة باللعب الميكانيكية والكهربائية والتي يثبت أن فيها قصوراً معيناً يؤدي إلى ضرر محتمل للأطفال.
- قانون لجنة سلامة المنتجات الاستهلاكية (1972) : يتضمن تأسيس هذه اللجنة المهمة التي تتولى عملية متابعة مظاهر ومتطلبات السلامة والأمانة في كافة المنتجات الاستهلاكية.
- قانون حماية مستهلكي خدمات التليفون (1991) .
- قانون إصلاح القروض الاستهلاكية (1997).

وهذه أمثلة بسيطة جداً من عدد كبير من القوانين والتشريعات والتي تخضع للتطوير المستمر.

ب. التسعير Pricing :

يمكن لمنظمة الأعمال أن تجسد دورها الاجتماعي والتزامها الأخلاقي من خلال السياسات السعرية التي تنتهجها لسلعها وخدماتها المعروضة في السوق. وبشكل عام فإن سياسة التسعير المتبعة يجب أن تكون عادلة ومعقولة توازن بين الكلفة والربح المتحقق .

- أن لا تخرق قوانين المنافسة الشريفة واحترام آليات السوق .

- أن لا يحمل المستهلك تكاليف أخطاء داخلية سواء كانت إدارية أو فنية، حيث أن كثير من المنظمات التي تعتمد نظام حساب التكاليف التقليدي تجمع كافة تكاليفها وتقسمها على عدد الوحدات المنتجة ثم تصنيف هامش الربح المطلوب دون مراعاة سبب وجود بعض التكاليف التي هي أخطاء لا يجوز أن يتحملها المستهلك. وتجدر الإشارة إلى أن محاسبة التكاليف قد شهدت تطوراً مهماً

بإدخـال نظـام حسـاب التكـاليف المبنـي عـلى الأنشـطة Activity Based Costing والذي يمكن أن يساعد في حل هذه المشكلة .

- مراعاة بعض الشرائح الاجتماعية عند التسعير مثل الطلاب، حيث نلاحظ أن بعض الشركات المتخصصة بطباعة النصوص المنهجية تساهم اجتماعياً بتقديم طبعات خاصة ذات سعر منخفض لطلاب الدول النامية أو حتى في الدول المتقدمة نجد أن دور النشر تبيع الكتب للطلاب بسعر يزيد قليلاً عن كلفته. كذلك الأمر مع احتياجات الأطفال وخصوصاً ذوي الاحتياجات الخاصة.

- أن تلتزم منظمات الأعمال وخصوصاً التجارية منها بإيضاح السعر الفعلي والإشارة بوضوح إذا ما كانت هناك ضريبة مبيعات يخضع المنتج المعروض للبيع لكي يكون المستهلك على بينة من السعر الفعلي.

- إن تخصيص جزء بسيط (واحد في المائة مثلاً) من السعر لدعم مراكز معالجة الأمراض المستعصية كالسرطان وغيره أو دعم دور الأيتام يمكن أن يمثل مسؤولية أخلاقية عالية ولكن لا يجوز أن يستغل هذا للدعاية والإعلان دون صرف حقيقي للمبالغ المحصلة .

جـ التعبئة والتغليف Packaging :
تستطيع منظمة الأعمال أن تؤدي خدمة اجتماعية كبيرة لمجتمعها وتظهر التزاماً أخلاقياً عميقاً وهي تراعي النواحي التالية في مجال تعبئة وتغليف المنتجات:

- أن تكون عملية تعبئة وتغليف المنتجات بكلفة معقولة تتناسب والكلفة الكلية للمنتج لذلك فنحن نتوقع أن لا تلعب التعبئة والتغليف دوراً سلبياً في رفع أسعار المنتجات.

- من خلال عملية التحسين المستمر وعلمية تحليل القيمة Value Analysis يجب أن لا يكون التحسين في العبوة أو الغلاف بهدف تخفيض الكلفة عـلى حساب القيمة الأدائية للمنتج. وفي هذا المجال تتاح أمام المنشأة بدائل عديدة وفق

اعتبارات نوع المنتج وعليها عند اتخاذ القرار أن تراعي المرتكزات الأخلاقية وجوانب مسؤوليتها تجاه مختلف الأطراف .

- أن تتسم عملية التعبئة والتغليف بالوفاء بمتطلبات النواحي الأمنية وسلامة المنتج والمستهلك من حيث إحكام الإغلاق واحتمالات المخاطرة بفقدان المحتوى أو تفاعله مع عناصر الطبيعة الخارجية والتسبب في تلوث أو تسمم أو غير ذلك.

- إن الناحية الجمالية إضافة لمراعاة الذوق العام والقيم والأعراف والتقاليد يجب أن تتجسد في عمليات التعبئة والتغليف.

- وضع العلامة التجارية بشكل واضح وغير مخل بالأعراف والعادات والتقاليد وكذلك أن يكون الملصق الاستعلامي مستوفياً كافة الشروط وخاصة من ناحية تزويد المستهلك بالمعلومات الضرورية عن تاريخ الإنتاج والمكونات الضرورية وفترة الصلاحية وغيرها من المعلومات الهامة .

- أن يرفق المنتج بنشرة إرشادية تحتوي على ما هو وضروري من معلومات تخص كيفية الاستعمال والأجزاء التفصيلية للمنتج والمشاكل المحتملة عند التشغيل وكيفية حلها وغير ذلك من المعلومات.

- تتباين المواد المستخدمة في صناعة العبوات والأغلفة، فهناك الزجاج والخشب والصفيح والبلاستك والكارتون والسيلوفان وغيرها، لذا يجب أن يشار إلى كيفية التعامل مع هذه المخلفات بعد الاستهلاك خصوصاً وأن بعضها يكون عرضة للتفاعل مع المياه أو التربة وبفعل حرارة الجو مثل عبوات الأدوية والتي عادة ما تحتوي على بقايا ولو قليلة من المواد التي تم استهلاكها.

د. التوزيع المادي Physical Distribution :

تشكل كلفة التوزيع المادي نسبة مهمة من الكلفة الكلية للمنتج ويؤثر التوزيع المادي الفعال على تخفيض الكلفة بسبب القدرة على إيصال المنتجات إلى المستهلكين والأسواق. ويشمل التوزيع المادي أنشطة فرعية متعددة يمكن أن

تمارس من خلال إدارة التسويق وبالتالي منظمة الأعمال دوراً مسؤولاً ومواقف أخلاقية تجسد العلاقة الطيبة مع مختلف الفئات :

- يفترض أن تكون قنوات التوزيع قصيرة قدر الإمكان لغرض عدم تحميل المنتجات كلفة إضافية دون مبررات موضوعة.

- التغطية الكاملة قدر الإمكان لمختلف أجزاء السوق ومختلف المناطق وعدم حرمان فئات معينة أو القرى أو المناطق البعيدة من المنتجات خصوصاً إذا كانت أساسية.

- اتسعت مؤخراً ظاهرة التكامل العمودي Vertical Integration والتي تعني امتلاك المنظمة لقنوات التوزيع أو مصادر المواد الأولية بحيث تتولى المنشأة عملية إنتاج المواد الأولية وعملية التصنيع وعملية التوزيع. إن هذا الأمر قد يحمل المستهلكين أعباء كبيرة حيث تمارس هذه الشركات نوعاً من الاحتكار والتأثير في المنافسة. إن هذه السياسة التكاملية هي من حق الشركة ولكن يجب أن تمارسها بطريقة لا تضر المنشآت الأخرى الصغيرة ومتوسطة الحجم وأن لا ينظر لهذه السياسة في إطار منظور اقتصادي بحت قصير المدى متجاهلين أهداف اجتماعية واقتصادية مثل التوظيف وتحريك الاقتصاد وتنشيط حركة المنشآت صغيرة الحجم.

- أن تراعي منظمات الأعمال خصوصية عملها وتأثيراته على البيئة وعلى صحة الإنسان وبالتالي فإن اختيار مواقع مراكز البيع يجب أن تكون قد درست بعناية بحيث تعطي مردوداً إيجابياً لأغلب فئات المجتمع ولا تدرس فقط من منظور الكلفة الاقتصادية التي تتحملها المنشأة. مثال ذلك مصافي النفط وقنوات توزيعها وأماكن بيع مواد خطرة أو مسألة نقلها بين المناطق السكنية وغير ذلك.

- المستودعات والمخازن وشروط سلامتها يعد أمراً حيوياً فكثيراً ما تكون هناك مشاكل عندما توجد هذه المخازن والمستودعات قريباً من المناطق السكنية

خصوصاً إذا كانت المواد من النوع الخطر أو القابل للاشتعال أو تتفاعل بسرعة مع العوامل الجوية أو تتعرض إلى إشكالات معينة عند نقلها من مكان إلى آخر .

- يجب أن تنتبه منظمات الأعمال لدور الوسطاء في عملية إيصال منتجاتها إلى المستهلكين من حيث نزاهتهم والتزامهم بعدم الاحتكار أو رفع الأسعار بشكل غير مقبول ويلحق الضرر بالمستهلكين وعدم إخفاء المنتجات بهدف المضاربة بها في وقت آخر . كذلك يجب أن يلتزموا بتوفير وسائل الخزن الصحيحة التي تضمن سلامة المنتجات وعدم تعرضها للتلف. ومن الأمور المهمة التي يجب أن تتأكد منها منظمات الأعمال هو عدم تلاعب الوسطاء بالأوزان أو تاريخ انتهاء الصلاحية أو تبديل المادة الأصلية بمواد أخرى في نفس عبوات المنظمة.

- نتيجة لتطور الاتصالات فقد انتشر على نطاق واسع البيع وعقد الصفقات من خلال الإنترنت أو ما يسمى بالتجارة الإليكترونية Electronic Commerce وهنا لا بد للشركة التي لديها موقع تعرض بضاعتها فيه وتبيع من خلاله أن توفر الآليات التي تضمن عدم خداع المستهلك وسهولة معرفته لخصائص المنتج وضمان وصوله إليه .

- اختيار وسيلة النقل المناسبة لطبيعة المنتج أو المادة المنقولة فالشاحنات المبردة لنقل الأغذية والحاويات المحكمة لنقل المواد المشعة والقاطرات المحكمة لنقل مواد كيمياوية أو مواد قابلة للاشتعال. كذلك لا بد من استخدام الطرق المناسبة في الأوقات المناسبة خوفاً من تعرض الناس والبيئة إلى أضرار. وكثيراً ما تسمع عن غرق ناقلات نفط الأمر الذي يؤدي إلى هلاك وتدمير الثروة الحيوانية البحرية فضلاً عن تلوث المياه .

هـ- الإعلان والترويج **Advertising and Promotion :**

تتوخى منظمات الأعمال من نشاط الإعلان والترويج العديد من الأهداف أغلبها ذو بعد اجتماعي وإن كان يصب في النهاية في مصلحة المنظمة. كما أن الانتقادات الموجهة للنشاط التسويقي تأتي من هذا البعد فعادة ما تتهم منظمات الأعمال بأن إعلاناتها ليست صادقة أو مبالغ فيها وتحمل معلومات غير واقعية أو أنها تخدش الذوق العام أو أنها كلفة كبيرة يتحملها المستهلك أخيراً. لذلك يفترض بمنظمة الأعمال أن تعطي القدوة الحسنة والمثال الذي يحتذى به في تبنيها لمسؤولية اجتماعية وأخلاقية من خلال هذه البرامج الإعلانية والترويجية، فكلفة الإعلان تصبح قليلة إذا ما تم مقارنتها بإيصال المنتج إلى عدد أكبر من المستهلكين وبالتالي إمكانية تخفيض أسعاره كما أن الإعلانات يجب أن تكون مدروسة بعناية من قبل متخصصين في العلوم النفسية والاجتماعية.

لقد أصبح الإعلان جزءاً حيوياً وضرورياً في النشاط التسويقي لمختلف منظمات الأعمال في عالم اليوم نظراً للفوائد الكثيرة التي تنتج عنه للمنظمة وللمجتمع ومن أهمها (Pride, et al, 2002, P. 458, Abela and Farris, 2001, P. 184-203) :

- يوفر الإعلان وسيلة فعالة وقليلة الكلفة (بين مختلف وسائل الاتصال) لإيصال المعلومات إلى عدد كبير جداً من الأفراد والمنظمات .
- يشجع المنافسة بل يعتبر وسيلة من وسائل المنافسة، وكثيراً ما يؤدي إلى توليد أفكار لتطوير منتجات جديدة وتحسين في المنتجات الموجودة.
- يدعم الإعلان وسائل الإعلام المختلفة حيث يوفر تمويلاً ممتازاً للصحف والمجلات وقنوات التلفزيون ومحطات الإذاعة وكذلك مصدراً للدخل للبلديات والحكومات .
- يخلق فرص عمل كثيرة في مختلفة المجالات ويستقطب الكثير من المتخصصين في حقول المعرفة المختلفة كما أنه يعد وسيلة للارتقاء بالذوق العام وتوفير بيئة جمالية للمدينة.

وهكذا تتجسد أهمية الإعلان والترويج في دعم الاقتصاد الوطني والمساهمة بحل المشكلة الرئيسية وهي البطالة وتحريك الأنشطة الاقتصادية المختلفة وهذا ما يمكن أن نراه بوضوح في الجدول رقم (4-1) والذي يظهر المبالغ التي صرفتها كبرى الشركات في أمريكا على أنشطة الإعلان ونسبتها إلى مبيعات كل منها.

جدول (4-1)
مقارنة بين أكبر 20 شركة أمريكية معلنه في عام 2000

نسبة مصاريف الإعلان إلى المبيعات %	المبيعات (مليون دولار)	مصروفات الإعلان (مليون دولار)	الشركة	التسلسل
3.12	130,073	4,040.4	General Motors	1.
13.03	20,.038	2,611.8	Procter & Gamble	2.
5.46	40,287	2,201.6	Philip Morris	3.
21.65	9,896.0	2,142.4	Pfizer	4.
3.13	62,391.0	1,950.9	AT & T	5.
2.18	82,699.1	1,804.1	Daimler Chrysler	6.
1.46	112,420.0	1,639.8	Ford Motors	7.
4.07	36,938.0	1,550.2	Sears Roebuck	8.
11.18	11,772.0	1,315.7	Pepsi Co	9.
2.23	58,759.0	1,312.7	Verison Communication	10.
6.99	18,657.0	1,304.0	Walt Disney	11.
5.56	21,654.0	1,202.9	Time Warner	12.
13.08	9,160.6	1,198.4	Diageo	13.
22.28	5,093.0	1,134.8	McDonald's	14.
3.04	37,171.0	1,128.5	IBM	15.
8.79	12,740.0	1,119.3	Intel	16.
3.49	31,718.0	1,108.4	WorldCom	17.
10.43	10,207.0	1,064.5	Viacon	18.
2.62	39,131.9	1,025.2	Toyota Motors	19.
6.53	15,385.0	1,004.5	Johnson & Johnson	20.

Source : Pride et. al., 2002, P. 459

كذلك لا بد من الإشارة هنا إلى الهدايا الترويجية أو العينـات التـي تقدمها منظمات الأعمال كأسلوب دعاية لمنتجاتها، حيث لا بد من مراعـاة بعـض العوامـل الاجتماعية والأخلاقية فيها وكالآتي:

- أن تستخدم لغرض الدعاية البحتـة لمنتجـات الشركة ولا تستغل لأغـراض أخرى مثل الرشوة أو وسيلة للمقايضة.

- أن تكون ممثلة بشكل فعلي للمنتج الأصلي وأن لا تمـارس الشركة الغـش مـن خلال عرض عينات من نوع معين يختلف عن المنتج الفعلي الذي يروج له .

- أن توزع بشكل عادل ولا تكون هناك محاباة لفئات معينة دون فئـات أخرى وأن تـوزع في كـل المنـاطق التـي تبـاع فيهـا منتجـات الشركة القائمـة بعمليـة الترويج.

- أن لا تحمل كلفة الهدايا الترويجيـة عـلى الأسـعار وبالتـالي تشكل عبئـاً عـلى المستهلكين. وأخيراً، وفي ظل التطور الحاصل في مجال شبكات الاتصـال ووجـود مواقع إنترنت لكثير مـن الشركات حيـث أصبح هـذا الأمـر ضرورة لمنظمات الأعمال وهو وسيلة من وسائل الإعلان فلا بد من الشفافية والصدق وتحديث المعلومات في هذا الموقع وأن يحتوي على وصلات Links تتيح الاتصال بالشركة والاستفسار وتقديم المقترحات وطلب المساعدة كما هو معروف عـن المواقـع الناجحة لكثير من الشركات العالمية.

و. خدمات ما بعد البيع After Sale Services:

أصبحت خدمات ما بعد البيع ذات أهمية كبيرة بتسـويق المنتج إلى أكـبر عدد من الزبائن حيث أنها تمثل قدرة منظمـة الأعمـال في تقـديم خدمـة متكاملـة للمستهلك لا تنتهي بمجرد تحقيق عملية البيع بل تمتد إلى ما بعد ذلك وتديم مـن خلالها المنشأة علاقات أفضل مع المستهلين فهي إذن تدخل في إطار تكامل وتطوير العلاقة مع المستهلك من خلال تحقيق رضا عالي له. لذلك يمكن أن تجسد المنظمة مسؤوليتها والتزامها الأخلاقي من خلال خدمات بعد البيع وكالآتي :

- تعزيز الثقة من خلال العلاقات الجيدة مع مختلف الأطراف المتعاملة مع المنظمة وفي إطار نظرة شمولية للتسويق تأخذ في الاعتبار تكامل مختلف الأنشطة لتعزيز هذه الثقة وعلى رأسها الالتزام بتوفير خدمات ما بعد البيع بشكل جيد (Hunt and Vitell, 1986, P. 5-16).

- أن تكون كلفة خدمات ما بعد البيع معقولة ولا ترهق الزبون الذي اقتنى المنتج، كذلك لا تولد المنظمة شعوراً لدى المستهلك من أن الكلفة معقولة ولكن خدمات ما بعد البيع أصبحت مرهقة. وإذا كان من حق المنشأة الاستفادة من المنافسة السعرية لتحقيق بيع منتج بسعر معتدل للمستهلك تتبعه خدمات مكملة فإن الخطورة تكمن في الشعور المتولد لدى المستهلك من أن اقتناء هذا النوع من المنتجات يصبح مكلفاً بسبب الخدمات اللاحقة وبالتالي تنعدم الثقة بين المستهلك والمنظمة ومثال ذلك هو شراء الطابعات بأسعار تنافسية ولكن قيمة الأحبار المستخدمة فيها تكون مكلفة جداً أو شراء سيارات حديثة بأسعار معقولة جداً لكنها تكلف كثيراً في الصيانة الدورية واستبدال بعض قطع الغيار. هنا من المهم أن تتحمل المنظمة مسؤوليتها الاجتماعية والأخلاقية.

- سهولة الحصول على خدمة ما بعد البيع دون عناء، أي أن تقوم المنظمة بتوفير أماكن في المناطق المختلفة يستطيع المستهلك التعامل معها بسرعة عند الحاجة.

- أن تكون خدمة ما بعد البيع خلال الفترة التي تلي شراء المنتج مجانية أو بسعر رمزي مع التزام منظمة الأعمال باستبدال المنتج أو تبديل جزء رئيسي فيه عند حصول عطل مفاجئ ناتج عن خلل في التصميم مثلاً.

ز. التعامل مع حالة الامتياز Franchise :

أصبحت الامتيازات صبغة عصرية ومعروفة عالمياً وتمارس في كل دول العالم وتتمثل في قيام منظمة بحصر عملياتها بتوزيع السلع والخدمات لمنظمة أعمال أخرى أو أكثر من منظمة وفق شروط متفق عليها، وفي بعض الحالات قد تحتكر توزيع منتجات وخدمات بعينها . (برنوطي، 2000، 144-148).

ولعل أهمية الامتياز للاقتصاد الوطني تتجلى في الاستفادة من خبرات شركات كبيرة من خلال توزيع منتجاتها في الأسواق المحلية وكذلك استفادة هذه الأسواق بدخول هذه المنتجات من خلال أسماء تجارية معروفة من قبل المستهلك.

وفي أغلب الأحيان تحدد شروط التوزيع أو إعادة إنتاج السلعة أو الخدمة أو شروط الرقابة بحيث تضمن مستوى الأداء العالي لهذه العلامات التجارية المعروفة بمواصفاتها ونوعياتها. لذلك فإن الامتياز يشمل أبعاداً أخلاقية والتزاماً تجاه العديد من الأطراف يفترض احترامها من قبل المتعاقدين. لذلك فإن أهم الالتزامات الاجتماعية والأخلاقية تتجسد في الآتي:

- أن لا تتنكر الجهة الحاصلة على الامتياز للميزات التي حصلت عليها من الشركة المانحة والتي تتمثل بالسمعة والشهرة الدولية والخبرة الفنية وشروط الإنتاج والرقابة.

- أن تبذل جهدها في الحفاظ على سمعة العلامة العالمية والشركة الأم وتتجنب كل التصرفات التي يمكن أن تسيء للشركة المانحة .

- عدم إفشاء أسرار الشركة وتسريب تركيبة المنتجات أو طريقة صنعها إلى شركات أخرى منافسة أو بيعها في أماكن أخرى خارج البلاد وبما يحدث ضرراً بليغاً للشركة مانحة الامتياز.

- أن تكرس المنظمة الحاصلة على الامتياز كل جهودها من أجل ترويج وتسويق المنتجات التي حصلت على امتيازها وعدم الانشغال بأنشطة ثانوية أخرى .

ح. التجارة الإليكترونية Electronic Commerce :

تعد التجارة الإليكترونية ذات أهمية كبيرة في الاقتصاد العالمي الذي يتجه إلى أن يكون اقتصاد معرفة Knowledge Economy. والتجارة الإليكترونية هي الاستخدام المكثف لتكنولوجيا المعلومات في ممارسة التجارة والأعمال من خلال شبكات الحاسوب وتتضمن التبادل الإليكتروني للبيانات EDI (Electronic Data interchange) والبريد الإليكتروني والتطبيقات الأخرى للإنترنت (Paper, 1999).

ويترادف استخدام مصطلح التجارة الإليكترونية مع مصطلح الأعمال الإليكترونية باعتباره أوسع نطاقاً من التجارة الإليكترونية حيث أنه يشمل الخدمات المقدمة للزبائن والتعاون مع شركاء الأعمال كما أنه يهدف إلى سرعة وحفز لعولمة الاقتصاد فضلاً عن السعي لزيادة الإنتاجية والوصول إلى زبائن جدد وتقاسم للمعرفة عبر المؤسسات المختلفة لتحقيق الميزة التنافسية (Turban et.al, 2000, P.5) وبما أن التجارة الإليكترونية تتصف بكونها تجارة غير واضحة الحدود وأن مساحات التفاعل في إطارها واسعة وتتغير باستمرار وكذلك تعتمد شبكات اتصال ومعلومات كبيرة جداً وأنها تركز على تنمية ثقافة التعامل الإليكتروني وتعزيزها فمن الضروري الاهتمام بالجوانب السلوكية والأخلاقية وتحمل المسؤوليات في إطار مثل هذا النوع من التجارة والأعمال (العامري، 2001، ص 207-231). إن الحاجة إلى بناء إطار قانوني وأخلاقي لهذا النوع من الأعمال الواسعة والكبيرة يتطلب تعاوناً كبيراً بين الدول والمؤسسات والجمعيات لغرض توفير الأمان والاطمئنان لمثل هذا النوع من الأعمال. ويمكن الإشارة إلى أن أهم الجوانب الاجتماعية والأخلاقية في التجارة الإليكترونية يمكن إجمالها بالآتي:

- الالتزام بتسديد حقوق الدولة الناجمة عن الجمارك والرسوم والضرائب للسلع والخدمات المتبادلة خصوصاً وأن البعض منها افتراضياً (Virtual) مثل المعلومات. كما أن هناك مشكلة التعامل مع ضريبة القيمة المضافة.
- أساليب الدفع الإليكترونية وضرورة توفير حماية وتعزيز الثقة لدى المستهلك حيث قد تحصل عمليات تلاعب أو سرقات عن هذا الطريق. كذلك ضرورة توفير وسيلة للتسديد عندما تكون كميات الشراء صغيرة.
- العمل على التأكد من صحة المعاملات والوثائق الثبوتية والمستندات وكذلك مدى قبول التواقيع الرقمية Digital Signature.

- حماية الملكية الفكرية وحقوق المؤلفين وكذلك العلامات التجارية وأسماء المواقع. ويدخل في هذا الإطار أمن المواقع على الشبكة والخصوصية والتشفير وتدقيق الهويات (نجم، 2000، ص94-115).

- حماية خصوصية المعلومات والأنشطة الشخصية في التجارية الإليكترونية خاصة أن العديد من هذه الشركات يجمع المزيد من البيانات والمعلومات حول المستهلكين وأن البعض من هذه المعلومات تخص حياتهم الشخصية لذلك لا يفترض إحداث ضرر بالمستهلك من خلال هذه المعلومات.

- توفير كل مستلزمات الأمن على الشبكة من خلال عمليات التشفير والتوثيق والمراقبة وكلمات المرور وإقامة الحواجز النارية Firewall.

- تنظيم الجوانب المتعلقة بالمنافسة وتسهيل عمليات الاتصال مع الزبائن من خلال مواقع منظمات الأعمال والآليات المتعارف عليها في هذا المجال.

وكما يشير بعض الباحثين فإن تأطير جميع الجوانب الاجتماعية والأخلاقية في التجارة والأعمال الإليكترونية لا تزال في مرحلة التطوير المستمر والإضافات المتعددة خاصة وأن هذه التجارة تتسع يوماً بعد يوم.

المبحث الثالث : المسؤولية الاجتماعية وأخلاقيات الأعمال في الموارد البشرية:

تحتل الموارد البشرية في منظمات الأعمال الحديثة مكانة رفيعة وتلعب دوراً فعالاً في عصر أصبح التغيير فيه أمراً حتمياً ومستمراً. لقد أصبحت الموارد البشرية ميزة تنافسية فريدة للمنظمات لا يمكن تقليدها فنحن نستطيع تقليد المعدات والتكنولوجيا وأساليب الإنتاج لكننا لا نستطيع تقليد البشر- والأفكار المتولدة في رؤوس هؤلاء البشر.

لقد أصبحت الموارد البشرية رأس المال الفكري بعد أن أصبحت المعرفة هي الأساس في التنافس فلم تعد المنظمات مجرد أماكن عمل بآلات ومعدات أو مجرد مواد وطاقة وإنما هي بالأساس معرفة متجددة كما أوضح ذلك "بيتر دركر" (Drucker, 1992) وهكذا أصبح النظر للمورد البشري على أنه قدرات متجددة وميزات إبداعية يفترض بإدارة المنظمة أن تعيرها جل اهتمامها وتتحمل مسؤولياتها الاجتماعية والأخلاقية كاملة تجاه هذا المورد المهم. إن المنظمات الناجحة في العالم المتقدم استوعبت هذه الحقيقة منذ زمن بعيد، ففي كتابهما "البحث عن التميز" (Peter and Waterman, 1982, P. 291)، أوضح الباحثان أن بعض الشركات الرائدة مثل شركة 3M تحولت إلى مراكز اجتماعية وليس فقط أماكن للعمل فهذه الشركات لديها أندية للعاملين وأماكن لممارسة الرياضة والرحلات ودور للعبادة وبهذا فقد غيرت جذرياً ممارساتها باتجاه تحسين نوعية الحياة الشاملة للعاملين.

ويمكن لمنظمة الأعمال أن تجسد مسؤوليتها الاجتماعية وسلوكياتها الأخلاقية تجاه الموارد البشرية من خلال وسائل عديدة تغطي مجمل الأنشطة الفرعية المتعددة والمتنوعة لإدارة الموارد البشرية وكالآتي:

أ. تعبئة واستقطاب الموارد البشرية Recruitment :

تمثل عملية التعبئة والاستقطاب ركناً أساسياً من أركان عملية التوظيف مع عمليتي الاختيار والتعيين وإذا ما كانت إجراءات الاستقطاب سليمة فإنها تنعكس إيجابياً على المنظمة من خلال عملية الاختيار والتعيين فهي تعطي وعاء مناسباً لاستقطاب الكم والنوع من الأفراد الذين يتم المفاضلة بينهم لاختيار الأنسب والأفضل للوظائف الشاغرة وكلما كانت عملية الاستقطاب سليمة فإنها تقلل جهود ونفقات أنشطة الموارد البشرية الأخرى. وبالنظر لكون عملية الاستقطاب تشتمل على مجموعة من الآليات والإجراءات فإنه يمكن لمنظمة الأعمال أن تمارس

دورها الاجتماعي وتجسد سلوكيات أخلاقية وهي تجري عملية استقطاب لمواردها البشرية وكما يلي :

- تحقيق المسؤولية الاجتماعية والقانونية والأخلاقية لإدارة الموارد البشرية عن طريق الالتزام بعملية البحث الصحيحة وتأمين حقوق المتقدمين المرشحين لشغل الوظائف (الهيتي، 2003، ص 125).

- أن تتقيد منظمات الأعمال من خلال مواردها البشرية بصدق الإعلان عن الوظائف الشاغرة في المنظمة وفق ما أفرزته العملية التخطيطية فيها وأن تصل هذه الإعلانات إلى كافة الشرائح الموجهة لها في المجتمع.

- الموثوقية في الإجراءات والأساليب المعتمدة في عمليات التعبئة والاستقطاب وأن تتسم هذه الإجراءات بالشفافية والنزاهة والعدالة وأن تقبل المنظمة الاعتراض عليها من قبل المعنيين بالأمر في حالة حصول خروقات لمثل هذه الإجراءات والأساليب (Decenzo and Robbins, 1996, P. 440).

- عدم سحب العاملين والموظفين من المنافسين الآخرين بطرق غير مشروعة وأساليب غير قانونية وأخلاقية حيث أن مثل هذا الإجراء يخرق قواعد المنافسة في سوق العمل.

- نزاهة التعامل مع المكاتب التي توفر اليد العاملة لمنظمات الأعمال وأن يكون هذا التعامل مبنياً على الوضوح والثقة بحيث ينعكس إيجابياً على هذه المكاتب كمنافذ اجتماعية وإنسانية لحل مشكلة البطالة في المجتمع.

- أن تكون عملية الاستقطاب مستندة إلى تحديد دقيق وموضوعي للاحتياجات من مختلف التخصصات لشغل وظائف حقيقية وفي ضوء عمليات تخطيط منهجية وعلمية للموارد البشرية للمنظمة، وهذا يبعد المنظمة أن تقع في إشكالية التوظيف الوجاهي أو السياسي أو الوساطات أو المحسوبية وغيرها. وبالتالي فإن هذا يوفر فرص متكافئة وعدالة اجتماعية لجميع أفراد المجتمع وهو أمر

يمثل التزاماً بتعيين الأفضل والأكثر كفاءة وتجسيداً لمقولة وضع الشخص المناسب في المكان المناسب وهو إسهام اجتماعي وأخلاقي مهم .

- الموازنة الصحيحة والعادلة التي تخدم مصالح المنظمة والعاملين والأطراف الأخرى في عمليات الاستقطاب من داخل المنظمة أو من خارجها حيث أن هذا الأمر يعطي فرصاً متكافئة للعاملين لإشغال مناصب أعلى في المنظمة وفق جدارتهم وكفاءتهم من جهة ومن جهة أخرى لا يحرم المنظمة من الاستفادة من القدرات والخبرات للأفراد من خارجها إذا كان ذلك في مصلحتها ومصلحة مثل هؤلاء الأفراد الكفوئين (Schwler, 1995, P.38) .

- إذا ما ارتأت إدارة الموارد البشرية استبدال عملية التعيين على الملاك الدائم بالعمل الإضافي أو الاستعانة بقوة عاملة مؤقتة فإن تجسيد جوانب المسؤولية في هذين الإجراءين يجب أن تضمن حيث أن العمل الإضافي يعتمد كوسيلة فعالة لتوفير دخل إضافي للعاملين في المنظمة أو أن الاستعانة بقوة عاملة مؤقتة قد تساهم في توفير فرص عمل لحل مشكلة البطالة وتحريك الاقتصاد (برنوطي، 2001، ص 217).

- وبعد أن أصبحت عملية الاستقطاب تجري وفق أساليب الاتصال الإليكترونية فإن مسؤولية إدارة الموارد البشرية في المنظمة، تتجسد في الاطلاع على جميع الطلبات للحفاظ على مبدأ تكافؤ الفرص للجميع والحفاظ على سرية البيانات المعلومات الشخصية للمتقدمين والالتزام بالرد على الطلبات وفق الاعتبارات القانونية والأخلاقية .

ب. المقابلة والاختبار والاختيار والتوظيف

Interview Selection and Staffing :

وهذه تمثل إجراءات ذات أهمية كبيرة للمنظمة يفترض أن تقوم بها إدارة الموارد البشرية على أكمل وجه بحيث تعكس صورة المنظمة الإيجابية للعاملين داخلها وللفئات الأخرى في المجتمع ويمكن النظر إلى هذه الإجراءات إذا ما اتسمت

بالمسؤولية والمصداقية والشفافية والعدالة والنزاهة والاحترام فإنها تمثل استثماراً في الجوانب الاجتماعية ينعكس إيجاباً على الموارد البشرية وإدارتها في المنظمة (Waring and Lower, 2004, P. 99-108). ويمكن أن نشير إلى بعض من أوجه تعزيز جوانب المسؤولية الاجتماعية والأخلاقية في هذه الإجراءات وكالآتي :

- أن تكون المقابلات التي تجريها إدارة الموارد البشرية للمتقدمين قائمة على أسس موضوعية بعيدة عن التحيز بكافة أشكاله وأن تكون الأساليب والطرق والإجراءات في هذه المقابلات واضحة وشفافة وعادلة.

- إتاحة فرص متساوية لجميع المرشحين بعرض قابلياتهم ومهاراتهم لكي تكون عملية الاختيار والتعيين لاحقاً سليمة وقائمة على أسس صحيحة.

- توفير وقت معقول لغرض كشف جوانب الشخصية للمتقدم خاصة وأن هناك أخطاء محتملة ومخاطر قائمة لفهم شخصيات بعض من المتقدمين بشكل غير صحيح وعلى غير حقيقتها .

- أن لا تستهين لجان المقابلة بقدرات وشخصيات وإنسانية المتقدمين مهما تكن هذه الشخصيات ومستوى المهارات التي يمتلكونها خاصة وأن مثل هؤلاء الأشخاص سينقلون هذه الصورة لاحقاً عن المنظمة من خلال هذه المقابلات إلى مختلف الفئات الأخرى. وهنا نشير إلى أنه إذا كان من حق المنظمة اختيار الأكفأ فليس من مصلحتها الاستهانة بالآخرين بل يجب توفير جو ملائم من ناحية احترام الموعد وتوقيت المقابلة وحسن استقبال للمرشحين .

- أن تكون لجان الاختيار مراعية للموضوعية ومتكاملة من الناحية الفنية والتخصصات وأن لا يدخل فيها من هو غير مؤهل للتعامل مع مثل هذه الاختبارات.

- إعطاء عناية فائقة للاختبارات الشخصية حيث أنها اختبارات غالباً ما يرافقها الكثير من عدم الدقة واحتمال الخطأ فيها وارد لذلك يجب أن تكون هذه

الاختبارات صادقة في قياس ما يفترض قياسه في الجوانب الشخصية وأن تتسم بالثبات لكي يمكن الاعتماد على نتائجها.

- أن تراعى الاعتبارات القانونية وسياسات التوظيف وإجراءاته وقوانينه السائدة في البلد وأن المتطلبات أو الشروط الإضافية الخاصة بالشركة يفترض أن تعطي دعماً للجوانب الأخلاقية والسلوكية لمثل هذه الاعتبارات القانونية (,Wendell 1998, P. 212) .

- يتم الاختيار والتعيين على أساس نتائج الاختبارات والمقابلات والتقييم النهائي لها من قبل اللجان المختصة وبالتالي فإن عملية الاختيار والتعيين تأتي منسجمة بإجراءاتها وتجسد العدالة والمصداقية والكفاءة لتنعكس إيجاباً على سمعة المنظمة وسعيها لتحقيق أهدافها .

جـ التدريب والتطوير Training and Development :

يمكن أن تجسد إدارة الموارد البشرية التزامها الأخلاقي والاجتماعي من خلال أنشطة التدريب والتطوير المختلفة بحيث تنعكس هذه الأنشطة إيجاباً لصالح العاملين والمنظمة والمجتمع. يفترض أن تنظر المنظمة إلى أنشطة التدريب بكونها أنشطة مهمة تعزز من قدراتها على المدى البعيد وأنها تمثل استثماراً في الأصول المعرفية التي أصبحت أساس الميزات التنافسية للأعمال. وبذلك تبتعد المنظمة عن النظرة قصيرة الأمد لأنشطة التدريب والتطوير لكونها كلفة يجب العمل على تخفيضها باستمرار. وفي أدناه أهم ما يفترض أن يؤخذ بنظر الاعتبار في أنشطة التدريب والتطوير من جوانب اجتماعية وأخلاقية :

- إن هذه الأنشطة تمثل أحد الحقوق المهمة للعاملين في المنظمة وبذلك لا يمكن استبعاد البعض منها لأي سبب كان كالجنس والعرق واللون والدين والقومية وغيرها .

- تعزز هذه الأنشطة تنمية المهارات وبناء القيادات المستقبلية التي تحتاجها ويحتاجها المجتمع أيضاً وبذلك ينظرا لمجتمع للمنظمة كمركز معرفي يساهم

في تطويره. ومن المؤسف أننا نجد أن المدراء في غالبية المنظمات العربية لا يلتزمون بواجب بناء قيادات بديلة ويتمسكون في مناصبهم بطريقة أنانية متوهمين أن خلق القيادات البديلة الجيدة يساهم في إزاحتهم بسرعة من مناصبهم. لذلك عندما يحصل طارئ مفاجئ للمدير تواجه المنظمة إشكالية إيجاد البديل.

- يجب أن تؤخذ أنشطة التدريب والتطوير في إطار خلق فرق عمل ملتزمة وبمهارات عالية وقد يتطلب ذلك تدريبهم خارج البلاد أو لدى منظمات أخرى أو في داخل المنظمة.
- ينطلق التدريب والتطوير لتعزيز ثقافة المنظمة وتوكيد الجوانب الاجتماعية والأخلاقية فيها وبذلك تصبح المنظمة ذات نسيج ثقافي متجانس تعزز في إطاره الممارسات الأخلاقية والسلوكية المسؤولة.
- عدم استغلال برامج التدريب والتطوير لتبذير الموارد أو إقصاء العاملين أصحاب الفكرة والرأي الآخر وكذلك عدم استغلال موارد التدريب وإمكاناته للاختلاس والفساد الإداري .
- أن يكون التدريب والتطوير ضمن برامج هادفة لمواكبة التطور العلمي والتكنولوجي لحماية العاملين من التقادم وتوليد شعور لديهم بأنهم يواصلون ما يستجد في حقول المعرفة التي تخصصوا فيها ولن تكون نهاية الدراسة في الجامعة أو المعهد المحطة الأخيرة في تحصيلهم العلمي.
- يفترض أن تكون أنشطة التدريب والتطوير معززة للمسار الوظيفي (Career Path Development) محققة انسجاماً لمصلحة العاملين والتوجهات التطويرية في المنظمة.

د. الأجور ومكافآت العاملين Compensation :

تمثل الأجور ومكافآت العاملين مجمل المزايا والمنافع المباشرة وغير المباشرة التي تمنحها المنظمة للعاملين لغرض زيادة ولاءهم لها والتزامهم وكذلك تطوير قدراتهم وتنمية روح الإبداع لديهم وبما ينعكس بنتائج إيجابية على الأداء والإنتاجية. وتعتبر الأجور والمكافآت مسألة ذات إشكالية كبيرة باعتبارها تمس مصالح العاملين بشكل مباشر وكذلك المنظمة وترتبط أيضاً بالقوانين والتشريعات الصادرة من الدولة. وتتجسد في الأجور والمكافآت جوانب مسؤولية اجتماعية كبيرة وجوانب أخلاقية متعددة ويمكن أن تكون المنظمة ملتزمة بها إذا نظرت إلى هذه التعويضات بمنظور شمولي وبكونها مرتبطة برفاهية المجتمع وتطوير الأداء في المنظمة، أما إذا كان الأمر عكس ذلك ونظرت المنظمة إلى الرواتب والأجور والمنافع الأخرى على أنها كلفة يجب السيطرة عليها باستمرار فإنها تقع في إشكالية المساءلة الأخلاقية والاجتماعية وربما القانونية. وهكذا فإن تجسيد الجوانب المتعلقة بالمسؤولية الاجتماعية والأخلاقية يمكن أن تكون من خلال الآتي :

- النظر إلى الرواتب والأجور في إطار واسع باعتبارها تأتي منسجمة مع العقد المبرم بين المنظمة والعاملين وضرورة النظر إلى هذا العقد بكونه عقداً أخلاقياً واجتماعياً وقانونياً واقتصادياً.

- يفترض أن تتسم الأجور والمكافآت بالعدالة والكفاءة والمساواة وأن تكون قادرة على تحفيز العاملين وزيادة انجذابهم للعمل والإبداع فيه (Bloom, 2004, P. 149). ومن نافلة القول فإن عدم المساواة والتحيز وعدم الشفافية في نظام المكافآت في منظمة الأعمال سينعكس سلباً على مختلف أوجه العمل بالمنظمة ويشل قدرتها على التطوير والتجديد .

- أن تراعي إدارة الموارد البشرية اختيار الطرق المناسبة لدفع الأجور والمكافآت وأن لا تلتزم فقط بالطرق التي تحقق مصالحها بعيداً عن مصالح جميع الفئات لذلك فإن مسائل الرواتب والأجور يفترض أن تعرض للنقاش والحوار

والمساومة بحيث يتم الاتفاق على استخدام الأسلوب المناسب وفقاً لطبيعة العمل وصعوبته ومتطلباته .

- أصبحت منظمات الأعمال في الوقت الحاضر قادرة على تقديم حزمة من التعويضات غير المباشرة متمثلة بالضمان الاجتماعي وتعويضات البطالة والرعاية الصحية والتأمين على الحياة وتعويضات العوق والضرر والإجازات مدفوعة الثمن للدراسة والأمومة أو لذهاب العامل للعمل مع منظمات إنسانية وخيرية خارج البلاد أحياناً. لذلك يتولد شعور لدى العاملين من أن اتساع مفردات هذه الحزمة بإضافة كل ما هو جديد أصبحت مسؤولية أخلاقية والتزام عالي بمسؤولية المنظمة الاجتماعية تجاه العاملين (Decenza and Robbins, 1996, P. 402).

- على منظمات الأعمال عدم التمييز بالأجور والرواتب والمنافع بين الرجال والنساء طالما أن المنصب واحد والكفاءة المطلوبة متوفرة بنفس القدر.

هـ- تقييم أداء العاملين Performance Appraisal :

إن تقييم أداء العاملين كأفراد وكمجاميع وكإدارات أو عاملين فنيين هو من صميم عمل إدارة الموارد البشرية ويترتب عليه أمور مهمة جداً تتعلق بالأجور والترقية وغيرها. كما أن عملية تقييم الأداء يفترض أن تكون متكاملة بحيث تتضمن القياس والتقييم والتقويم. لذلك يفترض أن تكون إجراءاتها ضمن إطار رسمي وبمعايير ذات قدرة على إعطاء معنى محدد لما يراد قياسه وتقويمه من خصائص الفرد الأدائية والسلوكية ومحاولة أن يعطي هذا النظام تصوراً عن احتمالية تكرار السلوك والأداء الجيدين في المستقبل لغرض فائدة الفرد والمنظمة والمجتمع (Schuler, 1995. {306).

وفي إطار آليات وإجراءات عملية تقييم الأداء يمكن للمنظمة أن تتحمل مسؤوليتها الاجتماعية وتتبنى سلوكيات أخلاقية ترضي مختلف الأطراف وكالآتي :

- أن تجتهد المنظمة بوضع معايير دقيقة لتقييم الأداء متسمة بقدرتها على تجسيد الجانب الموضوعي والسلوكي والذاتي في مختلف الأعمال التي ينجزها العاملون، لذلك فإن المنظمات الجيدة تعيد النظر بين فترة وأخرى وتناقش استمارات تقييم الأداء كفقرات وكنتائج نهائية مع المعنيين .

- الابتعاد عن التحيز في التقييم من خلال التأكيد على توفر الخصائص الموضوعية والإنسانية في المقومين وعدم تأثرهم بعوامل الدين والمذهب والعشيرة والمنطقة والصداقة والقرابة وغيرها.

- أن تناط عملية التقييم بأشخاص من ذوي الخبرة والإدراك والاستقرار العاطفي والقدرة على التعامل مع الآخرين وأن يكون التقييم من قبل فريق عمل وليس فردياً لغرض التخلص من مشكلة "تأثير الهالة" Hallow Effect (Amentrout, 1993, P.13).

- إن أهم التزام أخلاقي في عملية تقييم أداء العاملين هو الموضوعية والابتعاد عن إعطاء تقييم متساهل للجميع أو أن يكون متشدداً مع الجميع أو يتسم التقييم بأن يكون وسطاً للجميع.

- أن لا يركز على الأداء الأحدث ويهمل الأداء خلال السنة بأكملها حيث يكون هذا التقييم جزئياً ولا يمثل معياراً صادقاً يعتمد عليه .

- أن تستخدم إدارة الموارد البشرية مختلف أساليب تقييم الأداء التقليدية منها والحديثة مع الاطلاع الدائم على ما يستجد في هذا المجال وخاصة الأساليب المطورة لقياس الإنجاز الذي يتصف بالإبداع الفكري والريادي للعاملين والذي لا تظهر نتائجه إلا على المدى البعيد. بمعنى أن المنظمة تكافئ المنجزين الذين يقدمون أفكار جديدة تحتاج إلى متابعة وتعطي نتائجها في المستقبل.

و. برامج تحسين نوعية حياة العمل Quality Of Work Life :

تعطي البرامج الحديثة لنوعية حياة العمل الإمكانية للمنظمة لأن تكون مركز جذب واستقطاب للعاملين الكفوئين ومكان مناسب للعمل ويزداد من خلال

ذلك الولاء والالتزام من جانب العاملين وتكامل وتفاعل أهدافهم مع أهداف المنظمة. لقد استحدثت الكثير من البرامج الحديثة إضافة للبرامج التقليدية لتحسين نوعية حياة العمل مثل برامج صيانة الموارد البشرية وبرامج العمل الجماعي وإدارة الجودة الشاملة والإدارة بالمشاركة والإدارة المفتوحة وبرامج جداول العمل البديلة وغيرها، وهذه تمثل حالياً حزمة من البرامج توضع في إطار استراتيجية تحسين نوعية حياة العمل. وبما أن برامج تحسين النوعية تمثل مجموعة كبيرة من الأنشطة التي تمارسها منظمة الأعمال بهدف تعزيز الكرامة الإنسانية والنمو والتقدم والازدهار للعاملين (Flippo, 1989. P. 446). لذلك فإنها تمثل أهم المداخل الحديثة لتعزيز قدرة المنظمة للإيفاء بمتطلبات مسؤوليتها الاجتماعية والأخلاقية تجاه المجتمع. ويمكن الإشارة لبعض جوانب ممارسة المسؤولية الاجتماعية من خلال هذه البرامج وكالآتي :

- جعل مكان العمل جذاباً ونظيفاً وإعطاء العمل معنى متجدداً تقل فيه حالات الضغط النفسي والجسدي والإرهاق من خلال التركيز على البرامج .

- التقليل من الرتابة والروتين ضمن أنشطة هذه البرامج التي تشمل أيضاً إعادة تصميم العمل باستمرار ويشمل ذلك إثراء العمل وإغنائه Job Enrichment و job Enlargement .

- إن أنشطة هذه البرامج تساهم في خلق ثقافة تنظيمية قوية وتعزز اتجاهات قيم مشتركة Shared Values بحيث يصبح مكان العمل جذاباً ومريحاً.

- أن تساهم هذه البرامج في التقليل من حدة انتشار الأمراض المهنية وأمراض العصر من خلال تعزيز الانسجام بين بيئة العمل والبيئة العامة والتركيز على متطلبات ومعايير السلامة المهنية والالتزام بالتشريعات الخاصة بها والنظر إلى مكان العمل من منطلق واسع (العقايلة، 2002، ص 159).

- أن تسعى منظمة الأعمال إلى توفير جو من الراحة والمتعة في مكان العمل من خلال مجموعة كبيرة من الممارسات منها (Carrell et.al, 1995, P.33):

- الاهتمام بالنشرات الجدارية Bulletin Board في مكان العمل وبما ينشر ـ فيهـا من مواضيع تسهم في إشاعة جو من المرح والإشادة بالعاملين .
- أيام المناسبات الخاصة Theme Days تحتفـل منظمـة الأعـمال بهـا وتقيـم أنشطة ملائمة تتخللها فعاليات يكافأ العاملون من خلالهـا مـع تقـديم وجبـات جماعية لهم .
- تشكيل لجان اجتماعية لوضع برامج الفعاليات للأنشطة الاجتماعيـة المختلفـة ويمكن للمنظمة أن تدعمها بميزانية سنوية مناسبة.
- بطاقات المناسبات حيـث تشعر المنظمة العـاملين فيهـا بالأهميـة والمشـاركة بالأفراح والشعور بالألفة والتواصل والعمل بروح الجماعة.
- الاحتفالات بمناسبة أعياد ميلاد العاملين.
- الاحتفالات بالإنجازات التي تحققها الشركة أو الأفراد سواءاً من خـلال حفلات مسائية أو حفلات شكر وتقدير للعاملين .
- تشجيع روح المرح وإشاعة جو عمل هادئ وودي .

ز. المرأة العاملة The Working Woman:

تحتـل المـرأة مكانـة متميـزة في أي مجتمـع حيـث أنها تمثل نصـف هـذا المجتمع، ويتميز العصر الحديث بدخول أعداد كبيرة مـن النسـاء إلى سـوق العمـل وفي مختلف الاختصاصات منافسة بذلك الرجل. ومع ذلك فإن الدور الـذي تلعبـه المرأة في المجتمع يتباين من مجتمع لآخر حيث لا يزال دورها محدوداً جداً بسبب الأعراف والتقاليد السائدة والنظرة المتدنية لها والتشكيك بقـدراتها وقابلياتها. إن مشاركة المرأة في الأعمال وأخـذها حقوقهـا كاملـة أسـوة بالرجـال سـينعكس بكـل تأكيد بصورة إيجابية على المرأة نفسها والمنظمة التي تعمـل فيهـا والمجتمع. ولا تزال المجتمعات بشكل عام حتى المتقدمة منها تعاني من تفاوت في أشكال انـدماج المرأة الكامل ومساواتها الكاملة وللثقافة السائدة دور كبير في ذلك، فالبعض مـن الثقافات تغلـب عليهـا الصيغة التقليديـة الذكوريـة بـالنظر إلى المـرأة ودورها في المجتمع والذي يحددها بواجب البيت وتربيـة الأطفـال فقـط، في حـين أن البعـض الآخر يعطيها حرية

كاملة ولكنه لا يدفع لها نفس الأجور التي يدفعها لرجل يشغل نفس المنصب وبالكفاءة نفسها. وعموماً يمكن أن نشير إلى بعض جوانب المسؤولية الأخلاقية والاجتماعية لمنظمة الأعمال تجاه المرأة العاملة وكالآتي:

- مكافحة كافة أشكال استغلال المرأة وابتزازها في مكان العمل وخصوصاً الابتزاز الجنسي ـ Sexual Harrassment، فغالباً ما تتعرض النساء العاملات وفي مختلف المهن والوظائف إلى صور مختلفة من التحرش الجنسي ـ ومحاولة التجاوز عليهن بالكلام غير اللائق أو بالفعل المنافي للأخلاق. وتتباين أنشطة مكافحة الابتزاز الجنسي بين الدول المختلفة حسب درجة نضج القوانين وقوة الجمعيات المدافعة عن حقوق المرأة وكذلك حسب الثقافة السائدة في المجتمع. ففي الدول المتقدمة هناك لوائح خاصة وصيغ خاصة للشكاوى عند التعرض لمثل هذه الحالات والتي يجري التعامل معها بكل جدية وكثيراً ما فرضت غرامات كبيرة على المتورطين بمثل هذه الأعمال. أما في الدول النامية وبسبب الثقافة السائدة وخوف المرأة على سمعتها وتحيز القوانين والرأي العام الشعبي للرجل فإنه كثيراً ما يحصل هدر لحقوق المرأة في هذا الجانب كما أن القوانين التي تتعامل مع هذه الحالات غير ناضجة بما فيه الكفاية لحماية النساء العاملات ودعمهن في الدفاع عن أنفسهن. وتستطيع منظمة الأعمال معالجة هذه الحالات وتحسين التزامها الأخلاقي في هذا المجال عن طريق الآتي (Hartman, 2002, P477-432):

- عدم السماح بشيوع أي نوع من أنواع الابتزاز سواءً كانت هناك شكاوى أم لا .
- وضع سياسات مناسبة بخصوص الحد من الانتهاكات التي تحصل ضد المرأة وأن تكون هذه السياسات ضمن إجراءات واضحة وشفافة للعاملين .
- الاحتفاظ بسجلات لكافة حالات الابتزاز الجنسي ـ مع كافة ملابساتها لغرض متابعتها وملاحظة تطور سلوك المتسببين بها.

- زج العاملين ببرامج تدريبية تركز على تثقيف وتربية العاملين على احترام زملاء العمل من الجنس الآخر واعتبار علاقة الزمالة الوظيفية أو المهنية علاقة مقدمة وأن مكان العمل مكان مقدس لا يجوز انتهاك حرمته.

- تشجيع العاملات أو الموظفات على عدم السكوت أو الرضوخ في حال تعرضهن لمثل هذه الانتهاكات وأن يتحلين بالشجاعة والتقدم بالشكاوى وذلك لعدم فسح المجال أمام المتجاوزين بالتمادي وتكرار السلوك غير القويم مع زميلات أخريات.

- العدالة في دفع الأجور والرواتب وعدم قبول وجود فروقات في المرتبات المدفوعة لصالح الرجل في جميع الوظائف والمهن التي تتساوى فيها الكفاءة والقدرة على الأداء وباقي متطلبات العمل بحجج مختلفة. ومن الجدير بالذكر أن هذا الأمر لا يقتصر على الدول النامية فقط بل يمكن أن نجده في الدول المتقدمة والجدول التالي يوضح ذلك :

جدول رقم (4 - 2) : مقارنة رواتب النساء والرجال في بعض المهن في الولايات المتحدة الأمريكية

نسبة الراتب المدفوع للمرأة قياساً بالرجل	الوظيفة
95%	- مدخلي البيانات في الكومبيوتر
91.6%	- السكرتارية
90.1%	- أعمال الطباعة والنسخ
85.6%	- الصيدلة
84.1%	- الهندسة والهندسة المعمارية والمساحة
84.1%	- برمجة الكمبيوتر
78%	- محاماة
72.2%	- أطباء
68.5%	- مدراء تسويق وإعلان وعلاقات عامة
67.7%	- مشغلي مكائن وعمال تجميع وفحص وتفتيش
62.4%	- مدراء ماليين

Source : Carrell, 1995, P. 115

- يجب أن تقوم منظمـة الأعمـال بمراعـاة الخصوصيـة الفسـيولوجية للمرأة ومتطلباتها الخاصة، لذا فإنه من الضروري تـوفير أمـاكن مناسبة تشتمل عـلى احتياجات النساء العاملات تساعدهن على إشباع حاجـاتهن الخاصة وإمكانيـة الاستمرار بالعمل.

- تكفل القوانين بحدود معقولة إجازات مدفوعة للمرأة أثنـاء الـولادة والأمومـة، ويفترض بمنظمة الأعمال احترام هذه القوانين كالتزام اجتماعي مفروض كمـا أنها يجب أن تبادر طوعاً بتقديم ما يعزز هذه الجوانب .

- فسح المجال أمام النساء العاملات للوصول إلى المناصب القيادية إذا تـوفرت لـديهن المـؤهلات الكافيـة وكـذلك السـماح لهـن بنيل الترقيـة التي تتناسب وقدراتهن في العمل والأداء .

المبحـث الرابـع: المسـؤولية الاجتماعيـة وأخلاقيـات الأعمال في الإدارة المالية والمحاسبة :

تعتبر الإدارة المالية والمحاسبية حقلاً ذو أهميـة كبـيرة في الاقتصـادات المعاصرة والأعمال حيث أنها تتعامل مع الموارد المالية وكيفية توفيرها واستثمارها بطرق كفـؤة وفعالـة لغرض تحسـين الوضع التنافسيـ لمنظمات الأعمال. وهـذه الإدارة في حقيقة الأمر هـي حقل مـليء بالاعتبارات السـلوكية والأخلاقيـة لـذلك تعيرها الدول أهمية كبيرة واصبح مـن يمتهن العمل في هذا الحقل محتاجـاً إلى تأهيل فني وسلوكي عالي المستوى لم يكن متاحاً في العصور السابقة. ففي الولايات المتحدة يعتبر الحصول عـلى شهادة الـ CPA عملاً صعباً حيـث يتطلب الأمـر الخضوع إلى امتحانات مهنية وسـلوكية عاليـة المستوى ويقـوم بهذا الأمر جهـة متخصصة هي المعهد الأمريكي للمحاسبين القانونيين (AICPA). وبـالرغم مـن وجود هذا المعهد إلا أن الصيحات تتعالى لغرض إعادة النظر في المعايير المحاسبية وتدقيق الحسابات والمطالبة بوضع قوانين وأنظمة وإنشاء منظمات أو

هيئات تتولى رقابة أداء مكاتب تدقيق الحسابات بما يضمن جودة أداء عمل مدقق الحسابات، والسبب في هذا هو انهيار بعض الشركات الأمريكية العملاقة وتأثير هذا الانهيار على الاقتصاد الأمريكي حيث اتضح أن عمليات التدقيق والمحاسبة لها دور في ذلك (صيام،2004، ص3).

ومن الممكن فحص بعض القضايا الخاصة بالمسؤولية الاجتماعية والأخلاقية في إطار أهم الوظائف الأساسية في المجال المالي والمحاسبي وكالآتي :

أ. الاستثمار Investment :

هو أحد أوجه التطور السريع والتوسع الحاصل في الاقتصادات المعاصرة ولا يكون الاستثمار ممكناً إلا بحشد جيد للموارد التي سبق وأن ادخرت أو اقترضت من قبل منظمات الأعمال لغرض توجيهها إلى مختلف حقول النشاط التي تغطيها أعمال المنظمة. وفي الاستثمار فوائد متعددة للمنظمة والفرد والمجتمع إذا كان مبنياً على أسس سليمة وقائماً على أساس مسؤولية أخلاقية واجتماعية فهو :

- محرك للاقتصاد ووسيلة للحد من البطالة.
- يفتح آفاق جديدة للاستثمار في مجالات جديدة تساهم في تقديم سلع وخدمات يحتاجها المجتمع.
- تنشيط الدورة الاقتصادية ودفع الاقتصاد نحو الانتعاش وتحسين الطلب الكلي .
- إدامة العلاقة بين منظمات الأعمال والمؤسسات المالية كالمصارف وشركات التأمين .
- توفير موارد للدولة من خلال الضرائب وغيرها.
- يعد مؤشر استقرار وأمان خصوصاً الاستثمارات الأجنبية أي أنه دليل على الاستقرار السياسي والأمني.

وعليه فإن الاستثمار تتجسد فيه معالم كبيرة لممارسة منظمات الأعمال مسؤولياتها تجاه مختلف الفئات وأن تكون هذه القرارات مستندة إلى سلوك أخلاقي قويم إلى درجة ظهور مصطلح جديد هو الاستثمار الاجتماعي Social Investment

الذي يعني أن تتوجه الاستثمارات نحو الشركات أو العمليات التي تتحمل مسؤوليتها الاجتماعية. وهنا فإن الباحثين يميزون بين المجالات التي لا يعد الاستثمار ضمنها استثماراً اجتماعياً وأهمها (World, 2002, P. 597).

- عمليات توزيع وبيع السلاح .
- شركات التبوغ والدخان .
- أعمال القمار والدعارة.
- أعمال إنتاج المواد الصيدلانية والتجميلية التي تشتمل على تجارب يستخدم فيها الحيوان والإنسان.
- إنتاج الخمور والمشروبات الروحية.
- الأعمال الزراعية غير الإنسانية (باستخدام الهرمونات).
- الصناعات ذات الصبغة النووية.
- الاستثمارات في الدول ذات الأنظمة الديكتاتورية وغير الأخلاقية .
- الأعمال التي تفشل في تحقيق مبدأ تكافؤ الفرص.
- الأعمال التي لا تحقق شروط العمل الصحيحة للعاملين خاصة في دول العالم النامية.
- الأعمال التي تهضم حقوق النقابات العمالية.
- الأعمال التي لا يكون فيها مساهمة مناسبة للتبرعات الخيرية وأعمال الإحسان .
- الأعمال التي لا تدعم المجتمع المحلي.
- الأعمال التي تقدم التبرعات السياسية وتدعم أحزاب معينة بهدف الحصول على منافع غير مشروعة.
- الأعمال التي لا تتجاوب بتوفير معلومات مناسبة وشفافة لجماعات التدقيق في أنشطة الاستثمار الاجتماعي.
- الأعمال ذات السجل غير المشرف في ما يتعلق بالسلامة المهنية وصحة العاملين.

- الأعمال التي تتسبب بالانبعاثات الغازية وتلويث البيئة.
- الأعمال التي تستخدم بشكل تعسفي الموارد الخضراء مثل الأخشاب التي تقطع من الغابات الاستوائية.
- إنتاج المبيدات الحشرية.

ولو تأملنا القائمة السابقة للأعمال أو مجالات الاستثمار غير الاجتماعي لوجدنا أنها يمكن أن تصنف ضمن ثلاثة مجاميع : الأولى هي الأعمال المتعلقة بإنتاج السلاح والتبوغ والكحول والصناعات النووية والثانية هي المجموعة التي تتعلق بالأعمال التي يحصل فيها تجاوز على حقوق الحيوان والبيئة والثالثة وهي التي تتعلق بمدى توفر الشروط الصحية والإنسانية في مجال بيئة العمل.

وخلاصة القول في موضوع الاستثمار هو أن لا يكون المعيار الاقتصادي أو الكلفوي هو الأساس الوحيد باتخاذ قرار الاستثمار والتوسع فيه وإنما يجب ملاحظة الآثار التي ستنجم عن هذا الاستثمار حتى لو كانت الآثار الإيجابية ستتحقق على المدى البعيد.

ب. التدقيق Auditing :

يتحمل المدقق كمهني مسؤوليات متعددة ويجب أن يكون أعضاء هذه المهنة قد تم إعدادهم بشكل جيد وبمواصفات معينة فنية وسلوكية بحيث يصبحون قادرين على ممارسة أعمالهم بحساسية مهنية عالية ويعطون أحكاماً ملتزمة أخلاقياً إضافة إلى دقتها الفنية في جميع الأنشطة التي يزاولونها. ولكي يكون هذا الحكم أخلاقياً يجب أن يكون :

- مبرراً بشكل جيد ومدعماً بالأدلة والشروحات الدقيقة.

- قائم على أساس تحليل متعمق وملاحظات شاملة وكافية ومعلومات دقيقة وصادقة.

- التقييم النهائي الواضح لما قام به من عمل (إصدار حكم مبني على أساس الاعتبارين السابقين).

وعند دراسـة المدونة الأخلاقيـة التي اعتمـدها المعهـد الأمـريكي للمـدققين القانونيين يلاحظ أن هذه المدونة تعتمد على بعدين أساسـيين : الأول هـو المبادئ السلوكية المؤطرة لعمل المدقق وسلوكياته في مختلف المواقف وخاصة التـي يكون فيها صراع في عملية التبرير وإصدار الأحكام. أما الثاني فهي القواعد والمعايير الفنية التي يفترض أن تحترم لكي تكون عمليـات التـدقيق كاملـة ونزيهـة وصادقة وتأتي ضمن القواعد والمبادئ المحاسبية. ففي إطار المبادئ السلوكية هنـاك سـتة مبادئ أساسية يجب أن يتحلى بها المـدققون وكالآتي (.Duska and Duska, 2003, P (75-90:

- تحمل المسؤوليات : يجب على المـدقق أن يتحمـل مسـؤولياته كاملـة بنزاهـة وعدالة وشفافية.

- يتقبل المدقق الالتزامات كاملة في إطار خدمة المصلحة العامة بنزاهة وثقة وفي ضوء الأسس المهنية المتعارف عليها .

- الاستقامة والنزاهة، وهنا يجب أن يحافظ المدقق عـلى الموضـوعية بعيـداً عـن صراع المصالح بدون تحيز لطرف دون آخر وإنمـا يكون التحيـز لقواعد المهنـة ومبادئها.

- الموضوعية والاستقلالية، يجب أن تعكس التقاريـر المقدمـة مـن قبـل المـدقق الحقائق كاملة بموضوعية وتجرد تـام وأن تـأتي ضـمن إطار اسـتقلالية المـدقق المهنية .

- الالتزام باعتماد الأدوات المهنية الفنية والمعايير الأخلاقية وأن يطبقها في جميـع الظروف والأحوال.

- يلاحظ ضرورة الالتزام بالمبادئ الأساسية للمـدونات المهنيـة في المـنظمات التـي يقوم بتدقيق أعمالها والالتزام بمبادئ الإفصاح التام .

وبالنسبة للقواعد النية والمعايير المحاسبية فهنا يلتزم المدقق بما يلي :

- قاعدة الاستقلالية في العمل وعدم التحيز لأي سبب كان .

- قاعدة الموضوعية والنزاهة.

- قاعدة التوافق مع المعايير المحاسبية المهنية المحلية والدولية.

- قاعدة التوافق مع المبادئ المحاسبية العامة المعترف بها وشائعة الاستخدام .

- قاعـدة الحفـاظ عـلى خصوصيـة معلومـات الزبـائن والأعـمال التـي يقـوم بتدقيقها.

- قاعدة تحديد الأتعاب وفق الاعتبارات الموقفية.

وإجمالاً، فإن المدقق يعير أهمية كبيرة للجوانب السـلوكية والأخلاقيـة ويتحمـل مسؤولية أخلاقية بالإضافة للمسؤولية المهنية الفنية وبذلك فإن عمل المـدقق قائم على الثقة والمسؤولية أمام الرأي العام والمسؤوليات المهنية وهي اكتشـاف الأخطـاء والتزوير والانحرافات والمخالفات في الكشـوفات الماليـة لـكي يعطي تقريراً نهائيـاً موضوعياً وصادقاً. وهكذا فإن التقرير النهائي للمدقق يعطي رأياً قاطعاً في صحة البيانات المالية المقدمة بكونها تمثل صورة حقيقية صحيحة وعادلة للموقف المالي للمنظمة وبالتالي يمكن اعتبار هـذا التقريـر وسـيلة مناسبة للاتصـال مـع مختلـف الجهات ذات العلاقة (Boynton, 2001, P. 859).

ولعل الصفات الأخلاقية ودلائل المسؤولية الاجتماعية تتجسـد في تقرير المـدقق الخارجي بعد أن يكون قد اطلع على الجوانب المالية والمحاسبية في منظمة الأعمال وأعطى رأيه في تقرير يركز فيه على كون هذه الجوانب الماليـة والمحاسـبية تتسـم بالآتي (ذنيبات، 2004، ص 255-276).

- خالية من الغش والأخطاء المادية.

- متطابقة مع المبادئ المحاسبية والمتطلبات القانونية.

- تعكس الحقائق الاقتصادية بصورة غير مضللة .

- موضوعية وخالية من التحيز ومناسبة وتظهر المركز المالي بعدالة.
- منطقية ومتجانسة ومتماثلة وكاملة وصادقة .
- متطابقة مع المعايير المحاسبية الدولية وتركز على جوهر الأمور وتعطي انطباعاً صحيحاً لمن يريد معرفة المركز المالي والمحاسبي لمنظمة الأعمال.

ولا بد قبل اختتام هذه الفترة من الإشارة إلى أمر هام جداً يتعلق بالمدقق الخارجي القادم من مكتب تدقيق مستقل حيث أن منظمات الأعمال تفضله على مدققيها الداخليين لأن هذا المدقق كما هو معروف سوف يقوم بالتدقيق باستقلالية وبالتالي فإنه يحافظ على ثقة الجمهور والحكومة والمجتمع به ولا يفرط بها، لذلك فإن منظمات الأعمال - كتصرف أناني لحماية مصلحتها - لو استطاعت أن توجه قدر المستطاع ما سيقوله هذا المدقق في تقريره الذي يعتبر مستقلاً، فإنها ستحقق مزايا كبيرة لأن المجتمع يقدر ويحترم الطبيعة المستقلة للمدقق على العكس من المدققين الداخليين في منظمة الأعمال الذين يعتبرون جزءاً منها وهنا تأتي أهمية الالتزام الأخلاقي وشعور المدقق بالمسؤولية الاجتماعية تجاه المجتمع وعدم رضوخه لرغبة المنظمة، ولعل انهيار بعض الشركات الكبرى في أمريكا دليل على ذلك (Hartinon, 2002, P.585)، حيث كان لمكاتب التدقيقي الخارجية وانسياقها وراء إغراءات إدارة بعض الشركات دور في ذلك الانهيار.

جـ. المحاسبة المالية والإدارية Financial and Management Accounting :

توفرا لمحاسبة نظاماً من القواعد والمبادئ التي تحكم شكل ومحتوى الكشوفات المالية وهي بهذا الإطار عبارة عن مجموعة من الآليات الفنية والتطبيقات طورت بالأساس لمساعدة الشركات والأفراد للحفاظ على تبادل اقتصادي عادل وصحيح وتعطي المحاسبة للجهات المختلفة صورة صادقة عن الجوانب المالية والمحاسبية لأعمالهم. إن الغرض الأساسي هو إيجاد معلومات حول الاقتصاد والأعمال لكافة الأطراف التي هي بحاجة إليها وكلما تعقد الاقتصاد

وتطور وضعت تشريعات مختلفة لتنظيم هذه الجوانب حيث أن الأعداد التي تحتاج هذه المعلومات ستزداد وتتوسع وتصبح هذه المعلومات مهمة للمستخدمين وهنا تزداد أيضاً أهمية العوامل الأخلاقية والسلوكية وجوانب المسؤولية الاجتماعية في أعمال المحاسبة وأنشطتها المختلفة. ويفترض بالمحاسب المالي والإداري في المنظمة أن يقيم أنشطته وإجراءاته في إطار أخلاقيات نظرية عامة تعطي إجابات واضحة وصريحة وقاطعة على أسئلة من نوع :

- هل أن الأفعال والأنشطة التي تقوم بها جيدة للشركة أو المنظمة التي يعمل فيها ولا تخرق سلوكياتها في العمل وإجراءاتها في الحفاظ على سرية المعلومات المحاسبية ودقتها .

- هل ان الفعل أو التصرف يمكن أن يلحق ضرراً بالمجتمع والفئات المختلفة فيه وهذا يعني مراعاة الجانب الأخلاقي في تصرفات المحاسب.

- هل أن التصرفات عادلة ومبررة وأنها تقع في إطار المبادئ المحاسبية المقبولة عموماً.

- هل أن التصرفات تخرق حقوق الآخرين أياً كانوا، بمعنى أن التصرفات المحاسبية لا تخرق حقوق أصحاب المصالح من مستهلكين وحكومة وعاملين وغيرهم.

- هل أن التصرفات تلزم بشكل صريح وواضح أو بشكل ضمني منظمة الأعمال التي يعمل فيها تجاه أطراف محددة.

وهكذا يبدو أن عمل المحاسب المالي والإداري ذو أهمية كبيرة لأنه يقوم بإعداد نتائج الأعمال مرتبة بشكل التزامات محددة يفترض أن تكون بأعلى درجة من الدقة. ولعل من المفيد هنا الإشارة إلى أن أهم القضايا الأخلاقية التي تحيط بالممارسات المحاسبية تقع ضمن إطار التلاعب في تقارير الدخل وتزوير الوثائق والسماح أو غض النظر عن أعمال محاسبة مشكوك فيها فضلاً عن أعمال الغش والتجاوز على الكشوفات المقدمة إلى الجهات الضريبية الحكومية (,Hartman

2002, P. 586). وتجدر الإشارة إلى أن المحاسبة الضريبية تتحمل مسؤوليات كبيرة تجاه الحكومة ومشروعية دفع الضرائب من قبل منظمة الأعمال باعتبارها مسؤولية أخلاقية مهمة يفترض أن تتحملها منظمة الأعمال وفقاً لأدائها المالي الصحيح خلال العام.

د. الاستشارات المالية والمحاسبية Consulting :

أصبحت الاستشارات في المجال المالي والمحاسبي ذات أهمية كبيرة فهي تمثل مجال جديد وواعد تتسم الأنشطة فيه بالحساسية الكبيرة خاصة وأنها تقع ضمن إطار الاطلاع على الأسرار المالية لمنظمات الأعمال طالبة الاستشارة ومن هنا فإن المؤسسات الاستشارية في المجال المالي والمحاسبي يجب أن تمارس أعمالها وفق اعتباري الشريعة والمشروعية في العمل والشفافية من جهة والحفاظ على أسرار الشركات وتوجهاتها التنافسية والاستثمارية من جهة أخرى. وفي العالم المتقدم ترسخت هذه الأعمال وأصبح لها قوانينها وأعرافها وتقاليدها والتزاماتها الأخلاقية الواضحة إلا أنها لا تزال في بدايتها في بلادنا. ولعل أهم الالتزامات الأخلاقية والاجتماعية لمن يعمل في نطاق الاستشارات المالية والمحاسبية :

- عدم إفشاء الأسرار المالية والمحاسبية للشركة لأي جهة كانت خاصة وأن البعض من المؤسسات الاستشارية تمارس عملها في خدمة أكثر من منظمة أعمال متنافسة في السوق .
- التقدير العادل والصحيح للأتعاب التي يستحقها وفق اعتبارات النزاهة والعدالة والصدق في التعامل.
- عدم التورط أو تسهيل أعمال التزوير أوأعمال أخرغير شرعية أو قانونية بأي صورة كانت .

- الحفـاظ عـلى سـمعة المهنـة وترسـيخ قيمهـا وتأصـيل أعراضـها وتقاليـدها وسلوكياتها.

المبحث الخامس : المسؤولية الاجتماعية وأخلاقيات الأعمال في العلاقات   العامة :

أ. نشاط العلاقات العامة في المنظمة والسلوك الأخلاقي :

تحتاج منظمـة الأعمـال لنشـاط العلاقـات العامـة لغـرض تحسـين صورتهـا وإيصال صورتها إلى مختلف الفئـات التـي تتعامـل معهـا أو تتأثـر بهـا مـن جهـات حكومية إلى موردين ومجهزين بالمواد الأولية إلى وسـائل إعـلام وزبائن ومنظمات مجتمع المدني وغيرها. لقد أصبحت إدارة العلاقـات العامـة في منظمـات الأعمـال علـماً وفنـاً، ويعمـل في أقسـام العلاقـات العامـة متخصصـون بـالعلوم السـلوكية والنفسية لذلك فإنها تجـري دراسـات وبحـوث علميـة واستطلاعات للـرأي وتقـوم بتحليلها لغرض تعزيز النواحي الإيجابية في عملها ومعرفة توجهات ووجهـات نظر مختلف فئات ذوي المصالح الـذين يتزايد عـددهم باستمرار كـما يوضح الشكل التالي :

شكل (4-4)
جماهير العلاقات العامة في منظمة الأعمال

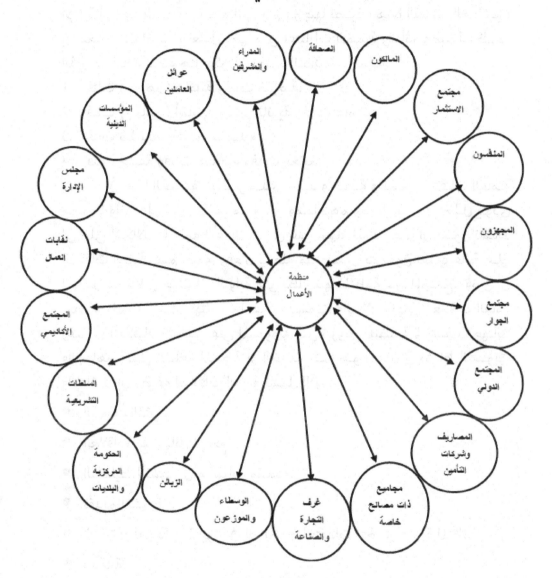

Source : Seitel, 2000, P. 8

ونظراً لكون أنشطة العلاقات العامة في منظمة الأعمال تتعامل مـع مجاميـع كبـيرة تتزايد باستمرار سواء من ناحية العدد أو في مستوى التأثير فيتطلب الأمر من هذه الإدارة أن تجد الصيغة المناسبة التي يتم بموجبها تصنيف هذه الفئات (الجماهير) إلى مجموعات لغرض التعامل معها وفق اعتبارات الأهمية والتأثير وطبيعة الظـرف الذي تمر فيه المنظمة هنا يمكن أن تعتمد التصنيفات التالية:

1. فئات (جماهير) داخلية وفئات خارجية.
2. فئات (جماهير) أساسية وفئات ثانوية وفئات هامشية.
3. فئات تقليدية وفئات مستقبلية .
4. فئات حليفة وفئات معارضة وفئات محايدة .

إن هـذا التصـنيف يظهـر مـدى تعقـد وأهميـة وظيفـة العلاقـات العامـة خصوصاً وأنها على تماس مباشر مع الناس ومشاعرهم وبالتالي فإن أي خلل يـؤدي إلى خلق إشكالات لمنظمة الأعمال هي في غنى عنها. لذلك يجب أن يكون نشاط العلاقات العامة قسم حيوي وفعال يشغله متخصصون يتمتعون بقدرة عالية عـلى التعامل مع الناس حيث أنه البوابة التي تطل منها المنظمة على المجتمع. ونرى أن بعض منظمات الأعمال تهتم كثيراً بقسم التسويق والإعلان وتهمل العلاقات العامة رغم أن العلاقـات العامـة هـي المسـؤولة عـن تـرويج المنظمـة لمختلـف الجهـات والجماهير وليس للسلعة المنتجـة أو الخدمـة كـما هـو الحـال في نشـاط التسـويق والإعلان. إن وظيفة العلاقات العامة تشمل الآتي :

- الكتابة والنشر .
- العلاقات مع وسائل الإعلام .
- التخطيط لأنشطة في مناسبات محددة.
- تقديم المشورة.
- البحث والدراسات لما يؤثر في السلوك والمعتقدات لتحسين صورة المنظمة.
- الدعاية.

- اتصالات تسويقية .
- علاقات مع المجتمع المحلي .
- علاقات مع الزبائن .
- علاقات مع العاملين .
- علاقات مع الحكومة والبلديات المحلية.
- علاقات مع المستثمرين .
- علاقات عامة مع فئات خاصة.
- الشؤون العامة والقضايا الإدارية.
- تطوير الموقع الإلكتروني للمنظمة على شبكة الإنترنت.

ونظراً لكون أنشطة العلاقات العامة تمتد إلى مختلف الجهات وتؤثر عليها وتتضمن قدراً كبيراً من التفاعل الإنساني والاجتماعي وأنها تحمل مضامين أخلاقية وسلوكية وترتب مسؤوليات يفترض أن تلتزم بها منظمات الأعمال تجاه مختلف الأطراف فقد أصبح العاملون بهذه الإدارة مهنيين ذوي احتراف عالي فمثلاً في الولايات المتحدة فإن الجمعية الأمريكية للعلاقات العامة The Public Relations Society of America (PRSA) قامت بجهود كبيرة لتقوية الجانب المهني والسلوكي للعاملين في العلاقات العامة ووضعت مدونة أخلاقية للمهنة وبملاحظة هذه المدونة نجد ستة قيم أساسية تمثل سلوكيات مهنة العلاقات العامة وهي : (Seitel, 2004, P. 146)

1. الدفاع والمحاماة Advocacy : أي أنها تدافع عن مصالح المنظمة ولا تفشي أسرارها حتى لو كانت هناك مغريات.

2. النزاهة Honesty : أي الصدق في التعامل وإعطاء المعلومات الممكنة دون مبالغة أو تحريف.

3. الخبرة Expertise : يجب أن يتصف العمل بالمهنية واحترام سلوكيات المهنة ومعاييرها الفنية.

4. الاستقلالية Independence : يجب أن تتخذ المواقف باستقلالية وبعيداً عن توجهات تحاول التأثير في المواقف المطلوب الدفاع عنها .

5. الولاء Loyalty : الشعور المطلق بالانتماء للمنظمة والدفاع عن مصالحها وعدم التفريط بمصلحة المنظمة مهما كانت الظروف .

6. العدالة Fairness : التعامل بمسؤولية مع المعلومات وعدم التشهير مع وجوب التوازن في التعامل.

وضمن بيئة منظمة الأعمال فإن إدارة العلاقات العامة تلعب دوراً مهماً حيث أنها تعزز الثقة المتبادلة بين المنظمة ومختلف الجهات الداخلية والخارجية ففي إطار تعزيز الثقة مع الجهات الداخلية كالعاملين والإدارة والنقابات العمالية فإنها - أي وظيفة العلاقات العامة - يجب أن تلتزم بمعايير السلوك الأخلاقي المسؤول من خلال زيادة وعي العامل بحقوقه وتوضيح تشريعات وإجراءات صادرة من المنظمة والخاصة بجوانب العمل المختلفة وكذلك تشجيع العاملين على الاشتراك في أنشطة المنظمة الاجتماعية والثقافية والرياضية وتعزيز جوانب الالتزام بإجراءات الأمن والسلامة وأيضاً تشجيع العاملين على التعبير عن آرائهم واتجاهاتهم وغيرها من القضايا علماً بأن جميع هذه الأمور يجب أن تمارس بمهنية عالية وشفافية لغرض رفع الروح المعنوية للعاملين وتنمية اعتزازهم وولائهم للمنظمة. (جودة، 2002، ص 231-238).

أما ما يخص العلاقات مع الفئات الخارجية فتأتي جهود وأنشطة العلاقات العامة معززة لصورة المنظمة الإيجابية لدى مختلف الأطراف من زبائن وموردين ووسائل إعلام ومجتمع محلي وغيرها. وهنا فإن إدارة العلاقات العامة تجري دراسات واستقصاءات دورية لمعرفة توجهات الزبائن تجاه سياسات الشركة وإشراك هؤلاء الزبائن في المناسبات المهمة وعقد الندوات والحفلات وكذلك الاتصال بوسائل الإعلام وتزويدهم بالمعلومات الصادقة والدقيقة والاستجابة السريعة لطلباتهم والالتزام بالمواعيد المحددة معهم. في حين يمكن أيضاً أن يلعب

نشاط العلاقات العامة دوراً مهماً في تعزيز العلاقة مع الجهات الحكومية والمجتمع المحلي من خلال البرامج الثقافية والصحية التي تعزز رفاهية المجتمع.

ب. وسائل الإعلام والسلوك الأخلاقي :

يقصد بوسائل الإعلام (media) وسائل الاتصال التي تصل الناس وتؤثر فيهم. وتشمل صناعة وسائل الإعلام تكنولوجيا البث (إرسال واستلام الرسائل والمشاهد بوسائل البث المختلفة وكذلك أعمال البث (الأخبار والسينما وغيرها) وتسليم الخدمة (شركات التلفزة والمسارح ومحلات إنتاج الفيديو وغيرها). (Post et.al., 2002. P. 453-454).

ونظراً لكثرة شركات وسائل الإعلام والاتصال بكافة أشكالها المرئية والمسموعة والمقروءة وشبكة الإنترنت وحجم الأموال المستثمرة فيها وخصوصية العمل فيها حيث يمكن أن يكون أثرها مدمراً أحياناً ومؤثراً بشكل كبير سواء في الشؤون السياسية أو الاجتماعية أو الاقتصادية أو الثقافية، فإن مسؤوليتها الاجتماعية والأخلاقية كبيرة جداً ومراعاتها يعد أمراً حيوياً للمجتمع ومنظمات الأعمال على وجه الخصوص. ويمكن أن تصنف الالتزامات الأخلاقية لوسائل الإعلام تحت أربعة قضايا رئيسية (Post et.al, 2002, P. 455).

1. قضية رسم صورة حقيقية للشرائح والقضايا المختلفة Image Issues :

يمكن لوسائل الإعلام أن ترسم صورة جميلة وعادلة لمختلف الشرائح الاجتماعية أو القضايا الأساسية المطروحة في بيئة المجتمع أو قد يكون الأمر عكس ذلك. فقد ترسم رسائل الإعلام في بلد ما صورة مشوهة لبعض الأقليات العرقية أو الدينية أو لأحياء ومناطق معينة وتقدمها للجمهور وكأنها بؤرة أو تجمع للمجرمين وللمشاكل، أو قد ترسم صورة جيدة وجميلة لمجموعات أو شرائح اجتماعية لا تستحقها. ولا يقتصر الأمر على هذا، ولكن تبرز هنا مسألة أخرى هي ليست رسم الصورة فقط بل كفاية التغطية وعدالة توزيع الوقت بين الشرائح والقضايا المختلفة وعلى سبيل المثال أشارت إحدى الدراسات المهمة التي أجريت

في الولايات المتحدة الأمريكية (Mediascope, 1997) إلى أن الأقليات لم تحصل إلا على تغطية إعلامية بنسبة 15.7% من وقت البث الكلي رغم أن هـذه الأقليات تصل نسبتها إلى 25.4% من السكان وهذا يعني عدم العدالة في التغطيـة. وكذلك الحال مع شريحة النساء العاملات في قطاع صناعة السينما حيث لم تحصل هذه الشريحة إلا على 26% من التغطية الإعلامية الكلية رغم أن عـدد العـاملات في هذا القطاع يصل إلى 51%.

2. قضية القيم Values Issue :

تلعب وسائل الإعلام دوراً حيوياً في عـالم اليـوم في تشكيل منظومة القيم الاجتماعية والسلوك الأخلاقي للفرد وخاصة في المراحل العمرية المبكرة فمثلاً كـثرة وانتشار القنوات الفضائية وخصوصاً ما هو مخصص منها للأطفال والذي يبث عـلى مدار الساعة كذلك فإن تغير العادات والتقاليد ضمن العائلة والتي تسمح للأطفال بمشاهدة هذه القنوات لأوقات طويلة أدى إلى ترسيخ قيم معينة ومنذ الصغر لدى الكثير من الأطفال ومنها قيم سلبية لا يمكن تغييرهـا بـسهولة في المراحـل العمريـة التالية بل أصبحت تشكل عبئاً عـلى المدرسـة ومحاولتها إعـادة تشـكيل المنظومـة الأخلاقية للأطفال .

3. قضية العدالة والتوازن Fairness and Balance Issue :

وتتعلـق بكيفيـة قيام وسائل الإعلام بمعالجة قضايا الأعمال وأنشطتها المختلفة. وقد كانت هناك شكاوى في أمريكا مثلاً – باعتبارها أكبر دولة من حيث حجم الأعمال وتعدد أنشطتها من أن وسائل الإعلام لا تقدم تقارير كافية وناضجة تساعد متخذي القرار عـلى اتخـاذ القرارات السـليمة خاصـة في الموضوعات التـي يوجد فيها تناقض بالآراء مثل إنتاج ونقل المواد الخطرة أو الشركات التـي تتعامل مع المخلفات الكيماوية والنووية ومعالجتها أو دفنهـا (Post, 2003, P. 459). أن الأسباب المحتملة التي يشير إليها المحللون لهذا القصور تكمن في كـون عـدد قليـل من المراسلين والصحفيين مدربون بشكل جيد في مجال الأعمال والقضايا المالية

وكذلك فإن الكثير من المحللين يميلون إلى جهة اليسار عند معالجتهم لقضايا اجتماعية وسياسية يتخللها إشكال تمويل أو أعمال. وتجدر الإشارة إلى أن هناك لجنة اتصالات فيدرالية في الولايات المتحدة الأمريكية (FCC) Federal Communication Commission متخصصة في ترسيخ ما يسمى بعقيدة العدالة Fairness Doctrine في وسائل الإعلام المختلفة بالأخص شبكات التلفزيون ومحطات الإذاعة.

4. حرية التعبير The Free Speech Issue :

هنا يتعلق الأمر بكيفية الموازنة بين الحق الدستوري للصحافة ورغبة الأعمال بتقديم تقارير وتغطية عادلة ووجهات نظر حول القضايا العامة التي يكون حولها جدل أو تعتبر مثيرة للنقاش. وتجدر الإشارة إلى أن القوانين في الدول المتقدمة وكثير من الدول النامية تشير صراحة إلى حق الصحافة المملوكة من قبل القطاع الخاص والهادفة للربح في طبع ونشر وتوزيع الرسائل والأخبار والتقارير إلى عموم الجمهور بكل حرية. ولكن يجب الانتباه إلى مسألة احترام قول الحقيقة وعدم الكذب والتضليل من قبل الصحافة للجمهور فمثلاً لا يجوز أن تستفيد وسائل الإعلام من مردودات الإعلان المقدم من منظمات الأعمال وتقوم ببث دعايات وترويج منتجات لا تمتلك الخصائص التي يعلن عنها، كذلك لا يجوز أن تستلم وسائل الإعلام أموالاً لغرض ترويج أفكار سياسية لأشخاص بحيث يتم تضليل الجمهور بشأن حقيقتهم من أجل دعم حملاتهم الانتخابية .

جـ. التعامل مع الأزمات وإدارتها Crisis Management :

إن لوسائل الإعلام دوراً حيوياً في إدارة الأزمات بمراحلها المختلفة وقد تتسبب أحياناً في تعقيدها وحصول نتائج ذات ضرر كبير بالمجتمع أو بعض شرائحه. وإدارة الأزمة تعني العملية التي تتبناها المنظمة للاستجابة للأحداث الطارئة والصدمات والكوارث والنوازل والأضرار. وغالباً ما يكون هناك عضو في اللجنة التي تقوم بإدارة الأزمة يقوم بدور الناطق الرسمي وحلقة الوصل مع

وسائل الإعلام، لأن الأمر يحتاج إلى دقة وحذر عند إطلاق التصريحات أو الإجابة عن استفسارات رجال الصحافة حول مظاهر وتطورات الأزمة. وعلى الرغم من أن كل أزمة هي فريدة في نوعها ولها خصائصها المميزة إلا أنه يمكن تشخيص بعض الخصائص المشتركة للأزمة وكالآتي : (O'Rourke, 1997, P. 120-125):

● المفاجأة Surprise :

إن المنظمة لم تكن جاهزة أو مستعدة لمواجهة مثل هذا الحدث ولم يكن هناك إنذار مسبق بحدوثها أو أن المدراء لم يستشعروا مثل هذا الإنذار في أنظمة الرقابة لديهم .

● نقص المعلومات Lack of Information :

على الرغم من عمل المدراء في بيئة غنية بالمعلومات فإن الأزمة عند حدوثها تجبرهم على التصرف بشكل سريع مع نقص المعلومات.

● التصاعد المتدرج للأحداث Escalating Pace of Events :

حال بدء الأزمة فإن هناك سلسلة متتابعة من الأحداث تتزايد في عددها ودرجة تعقيدها.

● التفحص الدقيق للموقف Intense Scrutiny :

إن القرارات الصادرة خلال فترة الأزمة تكون عرضة للفحص الدقيق والتحليل العميق من قبل الصحافة ووسائل الإعلام الأخرى وأن التغذية الراجعة أو العكسية على هذه القرارات تأتي سريعة، كما أن هذه القرارات ستكون عرضة للتقييم السريع والدقيق من قبل كثير من أصحاب المصالح مثل الحكومة وحاملي الأسهم والمجتمع المحلي ويكون غالباً بشكل انتقاد أو مديح أو إدانة.

والذي يهمنا هنا هو أن تتعامل منظمة الأعمال من خلال قسم العلاقات العامة مع وسائل الإعلام المختلفة بكل نزاهة وشفافية. وأن تتحمل مسؤوليتها الاجتماعية والأخلاقية وذلك من خلال متابعة تطور الأزمة من قبل لجنة متخصصة وتحديد ناطق رسمي يزود وسائل الإعلام بمعلومات صادقة وصحيحة دون نقصان أو

تهويل أو تحريف كذلك تتحمل مسؤوليتها ما بعد الأزمة بمعالجة آثارها السلبية على مختلف مصالح ذوي المصلحة من المستفيدين من منظمة الأعمال وبذلك تستطيع هذه الأخيرة تحويل الأزمة إلى فرصة من خلال مد جسور الثقة مع المجتمع من خلال الإدارة الحكيمة للأزمة والتعامل العقلاني والرشيد مع وسائل الإعلام . إن حصول بعض الأزمات المهمة مثل تسرب غاز سام من منشأة أعمال صناعية أو انفجار يتسبب عنه تسرب مواد كيمياوية أو اختطاف طائرة من إحدى شركات الخطوط الجوية أو تحطمها أو حدوث تسمم على نطاق واسع عن طريق استهلاك مادة معينة أو غيرها، يجب أن تتعامل معه المنظمة بروح تحمل المسؤولية وبيان الحقائق وليس بالتبرير والتهرب والدفاع عن النفس بتشويه الحقائق فإن ذلك يضر بمنظمة الأعمال ويفاقم أزمتها.

المبحث السادس: المسؤولية الاجتماعية وأخلاقيات العمل في نشاط البحث والتطوير :

في ظل تنامي ثورة المعلومات والمعرفة أصبح الانفاق على البحث والتطوير مسألة أساسية وحيوية سواء من قبل منظمات الأعمال أو من قبل الحكومات لأن البحث والتطوير تحول إلى مسألة بقاء للمنظمة في السوق أو عدمه، فمن خلاله تستطيع منظمة الأعمال تقديم المزيد من المنتجات الجديدة أو تحسين منتجات موجودة أساساً وكذلك إدخال تعديلات جوهرية على العمليات الإنتاجية. وتشير العديد من الدراسات إلى وجود علاقة إيجابية بين الانفاق على البحث والتطوير والإبداع التكنولوجي بمختلف أشكاله (Fulmer, 1974, P. 364). لقد تسارعت خطى البحث العلمي بشكل كبير في السنوات الأخيرة وأصبحت تطبيقاتها متداخلة سواء على مستوى الصناعات العسكرية أو الصناعات المدنية أو الصناعة والخدمات للمجتمع بشكل عام. إن التطبيقات الأولى للبحث والتطوير انصبت على تعزيز قدرات الجيوش والشؤون العسكرية بشكل عام ثم انطلقت منها بعد ذلك إلى

الصناعة بشكل تطبيقات متعددة ومتتابعة ساهمت في خلق ثورة تكنولوجية معرفية انعكست إيجابياً على خدمة المجتمعات المتقدمة كما هو موضح في الشكل التالي.

شكل (4-5)

تطور سياسات البحث والتطوير عبر الزمن

سياسة البحث والتطوير الهدف الرئيسي	بحوث أساسية	تكنولوجيا أساسية	الإبداع التكنولوجي
المجتمع			
الصناعة			
الجيش			

Source : Mulder and Garacostas, 1997

وإذا كان البحث والتطوير رافداً أساسياً للإبداع والتحسين المستمر في منظمات أعمال اليوم فإن هذا النشاط يتضمن أربعة أنواع رئيسية وهي (الشراح، 2003، ص 269):

1. البحث الأساسي Basic Research : وهي البحوث التي تهتم بالحقائق والنظريات مثل نظرية Electromagnetics والميكانيك الكمي أو أي بحوث أخرى في مجالات المعرفة المتنوعة .

2. البحوث التطبيقية Applied Research : وهـذه موجهـة لحـل مشـكلات عملية تواجهـا الشـركات الكبـيرة لغـرض إحـداث تحسـينات أو زيـادة فعاليـة تطبيقات معينة.

3. البحوث التطويرية Development Research : وهـي الأنشـطة الـتي توجـه تكنولوجيا أو حزمة تكنولوجية نحو تحسين التصميمات أو العمليات بهدف زيادة قابلية تسويق المنتجات أو تسهيل عملية إنتاجها.

4. البحوث المسـاعدة (بحـوث تحسـين المنتج) Supporting Research : وهـي البحوث الهادفة إلى إجراء تحسينات في وسائل وأدوات العمل التي تستخدم في أنماط البحوث المشار إليها أعلاه (العامري، 2004، ص 61) .

وما يهمنا هنا هو الجوانب الأخلاقيـة والمسـؤولية الاجتماعيـة لنشـاط البحـث والتطوير والعاملين في هذا النشاط تجاه المجتمـع والـتي يمكـن عرضـها مـن خـلال الآتي :

أ. نشاط البحث والتطوير في المنظمة:

إذا كان نشاط البحـث والتطوير ذو فوائـد ماديـة ومـردودات ماليـة عاليـة فإن لهذا النشاط آثار جانبيـة قـد تكـون سـلبية يجـب عـلى منظمـة الأعـمال أن تتحملها وتعالج آثارها .

وهنا يجب أن تكـون هـذه في إطار رؤيـة مسـؤولة وأخلاقيـة والتزامـاً استراتيجياً دائماً لمنظمة الأعمال حيث أن هذا النشاط تتجسد مسؤوليته الاجتماعية والأخلاقية كما يلي :

• يجب أن يوجه لخدمة البشرية بشكل عام والمجتمع الذي تعمل فيه المنظمـة على وجه الخصوص وأن لا يكون مقتصراً على جوانـب ضيقة ومحددة تخـدم بشكل أناني الجوانب المادية والربحية في منظمة الأعمال .

293

- أن تلتزم منظمة الأعمال بالانفاق على البحث والتطوير بشكل يتماشى وقدرتها على تحقيق مردود إيجابي لصالحها حيث أن الإنفاق على البحث والتطوير يساهم في خلق فرص عمل ويعزز الأداء الاقتصادي الكلي للمجتمع.

- أن تهتم منظمة الأعمال بالعاملين في مجال البحث والتطوير باعتبارهم موارد بشرية نادرة تخلق ميزات تنافسية لها وتشكل أيضاً دعامة أساسية للمجتمع الذي تعمل فيه .

- أن لا تتنصل منظمة الأعمال من مسؤوليتها عن معالجة الآثار الجانبية الناجمة عن هذا النشاط حيث أن مخلفات التجارب والأضرار التي تحدثها للعاملين أو للبيئة والمجتمع بشكل عام تتطلب موقفاً جريئاً وانفاقاً يجب أن تتحمله المنظمة للتخلص من هذه الآثار.

- أن تراعي القضايا الأخلاقية والسلوكية والمعايير المهنية خاصة في ما يتعلق بالتجارب ذات الآثار الاجتماعية والنفسية أو تلك التي تجري على الحيوانات أو في البحار والمحيطات وتؤثر على الثروة الحيوانية أو النباتية.

- أن تمتنع عن إجراء التجارب على البشر إلا في حدود ما تسمح به الأخلاقيات والشرائع الدينية وبعلم ومعرفة الفئة التي تجري عليها هذه التجارب لكونها تجارب أساسية لخدمة البشرية جميعاً خاصة في المجالات الطبية والصيدلانية.

- أن تراعي منظمات الأعمال فتح قنوات تواصل مع الجامعات ومراكز البحوث من أجل التلاقح الفكري البناء وربط الجهات الأكاديمية والبحثية بوحدات الإنتاج بالمجتمع وخصوصاً في الدول النامية.

ب. شخص الباحث العلمي والمشتغلون في نشاط البحث والتطوير:

يمثل الباحث العلمي- العنصر الرئيسي- في نشاط البحث والتطوير ولولا وجوده لما كان للتجهيزات والمختبرات والمعدات أي قيمة. ويتحمل الباحثون في مجال نشاط البحث والتطوير مسؤوليات اجتماعية وأخلاقية كبيرة يمكن أن

تتضــمن الآتي (زكريــا، 1978، ص 277-300 و ديكنســون، 1987، ص 174-
(199):

- أن يلتزم بالنزاهة والأمانة والصدق في إرجاع الأفكـار والاقتباسـات إلى أصـحابها
والحرص على الأمانة العلمية في نقل الأفكار.

- عدم انتهاك المعايير المهنية والتقيد بأساليب البحث العلمي المنهجية والمعرفيـة
وفقاً للتخصصات المختلفة .

- أن يكون محايداً غير متحيزاً إلا للحقيقة، حتى لو جاءت النتائج غـير متوافقـة
مع رغباته وآرائه وميوله الشخصية.

- أن يقول الحقيقة مهما كلفه ذلك من تبعات وأن لا يتردد في إعلانها عـلى الملأ
ويثبت النتائج المتولدة عن بحثه كما هي بدون تحريف .

- أن يتحلى بالروح النقدية ويتقبل الآراء المخالفـة والنقـاش العلمي باعتبـار أن
ذلك يساهم في تطوير البحث العلمي.

- أن يحترم زملاء المهنة وأن يكون متواضعاً ومنسجماً مع من يعمل معهم حيـث
أن هذا يشكل جانباً مهـماً لتطـوير الأفكـار الجماعيـة والـرؤى المشـتركة التي
تساهم في تعزيز الانتماء لمهنة البحث العلمي .

- تسخير جهوده لعمل الخير وأن لا يكون أداة لإلحاق الضرر بالناس والبيئة مـن
خلال بحوثه العلمية .

- عدم تضليل المنظمة التي يعمل فيها من خلال طلب طلـب المزيـد مـن الإنفـاق مـع
علمه المسبق بعدم وجود نتائج إيجابية لمثل هذا الإنفاق .

- أن يكون نواة لخلق فرق عمل بحثية تساهم في تعزيز البحوث النظريـة منهـا
والتطبيقية والتطويرية.

المبحـث السـابع : المسـؤولية الاجتماعيـة والأخلاقيـة في المـوارد المعلوماتيـة والمعرفية:

لم تعد الموارد المالية والأجهزة والأبنية هـي التي تشكل الموجودات الخاصة بالمنظمة والتي تقاس قيمة المنظمة عـلى أساسـها، فهنـاك الآن مـا يسـمى بـالموارد المعرفية أو الأصول المعرفية والتي تشكل قيمة كبيرة لبعض المنظمات تفوق قيمتها المادية وأصولها بكثير. فلو أخذنا شركة كوكا كولا كمثال فإن هذه الشركة لا يمكن أن تكون قيمتها متمثلة بكميـات السـكر والميـاه والفقاعـات الغازيـة بـل تتمثل بالقدرة المعرفية لهـذه الشركة والتي تجسـدها مواردها البشرية عاليـة الكفاءة والتأهيل والمهارات التي يتمتع بها العاملون. وإذا كانت مصادر الحصول عـلى المعارف متاحة للجميـع كقـدرات فنيـة وآلات وخـزين معـرفي مـن كتـب ووثـائق مدونة إلا أن الإنسان كمصدر للمعرفة يبقى هو الأساس في أن يعطي قيمة حقيقة لمنظمة الأعمال في إطار قدرتها على استخدام التكنولوجيا بأشكال مختلفة. وتشكل المعلومات وأسلوب إدارتها نقطة البدء الأساسية في تشكيل المعرفة خاصة وأن منظمات الأعمال تهتم كثيراً في الإنفاق على هذه المعلومات مـن خـلال تحديـد مـا تحتاجه لقراراتها ووضع الأنظمة التكنولوجية والإنسانية لإدارتها ومتابعـة التطوير والتحديث المستمر لهذه الأنظمة.

وتتجسـد في مجمـل هـذه الأنشطة العديـد مـن المواقـف الأخلاقيـة والاجتماعية التي يفترض أن تتعامل معها منظمة الأعمال بوعي ومسؤولية وسـوف نستعرض في أدناه أهم ما يشكل أبعاد أساسية في إطار هـذه الأنشطة المعلوماتيـة والمعرفية.

أ. نظم المعلومات والحاسوب Information Systems and Computer :

إن المدخل الحديث لدراسة نظم المعلومات يتعامل مع قضـايا ذات أبعـاد تكنولوجية فنية وأبعاد سلوكية أخلاقية لـذلك فإن نظم المعلومـات والمتخصصين فيها يجب أن لا يكون دورهـم مقتصراً عـلى معرفـة التعامل مـع مشكلات فنيـة محددة بل توسيع هذا الـدور ليشـمل المعرفة في الجوانب السـلوكية والإنسانية، وبالتالي فإن دور

نظم المعلومات في المنظمة الحديثة أصبح مهماً خاصة وأن المنظمة تدرس من خلال مدخل متكامل وكنظام اجتماعي – تكنولوجي وهذا الأمر يعني أن نظم المعلومات فيها قدر كبير من الجوانب الاجتماعية والأخلاقية لا يجوز التغافل عنها أو التقليل من أهميتها ودورها وكما يوضح الشكل الآتي.

شكل (4-6)

نظم المعلومات وتكامل المداخل التكنولوجية والسلوكية فيها

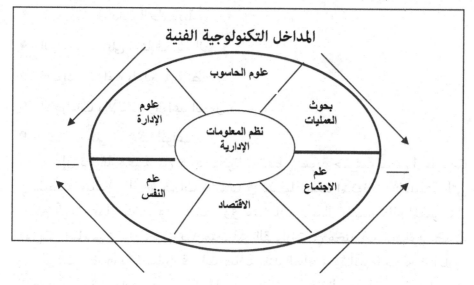

Source : Lauden and Lauden, 2003, P. 14

وفي حقيقة الأمر فإن استخدام تكنولوجيا المعلومات من قبل منظمات الأعمال لا يحقق الفوائد المرجوة منه تماماً ما لم تكن قد سويت مجموعة كبيرة من عوامل مؤثرة والتي تمثل وسيط مهم لتفاعل إيجابي ومفيد بين منظمة الأعمال ونظم المعلومات وتكنولوجيا المعلومات وتفرعاتها بشكل عام. إن دراسة البيئة ومؤثراتها وكذلك وجود ثقافة تنظيمية مستجيبة لطبيعة استخدام تكنولوجي متجدد

في المنظمة دون مقاومة معيقة وسلبية وكذلك أن تكون الهياكل التنظيمية مرنة ومتفاعلة مع الاستخدام التكنولوجي وأن تكون سياسات المنظمة وأساليبها في تطوير القرار وإجراءاتها ومعاييرها قد درست بعناية وأصبحت مهيأة لأي إدخال تكنولوجي جديد في إطار التعامل مع المعلومات والمعرفة في البيئة التنافسية الحالية.

يشكل نظام المعلومات مفهوماً متكاملاً تندرج في إطار المكونات التالية :

● الأجهزة والمعدات الحاسوبية .

● البرامجيات على اختلاف أشكالها.

● الأفراد كخبراء وعاملين في النظام .

● الإجراءات والآليات وقواعد العمل .

● البيانات على اختلاف أنواعها .

إن توليفة معينة من هذه المكونات تعطي صورة حقيقية لنظام المعلومات في المنظمة وبالتالي فإن المنظمات تختلف في تشكيلة هذه المكونات والفلسفة التي تحكم آليات عمل النظام وإجراءاته. وفي منظمات الأعمال يلعب نظام المعلومات دورين أساسيين أولهما تزويد متخذي القرارات في مختلف أنحاء المنظمة بالمعلومات الضرورية لصياغة قرارات صائبة عند الحاجة وثانيهما توفير التقارير الدورية والروتينية اللازمة لسير العمل. كما تكمن قوة نظم المعلومات في قدرتها على ممارسة مجموعة من الوظائف الأساسية بفاعلية وكفاءة وهي (Long and Long, 1977, P. 82-83) :

● الإدخال Input :

وهذه تتمثل بمجموعة من الأنشطة كبيرة مثل قبول البيانات من مصادرها المختلفة والتعليمات المحددة للتعامل مع هذه البيانات ورسائل للمستخدمين الآخرين للنظام والتغييرات والتعديلات اللازمة لتطوير هذه الوظيفة.

● المعالجة Processing:

تتضمن هذه الوظيفة إمكانية نظام المعلومات لإجراء العمليات التالية :

- الفرز.

- سحب البيانات أو تسجيلها أو تحديثها أو تلخيصها أو تكثيفها.

- اختيار الملفات.

- إجراء العمليات المنطقية والرياضية.

● الخزن Storage :

تعد هذه الوظيفة من أهم الوظائف التي حصلت فيه تطورات كبيرة في ميدان الأعمال حيث أمكن خزن النصوص والصور ومعاجلتها حسب الحاجة.

● المخرجات Outputs :

يستطيع نظام المعلومات أن ينتج صيغاً مختلفة من المخرجات اللازمة لعمل منظمات الأعمال مثل نسخ الوثائق Hard Copy ونسخ مرئية للوثائق على شاشات الأجهزة Soft Copy فضلاً عن عملية الرقابة Controlling خصوصاً على عمل الروبوتات الصناعية وأتمتة العمل على أجهزة أخرى .

وفي إطار الجوانب السلوكية والأخلاقية تثار العديد من الإشكالات أمام نظام المعلومات والتي يفترض بإدارة المنظمة والمتخصصين بأنظمة المعلومات أن يعطوا أجوبة لها تتسم بالمسؤولية وصدق التعامل الأخلاقي والإنساني ومنها :

● الدقة والصدق في تقديم المعلومات أو عن إدخالها لأجهزة الحاسوب وإتاحة الحرية للدخول إليها إذا كانت هذه المعلومة تمثل حقاً يفترض أن تطلع عليه مختلف الفئات كالزبائن وغيرها. إن عدم الصدق والدقة في تقديم المعلومة يمثل خرقاً للسلوك الأخلاقي المنضبط وتراجعاً في الدور الاجتماعي الذي يفترض أن تلعبه منظمة الأعمال .

● العرضة للمحاسبة وتحمل المسؤولية : إن نتيجة أعمال نظام المعلومات يتجسد في قرارات أو أطر جاهزة لاتخاذ القرارات لذلك يجب أن يتحمل من يقوم بهذا

العمل كامل المسؤولية ويتقبل المحاسبة عن أعماله في حال وجود أي خلل أو تقصير قد يلحق أضراراً بالمنظمة .

- إشكالية القيم الإنسانية في نشاط المعلومات والحاسوب، حيث أن هذه القيم تتأثر بشكل مباشر بالتطور التكنولوجي في مجال المعلومات وتطبيقاتها المختلفة وهكذا فإن هذا التطور يحث على جوانب اجتماعية وأخلاقية وسياسية جديدة وعكس ذلك عدم تأطير هذه الجوانب بتشريعات وأعراف أخلاقية قد يولد فراغاً في هذا الجانب ينعكس سلباً على الأشخاص والمنظمات والحكومة والمجتمع الدولي (Bynum and Rogerson, 2004, P. 2-6).
- إشكاليات في مجال الخصوصية والاستقلالية أن خلق قواعد معلومات كبيرة حول الجوانب الخاصة في حياة الناس لغرض استخدامها في المجالات المختلفة مثل تحصيل الضرائب ومؤشرات مستوى المعيشة والانتقال بعد ذلك إلى رقم التشخيص المدني لكل مواطن، فهنا يتطلب الأمر إيجاد الضوابط الأخلاقية والسلوكية التي لا تحدث خرقاً للجوانب الشخصية والمجتمعية وتؤثر سلباً على الحرية الشخصية والاستقلالية (Tavani and Moor, 2001, P. 91).
- المحافظة على الملكية الفكرية، حيث أن التجاوز على حقوق التأليف والنشر يولد شعوراً سلبياً لدى المبدعين والباحثين والشركات التي اشترت هذه الحقوق من أصحابها ومن أمثلتها الكتب والبرامجيات وقواعد البيانات والموسيقى والفيديو وغيرها، حيث يكون من السهل استنساخها والاتجار بها دون دفع الحقوق المترتبة عليها.
- إشكاليات في مجال العمل يجب أن تعالج في إطار أخلاقي خاصة وأن الاتصالات والمعلومات وفرت فرص للعمل بحرية تامة سواء في اختيار مكان العمل أو زمانه ولعل أوضح صورة لذلك هو ما يسمى العمل عن بعد Teleworking. إن التعويض بالتكنولوجيا للإنسان في العمل تتطلب قدرة على

تعزيز الجوانب السلوكية والأخلاقية عند استخدام مثل هذه التكنولوجيا لإجراء العمليات المختلفة .

- توفير متطلبات العدالة الاجتماعية، حيث أن الاتصالات والمعلومات وهي توفر فرصاً كبيرة أمام المجتمع وتسمح للعاملين بالتمتع بوقت متعة أكبر Leisure Time، فإن هذه الجوانب يمكن أن تنعكس بعدالة اجتماعية متوازنة لمختلف المهن والأنشطة بحيث لا تخلق مشاكل اجتماعية جراء عدم الاستفادة بشكل متوازن من هذه التكنولوجيا سواءً للفقراء والأغنياء أو لساكني المدن والأرياف أو للنساء والرجال.

- بشكل عام فإن نظام المعلومات بمكوناته المختلفة وأنشطته المتعددة يمكن أن يمثل مدخلاً تعزز من خلاله منظمة الأعمال مسؤوليتها الاجتماعية وسلوكياتها الأخلاقية خاصة إذا ما اتسم نظام المعلومات هذا بالشفافية في تعامله مع مختلف أصحاب المصالح وأن تتجسد هذه الشفافية بخصائص إنسانية وسلوكية متكاملة تقدم من خلالها المعلومة الكاملة بصدق وبتوقيت مناسب وبانتشار واسع وبأقل ما يمكن من السرية والحجب وكذلك تتيح للجميع سهولة الوصول إليها دون عناء كبير وبتكاليف معقولة وبتنوع كبير في أساليب تقديمها وبانتظام في مختلف الظروف والحالات (الغالبي والعامري، 2001، ص 221).

علماً بأن هذه الخصائص أصبحت ممكنة التقديم من خلال وجود موقع لمنظمة الأعمال على شبكة الإنترنت تعزز من خلاله علاقتها بالمجتمع وتعطي صورة صادقة عن نفسها .

وأخيراً لا بد من الإشارة إلى أن نظم المعلومات الحديثة قائمة على استخدام مكثف للحواسيب والبرامجيات بمختلف أشكالها ومناشئها ومصادرها لذلك فإننا نعتقد بضرورة التزام منظمات الأعمال بالمدونات الأخلاقية العالمية في مجال الحاسوب واستخداماته وأن تعزز سلوكها الأخلاقي والمسؤول كحالة مطلوبة ومرغوبة في المجتمعات المتحضرة والتي تساهم في الحد من الجرائم والخروقات

الأخلاقية التي تحدث والتي أصبحت ظاهرة متفشية عالمياً ويشار لها في كتب القانون واللوائح التشريعية باسم جرائم الحاسوب Computer Crimes وأهم أنواعها (Tavani, 2000, P. 7) :

1. القرصنة على البرامجيات : وهي الاستنساخ غير المرخص للبرامجيات والتجاوز على حقوق الملكية الفكرية للشركات أو الأشخاص الذين طوروها. ويمكن أن تميز بين نوعين من القرصنة، الأول بسيط ويشمل استنساخ نسخة واحدة فقط غير مرخصة والثاني وهو الأخطر ويتضمن توزيع ونسخ برامجيات موجودة على شبكة الحاسوب الداخلية لمنظمة معينة.

2. الاختراقات : وهي الدخول غير المرخص على أجهزة حاسوب المنظمات أو الأفراد أو الدخول إلى مواقع على شبكة الإنترنت محمية بكلمات سر.

3. التخريب : وهذا يعني استخدام الحاسوب لتخزين برامج وقواعد بيانات بشكل يربك تدفق المعلومات الإليكترونية خلال شبكة الحاسوب الداخلية أو من خلال تدمير البيانات الموجودة على الحواسيب وإلحاق الضرر بكل موارد النظام الحاسوبي .

4. خرق الخصوصية لمنظمات الأعمال على شبكاتها أو الأفراد وإساءة استخدام المعلومات والبيانات الموجودة على الحواسيب بهدف إلحاق ضرر بأصحابها.

ب. الإنترنت Internet :

لقد غيرت الإنترنت حياة الناس بشكل كبير وأساسي سواء بطريقة البيع والشراء أو طرق التعليم والتعليم أو طرق الاتصال مع الآخرين كأفراد وكمنظمات أو كمصدر للمعلومات والبيانات أو غيرها من الممارسات الحياتية المختلفة. وبالتالي، فإن هذا يمثل نظرة عميقة ومتكاملة للأعمال والمجتمع تجسدت بتطبيقات فنية وتكنولوجية راقية استفادت منها مختلف الجهات كأفراد ومنظمات أعمال ومنظمات مجتمع مدني وحكومات (Ockeyes, 2000, P. 3-7) .

لقد ساهمت الشبكة العالمية للإنترنت في نقل التطبيقات الإدارية من اتجاهاتها الحديثة والقائمة على أسس علمية ومنهجية رصينة إلى مجال الإدارة الإليكترونية الرقمية والتي تعتبر أحدث المداخل في مجال الإدارة حيث يتم إنجاز الوظائف الإدارية وأنشطة المنظمات باستخدام الإنترنت بشكل مكثف وواسع. لقد ساهم ذلك أيضاً بظهور ما يسمى المنظمات الافتراضية   Virtual Organizations وهذه منظمات أعمال هي بالأساس نقلت إدارة النشاط المنظمي من إطاره المادي الملموس إلى إطار النشاط الافتراضي غير الملموس في فضاء الإنترنت الواسع. وإذا كانت شبكة الإنترنت قد وفرت مزايا كبيرة للأعمال وللأفراد والحكومات من خلال تطبيقات كثيرة أهمها الحكومة الإليكترونية والأعمال الإليكترونية والتجارة الإليكترونية التي سبقت الإشارة إليها، فإنها في نفس الوقت أثارت العديد من التحديات والإشكالات غير المسبوقة والتي يفترض بمنظمات الأعمال إيجاد الصيغ المناسبة للتعامل معها والتقليل من آثارها السلبية، ولعل أهم الإشكالات الاجتماعية والأخلاقية هي :

• التجاوب العلمي والسريع مع ما يمكن أن يطلق عليه ثقافة الإنترنت من قبل الشركات والأفراد حيث أن ليس كل الأفراد والمنظمات مؤهلون للتجاوب مع هذه التكنولوجيا الجديدة والتطورات السريعة الحاصلة فيها. ففي مجال التطبيقات يتطلب الأمر اتخاذ إجراءات سريعة بخصوص هياكلها التنظيمية وشبكة اتصالاتها الداخلية والقيم الأساسية للمنظمة (نجم، 2004، ص 48)، وفي هذا المجال يتطلب الأمر من المنظمة مراعاة الجوانب الأخلاقية والسلوكية بشكل كبير خاصة وأنه يرتبط بقيم الأفراد والجوانب الذاتية وأسلوب ممارسة السلطة والتعاون مع الآخرين وتقاسم المعرفة والمعلومات معهم .

• التحديات والإشكالات المرتبطة بالجوانب الفنية التي تؤدي بدورها إلى خلق مشاكل اجتماعية وأخلاقية مثل عدم توفر الحماية اللازمة للعمليات والصفقات التي تتم عبر الإنترنت ومسألة الدفع الإليكتروني والتوقيع الإليكتروني وحماية

الأرقام السرية لبطاقات الدفع كل هذا يمكن أن يخلق عدم ثقة تنعكس في انخفاض التعامل عبر هذه الشبكة (العامري، 2001، ص 229).

- إشكالات ترتبط بالجوانب السلوكية والنفسية للمتعاملين ناجمة عن عدم المعرفة بالشخص أو الجهة التي يتم التعامل معها أو ما يسمى بـ Anonymity وهذه قد تولد شعوراً لدى الأفراد بالتجاوز وعدم الاكتراث واللامبالاة بالتصرفات التي قد تؤدي إلى نتائج سلبية ومشكلات اجتماعية كثيرة.

- مشكلة الحفاظ على أمن المعلومات على الشبكة وحمايتها من السرقة أو التشويه أو سوء الاستغلال أو نشر الفايروسات أو أعمال التخريب أو إلحاق الضرر بالناس ومنظمات الأعمال .

- لعل أخطر تحدي يواجه المستخدمين للشبكة هو ما يتعلق بالأطفال والشباب حيث تثار العديد من المشاكل والخروقات للقواعد السلوكية والأخلاقية في التعامل اليومي واسع النطاق لهذه الشريحة المهمة من شرائح المجتمع والتي يمكن أن تتعرض لشتى أنواع التضليل والاستغلال والابتزاز الجنسي وغيرها.

- إن من المشاكل الخطرة التي حصلت بفعل تطوير الاستخدام الموسع لشبكة الإنترنت هو ما يتعلق بالإباحية ونشر الأفلام الخليعة والممارسات اللاأخلاقية التي تنتهك خصوصية المرأة وكرامة العائلة والمجتمع .

- يمكن أن تحصل خروقات نتيجة التعامل بالإنترنت متمثلة بانتحال الشخصية سواء كانت على شكل انتحال شخصية الفرد أو انتحال شخصية الموقع ويدخل في إطارها استخدامات غير مشروعة لبطاقات الائتمان وتزوير محتويات البريد الإليكتروني أو قد تتم عمليات ابتزاز للحكومات والمنظمات من قبل العصابات الإرهابية والإجرامية أو القيام بعمليات السرقة أو القيام بالجريمة المنظمة لغسل الأموال أو التجسس أو التلصص على الآخرين وغيرها من الخروقات (عسيري، 2004).

جـ التكنولوجيا والمعرفة Technology and Knowledge :

يمكــن تعريـف التكنولوجيـا بأنهـا كـل المعـارف والمنتجـات والعمليـات والأدوات وطرق العمل والنظم المستخدمة في خلق السلع والخدمات. بهذا المعنى فهـي طريقـة عمـل الأشـياء أو هـي التطبيـق العمـلي للمعرفـة في ميـدان العمـل (Khalil, 2000, P.2). وبتفصيـل أكـثر عمقـاً قدم البـاحثون وجهـات نظر كثيرة لا يخلو بعضها من جانب فلسفي لمفهوم التكنولوجيا ومكوناتها، ولعل وجهـة النظـر الأكـثر وضوحـاً في تحديـدها لعنـاصر التكنولوجيـا والتي تسـهم في تفسـير واضـح لمصطلح التكنولوجيا هو ما أورده (Zeleny, 1986, P. 109-120) والذي حدد فيـه عناصر التكنولوجيا بالآتي :

- العنصر المادي Hardware : وتتضمن كافة الهياكل المادية للمكائن والمعـدات والتجهيزات التي تستخدم لإنجاز المهمات.

- العنصر المعرفي Software : ويشتمل عـلى المعرفة الخاصـة بكيفيـة استخدام العنصر المادي.

- العنصر ـ العقـلي Brainware : وهـو منطـق أو مـبرر اسـتخدام التكنولوجيـا بطريقة محددة ويمكن أن يشار إليه بـ Know-Why.

- العنصر الكيفي Know-How : وهذا يشمل المهارات الفنيـة المتعلقـة بكيفيـة عمل الأشياء بشكل فائق الجودة .

أمـا المعرفة Knowledge فإنهـا تعنـي الفهـم المكتسب مـن خـلال الدراسـة والتجربة والتأقلم مع كيفية صنع أو عمل الأشياء بشكل ميسر وسريع وهي تتولـد مـن تـراكم الحقـائق Facts والإجـراءات Procedures والقواعـد Rules والإرث المعرفي المكتسب (Awad and Ghazisi, 2004, P. 33).

إن التكنولوجيا والمعرفة كما سبقت الإشارة إلى مفهوميهما ومكوناتهما يمثلان قوة جبارة للتطوير في المجتمعات المعاصرة وفي كل جوانب الحياة. وتتبارى منظمات الأعمال في الحصول على التكنولوجيا والمعرفة وتطويرهما واستخدامهما بطرق مختلفة لتحقيق نتائج أفضل للمنظمة وللمجتمع بشكل عام. ومع كون فوائد التكنولوجيا والعلم متعددة إلا أنهما يثيران جدلاً متعدد الأبعاد بين الباحثين والأكاديميين وكذلك بين رجال الأعمال والعاملين في المنظمات لكونهما يتسببان في كثير من التحديات والمشاكل الأخلاقية والاجتماعية في المجتمع يتطلب الأمر معالجتها بدقة وفق منظور استراتيجي واجتماعي من قبل الحكومات ومنظمات الأعمال ومن أهم هذه التحديات والإشكالات نشير إلى الآتي :

- يتمثل التحدي الأول في التأثيرات السلبية والمخاطر المرتبطة بالسلوك اللاأخلاقي وغير المشروع المرتبط بالتكنولوجيا الجديدة والمطبقة في مجالات الأعمال المختلفة ومنها :

- التلوث البيئي المرتبط بالتكنولوجيا المستخدمة في الصناعة وكذلك تلوث الماء والهواء.

- شيوع بعض الأمراض المهنية الجديدة المرتبطة بالتجارب والتكنولوجيا النووية والكيماوية والإشعاعية فضلاً عن الضغوط النفسية.

- البطالة وتسريح العاملين حيث أن الاستخدام المكثف للتكنولوجيا في الصناعة خصوصاً قد أدى إلى فقدان الكثير من العاملين لوظائفهم.

- الاستخدامات غير الأخلاقية وغير الإنسانية للتكنولوجيا والمعرفة التي قد تكون ذات فائدة كبيرة إذا ما استخدمت بأسلوب عقلاني وهنا يمكن أن نشير للآتي :

- استخدام الإشعاع الذري في القنبلة الذرية وفي علاج أمراض مستعصية .

- الأسـلحة المسـتخدمة في الحـروب ويمكـن اسـتخدام المتفجـرات في شـق الطـرق والأنفاق بالجبال وتحت البحار وصواريخ غزو الفضاء وغيرها .

- الصناعات الدوائية والصيدلانية وما يرتبط بها من استخدامات متعددة الوجـوه بعضها لا أخلاقي إلى حد كبير مثل إساءة اسـتخدام السـموم أو إجـراء التجـارب العلمية على البشر لاستخدام الأسلحة الكيماوية والجرثومية .

- التجسس الصناعي وخرق خصوصيات الدول وسباق التسلح المحموم في الوقت الذي يمكن أن تتجه هذه التكنولوجيا لاستكشـاف الفضاء والمحيطـات والبحـار والصحاري والغابات البعيدة وغيرها.

- الخطورة المرتبطة بمجالات البحث العلمي والتكنولوجي والمعـرفي وهـذا مجـال أصبح يثير نقاشاً محتدماً بين فئات المجتمع المختلفة ومن أكثر هـذه المواضيـع إثارة هـو مشـروع هندسـة الجينـات ومشـروع الاستنسـاخ البشري والهندسـة الوراثية (نجم، 2000، ص 273).

- السباق غير المتكافئ الذي دخلته الدول النامية مع الدول المتقدمة والذي تجد نفسها في مواجهة انفاق عالي جداً على البحث والتطوير لغرض تقليص الفجـوة مع الدول المتقدمة لكنها ترهق ميزانياتها بالـديون ولا تكـون النتائج إيجابيـة لمصلحتها.

- إشكالية عدم وجود بنى تشريعية وقانونية في الدول النامية تتماشى مع التطور الحاصل في المجال العلمي والتكنولوجي وهذا ينعكس سلباً عـلى الـول النامية ومنظماتها (عرب، 2002، ص 500).

المبحث الثامن :
المسؤولية الاجتماعية وأخلاقيات الأعمال في إطار الوظائف الإدارية

تمهيد :

إن المباحث السبعة السابقة تكرست لغـرض فحـص واسـتعراض الجوانـب الاجتماعية والأخلاقية في كل وظيفة أو نشـاط مـن أنشطة المنظمـة التـي تمارسـها لتحقيق أهدافها، وبما أن كل نشاط من الأنشطة المذكورة يرأسه مدير ويعمل معه طاقم يشكلون فريق عمل فإنهم يمارسون عمليات إدارية يومية ويتخذون العديد من القرارات المتفاوتة في أهميتها والتي لا تخلو مـن تـأثيرات عـلى العـاملين وعـلى مصلحة المنظمة وبالتالي فإنها تحتاج إلى إصدار أحكام وعمل خيـارات وتوزيع موارد وإنجاز أهداف وأن مجمل هذه القضايا تقع في إطارها ممارسـات ذات بعد أخلاقي واجتماعي الأمر الذي ينبغي مراعاته لـكي تكـون الإدارة فاعلة سـواء عـلى المستوى الإنساني الاجتماعي أو التكنولوجي الفني. لـذلك سيكرس هـذا المبحث لمناقشة قضايا المسؤولية الاجتماعية وأخلاقيات الأعمال في ظـل الوظائف الإداريـة المهمة من تخطيط وتنظيم وقيـادة وتحفيـز ورقابة فضـلاً عـن التعـرض للجوانـب الأخلاقيـة والمسـؤولية الاجتماعيـة ضـمن إطـار الإدارة الاسـتراتيجية واعتبارهـا ذات تأثير شمولي ومهم وتمثل إطار تكاملي للوظائف الإدارية السابقة.

أ. المسؤولية الاجتماعية والأخلاقية لوظيفة التخطيط   Planning :

إن التخطيط هو الأسلوب العلمي والمنهجي الواعي الذي تعتمده المنظمـة لإدارة مواردها وتحقيق أهدافها وبما يساهم في تطويرها وبقائها في بيئة المنافسـة. لقد تطورت فلسفات التخطيط وأساليبه بشكل كبير في السـنوات الأخيـرة ويرجع هذا في جانب منه إلى ازدياد قـدرة المنظمـة عـلى التعـامل بالمعلومـات سـواء مـن حيث تجميعها او فرزها أو تحليلها. وحتى وقت ليس بالبعيد كان التخطيط قائمـاً على الاهتمام بالجوانب الاقتصادية والفنية والتكنولوجية وبـذلك فإننا نـتكلم عـن خطة

اقتصادية تمتلكها منظمة الأعمال أو الدولة ومع تفاقم وتزايد أهمية الأبعاد الاجتماعية والإنسانية أخذت المنظمات في العالم المتطور تضع خططاً اجتماعية مثلت في البداية ملحقاً لخطتها الاقتصادية تبين في هذه الخطط الاجتماعية التزاماتها ومسؤولياتها التي تتحملها تجاه بعض فئات المجتمع أو المجتمع بشكل عام. بعد ذلك تطور الأمر وأصبحت خطط منظمات الأعمال خاصة الكبيرة منها هي خطط شمولية الأبعاد اقتصادية واجتماعية وسلوكية بمعنى أنها تمثل ما تريد أن تحققه المنظمة لنفسها ولمجتمعاتها. وفي إطار هذه الخطة فإن الدور الاجتماعي والأخلاقي يبدو مهماً ويعطي للمنظمة مشروعية عملها وأخلاقية تصرفاتها في مواردها وفي إطار يخدم جميع فئات أصحاب المصالح. و بلغت درجة النضج للوعي الاجتماعي في الخطط والعملية التخطيطية في الدولة المتقدمة إلى درجة وجود متخصصين في الجوانب السلوكية والاجتماعية الذين هم جزء من هيئة التخطيط في المنظمة يقومون بدراسة الخطط خوفاً من أن تثير هذه الخطط ردود فعل سلبية فيما يتعلق بالجوانب الاجتماعية والسلوكية والعلاقات العامة مع فئات المجتمع المختلفة. و ذلك قبل إقرار هذه الخطط بشكلها النهائي. وسنحاول في أدناه استعراض أهم الجوانب الاجتماعية والأخلاقية المتعلقة بالوظيفة التخطيطية وكما يلي :

- **المضمون الأخلاقي والاجتماعي للفلسفات التخطيطية** : لقد كانت الفلسفة التخطيطية التي تعتمدها منظمات الأعمال هي الفلسفة المثالية Optimization Philosophy القائمة أساساً على اعتبارات الأمثلية من الناحية الكلفوية والاقتصادية وبما يحقق أرباحاً للمنظمة بعيداً عن مناقشة موسعة لاعتبارات مسؤوليتها الاجتماعية والجوانب الأخلاقية في قراراتها المتخذة (الغالبي والسعد، 1995، ص 66)، ويمكن القول أن الفلسفة المثالية تمثل الحد الأدنى للالتزام الاجتماعي والأخلاقي. بعد ذلك أصبحت فلسفة الرضا Satisfaction Philosophy هي المحتوى للعمليات التخطيطية ومثلت قدرة المنظمة في

التجاوب مع متطلبات فئات كثيرة قد تكون متناقضة في الأمد الزمني القصير وبذلك فإن هذه الفلسفة تمثل مسؤولية اجتماعية متوازنة وجوانب أخلاقية مقبولة من عدد أكبر من المهتمين والفئات ذات المصلحة. أما فلسفة التكيف Adaptation Philosophy فإنها تمثل نقلة نوعية في العمليات التخطيطية حيث تأخذ منظمة الأعمال الجوانب الاجتماعية والأخلاقية في إطار هذه الفلسفة بشكل أكبر وأوسع وبذلك فإنها تمثل استجابة متكيفة مع متطلبات بيئة متغيرة فيها العديد من الفئات وأصحاب المصالح وإذا ما ناقشنا جوانب المشاركة والاختيار والتفاعل في إطار ممارسة وظيفة التخطيط لهذه الفلسفات الثلاث كجوانب مهمة للمسؤولية الاجتماعية والأخلاقية فإننا نجد أن المشاركة من قبل العاملين أو من قبل فئات أصحاب المصالح الخارجيين تكون قليلة في إطار فلسفة الأمثلية وأكثر اتساعاً في إطار فلسفة التكيف.

أما اختيار البدائل والتفاعل من خلال المعلومات كبعد يرضي مختلف الأطراف، فإن هذا الاختيار والتفاعل يكون مقتصراً على الإدارة العليا والمقربين منها في إطار فلسفة الأمثلية في حين يتسع هذا النطاق في فلسفة الرضا والتكيف .

• أن تكون القيم والأخلاق مرتكزات أساسية للعملية التخطيطية والخطط. تمثل القيم بعداً أساسياً يشمل مجمل الاتجاه الاستراتيجي للمنظمة حيث أنها تغطي رؤية المنظمة Vision ورسالتها Mission وأهدافها الاستراتيجية Strategic Objectives. وهنا لا نستطيع فصل التوجهات والقيم السلوكية الملتزمة عن منظور المنظمة وأساليب عملها في المجتمع الذي توجد فيه (Morrisey, 1996, P. 69-70). إن قيم الإدارة العليا ومنظورها للعلاقات بين مختلف أصحاب المصالح ورؤيتها لدور المنظمة في المجتمع تنعكس بكل تأكيد في جميع الخطط التي تتبناها منظمات الأعمال .

● الموازنة الأخلاقية والمسؤولة للأهداف في إطار الخطة. إن توزيع الموارد ضمن العملية التخطيطية يجب أن يكون مستنداً إلى العدالة والموضوعية بعيداً عن التحيز بكافة أشكاله والذي قد يضر مصالح المنظمة والمجتمع خاصة وأن البعض من الخطط تثير صراعات كبيرة داخل المنظمة بين مختلف أجزائها وكذلك قد تولد ردود فعل سلبية عليها من قبل المنافسين والموردين والجهات الحكومية ووسائل الإعلام كونها تحدث خرقاً لطبيعة المنافسة العادلة والشريفة أو أنها غير ملتزمة بالجوانب الاجتماعية والأخلاقية في المجتمع (Harbone, 1999, P. 47-53).

وهكذا يتضح أن المرتكزات الأخلاقية والمسؤولية تتجسد بشكل كبير في جميع جوانب عملية التخطيط والخطة كما موضع في الشكل التالي :

شكل (4 - 7) : العملية التخطيطية والخطة والأبعاد الاجتماعية فيها

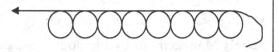

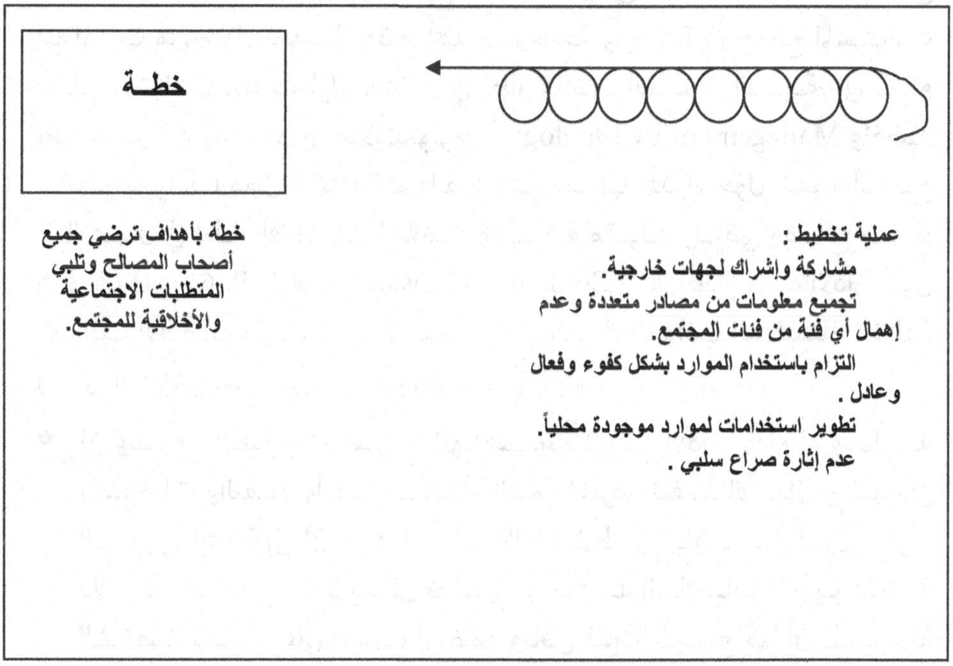

خطـة

عملية تخطيط :
مشاركة وإشراك لجهات خارجية.
تجميع معلومات من مصادر متعددة وعدم إهمال أي فئة من فئات المجتمع.
التزام باستخدام الموارد بشكل كفوء وفعال وعادل .
تطوير استخدامات لموارد موجودة محلياً.
عدم إثارة صراع سلبي .

خطة بأهداف ترضي جميع أصحاب المصالح وتلبي المتطلبات الاجتماعية والأخلاقية للمجتمع.

ب. المسؤولية الاجتماعية والأخلاقية في وظيفة التنظيم Organization :

لا تخلو ممارسة وظيفة التنظيم من جوانب سلوكية واجتماعية وأخلاقية في إطار هذه الوظيفة يمكن أن تعزز العديد من الأدوار والفعاليات التي يجب أن تعالج بحكمة وعدالة وموضوعية ومسؤولية مقبولة منها مثلاً أساليب استخدام القوة وتوزيع الأدوار والصلاحيات والمسؤوليات وكذلك أساليب وطرق وآليات حل الصراع الناشئ في المنظمة بطرق إنسانية وأخلاقية ومنها كذلك نطاق المشاركة والأهمية في القرارات المختلفة. كذلك التنظيم غير الرسمي ودوره في تعزيز الأداء في المنظمة وعدم تعارضه مع التنظيم الرسمي .

إن الاتجاه الحديث في التنظيم هو الانتقال من أنظمة الإدارة القائمة على المعلومات من خلال تحليلها ووضع أهداف واضحة ومحددة في جميع المستويات وذلك باشتراك المدراء بتحليل المشاكل في إطار علاقات السبب والنتيجة، إلى نظام آخر مكمل له وهو الإدارة بالأيديولوجيا Management by Ideology ونقصد بالأيديولوجيا هنا مجل الاعتقادات والقيم التي يحملها المدراء حول كيفية النجاح في الأعمال في إطار افتراضات أخلاقية وسلوكية مقبولة وترضي مصالح جميع الأطراف (Cook and Hunsaker, 2001, P. 61-64). في إطار هذه الإدارة فإن الجوانب الاقتصادية والمسؤولية تتجسد بشكل كبير في الجوانب التنظيمية المختلفة ويمكن أن نؤشر بعض من هذه الجوانب بالآتي :

• إن وظيفة التنظيم يظهر من خلالها أسلوب توزيع الأدوار والمهام وممارسة الصلاحيات والنفوذ وأيضاً استخدام القوة لغرض تنفيذ الأعمال وهنا من الضروري الإشارة إلى أن هذه الجوانب كلها أنشطة ومهام ذات مدلول سلوكي فلا يمكن استخدام القوة بشكل تعسفي أو ممارسة الصلاحيات لتعزيز المكانة الشخصية للمدراء على حساب المنظمة وباقي فئات المجتمع كما أن المسؤولية يجب أن يتحملها المدراء بعدل وصدق وأمانة ونزاهة وأن يكونوا مستعدين لسماع الرأي المعارض والنقد البناء والموضوعي .

312

- يثير التنظيم العديد من الإشكالات بخصوص الصراعات وأساليب فض النزاع ومعالجة الأزمات وهذه أيضاً يجب أن تعالج في إطار مسؤولية كاملة وموضوعية بعيداً عن التحيز وبعيداً عن التكتلات والشللية التي تعيق العمل .

- ضرورة إيجاد وحدات أو هيئات أو لجان في الهيكل التنظيمي تقوم كحلقات وصل بين المنظمة ومختلف الجهات خارجها بحيث تستطيع رسم صورة اجتماعية إيجابية للمنظمة في بيئتها وتكون هذه الصورة معبرة عن حقيقة العمل في المنظمة وهذه الوحدات يجب أن لا تكرس الجهد لزيادة عدد المستهلكين لمنتجات وخدمات المنظمة ويأتي عملها في إطار وظائف التسويق بل وحدات تهتم بالصورة الاجتماعية والأخلاقية لعمل المنظمة .

- يمكن للمنظمة أن تتحمل مسؤوليتها وتجسد سلوكها الأخلاقي من خلال الاهتمام بالتنظيم غير الرسمي، ففي إطار هذا التنظيم يمكن أن تتشكل شلل على أسس مختلفة وبالتالي تزداد فرص المحسوبية والوساطة، في حين أن اهتمام إدارة المنظمة بإيجاد مواقف واضحة وصحيحة تجاه هذا التنظيم غير الرسمي تجعل منه مدخلاً لتطوير العمل والأداء .

- ضرورة أن تكون المنظمة نظاماً مفتوحاً على المجتمع وفي إطار هذا النظام المفتوح تتفاعل العناصر التنظيمية من هياكل ومهام وعمليات مع باقي العناصر الأخرى من الأفراد والتكنولوجيا والثقافة لكي تأخذ أهداف المنظمة صيغة مقبولة من مختلف فئات أصحاب المصالح داخل المنظمة وخارجها.

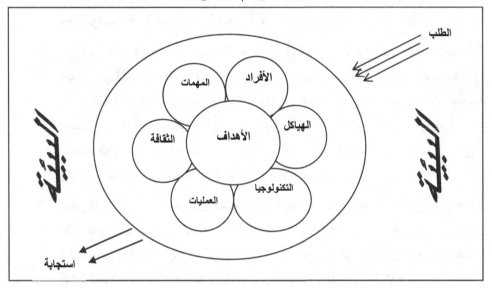

شكل (4-8)
المنظمة كنظام مفتوح

إن الشكل السابق يشير بوضوح إلى تجسيد النموذج السلوكي للتنظيم الذي هو ناتج تفاعل بين الأفراد والهياكل والتكنولوجيا وليس مجرد نموذج بيروقراطي قائم على الإجراءات والجوانب الرسمية الخالية من الروح الإبداعية والسلوكية حيث أن النموذج البيروقراطي في إطار هذا المنظور هو أقل انفتاحية على البيئة والتزاماً بالسلوكيات المسؤولة قياساً إلى النموذج السلوكي الذي يأخذ بنظر الاعتبار تفاعل عناصر التنظيم المختلفة ليعطي لمنظمة الأعمال المرونة الكافية للاستجابة لمتطلبات أصحاب المصالح (Griffin, 2002, P. 357).

• تمثل الاتصالات أنشطة ذات أهمية كبيرة وربما يكون التنظيم والهيكل التنظيمي بشكل عام حلقة تصفية لهذه الاتصالات التي تمثل جوهر العمل الإداري وهنا يمكن للمنظمة أن تجسد سلوكاً أخلاقياً ومسؤولاً في إطار

الاتصالات وإعارتها الأهمية التي تستحقها من نواحي الدقة والسرعة والموثوقية والكفاءة والفاعلية. ونسمع كثيراً عن سياسات تعتمد من قبل منظمات الأعمال في مجال الاتصالات مختلفة في فلسفتها وتوجهاتها فمن سياسة الباب المفتوح إلى سياسات شبكات الاتصال المعقدة لجميع الاتجاهات دون قيود. حيث أن هذه السياسات يمكن أن تساهم في عمليات المشاركة والاتفاق على الأهداف وبث روح الرضا والثقة لدى العاملين والجهات الأخرى. وربما نجد في المنظمات الحديثة مساهمة فعالة لتكنولوجيا الاتصالات الحديثة في تعزيز الاتصالات الرسمية والتقليل من الاتصالات غير الرسمية التي تأخذ الطابع السلبي كالوشاية وتحريف الحقائق والتهويل والمبالغة وغيرها (Daft, 1997, P. 572-579). وهكذا يتضح أن الاتصالات في منظمات الأعمال الحديثة الداخلية منها والخارجية تحمل العديد من المهام والعناصر التي لا تخلو من تحمل لمسؤوليات اجتماعية وأخلاقية يمكن أن نستشفها من الشكل التالي (رقم 4 - 9)، والذي يتضح منه أن نظام الاتصالات في منظمات الأعمال الحديثة يتطلب التزاماً أخلاقياً في كثير من عناصره الأساسية سواء من قبل المرسل أو القناة المعتمدة لإيصال الرسالة أو الجهات مستلمة الرسالة. إن أي تشويش أو إرباك في عنصر من عناصر نظام الاتصال يمكن أن يشل قدرة المنظمة على أداء أعمالها بشكل فعال وكفوء. إن التدقيق المستمر والفحص الدوري لنظام الاتصالات من قبل الإدارة يجعلها بعيدة عن كثير من الإشكالات الناجمة عن التسريبات التي غالباً ما تحمل في طياتها معلومات مجتزأة أو مشوهة أو منقولة بنية سيئة.

- يمكن أن يبرز الدور الأخلاقي والاجتماعي للسلوك التنظيمي في تقوية الولاء للمنظمة فالقرارات ذات الإطار الأخلاقي السليم تشجع العاملين باختلاف مستوياتهم الإدارية على الولاء المتزايد للمنظمة الأمر الذي ينعكس إيجابياً على الأداء الكلي لها.

المرسل
الرسالة
المستلم
توليد الرسالة
(فكرة أو شعور)
التشفير .
القناة :
كلامية:
شفهية.
مكتوبة.
إلكترونية.
غير كلامية :
إشارات جسدية.
نبرات الصوت
اللمس.
إدراك
(يسمع، يرى، يشعر)
التشفير .
(اكتشاف المعنى المقصود) .
استجابة
(أفكار، شعور، فعل)
عدم الجواب
(إنهاء الاتصال)
الضوضاء
عدم الإجابة
(اتصال من جانب واحد).
إجابة
(فكرة، شعور، فعل)
فك الشفرة
إدراك
القناة :
كلامية.
شفهية.
مكتوبة.
إلكترونية.
غير كلامية :
إشارات جسدية.
نبرات الصوات
اللمس.
إجابة
(فكرة، شعور، رد فعل)
تشفير .
(تضمين المعنى المقصود) .
بث الإجابة
(من خلال القناة)
تغذية مرتجعة
اتصال ثنائي (الاتجاه)

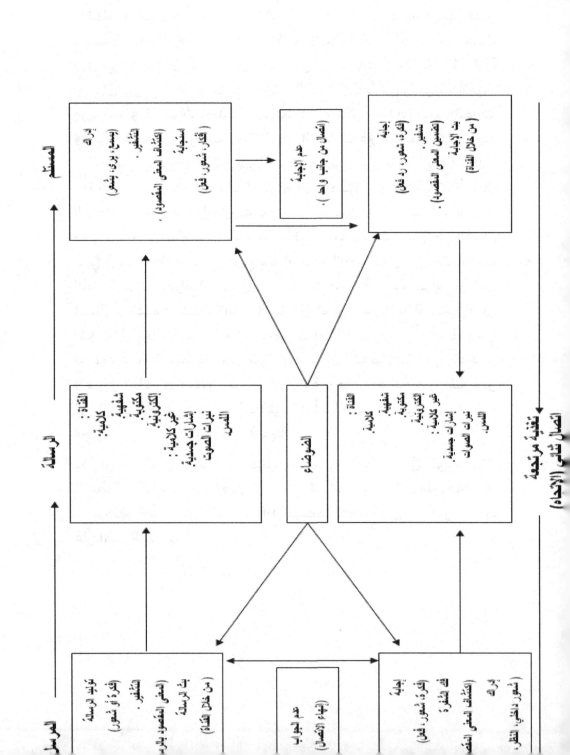

- تظهر مسؤولية المنظمة الاجتماعية بشكل جلي من خلال الاهتمام بمناخ تنظيمي صحي تتسم أبعاده بالمرونة والاهتمام بأنماط استخدام السلطة وكذلك الاهتمام بالأمن الوظيفي للعاملين وغيرها من الأبعاد الأخرى ذات الأهمية والتي تعزز الأداء في المنظمة (العميان، 2002، ص 306-307).

جـ. المسؤولية الاجتماعية وأخلاقيات الأعمال في وظيفة التوجيه Direction :

لوظيفة التوجيه أهمية كبيرة في منظمات الأعمال حيث يمكن أن تعطي للمنظمة خصوصيتها في مجال العمل ويدخل في إطار هذه الوظيفة القيادة وأساليبها وكذلك أساليب التحفيز المستخدمة من قبل منظمات الأعمال، وفي كلا هذين البعدين تتجسد العديد من السلوكيات الأخلاقية والالتزامات الاجتماعية في المنظمة.

1. القيادة Leadership :

تمثل القيادة قدرة التأثير الشخصي للمدير بالأطراف الأخرى من خلال اتصاله معهم لغرض تحقيق الأهداف ويدخل ضمن هذا الدور تنسيق العمل بطرق مختلفة ورفع الروح المعنوية للعاملين وكذلك أسلوب ممارسة القوة في المنظمة. ففي إطار تنسيق العمل يزداد الميل إلى استخدام فرق العمل المدارة ذاتياً والتي تعزز ثقة الإدارة بهؤلاء العاملين وبالتالي يمكن أن يتعزز الولاء وينجز العمل بأفضل الطرق ومن جهة أخرى فإن هذه الأساليب في التنسيق يمكن أن تساهم بشكل كبير في رفع الروح المعنوية للعاملين وزيادة رضاهم عن العمل والمنظمة. أما في إطار مصادر القوة وأساليب استخدامها فإننا نجد ميلاً إلى الاهتمام بمصادر القوة القائمة على أساس الخبرة والتجربة والإعجاب بالقائد معززة بالمصادر القانونية الشرعية وفي جميع هذه المصادر نجد اهتماماً بالجوانب السلوكية والأخلاقية أكثر مما كان سابقاً حيث كانت القوة القسرية والوراثية مصدراً للسلطة في الإدارة. ونتحدث حالياً عن القيادة التحويلية Transformational Leadership كاتجاه في القيادة معززاً بأبعاد يغلب عليها الطابع الأخلاقي والسلوكي حيث التأثير الكاريزمي، والدافعية والإلهام والتشجيع الإبداعي والاهتمام الفردي بالعاملين (Bass and Seltzer, 1990, P. 694). وفي إطار هـذه القيـادة نجـد مزيـداً مـن الاهتمام بالجوانـب السـلوكية والأخلاقيـة والالتـزام المتبـادل وكأنهـا جـاءت لتعـزز التوجيه العام لنمط القيادة الديموقراطية وجعلهـا أكـثر واقعيـة في إطـار مـؤشرات محـددة. و مـن المؤسـف أن إدارة منظماتنـا العربيـة لا تـزال بعيـدة عـن التمتـع بصفات القيادة التحويلية ورغم أن اتجاهات العاملين والموظفين تميل إلى الرغبة في تمتع مسؤوليهم ومدرائهم بهذه الصـفات (العـامري، 2003، ص3-27). ومـن أهـم سمات القائد الملتزم أخلاقياً واجتماعياً يمكن أن نشير إلى الآتي :

- يلتزم بجوانب العمل الكفوء متمثلاً بالعدالة وصدق التعامل واحترام العـاملين، حيث تعتبر القيادة العادلة من ضمن الأسـباب الرئيسـية للنجـاح (Joyce, et al., 2004) .
- الاهتمام بعمليات التقييم للعاملين والرغبة الصادقة في وضع الشخص المناسـب في المكان المناسب.
- ربط نظام الحـوافز بمـؤشرات موضـوعية قائمـة عـلى أسـاس تقيـيم أداء عـادل ودقيق وصادق لجميع العاملين وكذلك الاهتمام بالإنجـاز الـذي يعطـي نتـائج على المدى البعيد.
- أن يكـون الاهـتمام بـنفس القـدر ومتوازنـاً بالإنتـاج والعمـل وكـذلك بـالأفراد العاملين وأن لا يكون التركيز على أحدهما وإهمال البعد الآخر.
- للقيادة دور كبير في مجال حسم الصراعات التي تحصل في المنظمـة مـن خـلال تعاملها الواعي والإيجابي الذي يتسم بالعدالة وعدم التحيز.
- إن الرضـا الـوظيفي هـو غايـة تسـعى مـنظمات الأعـمال أن تصـلها وتحققهـا للعاملين فيهـا مـن خـلال وسـائل متعـددة، لـذلك فـإن أقصى التـزام أخلاقـي واجتماعي هو ذلك الذي يؤدي إلى الوصول بالرضا الـوظيفي إلى ذروتـه الأمـر الذي سينعكس إيجابياً على الأداء المنظمي مستقبلاً.

- الاهتمام ببناء القيادة البديلة وهذا أمر مهم جداً لاستمرارية عمل المنظمة بوتائر عمل متصاعدة ونقل السلطة بأسلوب مرن وسلس ومقنع للجميع ولا يثير الحزازات بسبب محاباة أفراد معينين، بعبارة أخرى أن يتم التركيز على الكفاءة. ومن المؤسف أن هذا الأمر مفقود في كثير من منظمات الأعمال العربية الخاصة وكذلك المؤسسات الحكومية وكأنها صور مصغرة لأسلوب تداول السلطة على مستوى الدول النامية.

أما في منظمات الأعمال في الدول المتقدمة فقد أصبح موضوع تعاقب القيادات Succession Leadership من المواضيع التي تحظى باهتمام كبير وتكرس لها جهود كبيرة لكي تكون الممارسات في مجال تعاقب القيادة في منظمات الأعمال بأفضل صورها.

لقد حدد الباحثان (Flumer and Conger, 2004) أبرز سمات المنظمات الناجحة في مجال تعاقب القيادات بالآتي :

- يتم التعاقب القيادي بسهولة وسلاسة ووضوح وباستمرار وبدون تعقيدات وإشكالات كبيرة .

- تتخذ علمية التعاقب القيادي شكل وأسلوب التطوير لا الإحلال والاستبدال فتصبح هذه العملية دافعاً للمديرين وللموظفين الآخرين لكي يطوروا مهاراتهم وقدراتهم للحصول على فرص للترقية الوظيفية وما يصحب ذلك من توسيع للمسؤوليات.

- تؤمن وتشارك الإدارة العليا للمنظمة وتدعم وتساند كافة عمليات التعاقب القيادي.

- إن منظمات الأعمال الناجحة لديها القدرة على أن تكتشف وتتوقع وتحدد الوظائف التي عانت وتعاني أو ستعاني من مشكلة في القدرات والكفاءات والمواهب وتسعى إلى ردم هذه الفجوات مبكراً.

- عند إدارة المنظمة لعمليات التعاقب القيادي وتطوير القادة فإنها لا بد أن تمارس عمليات تطوير الموظفين الآخرين حتى تتأكد المنظمة أنه يتم دعم القيادات بمهارات وكفاءات تساعد القيادات الجديدة على تحقيق أهدافها.
- تدرك المنظمات الناجحة أن التعاقب القيادي هو وسيلة وليس هدفاً أو غاية في حد ذاته بل هي عملية دائمة التحول والتكييف للوصول إلى أفضل النتائج بصورة مستمرة.

وهكذا تتجسد المسؤولية الأخلاقية والالتزام الاجتماعي بأوسع معانيه في قيادة منظمات من هكذا نوع تمارس واجباتها بكل إخلاص وتعتبر أن مهمة بناء قيادة بديلة أو اختيارها هو وظيفة أساسية من وظائف المدير.

- تعزيز الولاء التنظيمي لدى العاملين للمنظمة بدلاً من الولاء الشخصي للمدير وهذا لا يتم إلا بوجود آليات وأنظمة تؤطر العمل ومتفق عليها من قبل مختلف الفئات .

وخلاصة القول أن خرق أي من النقاط أعلاه يجعل من قيادة المنظمة قاصرة في مجال أداء دورها الاجتماعي والأخلاقي المطلوب منها.

2. التحفيز Motivation :

إن عملية تحفيز العاملين ليست عملية سهلة في عالم الأعمال اليوم فلا يكتفي العاملون بقبول الحوافز المادية المتعارف عليها بل إن هناك تطلعات اجتماعية كثيرة بسبب تطور الحياة وتعقدها وتعدد الحاجات وتباين أساليب إشباعها. ولا نريد أن نستعرض هنا النظريات الكثيرة التي تطرقت وأرست أسس عمليات التحفيز لأن الكثير قد كتب حولها ولكن نود التركيز على الإطار الاجتماعي والأخلاقي للقرارات المتعلقة بتحفيز العاملين حيث من الضروري أن تكسب المنظمة الأثر الإيجابي للتحفيز وأن لا ينقلب الأثر إلى أثر سلبي نتيجة الممارسات غير المتبصرة للإدارة.

وفي إطار عملية التحفيز يمكن أن يلعب نظام الأجور دوراً فعالاً خاصة إذا كان هذا النظام مستنداً إلى مبادئ تجعله متصفاً بالتجديد والديناميكية وكالآتي :

- أن يتوافق برنامج التحفيز ونظام الأجور مع ثقافة المنظمة وقيمها وأهدافها الأساسية التي تقدر العاملين وتعتبر رأس المال البشري هو العنصر الفاعل في الأداء .
- ربط التحفيز ونظام الأجور بمجمل التغييرات الأخرى في المنظمة حيث أن هذا الأمر يجعل منه نظاماً تحفيزياً ديناميكياً وحساساً لما تقدمه الإدارات والعاملون من أفكار إبداعية وتطويرية ممكنة التطبيق ومفيدة للمنظمة.
- توقيت تطبيق نظام الأجور بحيث يتفاعل ويدعم مبادرات التغيير التي تروم المنظمة إدخالها على أساليب العمل وطرقه وفلسفته أو التغييرات التي يفرزها واقع بيئة المنظمة.
- من الضروري أن تعي قيادة المنظمة كون نظام الأجور يتكامل مع بقية عمليات الموارد البشرية كالاختيار والتعيين والتدريب وتقييم الأداء. إن هذا التكامل يخرج نظام الأجور من كونه حلقة منعزلة عن الأنشطة المهمة التي تمارسها قيادة المنظمة وإدارتها ويجعله مرتبطاً بجزئيات بسيطة.
- تتجسد المسؤولية والسلوك الأخلاقي في نظام التحفيز من خلال تحقيق الديموقراطية والعدالة في سياسات الأجور والرواتب.
- من الضروري إزالة الغموض والتداخل بين عناصر نظام الأجور بحيث يجعل منه نظاماً منسجماً مع مناخ المنظمة وفلسفتها الإدارية.
- ضرورة معرفة العلاقة ذات التأثير التبادلي بين نظام الأجور والرواتب والنتائج حيث لا يصح الاعتقاد بأن النتائج هي تابع سلبي لنظام الأجور والرواتب، أو بعبارة أخرى أن الإنتاجية تزداد أحياناً بزيادة الأجور والرواتب لكن زيادة الأجور والرواتب تأتي بسبب زيادة الإنتاجية بوتائر عالية نتيجة

عوامل غير الرواتب والأجور الأمر الذي يحتم على الإدارة إظهار التزامها الأخلاقي والاجتماعي لمكافأة هذه الظاهرة.

- استمرار دراسة إيجابيات وسلبيات أنظمة الأجور والرواتب لغرض تطويرها وتنقيحها وتحسينها.

- متابعة التطورات والأفكار الجديدة التي تستخدمها المنظمات المنافسة في بيئة عمل المنظمة وتجسيد خصوصيتها في مجال نظامها التحفيزي (,Flannery 1996).

د. المسؤولية الاجتماعية والأخلاقية في وظيفة الرقابة Control :

تعد الرقابة على كميات الإنتاج ونوعيته ورقابة السلوكيات من الأمور الرئيسية التي تشغل بال الإدارة في أي مستوى من مستوياتها، وكذلك فإن جميع الجهات ذات المصلحة خارج المنظمة تولي أهمية خاصة لهذه الوظيفة. إن العملية الرقابية تتسم بالشمول لكونها تغطي مختلف أنشطة المنظمة من جانب ومن جانب آخر فإنها تطال مختلف عمليات النظام من مدخلات إلى عمليات تحويل ثم إلى المخرجات كما موضح في الشكل التالي :

شكل (4 – 10) : عمليات الرقابة من المدخلات إلى المخرجات

Source : Griffin, 2002, P. 624

كذلك فإن الرقابة تغطي مختلف المستويات الإدارية ابتداءً من الرقابة الاستراتيجية مروراً بالرقابة الهيكلية فرقابة العمليات ثم الرقابة المالية. كذلك فإن الأنشطة في هذه المستويات المختلفة تعطي وتؤشر طبيعة العلاقة بين نظام التخطيط الشامل والأنشطة المختلفة للرقابة حيث أن هذه العلاقة تعطي اتجاهاً لما يراد رقابته من أهداف واستراتيجيات أو مؤشرات تنفيذ هذه الاستراتيجيات أو الأداء المتحققة على مستوى المجموعات والأفراد في المنظمة وكما يتضح من الشكل التالي :

شكل (4 - 11) : العلاقة بين الأنشطة الرقابية المختلفة

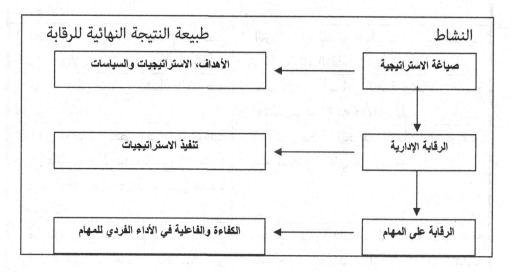

Source : Anthony, 2004, P. 7

وقبل استعراض الجوانب السلوكية والأخلاقية في النظام الرقابي والعمليات الرقابية لا بد من الإشارة إلى أن طبيعة وفلسفة النظام الرقابي قد تغيرت كثيراً بحيث أن الأدبيات المتخصصة بنظم الرقابة الإدارية أصبحت تشير إلى نمطين رئيسيين من الرقابة : التقليدية Traditional واللامركزية Decentralized ويمكن استعراض الفروقات بين النوعين كما يلي (Anthony, 2004, P.76):

جدول (4-3)
الرقابة التقليدية والرقابة الحديثة

الرقابة التقليدية	الرقابة اللامركزية (الحديثة)
* التركيـز عـلى مراقبـة النتـائج أو المخرجات بشكل رئيسي.	* العمليـة الرقابيـة شـاملة ويصـمم بموجبهـا مراقبة المدخلات والعمليات والنتائج .
* يعتبر نظام الرقابة كلفة تتحملها المنظمة بهدف تقليل الأخطاء وتعزيز نتائج الأداء.	* أنشـطة الرقابـة ضروريـة وتمثـل في بعـض جوانبهـا اسـتثمار لتعزيـز صـورة المنظمـة في المجتمع.
* تعتمـد عـلى الاسـتخدام الموسـع للقواعد والإجراءات المكتوبة والوثائق.	* التركيز على تعزيز جوانـب الرقابـة الذاتيـة من خلال بناء الثقافة التنظيمية الإيجابية.
* قائمة على أساس الشك والمتابعة لغرض التأكد	* قائمـة عـلى أسـاس الثقـة وتعزيـز القـيم والمعتقدات المشتركة وتقاسمها.
* تهمل وتخفض بعض إجراءات الرقابة متـى كانـت التكـاليف التـي تتحملهـا المنظمـة تفـوق العوائـد مـن هـذه الإجراءات.	* لا يعتمد معيار العوائد فقـط للحكـم عـلى أهمية النظام الرقابي وإجراءاته .
* محدوديـة اسـتخدام نتـائج نظـام الرقابـة حيـث تعتمـد للعقـاب أو للتحفيز.	* اتساع نطاق الفائـدة المتحققـة مـن نظـام الرقابة حيث تعتمد النتائج في تعزيز الثقافـة التنظيمية ودعم عناصرها كذلك تربط بنظـام التدريب والتطـوير وتغطـي جوانـب العلاقـة مع فئات المجتمع المختلفة.

والآن بعد هذا الاستعراض لمفهوم الرقابة نود أن نشير إلى أهم الجوانب الاجتماعية والأخلاقية التي يجب مراعاتها في النظام الرقابي وأنشطة العملية الرقابية :

- أن تشمل الأنشطة الرقابية إجراءات متعـددة تـرتبط بعضـها بالجوانـب الفنيـة ويرتبط البعض الآخر بالجوانب السلوكية والذاتية للعاملين وبهذا فإن مـؤشرات الرقابة يعتمد عليها في إحقاق الحقوق وتحميـل المسـؤوليات لـذلك يفـترض أن

تكون دقيقة وصادقة وشاملة وبإجراءات مقبولة وعادلة لكي لا تهدر حقوق العاملين أو حقوق المنظمة.

- يفترض بالنظام الرقابي أن ينمي جوانب الاستقلالية والحرية وأن يكون بعيداً في إجراءاته عن القهر والخوف والاستبداد لذلك فإن أنظمة الرقابة الحديثة تنمي روح النقد والإبداع والحوار ومناقشة مختلف الإجراءات والنتائج من قبل المعنيين مباشرة أو المهتمين بشكل غير مباشر بهذه النتائج.

- يجب أن لا ينظر إلى النظام الرقابي بمنظور ضيق وخاصة في العمليات الكبرى في منظمات الأعمال والتي يكون الخطأ فيها مكلفاً على الصعيد الإنساني والبيئي. فلا يعقل أن تقلل شركات الطيران من تكاليف نظام الرقابة من خلال تقليص عمليات الصيانة إلى حدودها الدنيا وبذلك فإنه في حالة وقوع حادث طيران تكون كلفته المادية أقل من المبالغ التي تم توفيرها من جراء تقليص عمليات الصيانة. في هذه الحالة يفترض بالنظام الرقابي أن يؤشر التكاليف النفسية والاجتماعية والسياسية جراء حدوث مثل هذا النوع من الخلل وهكذا بالنسبة للشركات المتخصصة بإنتاج الكهرباء من الطاقة الذرية أو قطارات الاتفاق وغيرها.

- يرتبط النظام الرقابي بعمليات وأنشطة متعددة مثل تقييم الأداء والتدريب والتطوير ونظام الحوافز والأجور وتطوير منتجات جديدة وغيرها وفي جميع هذه القضايا فإن الخلل في النظام الرقابي وعدم دقته سيؤثر سلباً على الروح المعنوية للعاملين أو العلاقة مع المجهزين أو العلاقة مع الزبائن أو العلاقة مع جهات أخرى وهذه كلها تؤثر سلباً على النظرة الاجتماعية للمنظمة وتحملها لمسؤولياتها تجاه هذه الأطراف .

- يمكن تحميل بعض مهام وأنشطة الرقابة مسؤوليات جسام كما هو الحال في الرقابة على أنشطة البحث والتطوير واتجاهاتها والنتائج المتوخاة منها. وهذا

يفترض بالعاملين في النظام الرقابي أن يكونـوا دقيقيـن وصادقيـن وشـفافين عنـد ممارستهم للأنشطة الرقابية وأن يتوخوا الصدق عند تعاملهم مع مختلف فئات المجتمع.

هـ المسؤولية الاجتماعية والأخلاقية للإدارة الاستراتيجية

Strategic Management :

تمثل الاستراتيجية منظـور متكامـل يتجسـد بوضـع خطـة شـمولية لغـرض تحقيق الأهداف التي تسعى لها منظمة الأعمال. فبعد أن تكون منظمة الأعمال قد حددت رسالتها Mission التي توضـح مـن خلالهـا رؤيتهـا للعمـل والقطاعـات التي تغطيها، فإن الإدارة العليا والجهات المساندة لها من هيئات تخطيط وأنظمـة معلومـات اسـتراتيجية تقـوم بعمليـات فحـص وتحليـل بيئـة المنظمـة الداخليـة والخارجية لغرض فرز الفرص والتهديدات في البيئة الخارجية والقوة والضعف في بيئتها الداخلية. وهنا تتدخل الإدارة العليا وفي ضوء تجربتها يتم تطـوير خيـارات استراتيجية ممكنة يتم اعتماد المناسب منهـا لغـرض التنفيـذ مـن خـلال العمليـات التخطيطية والرقابية اللاحقة وبهذا تتطور المنظمة وتحسن وضعها التنافسي ـ العـام (Hax, 1990, P. 34-40). والمخطـط التـالي يوضـح التحليـل الاستراتيجي واختيـار الاستراتيجية المناسبة.

شكل (4 - 12) : التحليل الاستراتيجي واختيار الاستراتيجية الملائمة

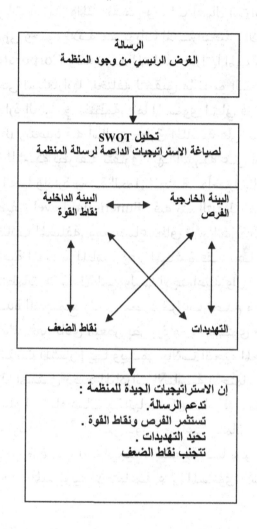

Source : Griffin, 2002, P. 231

وفي الشركات الكبرى والمتكونة من وحدات أعمال استراتيجية متعددة يشير أغلب الباحثين إلى وجود ثلاثة مستويات للاستراتيجية: الأول، وهو المستوى الشامل Corporate Level وفيه تحدد المنظمة خياراتها المهمة ومجالات وأساليب توزيع مواردها على استثماراتها المختلفة لتحقيق ما تصبو إليه من أهداف وهو من مسؤولية الإدارة العليا في المنظمة. أما المستوى الثاني فهو مستوى الأعمال Business Level وتتحدد فيه أساليب وطرق المنافسة على مستوى كل عمل من الأعمال المكونة للشركة بطريقة تتفوق فيها الشركة على منافسيها وهو من مسؤولية الإدارة العليا وإدارة وحدة العمل المعنية. وأخيراً فإن المستوى الثالث هو المستوى الوظيفي Functional Level وفيه يتم التنفيذ الفعلي وتحقيق نتائج على مستوى الوظائف المختلفة. ومع اتساع نطاق تأثير الشركات وزيادة حجومها وكثرة الفئات صاحبة المصلحة المباشرة وغير المباشرة فقد دعا بعض الباحثين إلى ضرورة تحمل منظمات الأعمال لمسؤوليتها الاجتماعية وأن تكون قراراتها أكثر أخلاقية وأكثر فائدة للمجتمع وليس مجرد قرارات تخدم مصلحة المستثمرين وحملة الأسهم، لذلك فقد نادى البعض بضرورة وجود مستوى رابع يعطى أولوية على المستويات الثلاث المشار إليها ويسمى بالاستراتيجية المجتمعية Societal Strategy وفي هذا المستوى تحدد المبادرات الأساسية الاجتماعية للمنظمة تجاه مجتمعها بشكل عام أو تجاه فئات بذاتها بشكل خاص. كما دعيت المنظمات صغيرة الحجم والمتوسطة أيضاً إلى تبني دوراً اجتماعياً يتماشى مع قدرتها المالية والتنافسية حتى لو لم تمتلك استراتيجية مجتمعية كما هو الحال في الشركات الكبيرة وفي إطار هذه المسؤولية الاجتماعية على المستوى الاستراتيجي يمكن أن تؤشر الآتي:

- أن تتحمل منظمات الأعمال مسؤولية اجتماعية وأخلاقية منسجمة مع قدرتها التأثيرية وإمكاناتها في تحقيق الأرباح وتراكمها.

- أن تكون هذه المبادرات الاجتماعية متفوقة على الالتزام القانوني المفروض ضمن التشريعات والأنظمة المعمول بها محلياً وإقليمياً ودولياً إذا كانت ساحة نشاط المنظمة تغطي هذه البيئات .

- يفضل أن تتبنى منظمة الأعمال برنامجاً محدداً وواضحاً تمارس من خلاله مسؤوليتها الاجتماعية وأن يكون هذا البرنامج مشتقاً من واقع احتياجات فعلية لأكبر عدد ممكن من فئات المجتمع .

- أن لا تكون المبادرات الاجتماعية مؤقتة وبشكل صرعات حسب الظروف السائدة وتأتي في إطار خدمة المصالح الضيقة للمنظمة بل يجب أن تكون في إطار إنساني واجتماعي أوسع يفيد فئات المجتمع الأكثر تضرراً وحاجة.

- إن المنظور الاستراتيجي بحد ذاته يمثل حالة منهجية وفكرية متكاملة يتم بموجبها مناقشة القرارات المعتمدة من قبل المنظمة من خلال مداخل مختلفة اقتصادية واجتماعية ونفسية وسياسية وثقافية وتكنولوجية وخاصة القرارات المهمة ذات التأثيرات الشاملة.

- أن يكون التوجه الاستراتيجي للمنظمة توجهاً سليماً وصادقاً ويصب دائماً باتجاه بناء منظمة تجسد الممارسة الأخلاقية الصادقة والسلوكيات الإنسانية المنضبطة وأن تأخذ الإدارة العليا للمنظمات بنظر الاعتبار استمرارية هذا التصور مهما كانت الظروف والأحوال ومهما تغيرت القيادات وهذا لا يمكن أن يكون إلا من خلال وضع هذا التصور ضمن إطار مؤسسي- معروف وواضح ويحترم الجميع وكأنه يمثل دستوراً أخلاقياً مكتوباً أو عرفياً.

(ملحـــق)
* ندرج في ادناه مقترح لقوائم تدقيق مدى التزام منظمة الأعمال بالجوانب الاجتماعية والاخلاقية *
قائمة تدقيقية مقترحة لفحص مدى التزام منظمة الأعمال بمسؤوليتها
الاجتماعية وأخلاقيات الأعمال في مختلف وظائفها وممارساتها الإدارية

	متوفر بشكل كامل (5)	متوفر بشكل جيد (4)	متوفر (3)	متوفر بشكل بسيط (2)	غير متوفر إطلاقاً (1)
أولاً: في مجال الإنتاج والعمليات:					
1.الاهــتمــام بتصـميم المنتجــات والخـدمات مـن ناحيـة صـلاحيتها للاستهلاك ونوعية المواد الأولية.					
2. التركيز على السلامة والأمان عند استخدام المنتج.					
3. الحد من التسبب في التلوث البيئي للماء والهواء والتربة.					
4. ترتيــب موقــع الإنتـاج لا يثيـر إشكالات سلامة للعاملين مـن ناحيـة التهوية والضوضاء وغيرها .					
5.الاهتمام بمخلفات الإنتاج والتخلص منهـا بأسـلوب علمـي لمنـع الضـرر بالبيئة.					
6. الاهتمام بتوفير بيئة عمل سليمة وأمينـة مـن ناحيـة تـوفير المعـدات الضرورية لحماية العاملين مثل ملابس واقيـة، أحذيـة ونظارات وقبعـات سلامة.					
7. إجـراء الفحـص الطبـي الـدوري للعاملين.					
8. القيـام بإعـادة تصنيع المواد مثل الورق والبلاستك والألمنيوم.					

330

	متوفر بشكل كامل (5)	متوفر بشكل جيد (4)	متوفر (3)	متوفر بشكل بسيط (2)	غير متوفر إطلاقاً (1)
9.الترشيد والكفاءة في استخدام الطاقة الذي ينعكس إيجابياً على كلفة الإنتاج وبالتالي تقديم المنتج بسعر معقول في السوق.					
10.تدقيق إجراءات السلامة في المخازن والمستودعات خاصة للمواد الخطرة.					
11.تطبيق إجراءات الصيانة بشكل مستمر والعمل على تجنب الإخفاقات للأجهزة والمعدات ومنع كافة أشكال تسرب المواد الخطرة.					
12.الاستعداد لسحب بعض المنتجات عند اكتشاف عيب فيها حتى لو كانت مربحة للمنظمة.					
13.السعي لترسيخ ثقافة الجودة والتزام العاملين أخلاقياً بإنتاج منتجات ذات جودة عالية وآمنة.					
14.السعي المتواصل للتحسين المستمر والحصول على شهادات عالمية كالآيزو مثلاً.					
ثانياً: المسؤولية الاجتماعية وأخلاقيات الأعمال في التسويق :					
1. الاهتمام بتوفير النشرات الإيضاحية التي تحتوي على تعليمات كاملة بشأن استخدام المنتج.					
2. دفع تعويضات للمتضررين من استخدام بعض المنتجات.					
3. الاستعداد لتزويد المستهلكين بكافة المعلومات الصحيحة والصادقة والأمينة والتأثيرات الجانبية للمنتجات.					

	متوفر بشكل كامل (5)	متوفر بشكل جيد (4)	متوفر (3)	متوفر بشكل بسيط (2)	غير متوفر إطلاقاً (1)
4. الاهتمام بحق الاختيار للمستهلك وعدم اللجوء لاحتكار السلعة ومراعاة آليات المنافسة الشريفة.					
5. الاهتمام بتوفير آلية لسماع رأي المستهلكين وشكاواهم مثل مكاتب خدمة الجمهور أو الاتصالات المجانية أو موقع إلكتروني أو غير ذلك.					
6. حملات توعية المستهلكين بكيفية اقتناء السلع والخدمات وكيفية الاستفادة منها ولمختلف الأعمار.					
7. الالتزام بالمنافسة الشريفة من ناحية السياسة السعرية وعدم اللجوء لمبدأ الإغراق.					
8. مراعاة بعض الشرائح الاجتماعية عند التسعير مثل الطلاب أو المعوقين أو ذوي الاحتياجات الخاصة الآخرين.					
9. تخصيص جزء من الأرباح لدعم مراكز معالجة الأمراض المستعصية ودور الأيتام ومراكز البحث .					
10.الاهتمام بالتعبئة والتغليف من ناحية الكلفة وسلامة المنتج ومراعاة الذوق والأعراف ووضع العلامة التجارية بشكل واضح مع تضمينها نشرة إرشادية.					
11. اللجوء إلى قنوات توزيع قصيرة والاهتمام بالتغطية الكاملة لأجزاء السوق.					
12. متابعة الوسطاء والتأكد من عدم قيامهم بممارسات تضر بالمستهلكين وسمعة المنظمة.					

	متوفر بشكل كامل (5)	متوفر بشكل جيد (4)	متوفر (3)	متوفر بشكل بسيط (2)	غير متوفر إطلاقاً (1)
13. الاهتمام بوسائط نقل المنتجات إلى الأسواق وحسب طبيعة كل منتج.					
14. الالتزام بالإعلان الصادق والأمين.					
15. الاهتمام ومتابعة السياسة الترويجية بحيث تعبر عن سلوك ملتزم تجاه مختلف المستهلكين.					
16. توفير خدمات ما بعد البيع بطريقة ترضي الزبائن ويمكن الحصول عليها بسهولة.					
17. في حالة الامتياز وتسويق المنظمة لسلع غيرها فإنها تحافظ على الأسرار للمنظمة مقدمة الامتياز.					
ثالثاً: المسؤولية الاجتماعية وأخلاقيات الأعمال في الموارد البشرية :					
1. تأمين فرص متكافئة للمتقدمين لشغل الوظائف في المنظمة.					
2. الإعلان عن الوظائف الشاغرة بشكل صريح مع إعطاء وقت كافي للتقديم.					
3. إجراءات التعيين شفافة وواضحة ونزيهة وعادلة مع الابتعاد عن الوساطات والمحسوبيات في التعيين.					
4. الالتزام بالمنافسة الشريفة وعدم اللجوء إلى سحب العاملين من منظمات أخرى بطرق غير مشروعة.					
5.الاهتمام باختيار لجان المقابلة والاختيار لغرض انتقاء أفضل المتقدمين.					

	متوفر بشكل كامل (5)	متوفر بشكل جيد (4)	متوفر (3)	متوفر بشكل بسيط (2)	غير متوفر إطلاقاً (1)
6. يتم الاختيار والتعيين في ضوء نتائج المقابلة والاختبار وعلى أسس سليمة تعكس كفاءة المتقدمين.					
7.النظر إلى أنشطة التدريب والتطوير كحق للعاملين يعزز كفاءة المنظمة.					
8. وجود ميزانية خاصة بالتدريب والتطوير .					
9. مدى توفر العدالة والمساواة في الأجور وحسب الكفاءة.					
10. هناك حزمة من التعويضات غير المباشرة للعاملين مثل التأمين الصحي والضمان الاجتماعي والتأمين على الحياة وتعويضات الإجازات .					
11. المساواة بين الرجل والمرأة في دفع الأجور لنفس المنصب إذا تساوت الكفاءة.					
12. الاهتمام بمسألة تقييم أداء العاملين وبنائها على أسس سليمة وشاملة.					
13. وجود برامج لتحسين نوعية حياة العمل ومكافحة الأمراض المهنية.					
14. الاهتمام بتشكيل لجان للأنشطة الاجتماعية .					
15. وجود آليات واضحة لتكريم المبدعين ومكافأتهم .					
16.توفير أماكن خاصة للنساء العاملات تفي بمتطلباتهن الخاصة.					
17. وجود آليات لحماية المرأة العاملة من الابتزاز الجنسي في مكان العمل.					

	متوفر بشكل كامل (5)	متوفر بشكل جيد (4)	متوفر (3)	متوفر بشكل بسيط (2)	غير متوفر إطلاقاً (1)
18. الاهتمام بإجازات الولادة والأمومة للنساء العاملات.					
رابعاً: المسؤولية الاجتماعية وأخلاقيات الأعمال في الإدارة المالية والمحاسبية:					
1. الاستثمار وإنتاج السلع المفيدة للمجتمع.					
2. الإحجام عن الدخول في مجالات استثمار فيها إشكالية أخلاقية كالسلاح والدخان والمشروبات الروحية.					
3. النظر إلى الاستثمار بشكل شمولي (اقتصادي اجتماعي وسياسي) وليس فقط من منظور اقتصادي صرف.					
4. وجود وحدات للتدقيق تقوم بواجبها بكل مهنية والتزام أخلاقي.					
5. وجود مدونة أخلاقية في مجال المحاسبة والتدقيق.					
6. توفر الحرية والاستقلالية الكاملة للمدققين الخارجيين في حال الاستعانة بهم.					
7. مدى الحاجة لمدقق خارجي لفحص خروقات تستدعي ذلك.					
8. الالتزام بالمعايير المحاسبية والمبادئ المحاسبية العامة عند إعداد الحسابات.					
خامساً: المسؤولية الاجتماعية وأخلاقيات الأعمال في العلاقات العامة :					
1. الاهتمام بالرأي العام وتوجهاته.					
2. الاهتمام بالبرامج التي تعزز النواحي الإيجابية لدى مختلف فئات المجتمع .					
3. الاتصال المستمر بوسائل الإعلام وتزويدها بالمعلومات الضرورية حول المنظمة وأنشطتها.					

	متوفر بشكل كامل (5)	متوفر بشكل جيد (4)	متوفر (3)	متوفر بشكل بسيط (2)	غير متوفر إطلاقاً (1)
4. مدى الاهتمام بالعلاقة مع المجتمع المحلي.					
5. الاهتمام بتوفير كادر ذي خبرة ونزاهة في إطار قسم العلاقات العامة .					
6. استقلال قسم العلاقات العامة وعدم انحيازه لتبرير أخطاء المنظمة.					
7. عدم الانحياز في التغطية الإعلامية لقسم معين في المنظمة.					
8.وجود وحدة أو لجنة لمعالجة الأزمات والطوارئ.					
9. السلوك الإيجابي والملتزم لقسم العلاقات العامة أثناء الأزمات.					
10. استعداد قسم العلاقات العامة لتزويد الجهات المختلفة بالمعلومات الضرورية بشفافية ونزاهة.					
سادساً: المسؤولية الاجتماعية وأخلاقيات الأعمال في البحث والتطوير:					
1. وجود ميزانية كافية لتغطية أنشطة البحث والتطوير.					
2. وجود كادر متخصص في قسم البحث والتطوير.					
3. الانفتاح على الجامعات والمعاهد العلمية لغرض التعاون المشترك.					
4. وجود أجهزة ومختبرات قادرة على استيعاب مهمات البحث العلمي الحقيقي.					
5. الاهتمام بالبحوث التطبيقية والتطويرية وبحوث تحسين المنتجات .					

	متوفر بشكل كامل (5)	متوفر بشكل جيد (4)	متوفر (3)	متوفر بشكل بسيط (2)	غير متوفر إطلاقاً (1)
6. تحمل مسؤولية نتائج ومخلفات التجارب وآثارها على العاملين والبيئة.					
7. مراعاة الجوانب الأخلاقية عند إجراء التجارب التي تمس الجوانب الاجتماعية والنفسية أو التي تجري على الحيوان.					
8. الامتناع عن إجراء التجارب على البشر إلا في حدود تسمح بها الأخلاقيات والشرائع الدينية مع معرفة الأفراد المستهدفين بذلك.					
9. الالتزام بالنزاهة والصدق وإعلان النتائج الحقيقية من قبل الباحثين.					
10. الالتزام بقول الحقيقة في مجال البحث والتطوير مهما كانت .					
سابعاً: المسؤولية الاجتماعية والأخلاقية في إدارة المعلومات :					
1. الالتزام الصادق في تقديم المعلومات أو عند إدخالها للحاسوب أو إتاحة الحرية للدخول إليها.					
2. الالتزام بالسلوك الأخلاقي في كافة جوانب العمل المعلوماتي والمعرفي.					
3. وجود تشريعات وأعراف أخلاقية في مجال العمل المعلوماتي والمعرفي.					
4. احترام الملكية الفكرية وحماية إنتاج المبدعين.					
5. احترام الحرية الشخصية للعاملين في الحقل المعلوماتي والمعرفي .					
6. وجود العمل عن بعد ومدى اهتمام المنظمة بممارسته.					

	متوفر بشكل كامل (5)	متوفر بشكل جيد (4)	متوفر (3)	متوفر بشكل بسيط (2)	غير متوفر إطلاقاً (1)
7. الالتـزام بتـوفير المعلومـات لأصـحاب المصالح بشفافية ونزاهة.					
8. الابتعاد عن القرصنة عـلى البرامجيـات والالتزام بعدم الاستنساخ غير القانوني.					
9. احـترام خصوصـية المـنظمات الأخـرى وعدم القبول بالاختراقات والتخريب .					
10. إشــاعة ثقافــة الإنترنــت وتســهيل اسـتخدامها مـن قبـل العـاملين للأغـراض العلمية والحياتية.					
11. الالتـــزام بالمحافظـــة عـــلى أمـــن المعلومـات الخاصـة بالمنظمـة واعتبارهـا جزء مهم من رأس المال.					
12. مـدى الالتـزام بمكافحـة الاسـتغلال والتشهير والاستخدام السيء للمعلومات.					
13. محاربـة التجسـس الصـناعي بكافـة أشكاله .					
14. الإحجام عـن اسـتثمار المعلومـات في مجالات تضر العادات والتقاليد والمبـادئ الدينية.					
15. الاهتمام بمعالجة التـأثيرات الجانبيـة للتغيرات التكنولوجية للمنظمة.					
ثامناً: المسؤولية الاجتماعية وأخلاقيات الأعمال في إطار وظائف الإدارة :					
1. تشجيع المشاركة الواسعة في عمليـة التخطيط.					
2. وجـود رؤيـة ورسـالة واضـحة للمنظمـة تعكـس القـيم السـلوكية الملتزمة تجاه المجتمع.					

	متوفر بشكل كامل (5)	متوفر بشكل جيد (4)	متوفر (3)	متوفر بشكل بسيط (2)	غير متوفر إطلاقاً (1)
3. توازن الأهداف الواردة بالخطة في الإطار الاقتصادي والاجتماعي.					
4. مراعاة أهداف مختلف أصحاب المصالح عند وضع الخطط.					
5. الإحجام عن تبني أهداف تضر بمصالح بعض فئات المجتمع.					
6. تعزيز جوانب الولاء التنظيمي وتشجيع مساهمة التنظيم غير الرسمي بشكل فعال.					
7. اعتماد فلسفة تنظيمية قائمة على أساس الاهتمام بالمعتقدات والقيم والسلوكيات الأخلاقية.					
8. الاستخدام الرشيد للسلطة والقوة وعدم التعسف.					
9. معالجة الصراعات التنظيمية بالحكمة وبشكل شامل .					
10. متابعة التكتلات والشللية ومحاولة توجيهها لخدمة المنظمة وعدم إلحاق الضرر بها.					
11. توجد في الهيكل التنظيمي وحدات أو هيئات أو لجان تمثل حلقة وصل بين المنظمة ومختلف الجهات الخارجية لرسم صورة اجتماعية إيجابية للمنظمة.					
12. تشجيع الاتصالات في مختلف الاتجاهات ويستخدم المدراء سياسة الباب المفتوح.					
13. متابعة انسياب الاتصالات والتأكد من سلامتها وعدم وجود تشويه فيها.					

	متوفر بشكل كامل (5)	متوفر بشكل جيد (4)	متوفر (3)	متوفر بشكل بسيط (2)	غير متوفر إطلاقاً (1)
14. تعزيز بروز القيادات الكفوءة ذات السلوك الأخلاقي القويم.					
15. المتابعة الدائمة لفلسفة القيادة التحويلية والاهتمام بالدافعية والإلهام وتشجيع الإبداع.					
16. مدى تحقق الرضا الوظيفي من خلال مدخل أخلاقي اجتماعي تلعب فيه القيادة دوراً مهماً.					
17. الاهتمام بخلق القيادات البديلة.					
18. سهولة التعاقب القيادي وانتقال السلطة بيسر.					
19. الاهتمام ببرامج التحفيز والأجور بحيث تأتي منسجمة مع ثقافة تنظيمية ملتزمة اجتماعياً وأخلاقياً.					
20. توافق نظام الأجور مع مبادرات التغيير التي ترى المنظمة ضرورة إدخالها في العمل.					
21. تجسيد نظام الأجور للمسؤولية الاجتماعية والسلوك الأخلاقي من خلال الديموقراطية والعدالة في سياسات الأجور والرواتب.					
22. الاهتمام بتعزيز النظرة الحديثة للنظام الرقابي والتي لا ترى فيه نظاماً كلفوياً فقط.					
23. تشجيع الرقابة الذاتية من خلال بناء الثقافة التنظيمية الإيجابية.					
24. دعم نظام الرقابة القائم على أساس الثقة والقيم المشتركة وتقاسمها.					

	متوفر بشكل كامل (5)	متوفر بشكل جيد (4)	متوفر (3)	متوفر بشكل بسيط (2)	غير متوفر إطلاقاً (1)
25. تعزيز النظام الرقابي للاستقلالية والحرية وتنمية روح النقد والإبداع والحوار والنقاش.					
26. تنمية اتساع نطاق الفوائد المتحققة للنظام الرقابي من خلال ربطه بمختلف الأنظمة الإدارية الأخرى.					
27. السعي لامتلاك المنظمة لاستراتيجية مجتمعية واضحة المعالم تغطي مبادراتها الأساسية تجاه المجتمع.					
28. السعي لتحمل المنظمة مسؤولية اجتماعية وأخلاقية منسجمة مع قدرتها التأثيرية وإمكاناتها في تحقيق الأرباح وتراكمها.					
29. تجاوز ما هو مطلوب قانوناً من التزامات اجتماعية وأن تكون ضمن برامج محددة وواضحة تغطي احتياجات أكبر عدد من فئات المجتمع .					
30. استمرارية المبادرة الاجتماعية وعدم إيقافها بعد فترة زمنية قصيرة.					

إن هذه القائمة هي نموذج مقترح تستطيع منظمات الأعمال تكييفه وفق طبيعة عملها ومدى الأهمية النسبية لكل نشاط من الأنشطة التي تتضمنها. كذلك تستطيع المنظمة فحص مدى التزامها الاجتماعي والأخلاقي في هذه الأبعاد جميعاً وبالتالي تستطيع تعزيز نواقصها الموجودة ضمن صورة أكثر وضوحاً بعد تأشيرها ضمن مفردات هذه القائمة كذلك الاستمرار في تعزيز الجوانب المتوفرة بمستوى عالي.

مصادر الفصل الرابع

المصادر العربية :

1. البكري، ثامر ياسر، "التسويق والمسؤولية الاجتماعية"، دار وائل للنشر، عمان، الأردن، 2001.

2. عبيدات، محمد ابراهيم، "التسويق الاجتماعي- الاخضر- والبيئي"، دار وائل للنشر، عمان ، الأردن، 2004 .

3. الشراح، رمضان، "البحث العلمي وتطوير الإدارة العربية في ظل التحول نحو اقتصاد السوق"، المجلة العربية للإدارة، المجلد 23، العدد 2 كانون الأول 203.

4. العامري، أحمد بن سالم، "القيادة التحويلية في المؤسسات العامة: دراسة استطلاعية لآراء الموظفين"، مركز البحوث، كلية العلوم الإدارية، جامعة الملك سعود، الرياض، العدد 4، 2003.

5. العامري، صالح مهدي محسن، "الإبداع التكنولوجي: دراسة مرجعية"، مجلة التعاون الصناعي، العدد 96، يوليو 2004.

6. العامري، صالح مهدي محسن، "التجارة الإليكترونية عنصر- أساس في اقتصاد المعرفة"، المجلة الدولية للعلوم الإدارية، المجلد 6، العدد 4، 2001.

7. العامري، صالح وشذى التميمي، "المرتكزات الأخلاقية في قرارات إدارة الإنتاج والعمليات ومؤشرات قياسها"، مجلة آفاق اقتصادية، العدد 92، 2002.

8. العقايلة، محمد ذيب، "الإدارة الحديثة للسلامة المهنية"، دار صفاء للنشر- والتوزيع، عمان، 2002.

9. العميان، محمود سلمان، "السلوك التنظيمي في منظمات الأعمال"، دار وائل، عمان، 2002.

10. الغالبي، طاهر محسن وصالح مهدي العامري، "المسؤولية الاجتماعية لمنظمات الأعمال وشفافية نظام المعلومات"، دراسة تطبيقية لعينة من المصارف التجارية الأردنية، وقائع المؤتمر العربي الثاني في الإدارة، المنظمة العربية للعلوم الإدارية، القاهرة 6-8 تشرين الثاني، 2001.

11. الغالبي، طاهر محسن ومسلم علاوي السعد، "فلسفة التخطيط بين استمرار التصور وتجدد الأساليب"، مجلة العلوم الاقتصادية، العدد 10، 1995.

12. الفضل، مؤيد عيد الحسين ويوسف حجيم الطائي، "إدارة الجودة الشاملة: منهج كمي"، دار الوراق للنشر، عمان، 2004.

13. الهيتي، خالد عبد الرحيم، "إدارة الموارد البشرية : مدخل استراتيجي"، دار وائل للطباعة، عمان، 2003.

14. برنوطي، سعاد نائف، "إدارة الموارد البشرية، إدارة الأفراد"، دار وائل للنشر، عمان، 2001.

15. جودة، محفوظ أحمد، "العلاقات العامة: مفاهيم وممارسات"، دار زهران للنشر والتوزيع، ط4، عمان، 2002.

16. ديكنسون، جون، "العلم والمشتغلون بالبحث العلمي في المجتمع الحديث"، سلسلة عالم المعرفة، الكويت، 1987.

17. ذنيبات، علي عبد القادر، "الدلالات التفسيرية لفقرة الرأي في التقرير النظيف (غير المتحفظ) لمدقق الحسابات الخارجي : دراسة ميدانية من وجهة نظر مديري الشركات ومدققي الحسابات الخارجيين في الأردن"، مجلة دراسات الجامعة الأردنية، المجلد 3، العدد 2، تموز 2004.

18. زكريا، فؤاد، "التفكير العلمي"، سلسلة عالم المعرفة، الكويت، 1978.

19. صيام، وليد زكريا، "أهمية تفعيل جودة تدقيق الحسابات في ظل التطورات العالمية"، مجلة المدقق، العدد 58، أيار، 2004.

20. عبود، طلال، "التسويق عبر الإنترنت"، دار الرضا للنشر، دمشق، 2000.

21. عرب، يونس، "التشريعات القانونية وتكنولوجيا المعلومات"، وقائع المؤتمر العلمي الثاني، كلية الاقتصاد والعلوم الإدارية في جامعة الزيتونة، عمان، 6-8 أيار، 2002.

22. عسيري، علي عبدالله، "الآثار الأمنية لاستخدام الشباب للإنترنت"، جامعة نايف العربية للعلوم الأمنية، الرياض، 2004.

23. نجم، نجم عبود، "التحديات والمشكلات الأساسية للإدارة الإليكترونية في الشركات"، مجلة العمل، العدد 105، 2004.

المراجع الإنجليزية :

1. Abella, Andrew and Paul Farris, "Advertising and Competition", in Hardbook of Marketing and Society", Editors: Paul Bloom and Gregory Guandlach, Sage Publications, 2001.

2. Amentrout, B.W., "Eight Keys to Effective Performance Appraisal", Human Resources Focus, April , 1993.

3. Anthony, Robert N. and Vijay Govindarajan, "Management Control Systems", 11th edition, MaGraw-Hill, New York, 2004.

4. Aquilano, Nicholas, et.al, "Fundamentals of Operations Management", 2 nd Edition, Irwin Inc., New York, 1995.

5. Awad Elias M. and Hassan M. Ghaziri, "Knowledge Management", Prentice-Hall, New Jersey, 2004.

6. Bounds Greg et.al, "Beyond Total Quality Management Toward The Emerging Paradigm", McGraw Hill, 1994.

7. Boynton, W.C. et.al., "Modern Auditing", John Wiley & Sons, New York, 2001.

8. Bynum, Terrell W. and Simon Rogerson, "Computer Ethics and Professional Responsibility", Balckwell Publishing , Oxford, 2004.

9. Carrell, Michael R. et.al., "Human Resource Management : Global Strategies for Managing A Diverse Workforce," Prentice-Hall, New Jersey, 1995.

10. Cook, Curtis W. and Phillip L. Hunsäker, "Management and Organizational Behavior", McGraw-Hill, New York, 2001.

11. Daft, Richard L., "Management", 4th edition, Dryden Press, Florida, 1997.

12. DeCenza, A.D. and S.P. Robbins, "Human Resources Management", 5th Edition, McGraw-Hill, 1996.

13. Duska, R-F and B-S-Duska, "Accounting Ethics", Blackwell Publishing, London, 2003/

14. Flannery, Thomas P., "People, Performance and Pay", The Free Press, New York, 1996.

15. Flippo, E.B., "Personell Management", 6th, McGraw-Hill, New York, 1989.

16. Fulmer, M. Robert, " The New Management, "Macmillan Publishing, New York, 1974.

17. Fulmer, Robert M. and Jay Alden Conger, "Growing Your Companies Leadership", AMACOM, New York, 2004.

18. Griffin, Ricky W., "Management", 7th edition, Houghton Mifflin Com. Boston, 2002.

19. Harbone, R., "Power Planning", Strategic Finance, Vol. 81, Nȯ 4, October, 1999.

20. Hartman, Laura P.,"Perspectives in Business Ethics", McGraw-Hill, New York, 2002.

21. Hax, Arnold," Redefining the Concept of Strategy and The Strategy Formulation Process", Planning Review, May-June, 1990.

22. Hunt, S.D., and S. Vitell, "A General Theory of Marketing Ethics", Journal of Macro Marketing, Vol.6., No.2, 1986.

23. Joyce, William et.al, "What Really Works: The 472 Formula for Sustained Business Success", Harper Collins Publisher, 2004.

24. Keyes, Jessica, "Internet Management", Aurbach Publications, New York, 2000

25. Khālil, Tarek M., Management of Technology", McGraw-Hill, New York, 2000.

26. Kotler, Philip and Gary Armstrong, "Marketing: An Introduction", 2nd Edition, Prentice-Hall, 1990.

27. Krajewiski, Lee and Larry Ritzman, "Operations Management: Strategy and Analysis", Addision Wesley, New York, 1996.

28. Lauden, Kenneth C. and Jane B. Lauden, "Essentials of Management Information Systems", Prentice-Hall, 5th edition, New Jersey, 2003.

29. Markin, Rom, "Marketing Strategy and Management", 2nd Edition, John Wiley & Sons, 1982.

30. Matt Bloom, "The Ethics of Compensation Systems" Journal of Business Ethics, Vol. (52), No. 2, June, 2004.

31. Mediascope, "Diversity in Film and Television", 1997 in (www. Mediascope.org/Fdivers).

32. Morisey, George L., "A Guide to Long Range Planning", Jossey-B$\bar{a}$ss Publisher, S$\bar{a}$n Francisco, 1996.

33. Morris, Steven et.al., "The Knowledge Manager", Financial Times Pitman Publisher , London, 1996.

34. Muldur and G$\bar{a}$racostas, "Society, The Endless Frontier", European Union Press, 1997.

35. O'Rourke, Ray, "Managing in Times of Crisis", Corporate Reputation Review, No. 1, 1997.

36. Post, James E. et. al., "Business and Society", McGraw –Hill, New York, 2002.

37. Pride, William M. et.al., "Business", 7th Edition, Houghton Mifflin Co., Boston, 2002.

38. Seitel, Fraser P., "The Practice of Public Relations", 9th ed., Prentice-Hall, Ndew Jersey, 2004.

39. Seltzer, J. and Bass B., "Transformational Leadership Beyond Initiation and Consideration", Journal of Management , Vol. 16, 1990.

40. Slack, Niegle et.al., Operations Management", 3rd ed, Pitman Publishing, 2004.

41. Schuler, R., "Managing Human Resources", 5th ed., West Publishing co., New York, 1995.

42. Tavani, H. T. and Moor T.H., "Privacy Protection, Control of Information and Privacy Enhancing Technology", in "Readings in Cyberethics", Edited by Spinello, Richard A. and Tavani, H. T, John and Partlett Publishers, 2001.

43. Tavani, Herman T., "Defining the Boundaries of Computer Crime", Computers and Society, Vol 30, No.3 (September), 2000.

44. Turban, Efraim et.al., "Electronic Commerce: A Managerial Perspective", Prentice-Hall, New Jersey, 2000.

45. Waring, P. and G. Lower, "The Impact of the Socially Responsible Investment on Human Resource Management : A Conceptual Framework", Journal of Business Ethics, Vol. 52, NO. 1, 2004.

46. Wendell, F., "Human Resources Management", Houghton Mifflin Co., 1998.

47. World, Peter, "What Has Ethical Investment to Do with Ethics", in Loura P. Hartman, "Perspective in Business Ethics", McGraw-Hill, New York, 2002.

48. Zeleny, M., "High Technology Management", Human Systems Management, Vol.6, 1986.

الفصل الخامس
الفساد الإداري ، الشفافية، الحاكمية
Administrative corruption, Transparency and Corporate
Governance

- مقدمة
- المبحث الأول : مفهوم الفساد وتطور المفهوم وتصنيفات الفساد الإداري .
- المبحث الثاني : مظاهر الفساد الإداري.
- المبحث الثالث : أسباب الفساد الإداري .
- المبحث الرابع : آثار الفساد الإداري .
- المبحث الخامس : مداخل معالجة الفساد الإداري .
- المبحث السادس: العولمة والفساد الإداري والجريمة المنظمة وتجارب عالمية في مكافحة الفساد.
- المبحث السابع: خصوصية الفساد الإداري في المنظمات الحكومية وغير الهادفة للربح.
- المبحث الثامن : الشفافية والمساءلة كمدخل لمعالجة الفساد الإداري.
- المبحث التاسع: الحاكمية الشاملة : منهج متكامل للإدارة الحديثة.

الفصل الخامس
الفساد الإداري ، الشفافية ، الحاكمية

مقدمة :

لا يمكـن دراسـة موضـوع المسـؤولية الاجتماعيـة وأخلاقيـات الأعمال دون التطـرق إلى موضـوعات مهمـة وذات علاقـة ومنهـا الفسـاد الإداري، الشـفافية والحاكمية الشاملة، حيث أن تركيز مفاهيم الأخـلاق والسـلوك الأخلاقـي القـويم جاءت لتعزيز مبدأ الحكـم الصالح والإدارة العادلـة في منظمات الأعمال وبالتالي مكافحة حالات الفساد بجميع أشكالها ومنها الفساد الإداري، وبعد أن أصبحت حالات الفساد الإداري ليست مجرد ممارسات خاطئة ذات تـأثير قليل بـل جرائم منظمة تشل قدرة المنظمات والدول في التطور برزت مداخل متعددة لمعالجة مثل هذه الحالات وظهرت الشفافية والحكم الصالح كقواعـد أساسية يـتم من خلالهـا محاربة الفساد الإداري بجميع أشكاله في الدولة ومنظمات الأعمال.

ومن هنـا فقـد تم تكريس هـذا الفصل لمعالجة هـذه المفاهيم المهمـة وانعكاساتها على عمل المنظمات في ظل تزايد مظاهر العولمة والجريمة المنظمة وغسيل الأموال لكي نوضح الأسس القويمة لتحمل إدارة المنظمات مسؤوليتها في هذا الجانب وتجسيد مبادئها الأخلاقية السليمة بهدف التطوير.

المبحث الأول : مفهوم الفساد الإداري وتطوره وأنواعه :
أ.   المفهوم وتطوره :

لا يختلف اثنان على كون الفساد ظاهرة مرفوضة مـن قبل الجميع ومع هذا الرفض فإنها حالة موجودة ومنتشرة في جميـع البلـدان وتصيب العديد مـن منظمات الأعمال الخاصة والعامة. ونجد أن من يمارس الفساد الإداري هـم أنـاس بمختلف مستويات الهيكـل التنظيمـي والمواقع الاجتماعيـة والسياسية ولا يمكن جعلها ظاهرة

مقتصرة على فئة بذاتها أو طبقة اجتماعية معينة. ومع أن الدول المتقدمة قد وضعت آليات للحد والوقاية من ظاهرة الفساد الإداري فإننا نجد ممارسات لهذا الفساد وبأشكال مختلفة قد تكون صعبة الاكتشاف والملاحقة. وفي الدول النامية فإن وطأة الفساد الإداري كبيرة جداً سواءً على الصعيد الاقتصادي التنموي أو على الصعيد السياسي والاجتماعي لذلك بادرت أغلب الدول في تشكيل هيئات لمكافحة الفساد ومتابعة آثاره الضارة ولغرض تحديد معنى واضح ودقيق وشامل لمفهوم الفساد الإداري يتطلب الأمر الإشارة إلى الآتي:

- تعدد وجهات النظر والتعاريف التي تناولت المفهوم بتعدد واختلاف وجهات نظر الباحثين وانطلاقاً من التخصصات السياسية والاقتصادية والسلوكية والاجتماعية والقانونية بل وحتى الفلسفية والدينية.

- تأثر هذه الظاهرة بالعديد من المتغيرات الثقافية والحضارية وبالتالي اختلاف النظر إليها من بلد لآخر ومن نظام سياسي إلى نظام سياسي آخر.

- الانتقال بالمفهوم من التعاريف المحددة والضيقة والتي تمثل خروقات قانونية أو قيمية ملموسة إلى تعاريف شاملة ومركبة بسبب كثرة محتويات مفهوم الفساد وتعدد أشكاله وأبعاده وأصنافه.

وانطلاقاً من ذلك فإن البدايات الأولى لتعريف الفساد الإداري ترى فيه ممارسات سلوكية لا تخضع إلى ضوابط أو معايير معينة وخاصة المعايير التنظيمية والبيروقراطية في إطار عمل منظمات الأعمال، وهي بهذا المعنى تعتبر الفساد مرادفاً للانحراف بممارسة السلطات والصلاحيات الممنوحة للموظف عن الأهداف المعلنة والمقررة قانوناً (حكمت، 1995، ص 5). وفي نفس السياق فإن مفهوم الفساد الإداري يشمل أيضاً جميع المحاولات التي يقوم بها المدراء والعاملون ويضعون من خلالها مصلحتهم الخاصة غير المشروعة فوق المصلحة العامة أو متجاوزة للمثل والقيم التي تعهدوا باحترامها وخدمتها والعمل على تطبيقها (Klitgaard, 1988, P-11) وفي هذا الإطار فإن هذه الممارسات الفاسدة والمخلة

بالمصلحة العامة أو مصلحة المنظمة أو مصلحة المجموعة يمكن أن تبقى عرضة للاختلاف بسبب عدم الاتفاق عليها. ومع تطور وانتشار ظاهرة الفساد الإداري فقد تباينت الرؤى النظرية والفكرية لهذا المفهوم وظهرت مداخل عديدة لتحديد المفهوم يمكن إجمالها بالآتي : (الكبيسي، 2000؛ نجم، 2000؛ عبد الفضيل 2004؛ Wardner, 1993):

1. **المدخل القيمي السلوكي:** في إطار هذا المدخل يعتبر الفساد ظاهرة قيمية وسلوكية تتجسد بحالات سلبية وممارسات ضارة وهدامة يتطلب الأمر الوقاية منها ومعالجتها ومكافحتها بشتى الطرق والأساليب. إن الفساد الإداري هو انحراف عن المعايير الأخلاقية والمسؤولية الصادقة سواءً حددت هذه المسؤولية من قبل المجتمع أو الدولة أو المنظمة أو المجموعة. إن هذا المدخل لا يرى أي تبرير لهذه الممارسات مهما كانت أسبابها ومهما صغرت نتائجها، فإذا كان الفساد الكبير ضاراً فإن الفساد الصغير هو ضار أيضاً ويمكن أن يكون منطلقاً وبداية لحالات فساد أكبر وأشمل. وضمن هذا المدخل عرف أحد الباحثين الفساد الإداري بكونه سلوك بيروقراطي منحرف يستهدف تحقيق منافع ذاتية بطرق غير مشروعة وبدون وجه حق". (الكبيسي، 2000، ص 88)

2. **المدخل الوظيفي :** ويطلق البعض عليه اسم المدخل العملي أو الذرائعي أو التبريري. ووفق هذا المدخل فإن الفساد الإداري لا يفترض بالضرورة أن يكون انحرافاً عن النظام القيمي السائد بل هو انحراف عن قواعد العمل وإجراءاته واشتراطاته وقوانينه وتشريعاته ويأتي هذا الانحراف نتيجة أسباب عديدة ليشكل خرقاً لهذه القواعد المعتمدة في النظام الإداري، لذلك يرى فيه البعض مدخلاً تبريرياً للفساد الإداري والسلوكيات المرتبطة به على اعتبار أن قواعد العمل هذه قد تكون أسست على منظور غير سليم وأقيمت على افتراضات خاطئة. كذلك فإن إجراءات العمل وأساليبه وطرقه لا توضح دائماً بدقة متناهية ما هو مطلوب فعلاً من الموظف وبالتالي قد تكون سبباً للتوتر

والقلق وتظهر الرغبة لدى الموظف لتجاوزها والخروج عنها مبرراً ذلك بأسباب عديدة وفي إطار اجتهاد شخصي لتحسين الأداء وتقويم العمل بشكل أفضل. ويمكن أن يضاف بُعد آخر يرتبط بمسألة تقادم هذه القواعد والإجراءات والتشريعات وعدم استجابتها للظروف المحيطة بالعمل وقصور إدارة المنظمة في تجديد هذه القواعد والإجراءات وبالتالي تصبح سبباً للخروج عنها وتجاوزها (نجم، 2000، ص 218-219). ومن هنا فإنه يمكن أن نجد تعاريف متعددة للفساد الإداري نشير إلى بعضها وكالآتي :

- إن الفساد الإداري يمثل تصرفاً استثنائياً أفرزته الظروف المحيطة بواقع العمل وطبيعته وما يحيط بالموظف من اشتراطات وظروف نفسية وسلوكية وواقعية.
- الفساد الإداري يمثل تصرفاً مقبول ومرغوب من قبل طرفين أو أكثر تعجز الطرق الرسمية والأساليب التقليدية عن تحقيق مصالحهما أو الوصول إلى أهدافهما الشخصية.
- إن الفساد الإداري هو سلوك إداري غير رسمي بديل للسلوك الإداري الرسمي تحتمه ظروف واقعية ويقتضيه التحول الاجتماعي والاقتصادي الذي تتعرض له المجتمعات (الكبيسي ، 2000، ص 88).

ويبدو أن هذا المدخل متأثر بالأسباب والنتائج المترتبة على حالات الفساد الإداري وذلك من خلال طرح تبريرات تبدو واقعية ومنطقية أدت إلى ممارسة حالات الفساد من قبل العاملين وكذلك ملاحظة النتائج المترتبة على هذه الممارسات بكونها نتائج محصورة تستفيد منها الأطراف المشتركة في التفاعل والممارسة ولا تحدث ضرراً بمصالح فئات وأطراف أخرى. ويبد أن هذا أمر غير مقبول حيث لا يمكن تبرير حالات الفساد لأي سبب كان من جهة ومن جهة أخرى فإن عدم الإضرار بمصالح فئات محددة بذاتها لا يعني عدم الأضرار بمصالح المجتمع الواسع دون أن تكون هناك جهات محددة للدفاع عن هذه المصالح العامة.

3. **المدخل الثقافي :** ضمن هذا المدخل فإن الفساد الإداري يمكن أن يشكل ظاهرة متعددة الأبعاد والأسباب والنتائج ولكونها ظاهرة فإنها يمكن أن تأخذ طابعاً منظماً له القدرة على الاستمرار والبقاء والتجذر بحيث تخلق مجموعة كبيرة من النظم الفرعية الفاسدة سواء وفق المعايير القيمية أو المعايير الوظيفية (نجم، 2000، ص 221) وهنا فإنه يمكن تعريف الفساد بكونه انحرافات وسلوكيات غير أخلاقية تحث على إشاعة التطبيقات غير المنضبطة بمعايير قانونية أو أخلاقية أو سلوكية يمكن أن تبرر تبريرات متعددة.

4. **المدخل الحضاري:** يرتبط مفهوم الفساد بمنظور حضاري بكل مكوناته السياسية والثقافية والقمية والاجتماعية والسلوكية، حيث يفترض أن الفساد الإداري ظاهرة مركبة تتكرس من خلال التخلف بشكله الواسع ومجمل الممارسات الفردية والجماعية والمنظمية بل والمجتمعية وتؤدي إلى خيارات يشوبها الكثير من النقص والقصور بحيث لا تعطي دفعا وتطوراً على الصعيد العام أو الخاص، ويلاحظ هذا القصور في مجمل النظرة الجزئية والبحث عن التناقضات بين مجموعة كبيرة من الإشكالات والظواهر مثل العام والخاص، الفردي والجماعي، قصير الأمد وطويل الأمد وبالتالي فإن عدم الوضوح الفكري والبناء الاجتماعي والحضاري والقيمي السليم يجعل الممارسات الإدارية من قبل الأشخاص قاصرة وجزئية قد تحقق منافع ذاتية ضيقة ولأمد قصير ولكنها بكل تأكيد سوف تضر المتجمع وحتى القائمين عليها في الزمن المتوسط والطويل. وفي هذا المجال فإن عدم النضوج السياسي والتخلف الاجتماعي والثقافي يجعل من ظاهرة الفساد حالة تلقائية بل إن الممارسات الصالحة في بعض الحالات تبدو لهذه المجتمعات هي الاستثناء وتلقى عدم القبول كما هي الحال في ظاهرة الوساطات في المجتمعات التي تكون فيها العشيرة أو القبيلة هي المرجع الرئيس للفرد.

5. وهناك مدخل خامس مهم يستحق الدراسة بتعمق يقوم على أساس حصرـ الفساد الإداري بالوظيفة العامة العليا فقط واستغلال المناصب الرفيعة لغرض تحقيق المكاسب المادية والوجاهة الاجتماعية وإيصال المنافع إلى الحاشية والأقارب بعيداً عن أي اعتبارات أخلاقية وتنفيذاً لقناعة قائمة على أساس أن هذا المنصب الرفيع هو مؤقت وزائل ولا يستمر أكثر من فترة محددة قد تنقضي مع انتهاء فترة الوزارة في الحكم أو بقاء المسؤول الأعلى في موقعه. وقد سبق وأن أشار ابن خلدون في كتابة "مقدمة ابن خلدون" إلى أن التجارة والامارة أمران مرتبطان ومتلازمان حيث يمكن أن يتحقق الكسب المادي الوفير من خلال المنصب والذي يطلق عليه "ريع المنصب" وهو ما أطلق عليه الباحــــــــــــــــث الفرنسي (Pierre Bourdieu) مفهوم "رأس المال الرمزي" حيث أن المناصب تمثل مورداً كبيراً للقائمين عليها خصوصاً في الدول النامية ولعل أوضح مثال هو تخصيص الأراضي وقروض المجاملة والهبات والعطايا وعمولات البنى التحتية وصفقات السلاح وعقود الوزارات المختلفة. وهنا ندرج التعريف الذي حدده البنك الدولي للفساد الإداري والذي ينطبق مع هذا المدخل بأنه إساءة استعمال الوظيفة العامة للكسب الخاص، فالفساد يحدث عندما يقوم موظف بقبول أو طلب أو ابتزاز رشوة لتسهيل عقد أو إجراء طرح لمناقصة عامة كما يتم عندما يقوم وكلاء أو وسطاء لشركات أو أعمال خاصة بتقديم رشوة للاستفادة من سياسات أو إجراءات عامة للتغلب على المنافسين وتحقيق أرباح خارج إطار القوانين المرعية، كما يمكن للفساد أن يحدث عن طريق استغلال الوظيفة العامة دون اللجوء للرشوة وذلك بتعيين الأقارب أو سرقة أموال الدولة مباشرة (عبد الفضيل، 2004، ص 24) .

ب. أنواع الفساد الإداري :

تتعدد أنواع الفساد الإداري تبعاً للزاوية التي ينظر منها إليه، رغم الاتفاق على مضمون الفساد الإداري وكنهه وماهيته. ويمكن الإشارة إلى البعض من تصنيفات الفساد الإداري وفق الآتي :

- **الفساد الإداري المنظم وغير المنظم :**

تمثل حالة الفساد الإداري غير المنظم مواقف فردية مهما كثرت أو قلت فقد يمارس هذا الفساد في إطار منظمات الأعمال بأسلوب عشوائي وبطرق بدائية وغير منهجية يسهل اكتشافها والتعامل معها كما أنها لا تمثل ظاهرة مقبولة بل ممارسات مرفوضة ومدانة. وفي الفساد الإداري غير المنظم ترى الكثير من الحالات التي يكون فيها ممارسات غير مقبولة مثل السرقة والابتزاز وخرق القانون وإفشاء الأسرار والاختلاس والتواطؤ والتزوير وإهمال متعمد لتطبيق القانون. ويلاحظ هنا أن حالة الفساد الإداري غير المنظم إذا ما انتشرت ربما تمثل البداية لانتشار حالات الفساد المنظم لاحقاً (سرور، 1999، ص16-18) .

أما الفساد المنظم فعادة ما يرقى إلى جرائم منظمة كبيرة ازدادت بفعل تعقد الظواهر الاقتصادية والاجتماعية وتمارس من قبل منظمات وجماعات تحاول أن تخفي جرائمها وفسادها بشتى الطرق والأساليب. وتمثل ظاهرة الفساد المنظم مشكلة كبيرة باعتبارها ظاهرة عابرة للأوطان والقارات وبالتالي فإنها تحتاج إلى جهود دولية منظمة لمعالجتها والحد من تأثيراتها السلبية، وهنا يتبادل إلى الذهن عصابات تجارة المخدرات المتواطئة مع موظفين كبار في الدولة والشركات الخاصة وكذلك الجماعات الإرهابية التي تستخدم أساليب غسيل الأموال مع كبار المصرفيين من خلال عمولات كبيرة ورشاوى تدفع لهم. وتشير بعض الدراسات إلى أن تكاليف الفساد المنظم كبيرة جداً في بعض الدول قياساً إلى الفساد غير

المنظم إلى درجة أن بعض يشبهه بسرطان الدولة Cancer Of State عنـدما يصبح مستشرياً ولا علاج له.

- **فساد القمة والفساد المؤسسي والفساد البيروقراطي :**
وهنا يمكن أن تتعدد أنماط الفساد ومستوياته وفقاً لاعتبارات تأثيره والجهات الممارسة له فقد يكون هذا الفساد :

- فساد القمة والجهات الرئاسية والتشريعية في دولة مـا وعـادة مـا ينتشرـ هـذا النمط من الفساد في الأنظمة الديكتاتورية التـي يغلـب عليهـا النمط الفردي للحكم أو سياسة الحزب الواحد دون معارضة، حيـث أن هـذه الجهـات تمتلـك سلطات واسعة النطاق تقوم بموجبها بالحصول عـلى امتيـازات خاصة في حالـة إبرام العقود والمشاريع الكبيرة أو سوء توزيع موارد الدولة وغيرها. وعـادة مـا يحاط المسؤول الأعـلى بمجموعـة مـن المنتفعـين واللصـوص يمارسـون إرادتهـم استناداً إلى سلطاته الواسعة وتأثيره وبالتالي فإنهم يحققون المنافع الشخصية لهم ولعوائلهم. وفي العالم أمثلة كثيرة معروفة لمثل هذا النوع مـن الحكـم (فتحي، 1999، ص 24-29). إن خطورة هذا النمط من الفساد تكمن في قدرتـه على حث حالات فساد كثيرة ومنظمـة في مختلـف مرافـق الدولـة بـل وحتـى الشركات الخاصة باعتبار أن قمة الهرم الإداري للبلد تمثل القدوة الفاسدة بنظر الآخرين وبالتالي يسهل عليهم تقليدها بحالات الفساد.

- الفساد المؤسسي : إذا كانت مؤسسات الدولة أو الشركات الخاصة هشـة وغير مؤطرة بسلوكيات أخلاقية جيدة ومسؤولة فإن المسؤولين فيها يمكن أن يمارسوا مختلف أشكال الفساد من نهب وسلب ولصوصية وتشير تجارب بعض الـدول إلى أن جهاز الدولة نفسه أصبح مؤسسـة للفساد كـما هـو الحـال في عقـود الوزارات وأحكام القضاء الأساسية والمؤسسـة العسكرية والاستخباراتية بـل ومؤسسات الإعلام والمؤسسة المسؤولة عن الانتخابات. ويدخل في إطار هذا

الفساد أيضاً عملية اختيار الوزراء وكبار موظفي الدولة بطريقة مخالفة لمبدأ الكفاءة والفاعلية والنزاهة وما ينجم عن هذه الظاهرة من سوء استخدام للمال العام أو أموال الشركات الخاصة .

- الفساد الإداري البيروقراطي : هذا النمط يمكن أن يكون محدوداً أو يمارس على نطاق واسع ففي ظل شيوع ثقافة الفساد والنمط السياسي الديكتاتوري والاستبداد يصبح أمر تحقيق العدالة والمساواة والإنصاف في توزيع الثروة والموارد غير موجوداً وبالتالي يصبح هذا الأمر مدخلاً للجهاز الإداري والبيروقراطي وجهاز الخدمة المدنية بممارسة الفساد الصغير كالرشوة وهدر المال العام والسرقة وغيرها.

- **الفساد الصغير والفساد الكبير :**

تمثل حالة الفساد الكبير الظاهرة الأكثر خطورة حيث يقوم السياسيون وكبار المسؤولين بتخصيص الموارد العامة للاستخدامات الخاصة وتنتشر مظاهر اختلاس أموال الدولة ورشاوى الصفقات الكبيرة والعقود التي يصعب اكتشافها بسهولة أما الفساد الصغير فإنه يمثل حالات الفساد والتي تمارس من قبل العاملين والموظفين الحكوميين كرشاوى صغيرة ومحدودة من أجل زيادة دخولهم وتحسين مستوى معيشتهم (المؤسسة العربية لضمان الاستثمار، 1999، ص 2).

- **الفساد الجزئي والفساد الشامل :**

تتجسد حالة الفساد الجزئي بممارسات محدودة قد تكون صغيرة أو كبيرة في قطاعات أو منظمات بذاتها لذلك يكون العلاج أسهل على اعتبار أن هذه الحالات تكون محصورة النطاق ومؤشرة في مكان معين ومثال ذلك فساد إداري في دائرة ضمن وزارة أو مدير ضمن شركة كبيرة. أما الفساد الشامل فهو واسع النطاق وعلى مستوى أغلب أو كل الدوائر والمنظمات حيث أنه يرتبط بشيوع ثقافة الفساد في الدولة بأكملها، وهذا يحتاج إلى معالجات أكثر منهجية وشمولية.

- **الفساد الروتيني والتواطؤي والمرتبط بمخالفة قانونية:**

ضمن إطار هذا المدخل يحدد بعض الباحثين الأنواع التالية للفساد (نجم، 2000، ص 225) :

- الفساد الروتيني : وهذا النوع من الفساد يصعب وضعه في إطار خرق القانون والإجراءات بل يمكن أن يمثل حالة فساد سلوكية وأخلاقية مثل دفع رشوة للموظف لتعجيل إنجاز المعاملات ضمن الأطر القانونية السليمة.

- الفساد الناتج عن ممارسات غير أمينة للسلطة الممنوحة للمدير والموظف ويدخل في إطار هذا النوع من الفساد اعتبارات شخصية وتحيز حيث يتم تسهيل الإجراءات ومنح مزايا لمواطنين أو مستهلكين دون آخرين. وهنا نجد أن الموظف قد تجاوز حدود التصرف الأمني والنزيه والموضوعي في سلطات وظيفته.

- الفساد المرتبط بمخالفة قانونية أو تجاوز لإجراءات تشريعية أو ضوابط وقواعد عمل تدخل في إطار إساءة استعمال السلطات الممنوحة، حيث نجد حالات مخالفة صريحة أو ضمنية للقانون بهدف الحصول على مكاسب شخصية فردية أو جماعية.

وفي إطار نفس التصنيف يمكن أن يشار إلى الفساد التواطؤي المخطط له مع الآخرين لتسهيل ارتكاب المخالفة، وكذلك الفساد الابتزازي الذي بموجبه يتم انتزاع الرشاوى والهدايا والفساد التوقعي الذي يتضمن تقديم مزايا وهدايا وقرارات محاباة مستقبلية يحصل عليها دافع الرشوة.

- **الفساد حسب طبيعته :**

في نطاق هذا المدخل يمكن أن يصنف الفساد إلى العديد من الأصناف كالفساد السياسي والفساد القانوني والفساد الثقافي والفساد القيمي والفساد الحضاري والفساد الاقتصادي والفساد الإداري وغيرها. وفي نفس السياق يشير بعض الباحثين إلى

كـون الفسـاد المـادي والأدبي يـرتبط بممارسـات معينـة كالروشـة والاخـتلاس والتزوير والسرقة والغش والتهريب وغيرها. وكذلك الفساد الوظيفي الـذي يتمثل بالمحسوبية ومخالفة القوانين وتحقيق المصلحة الشخصية عـلى حسـاب المصـلحة العامة أو مصلحة المنظمة ثم الفسـاد السياسي الـذي يقـوم عـلى أسـاس سـلب الحريات وعدم المشاركة بالقرار والتفرد بالسلطة وعدم احترام الرأي الآخر والعنف في مواجهة المواقف. وأخيراً الفساد الاجتماعي الذي يظهر من خلال انعـدام الـولاء والإخـلاص والتفـاني في العمـل وعـدم احـترام حقـوق الآخـرين واللامبـالاة وغيرهـا (محمود، 1994، ص 45-47). وفي ختام هذه الفقـرة لا بـد مـن الإشـارة إلى وجـود ترابط وتداخل بين أنواع الفساد الإداري رغم اختلاف مداخل دراستها. وهنا يمكن الإشارة إلى وجود مدخل شمولي تكاملي لدراسـة الفساد وأنواعه وتصـنيفاته وفـق العديد من الأبعاد للمقارنة بين هذه الأنواع وكما يظهر من الجدول التالي :

جدول (5-1) : بعض أنواع الفساد والفساد الإداري وخصوصياته

الفساد	المصدر	شمولية التأثير	سهولة الاكتشاف	سرعة المعالجة	كلفة المعالجة	درجة العلنية
لفساد الصغير	صغار الموظفين	جزئي ومحدود بأفراد	سهل الاكتشاف	يعالج بسرعة	بسيطة	واضح
لفساد الكبير	كبار المسؤولين	شامل التأثير	صعب الاكتشاف	بطيء المعالجة	مكلف	غامض
لفساد السياسي	كبار السياسيين والقادة	شامل التأثير	في بعض الحالات صعب الاكتشاف	بطيء المعالجة	مكلف	واضح إلى متو الغموض
فساد الثقافي	مؤسسات الإعلام ومراكز البحوث	شامل التأثير (التضليل للجمهور)	صعب الاكتشاف ومعقد بسبب النوايا الحسنة المعلنة	بطيء المعالجة جداً	مكلف جداً	علني مبطن
فساد البيروقراطي	الجهاز الإداري والعاملين فيه	محدود	سهل الاكتشاف	سريع المعالجة	قد يكون مكلفاً	غير واضح
فساد الشامل	جميع الأجهزة في الدولة والشركات	شامل معتمداً على شيوع ثقافة الفساد	سهل الاكتشاف	بطيء جداً ويحتاج إلى منهجيات عمل معقدة	مكلف جداً	واضح
فساد الجزئي	أجهزة وإدارات محددة وموظفين محددين	محدود التأثير	سهل الاكتشاف	سريع المعالجة	متوسطة إلى منخفضة	غير واضح
فساد الحضاري تماعي	المجتمع وثقافته وتراثه	شامل	صعب الإحساس به لوجود القناعات المسبقة	بطيء المعالجة جداً	كلفة عالية جداً	معلن ويفهـ بالعكس
ساد منظمات الأعمال صة	مدراء وموظفي الشركات وقد يساعد عليه المجتمع	محدود	سهل الاكتشاف	سريع المعالجة	متوسطة كلفة المعالجة	متوسط الوضو

من خلال ملاحظة الجدول السابق واستقراء مكوناته وانعكاساتها على بيئة الأعمال العربية يبدو أن بعض أنواع الفساد هي أكثر خطورة أشمل تأثيراً وأصعب معالجة لكونها معقدة وصعبة الاكتشاف كما هو الحال في الفساد الحضاري والاجتماعي والفساد الثقافي اللذان يعبران في بعض من جوانبهما عن حالات فساد شامل وكبير مرتبطة بأطر سياسية غير واضحة المعالم تمارس من خلالها أبشع أنواع الديكتاتوريات وتعطيل الحقوق والمشاركة الجماعية بالقرار وقبول الرأي الآخر والمخالف وغيرها من جوانب تمثل بيئة صالحة لانتشار حالات الفساد الإداري وتجذره.

المبحث الثاني : مظاهر الفساد الإداري :

تتعدد مظاهر الفساد الإداري وتتنوع ولكن بعضها أكثر استشراءً من البعض الآخر. ونحن هنا لا نريد أن نربط بين مظاهر الفساد الإداري وتصنيفاته السابقة لكون التصنيفات السابقة يمكن أن تغطي أي نوع من أنواع الفساد، بمعنى أن الرشوة كأحد مظاهر الفساد قد تكون صغيرة أو كبيرة، منتشرة على نطاق محدود وجزئي أو أكثر شمولاً في الانتشار وهكذا. في هذا المبحث سنحاول استعراض أكبر قدر معروف ومحسوس من مظاهر الفساد محاولين مناقشة بعضها وفق اعتبارات واقع حال المنظمات العربية.

1. **الرشوة**: وهو المظهر الأبرز والأوسع انتشاراً والأكثر تنوعاً من بين مظاهر الفساد الإداري المختلفة. ورغم أن الرشوة سلوك منحرف لا تقبله القوانين والأعراف والأديان السماوية إلا أنها حالة موجودة في جميع المجتمعات وترتبط بممارسات إدارية متنوعة. وفي أغلب حالات الرشوة وخاصة الممارسة الواسعة لها والتي تصغر فيها قيمة ما يدفع كرشوة، نجد تبريرات متعددة لها وترادف مقولات معينة تراثية تتعلق بقبول الهدية أو المجاملة أو

غيرها. ولو أردنا معرفة المعنى اللغوي للرشوة فإننا نجد أنها مشتقة من "الرشاء" وهو الحبل الذي يستعان به لإخراج الماء من البئر، أو "الحجر" الذي يوضع في فم المتكلم لمنعه من النطق، وهكذا فإن الرشوة تعتبر وسيلة للوصول إلى هدف شخصي. أما المعنى الفقهي الديني فيشير إلى أن الرشوة هي ما يعطيه شخص معين لصاحب سلطة أو قاضي. يسمى الموظف الذي يستلم الرشوة "المرتشي" أما دافعها فيسمى "الراشي" وفي حال وجود شخص ثالث وسيط بينهما يسمى "الرائش" (الكبيسي، 2000، ص 155). ويمكن النظر للرشوة على أنها تجارة غير مشروعة بالمنصب أو الوظيفة لذلك تعتبر جريمة تعاقب عليها القوانين الوضعية وترفضها الأديان السماوية. وفي حالة رفض الموظف للرشوة فإن القوانين تعاقب الراشي والرائش "الوسيط" لكي لا يعودا إلى هذه الممارسة مرة أخرى. ولا بد من الإشارة إلى أن الرشوة قد لا تقدم للموظف مباشرة ولكنها يمكن أن تقدم إلى المقربين جداً من الموظف مثل الزوجة والأبناء لغرض التمويه وعدم لفت الانتباه (حسين، 1987). يترتب على الرشوة اعتبارات تخل بالعمل النزيه والصالح وتؤثر على الأداء والحقوق، فدافع الرشوة ينتظر الحصول على عوائد دون وجه حق أو تسريع إجراءات معاملة خارج إطار القانون والتشريعات أو التساهل معه في الإجراءات ومتطلبات العمل أو غيرها من الأمور مقابل الرشوة، في حين يحصل الموظف المرتشي على عوائد بأشكال مختلفة دون وجه حق أيضاً ويضحي مقابل ذلك بمصالح المنظمة التي يعمل فيها أو مصالح المجتمع بشكل عام. ويمكن أن نشير إلى بعض صور الرشوة رغم تعدد صورها وتنوعها حسب القطاعات الاقتصادية المختلفة والجهات المتعاملة بها وكذلك مقدارها المادي والمعنوي وآثارها السلبية.

- الرشوة المقدمة من المواطنين للجهات الحكومية المختلفة أو منظمات الأعمال الخاصة بهدف التسريع إنجاز معاملة أو السكوت عن خرق قانوني أو تعطيل تنفيذ قرار محكمة أو السكوت عنه أو الحصول على منافع أكثر مما يستحق. وهذا النوع قد يكون صغيراً بشكل "بخشيش" أو مبلغ نقدي بسيط (ثمن وجبة غداء أو فنجان قهوة أو ما شابه) وأحياناً قد تكون بشكل عيني مادي. وفي بعض الأحيان يكون مبلغ الرشوة أكبر من هذا بكثير إذا كانت الخدمة المطلوبة يترتب عليها خرق أكبر للقانون أو يتولد عنها منفعة كبيرة.

- الرشوة في التبادلات التجارية والأعمال الدولية، وهذه تعتبر من الرشاوي الكبيرة في قيمتها والتي تدفعها الشركات الدولية إلى المسؤولين الحكوميين أو السياسيين للحصول على عقود كبيرة وتمرير صفقات ضخمة والموافقة على إنشاء مشاريع قد لا تكون ذات فائدة للدولة ولكن جشع المسؤولين ورغبتهم بما سيدفع كرشوة يدفعهم للموافقة عليها. وتجدر الإشارة إلى أن منظمة التعاون الاقتصادي والتنمية تبذل جهوداً كبيرة في سبيل محاربة هذا النوع من الرشاوى في الصفقات الدولية (المؤسسة العربية لضمان الاستثمار، 1999، ص 6-7).

- رشوة المرشحين للانتخابات بأنواعها المختلفة لشراء الأصوات بالمبالغ النقدية أو بوعود مغرية لمن يصوتوا لهم.

- رشوة الحكومات الأجنبية بشكل مباشر أو غير مباشر لبعض الصحفيين الكبار والكتاب والشعراء والسياسيين وغيرهم من الرموز الفاعلة بالمجتمع بالمال أو بوسائل أخرى مثل المنح والزمالات الدراسية أو الهبات والتبرعات لجمعياتهم المهنية وتأتي هذه تحت عناوين مختلفة قد تكون غامضة للتمويه على الفساد.

- رشوة أصحاب العمل لممثلي النقابات العمالية والجهات الحكومية المسؤولة عن متابعة أعمالهم لغرض التغاضي عن بعض متطلبات العمل أو للمطالبة بالمزيد منها (عايش، 2000، ص 134-135).

2. **الوساطة والمحسوبية** : وهذا أيضاً مظهر شائع في الدول النامية بالذات وإن كانت الدول المتقدمة لا تخلو منه أيضاً. وهذا النمط من الفساد يعد خطراً كبيراً بسبب تبريره الذي قد يلاقي قبولاً في ثقافات معينة ويمارس من قبل الكثير من المسؤولين وعلى مختلف المستويات بناءً على قناعة منهم.

ويدخل هذا التبرير خاصة بالنسبة للوساطة في تسريع إنجاز المعاملات بسبب الروتين والتعقيدات الإدارية وهي تعطي مؤشراً بأن المواطنين ضعيفي الثقة في المؤسسات الحكومية ومنظمات الأعمال بما يتعلق بأداء أعمالهم. ويمكن الإشارة إلى بعض الملاحظات حول الوساطة والمحسوبية وكالآتي :

- هناك قناعة لدى الغالبية العظمى من الناس بأن الوساطة والمحسوبية تشكل نوعاً من الفساد الإداري يجب التخلص منه إلا أن هناك قناعة موازية بالحاجة إلى الوساطة لغرض تسهيل إنجاز الأعمال والمعاملات.

- رغم عدم القناعة بالوساطة والمحسوبية إلا أن الأغلبية يتوسطون ويوسطون ويقبلون الواسطة.

- تشكل الوساطة للأصدقاء والآخرين مدخلاً لزيادة النفوذ والاندماج مع المجتمع وتحسين العلاقات مع الناس وهذا يعطي للشخص الذي يقوم بالوساطة دوراً اجتماعياً ووجاهة وهيبة بين الناس وهذه إشكالية يجب معالجتها.

- رغم القناعة أن المعاملات في الجهاز الحكومي يمكن أن تنجز دون وساطة لكن فقدان الثقة بالجهاز الإداري الحكومي وكفاءته تصبح مبرراً للجوء إلى الوساطة.

- لعل أهم أسباب اللجوء إلى الوساطات والمحسوبية هو غياب الديموقراطية والتخلف الإداري والعشائرية والشللية والأفق الضيق في التعامل (مؤسسة الأرشيف العربي، 2000، ص 162).

وفي إطار إدراك ضرر الوساطة والمحسوبية فإننا يمكن أن نشير إلى أن الجهات الضالعة في هذا الأمر (طالب الوساطة، القائم بالوساطة، الجهة المتوسط لديها) قد مارست صور من صورة الفساد الإداري تختلف في تأثيرها السلبي وشمولية هذا التأثير وخطورته على طبيعة الموضوع الذي جرت الوساطة بشأنه، فقد يكون الأمر توسطاً لغرض خرق القوانين أو طلب منفعة ذاتية دون وجه حق أو دون توفر الشروط اللازمة لنيل هذا الحق أو الحصول على مغنم أو منفعة أخرى. إن مقدار الضرر المتحقق من جراء فعل الوساطة قد لا يبدو محسوباً بشكل صحيح ودقيق لأول وهلة ففي حالة التوسط لتوظيف شخص غير كفوء بدافع الرأفة بحاله لأسباب إنسانية واجتماعية قد ينجم عنه أضرار مستقبلية كبيرة بسبب عدم كفاءة هذا الشخص في أداء وظيفته أو بسبب تشكيله لحلقة إضافية في سلسلة الفساد الإداري لقناعته بضرورة رد الفضل والجميل لمن توسط له. وقد تكون الوساطة بغرض دس أحد الأشخاص في إدارات حكومية سواء عن طريق التعيين أو الترقية بهدف الحصول مستقبلاً على عقود أو تسهيل معاملات لتمرير صفقات يحقق من خلالها القائم بالواسطة فوائد لاحقة.

كذلك الأمر في قطاع التعليم فكثيراً ما يتحمل المجتمع نتائج سلبية ناجمة عن التهاون في تطبيق المعايير العلمية تحت ضغط الوساطة والمجاملة وبالتالي تتخرج أفواج كثيرة في مختلف التخصصات دون أن تكون مؤهلة بشكل صحيح خصوصاً وأنها ستلجأ إلى ممارسة نفس الأسلوب للحصول على وظيفة والترقية فيها.

ومن ناحية القائم بالوساطة وهو على الأغلب ممن يمتلكون النفوذ والسلطات من خلال موقعه كموظف حكومي كبير أو ذي وضع عشائري أو وجاهي أو مالي فإنه يحاول من خلال قيامه بالوساطة زيادة نفوذه سواءً بالحصول على أصوات انتخابية إن كان ممن سيدخلون نوعاً معيناً من الانتخابات أو زيادة مكانته الاجتماعية أو الحصول على غنائم مؤجلة ولا يمكن إغفال النوايا الطيبة والحسنة

لبعض القائمين بالوساطات ورغبتهم في تقديم خدمة إنسانية. وأخيراً، فإن الجهة المتوسط لديها فقد تكون فرداً أو منظمة خاصة أو رسمية، عند قبولها للوساطة فإن لديها أسباباً كثيرة لقبول الوساطة مثل الخوف من الضغوط الوظيفية واحتمال خسارة الوظيفة أو التعرض لمضايقات فيها، أو حسابات لمنفعة مستقبلية متبادلة رداً للجميل مع القائم بالوساطة أو لاستفادة المنظمة التي يعمل فيها المتوسط لديه من القائم بالوساطة لأنه يشغل منصباً مؤثراً في الدولة.

3. السرقة والاختلاس :

تمثل السرقة والاختلاس حالات فساد إداري تمارس من قبل العاملين بمختلف مستوياتهم والسرقة تعني الاستحواذ وأخذ مال الغير خفية وبطريقة متسترة في حين أن الاختلاس خيانة الأمنة بطرق مختلفة سواءً كانت هذه الأمانة مادية أو نقدية أو معنوية. وتعتبر السرقة والاختلاس ممارستان سلوكيتان منحرفتان سواء وفق الاعتبارات القانونية أو الدينية أو لاعتبارات سلوكية عامة وفي شركات الأعمال ومنظمات الدولة عادة ما ترتبط هذه السرقات بموظفي الحسابات والموازنات أو بأمناء المخازن والمدققون أو موظفي لجان الشراء أو محصلي الضرائب والجمارك وغيرهم. وتتم هذه السرقات بطرق مختلفة بكون الطابع العام لها الاستحواذ على الأموال النقدية المودعة بذمة الموظف وعادة ما يقوم الموظف بترتيبات إجرائية للتغطية على حالات السرقة أو خيانة الأمانة ويتم ذلك من خلال تزوير المستندات بإضافة أو حذف معلومات أو تحريفها أو إتلاف متعمد في المخازن بعد سرقتها عن طريق افتعال حريق أو غير ذلك. ونود هنا الإشارة إلى حالة ربما تعتبر شائعة في الدول النامية وهو الاعتداء على المال العام باعتباره أموالاً سائبة وملكية مطلقة لا ترتبط بجهة محددة ومن ثم يسهل سرقتها أو التجاوز عليها والانتفاع بها للأغراض الشخصية. وإذا ما رأى صغار الموظفين أن المسؤولين الكبار تشيع بينهم ظاهرة التجاوز على المال العام فإنهم ربما يقلدونهم معتقدين أن ذلك يمثل مدخلاً للثراء السريع بعيداً عن العقاب والمساءلة. ورغم أن الدين الإسلامي الحنيف والأديان

الأخرى تعاقب بشدة مرتكبي جرائم السرقة والاختلاس باعتبارها مفسدة اجتماعية وممارسات غير مسؤولة أخلاقياً حيث تصل إلى قطع اليد، فإن هذه الممارسات موجودة ولا يمكن التخلص منها في مجتمعاتنا وبالتالي فإن علاجها يحتاج إلى منهجيات شاملة للإصلاح والتطوير وأهـم هـذه المنهجيات هـي تجسـيد قيم الدين النظرية في سلوكيات واقعية وعملية في كل مفاصل الحياة اليومية.

4. التزوير :

إن التزوير يشكل حالة فساد إداري يهدف في أغلب حالاته إلى الحصول على منافع من خلال تغيير الحقائق وتبديلها أو اختلاقها بالتلاعب بالمستندات وتغيير محتوياتها بالإضافة أو الحـذف، ويترتب عـلى هـذا التغييـر إمكانية نيل حقـوق وامتيازات لا يمكن الحصول عليها بدون هذه الوثائق والمستندات وتشتمل عمليات التزوير صوراً متعددة مثل تغيير الأرقام وتحريف الكلمات وتبديل الأسماء وتقليد الأختام الرسمية والتلاعب بالتواريخ وتقليـد تواقيـع المسـؤولين أو تزويـر واختلاق وثائق على غرار الوثائق والأوراق الرسمية والمستندات الحكومية والأوراق الثبوتيـة والهويات الشخصية والشهادات الجامعية وغيرها. وهـذه قـد تمـارس عـلى نطاق محدود أو أفراد أو قد تحصل مـن قبـل منظمات متخصصة مثل حـالات تزوير العملات والعلامات التجارية والآثار وغيرها. وإذا ما شاعت حـالات التزويـر عـلى نطاق واسع فإن ضررها سيكون كبيراً أو مطلقاً ومكلفاً مـن الناحيـة الاقتصادية والاجتماعية وتكون مدعاة لتدهور سلوكي وأخلاقي كبير.

وفي منظمات الأعمال والإدارات الحكومية فإن حالات التزوير تتباين في أنواعها وحجم الضرر الناجم عنها. وتمثل حالة إضافة مبالغ على مستندات الشراء من قبل لجان المشتريات الحالة الشائعة الأكثر وضوحاً وتمثيلاً للتزوير كما أن حالات الإيفاد والسفر للخارج قد تندرج ضمن هـذه الحالة بحيـث تجـد أن قوائم مصروفات الموفدين مضخمة بمبالغ غير فعلية في أغلب الحالات .

5. الغش والتدليس :

تعد حالات الغش والتدليس مظاهر سلوكية لفساد إداري يمارس من قبل المدراء والعاملين في منظمات الأعمال أو المؤسسات الحكومية بأشكال مختلفة. وتشمل عمليات الغش والتدليس مختلف التعاملات التجارية والاقتصادية أو التعاملات المدنية والثقافية والسياسية وغيرها. إن ممارسة هذا النوع من الفساد تصب باتجاه تحقيق أغراض خاصة وفوائد تجنى دون وجه حق أو إنجاز معاملات غير قانونية وغير مستوفية للشروط أو التنصل من التزامات يفرضها القانون والتشريعات.

ولقد حرمت القوانين السماوية والوضعية هذا السلوك المنحرف وفرضت عقوبات عليه، حتى أن بعض هذه العقوبات يصل إلى العزلة والقطيعة للشخص الممارس للغش. وفي الحياة العملية والعلاقات بين الشركات نجد حالات لغش تجاري وصناعي وصحي يتجسد في التلاعب بتركيبة ومكونات المواد ومحتويات المنتجات على اختلاف أنواعها وكذلك هناك غش في الأوزان والمكاييل والأسعار والعمولات، الخ. ومن الملاحظ أن حالات الغش لا تشمل ميدان التجارة وحده، فالحالة يمكن أن توجد في حقول عمل أخرى وبين أعلى المتخصصين سواءً كانوا أطباء أو محامين أو أساتذة جامعة أو مهندسين أو سياسيين أو عسكريين أو غيرهم، فهو طبع أو سلوك يتأثر بالتربية البيتية وبيئة النشئ الأساسية ويكتسب الفرد أحياناً هذا الطبع من خلال نظام التعليم أو بيئة العمل أو أصدقاء السوء أو غيرهم. لذلك تضع الدول والمنظمات تشريعات صارمة بشأن حالات الغش والتدليس للحد من آثارها وانتشارها وآثارها السلبية.

6. العمولات مقابل الصفقات :

وهذه تنتشر أساساً في المنظمات والإدارات الحكومية بشكل رئيسي وقد يكون طرفها الآخر شركات كبيرة في الدول الصناعية والعمولة هي مبلغ من المال يشكل نسبة مئوية من قيمة العقد والصفقة يحصل عليه المسؤول الذي قام بإبرام العقد كطرف ممثل لمؤسسة أو وزارة أو منظمة معينة. ومن أمثلة العمولات الكبيرة

والمهمة هو ما يتم تقاضيه من خلال صفقات التسليح أو التوريد الكبيرة للغذاء والأدوية والأجهزة والمعدات أو صفقات إنشاء المطارات والموانئ والسكك الحديد والطرق السريعة أو المصانع الكبيرة الجاهزة أو مصافي النفط ومشاريع البتروكيماويات الكبيرة أو المشاريع النفطية. وتمثل العمولة ثمن التغاضي والتواطؤ لإبرام الصفقة مع الجهة المعنية حتى لو كانت هذه الجهة هي أسوأ من غيرها في مجال إنجاز العقد أو المشروع المتفق عليه (Jones، 1993). وعادة ما تقوم الشركات بدفع هذه العمولات في حسابات خاصة لحساب المنتفعين في بنوك تحافظ سرية التعامل أو أن بعض العمولات تكون على شكل أسهم أو حصة من الأرباح في مشاريع تنفذها هذه الشركات وعادة ما تكون تحت عناوين ومسميات مختلفة وبأسماء أشخاص وهمية ويطلق على هذه الحالة عمولات مقابل خدمات متنوعة وتستخدم الشركات الكثير من الطرق والأساليب للتحايل وإغراء المسؤولين لقبول مثل هذا النوع من العمولات وحتى الموظفين أصحاب الخبرة السياسية والاقتصادية والإدارية وحاشيتهم. وتمثل ظاهرة العمولات مقابل الصفقات فساداً إدارياً متعدد الأبعاد يطال الساحة الدولية وتشترك فيه منظمات متعددة وقد عرض بكونه أحد الأسباب للهدر الاقتصادي وهروب الاستثمارات من الدولة النامية أو كونه أحد عوامل انخفاض الاستثمار وتباطؤ عملية التنمية في العديد من الدول النامية (Mauro, 1995, P. 681). إن هذا النمط من الفساد من أكثر الأنماط التي لاقت اندفاعاً عالمياً وتعاوناً دولياً لمحاربته وتقليل آثاره باعتباره ممثلاً لحالة جريمة منظمة تساهم في استلاب ثروات الدول النامية ومواردها وتهدر في كثير من الأحيان خصوصيتها واستقرارها السياسي وإنشاء مشاريعها الكفوءة والفاعلة (خير الله، 2004، ص 68) . ومن المفارقات المثيرة للانتباه أن هذا النوع من الفساد قد رافق عمليات التنمية الواسعة في الدول النامية والتي أطلق على بعضها التنمية الانفجارية حيث الاستعجال في إبرام العقود والسرية في عقود صفقات التسليح واستغلال الثروات وطلب العمولات على مشاريع كثيرة تبارت الوزارات

في إبرام عقودها وصفقاتها بعيداً عن أي أجهزة رقابية كفوءة فضلاً عن عدم الشفافية والدعاية المغرضة لأنظمة حكم فاسدة غضت النظر عن الكثير من المتورطين في هذه العمولات.

7. **المنح والعطايا دون وجه حق :**

وهذا يعتبر فساداً إدارياً مدمراً وعادة ما يمارس في ظل الأنظمة غير الشرعية والدكتاتورية، وقد تبرر هذه المنح والعطايا بأساليب شتى وطرق مختلفة ولكنها مع كل هذا التبرير تبقى غير مشروعة لكونها تمنح من قبل مسؤولين غير شرعيين وفاسدين وغير كفوئين إلى أشخاص ومؤسسات غير مستحقة نهائياً تشكل حاشية أو بطانة لهذا المسؤول ويندرج هذا في إطار كثير من المنح والعطايا كتخصيص الأراضي لكبار المسؤولين من سياسيين من الحزب الحاكم أو عسكريين أو أقارب أو أصدقاء أو حاشية أو عشيرة أو طائفة هذا المسؤول. إن الفساد الإداري يبدو واضحاً في مثل هذه الممارسات غير المسؤولة لأن هذه العطايا والمنح لا تقدم من المال الخاص للشخص المانح لها بل تمثل ممتلكات الدولة وأراضيها ومواردها التي توزع بطريقة غير عادلة وتخلق شرخاً اجتماعياً وتساهم في بناء طبقة لكبت حريات الآخرين واستغلالهم. إن أهم أوجه المعالجة والحد من آثار هذه الظاهرة المدمرة هو الديموقراطية والحرية وتعزيز المساواة والاهتمام بأنظمة الرقابة على المال العام وغيرها.

8. **الأتاوات :**

هي مبالغ نقدية أو أموال عينية تفرض من قبل بعض الموظفين في منظمة الأعمال أو الإدارة الحكومية خارج إطار قانوني واضح وإجراءات عادلة ومفهومة بحيث يستخدم هذا المردود للنفع الشخصي بعيداً عن اعتبارات المصلحة العامة وسمعة المنظمة ومصداقيتها وقبولها من المجتمع، وتستحصل هذه المبالغ عادة بالقوة وتحت ظل التهديد والإرهاب السياسي والفكري أو الثقافي أو الأمني (هلال، 1981، ص10-12). وهذه أيضاً يمكن أن تشكل ظاهرة في الدول النامية

والمجتمعات التي تقل فيها فاعلية القانون حيث الخلط الواضح بين سلطة المسؤول وصلاحياته وممتلكاته والمال العام والتصرف فيه وحق المواطن في الدفاع عن هذا المال العام والإدلاء براية المعارض للممارسات الضارة به. ويمكن أن تكون الأتاوة مفروضة بقانون جائر يخص خدمة سيادية عامة يجب أن تقدمها الدولة مجاناً أو مقابل مبلغ رمزي ومحدد، أو تفرض من قبل مسؤولين بتعسف دون أي خدمة مقابل هذه الأتاوة وإنما تكون قهرية وفي حالة عدم دفعها تتضرر مصالح الأفراد والمؤسسات غير الدافعة لها .

9. الابتزاز :

وهذا النوع من الفساد يمارس من قبل الإداريين والعاملين وخاصة في الأجهزة التي تمارس أنشطة سيادية مثل الأجهزة الأمنية بكافة أنواعها واللجان الانضباطية ولجان التفتيش والرقابة على الأسعار والمسؤولين في الجمارك والحدود وغيرها. وعادة ما تدفع هذه المبالغ تحت التهديد لغرض دفع الضرر الجسدي والنفسي- أو الإساءة إلى السمعة وهي تدخل في إطار تلفيق التهم فالبريء يدفع ثمناً باهضاً لسمعته وإنسانيته وحريته والتي يفترض أن لا يدفعها لكونه بريئاً (الكبيسي، 2000، ص 105-106). وهكذا فإن الابتزاز هو حالة ضارة وفساداً إدارياً يجب أن يتابع ويعالج خصوصاً وأن الأجهزة التي تمارسه غالباً ما تكون هي المسؤولة عن حماية الناس وأموالهم.

10. قروض المجاملة :

وهذا النمط يشكل هدراً للأموال وموارد الدولة أو قطاع الأعمال الخاص وعادة ما تخفي قروض المجاملة أنواعاً أخرى من الفساد الإداري مثل العمولات والرشاوى وغيرها. وتمنح قروض المجاملة بأشكال شتى وطرق متنوعة ولكن القاسم المشترك بينها هو عدم وجود ضمانات كافية وجدية وتمنح لأشخاص ومؤسسات لديهم سطوة ونفوذ ومراكز في الدولة أو أقاربهم. وغالباً ما يصاحب هذه القروض تحقيق فائدة شخصية للأفراد الممنوحة لهم على حساب موارد

المنظمة المانحة إذا كانت مصرفاً حكومياً أو مصرفاً خاصاً. وقد لا يستطيع بعض الحاصلين على هذه القروض تسديدها في مواعيدها المحددة وبالتالي تصبح قروضاً أو ديوناً مشكوك في تحصيلها أو ديوناً معدومة وتعالج بطريقة تضر بمصلحة المنظمة المانحة لها (عبد الفضيل، 2004، ص 36).

11. إساءة استخدام السلطة وانتحال الصفات :

تعرف السلطة بأنها الحق في إصدار الأوامر ومتابعة تنفيذها والمحاسبة عليها ويوجد في السلطة جانبان أولهما ضرورة امتلاك القوة من مصادر مختلفة والأمر الآخر هو النفوذ أي قدرة التأثير على الآخرين (العتيبي، 2002، ص126). لذلك يفترض أن تمنح السلطات والصلاحيات لأشخاص كفوئين ونزيهين وعادلين وبعكس ذلك فإنها إذا ما منحت لأشخاص غير مؤهلين فإننا نتوقع أن يساء استخدام هذه السلطات لتحقيق منافع شخصية تسيء إلى سمعة المنظمة وتؤثر على أدائها. إن ما يعقد الأمر هو أن بعض المسؤولين والمدراء يستخدمون طرقاً مختلفة قد يكون أغلبها غير رسمي في التأثير على القرارات وإجراءات العمل وطرق الاستثمار من دون أن يظهر لمثل هذا النوع من الفساد أي مظهر قانوني أو مدون بمستندات توضحه وتعلن عنه. و عادة ما يرتبط إساءة استخدام السلطات والصلاحيات بوجود نفوذ لدى ممارسيه مستمداً من مكانتهم الاجتماعية أو السياسية أو صلاتهم الحزبية أو العشائرية أو قربهم من المسؤولين الكبار أو غير ذلك. وتشير حالات إساءة استخدام الصلاحيات والسلطات واستغلال النفوذ إلى ممارسات سلبية كثيرة يدخل في إطارها التعسف والتشدد ومنح المزايا والهبات دون وجه حق أو التغاضي عن الأخطاء المقربين والتساهل معهم وهذه جميعها تعتبر مواقف غير موضوعية واعتباطية تؤثر سلباً على مصالح فئات متعددة. أما انتحال الصفات فهي سلوكيات منحرفة يتم بموجبها انتحال صفات المسؤولين الأعلى من قبل موظفين لديهم أصغر منهم رتبة وظيفية لغرض تحقيق مصالح شخصية وابتزاز الآخرين والحصول على ما لا يستحقون من الآخرين كأفراد مواطنين أو منظمات

أعمال. وتكثر هذه الممارسات التي تهتـز فيهـا الصـور القيميـة وتخـتلط فيهـا الأوراق ويزداد فيها الخوف والاضطهاد وكبت الحريات والتعبيـر عـن الـرأي حيـث تصبح البيئة ملائمة لممارسة هذا النوع من الفساد الإداري والسلـوكيات المنحرفـة رغبة بإثبات الذات والتعويض عن الشعور بالنقص وعدم الكفاءة.

12. التحيز والمحاباة :

يحصل التحيز نتيجة قصور بالثقافة الفكرية والحضارية وشيوع المنظور الجزئي للعلاقات والحياة. ويتجسد بمظاهر متعددة منها التحيز للأقارب والمـوالين فكريـاً وأبناء العشيرة أو الطائفة والديانة والمـذهب والمنطقـة والمهنـة والتخصـص والفئـة العمرية والجنس والطبقة الاجتماعية والقومية وغيرها. وقد يصل التحيـز حـدوداً خطرة جداً عندما يتحول إلى تعصب أعمى وتحيزاً صارخاً دون مناقشة أو مراعاة لمبدأ الحق والعدالـة والإنصاف والمساواة واحـترام الآخـر وقبـول التعايش معـه. ويمكن أن تمارس عملية التحيز في مجالات شتى ضمن العمل الإداري بدءاً بالتعيين والتوظيف والترقيات ومنح المكافآت والأجور وتقييم الأداء ومنـح فـرص التـدريب ومنح الإجازات والمساعدات وغيرها. وإذا كان التحيز فاضحاً وواضحاً فإنه يشكل حالة إحباط للعاملين الآخرين مؤثراً بطرق سلبية في آدائهـم واندماجهم بالمنظمـة وتعزيز الولاء لها. وعند تكرار الحالـة ووضـوحها وشيوعها فإنهـا يمكـن أن تسـاهم بفعالية في بناء ثقافة تنظيمية فاسدة.

13. التقصير والهدر :

تشير حالة التقصير والهدر إلى نوع من الفساد الإداري ذو آثار هدامـة وكبـيرة رغم أنها لم تعرض بالطريقة التي عرضت فيها حالات الرشـوة والسرقة كحـالات فساد إداري يشار إليها دائماً رغم خطورة حالات التقصير والهدر في بعض الأحيـان وخاصة المتعمد منها والـذي يـدخل في إطار التخريـب الجـزئي أو الشـامل لمـوارد المجتمع وإمكاناته ومن خلال التأثير على منظماته المختلفة. ويأتي ضمن

إطار التقصير والهدر العديد من الممارسات الفاسدة وغير المسؤولة نشير إلى بعضها أدناه :

- التكاسل والتباطؤ والتهرب من أداء المهام والواجبات للمدراء والعاملين .
- تحريف المسؤوليات والتهرب منها رغم وضوحها وقبول امتيازات المنصب المرتبط بهذه المسؤوليات.
- عـدم الاكـتراث لأمـوال المنظمـة ومكوناتهـا وإمكاناتهـا والتهـاون في أساليب استغلالها وترشيد استهلاكها.
- زرع الفرقـة والعـداوة بـين العـاملين في المنظمـة بطـرق وأساليب وإجراءات متعددة.
- الإسـاءة للمـراجعين وطـالبي الخدمـة وعـدم احـترام إرادتهـم وسماع آرائهـم والارتقاء في أسلوب تقديم الخدمات لهم.
- عدم الالتزام بالوقت وهدره وضياعه واستغلاله بما لا يخدم مصالح المنظمة ولا يؤدي إلى تحسين أدائها وسمعتها وبما يعزز ثقافتها.

14.أعمال خيرية أصلها فاسد :

وهنا فإن حالات الفساد يتم إخفاءها بممارسات إنسانية وخيرية تبدو ظاهرياً في صالح المجتمع. فبعض المسؤولين ورجال الأعمال الـذين يمارسـون أبشـع أنواع الفساد كقبول الرشوة والعمولات والاتجار بالممنوعـات والغـش في الإنتاج وفرض الأتاوات وابتزاز الآخرين وغسيل الأموال يقومون بإنفـاق جزء مـن هـذه الثروات المتجمعـة بطـرق غـير مشروعة ولا أخلاقيـة عـلى أعـمال البـر والإحسان الظاهرة والمعلنة في المجتمع تغطية للجزء الأكبر مـن الأمـوال التـي اكتسـبوها بالطرق غير المشروعة. ولعل أوضح مثال على ذلك دعم الجمعيات الخيرية ودور الأيتام وبناء المساجد وغيرها من الأعمال.

15. عدم احترام القوانين والاستهتار بها والعمل على تعطيلها :

يسعى كثير من الموظفين عمداً إلى التجاوز على كثير من القوانين وعدم احترامها أو تطبيقها بشكل جزئي وخاصة منها ما هو مؤطر للعمل ومحدد للنفوذ، بهدف الاستفادة المادية أو المعنوية أو محاباة البعض على حساب الآخر. و تشتد خطورة هذه الممارسة عندما تكون القوانين المتجاوز عليها أو المعطلة هي قوانين عادلة ومقبولة وتراعي الحقوق والواجبات ويرضي تطبيقها مختلف أصحاب الفئات وبالتالي فإن تعطيلها يمثل خرقاً لمصالح الأغلبية لغرض تحقيق منافع شخصية بطريقة غير مشروعة.

16. عدم قبول الرأي الآخر في الإدارة وإقصاء الآخرين:

ويعد هذا الأمر من أخطر حالات الفساد الإداري والذي يبدو مبطناً بطرق وآليات يصعب اكتشافها ومعرفة خفاياها ودوافعها ومتابعة تأثيراتها السلبية على مختلف جوانب الحياة الاقتصادية والاجتماعية. إن عدم قبول الاختلاف والتفاهم مع الآخر والتعايش معه في نفس الوحدة الإدارية يعني إقصاءه واستبعاده وبالتالي حدوث صراعات تنظيمية سلبية تؤثر على الأداء في المنظمة. ويدخل في إطار إقصاء الآخرين واستبعادهم تهميش الكفاءات والخبرات وبالتالي حرمانا للإدارات الحكومية أو منظمات الأعمال من هذه الكفاءات وعطاءها وقدراتها في اتخاذ القرار الصائب وتقديم المشورة الحسنة. فكثيراً ما يتفق المستفيدون من شاغلي المناصب المؤثرة في الإدارات التي يتفشى فيها الفساد الإداري بإبعاد من يخشونه فكراً أو انضباطاً أو منهجاً شفافاً في العمل وأحياناً يصل الأمر إلى تلفيق دعاوى كيدية أو التواطؤ بمؤامرات تلحق ضرراً بهؤلاء الموظفين الكفوئين لأجل تمرير صفقات أو عقود يتحقق منها عائد شخصي لهم.

17. غسيل الأموال :

إن مفهوم غسيل الأموال يعني تنظيف أو تطهير أموال قذرة بمعنى أنها اكتسبت بطرق أو جاءت من مصادر غير مشروعة قانونياً وأخلاقياً. وقد استعانت الكثير من المنظمات الإجرامية والعصابات المنظمة بآليات متعددة وأساليب عالية التقنية لإنجاز هذه المهمة ومن هذه الأساليب توريط الكثير من الموظفين والعاملين بمختلف المستويات الإدارية الرفيعة منها أو من شاغلي وظائف الإدارة الدنيا في عمليات الغسيل هذه.

إن هدف الذين يقومون بعمليات غسيل الأموال هو تحويلها إلى القنوات القانونية للأعمال التجارية المشروعة مما يجعلها تبدو قانونية ومشروعة. لذلك فإن المتورطين بعمليات الغسيل من الموظفين إنما يمارسون فساداً إدارياً باعتبار أن هذا العمل يمثل جريمة تضليل وتمويه على المصادر التي تتأتى منها هذه الأموال وإدخالها ضمن إجراءات مشروعة وقانونية مستغلين وظيفتهم وصفتهم القانونية الرسمية وملحقين الضرر ببلدهم ومنظماتهم والمجتمع بشكل عام. لقد أصبحت ظاهرة غسيل الأموال فساداً عالمياً ليس محصوراً ببلدان معينة ومنظمات بذاتها بل إنها تمثل جريمة منظمة تساهم وتشارك فيها جهات حكومية ومؤسسات مالية دولية وربما مكاتب استشارية في المجال المالي والمحاسبي وموظفين كبار في مختلف دول العالم (الأفندي، 1999، ص 34-35). وعند متابعة ظاهرة غسيل الأموال وتطورها منذ بداية ظهورها حتى يومنا الحالي فإنه يمكن الإشارة إلى أن ظاهرة غسيل الأموال قد تغيرت وتجددت وانتشرت وفق العديد من الخصائص وكما يلخصها الجدول التالي :

جدول (5-2)
غسيل الأموال التقليدي والحديث

غسيل الأموال التقليدي	غسيل الأموال في عالم اليوم
1. ممارسات محدودة وفي نطاق محلي.	1. ممارسات واسعة الانتشار تشكل ظاهرة عالمية.
2. آليات بسيطة وإجراءات معروفة.	2. آليات معقدة وأساليب متنوعة.
3. ظاهرة غير منظمة وعشوائية.	3. ظاهرة منهجية ومنظمة.
4. تقتصر على قطاعات بذاتها مثل تجارة السلاح والمخدرات وكازينوهات القمار وغيرها.	4. تشمل مختلف القطاعات الصناعية والتجارية والخدمية وغيرها.
5. المبالغ والأموال المغسولة محدودة.	5. مبالغ طائلة تتجاوز المليارات.
6. إن المتورطين غالباً ما يكونوا مسؤولين حكوميين كبار ورجال أعمال.	6. ازدياد عدد المتورطين ليشمل مختلف المستويات الإدارية والمهن.
7. آليات التنفيذ تنحصر بالمصارف والمؤسسات المالية والاستثمار في العقارات.	7. آليات الغسيل تشتمل على الكثير من القطاعات والمؤسسات وأوجه الاستثمار.
8. الآثار السلبية والأخطار والصعوبات المرافقة لعمليات الغسيل محدودة وقليلة بسبب محدودية الانتشار.	8. الآثار السلبية أوسع شمولاً وأبلغ ضرراً بسبب ما تتمتع به المنظمات القائمة بغسيل الأموال من قدرات كبيرة وسرعة اتصال واستفادة من التكنولوجيا الحديثة.
9. كشف العمليات أسهل نسبياً.	9. صعوبة وزيادة تعقد كشف عمليات الغسيل.
10. جهود محلية ووطنية للمكافحة .	10. جهود دولية وإشراك منظمات عالمية في مكافحة عمليات الغسيل.
11. طابع الغسيل اقتصادي تجاري.	11. متعدد الأبعاد ويغلب عليه الفساد السياسي.

18. الاستيلاء على الممتلكات والأموال الخاصة دون وجه حق :

يفترض بالقوانين الوضعية والحقوق الدستورية والقوانين والأعراف الدولية أن تصون حرية الممتلكات الخاصة باعتبارها حق مشروع ومقدس للإنسان لا

يجوز التجاوز عليه أو سلبه. ومع ذلك فإن واحدة من صور الفساد الإداري وإن كان على نطاق محدود هو تعسف بعض الإداريين وتفننهم بالاستحواذ على أموال وممتلكات الغير متذرعين بحجج غير قانونية ومستغلين نفوذهم بطرق غير مشروعة وأحياناً مستغلين جهل بعض الناس بالقانون وعدم معرفتهم بتفاصيله ليصادروا حقوقهم. ولقد كانت هذه الظاهرة مستشرية في كثير من الدول النامية بل تمثل ظاهرة سياسية حكومية لمعاقبة المعارضين ومؤيديهم وبالتالي فإنها أثرت سلباً على جذب الاستثمارات إلى هذه الدول النامية من الشركات الكبرى خوفاً من المصادرة والاستيلاء على ممتلكات هذه الشركات.

19. التضليل والتستر على المعلومات الحقيقية باستغلال المنصب :

ويدخل هذا النمط من الفساد في إطار خلق حالة من الإرباك وعدم الوعي لدى الناس لغرض تحقيق مآرب وأهداف شخصية من قبل مرتكبيه، وفي العادة تكون هناك علاقات وثيقة بين ممارسي هذا النوع من التضليل ووسائل الإعلام والنشر بحيث تسهل عليهم هذه الوسائل التستر على أعمالهم وإخفاء الحقائق حول الجوانب التي تجسد الفساد الإداري في أعمالهم وإظهارها وكأنها منجزات إيجابية. وربما ينضوي تحت لواء هذا الصنف من الفساد ممارسات المكاتب المحاسبية والمالية والقانونية حينما تهدف إلى التستر على الحالة المالية للشركات عند تدقيقها وإظهارها بخلاف ما هي عليه فعلاً.

20. الإتلاف المتعمد للسجلات والأموال العامة من خلال افتعال الحرائق والحوادث:

ويشيع هذا النمط في كثير من المنظمات الحكومية ومنظمات الأعمال حيث أن الهدف هو إخفاء سرقة أو اختلاس أو تزوير أو أي انحراف يُخشى من انكشافه والذي تترتب عليه منفعة كبرى للمتسبب فيه. وتحصل الكثير من هذه الحوادث في فترات جرد المخازن أو زيارات لجان تفتيشية أو تدقيقية لمواقع العمل والمخازن والمستودعات الكبيرة. وقريباً من هذا النمط من الممارسات الفاسدة نجد العديد من

الممارسات في مختلف منظمات القطاع الحكومي بشكل رئيسي- والأعمال بشكل ثانوي التي يمكن الإشارة إلى بعضها:

- بما أن الجيش في أي دولة يعد من أكبر المنظمات الحكومية والتي تجري اتلافاً سنوياً لمواد وتجهيزات مختلفة فإن بعض من هذا الإتلاف لا يحـدث فعـلاً بـل يتم الاستيلاء على المواد والتجهيزات المراد إتلافها والتي يكون جـزء كبير منها صالحاً للاستخدام وتشطب من السجلات على اعتبار أنها قـد أتلفـت، ولكن في الحقيقة يتم إعادة بيعها وتحقيق مكاسب شخصية للقائمين بذلك.

- في المستشفيات الحكومية على الأغلب فإنـه يتم إتـلاف الأدويـة التـي انتهـت صلاحيتها، وتمرر ممارسات من الفساد الإداري عن طريق شطب كميات كبيرة من الأدوية والأجهزة الطبية الصالحة تحت بند عدم الصـلاحية للاستعمال ثم يجري الاتجار بها وبيعها وتحقيق أرباح شخصية لمجاميع من الموظفين غالباً ما يجمعهم التواطؤ والاختلاس.

- في كثير من المنشآت الصناعية هناك كميـات كبيرة مـن قطع الغبار والأجزاء والمـواد التي تسـمى راكـدة يتـم بيعهـا بـالمزاد العلنـي ويظهـر أن المشـترين متواطئون في هـذه العمليـات مـع مـوظفين في نفـس الإدارة أو المنظمـة التـي باعت هذه المواد.

21. التمارض في العمل والإجازات المرضية الزائفة:

لا تخلـو مـنظمات القطـاع الخـاص والإدارات الحكوميـة بشكل أكـبر مـن ممارسات قد تكون محدودة أو واسعة بشأن الحصول على إجازات مرضية مزيفة وبدون حق قانوني وبالتالي فإن هناك ضرر يلحق بالمنظمة وطالبي خدمتها بسبب قصورها عن تأدية واجبها بشكل صحيح بسبب ممارسات عامليها. ويكثر هذا النوع من الممارسات في المنظمات التي لا تجري عمليات تدقيق ومساءلة ومراقبة لمثل هذا النوع من الأعمال غير الأخلاقية. إن الأثر السلبي كبير بسبب الانعكاس على سلوكيات الموظفين الآخرين الـذين سيشـعرون بالاستياء أولاً لتحملهم أعباء

عمل من حصلوا على مثل هذه الإجازات ومـن ثم التسيب وتقليد هـؤلاء بهـذه السلوكيات المنحرفة.

22. تفويض الصلاحيات لموظفين غير كفوئين مـع العلـم المسبق بعـدم كفاءتهم :

ويدخل هذا النمط ضمن منهج فساد إداري يهدف إلى التخريـب المتعمـد وخلط الأوراق بحيـث يصعب اكتشـاف الكفـوء مـن غـير الكفـوء والتغطيـة علـى حالات الفساد الإداري التي يمارسها المسؤولون. وبالرغم مـن القاعدة الإداريـة المعروفة في مجال تفويض الصلاحيات واضحة وهي تنص علـى أن السلطة تفوض ولكن المسؤولية لا تفوض معهـا فإن مـن يقـوم بـالتفويض لمـوظفين غـير مـؤهلين لممارسة هذه السلطة يستخف بهذه القاعدة ويكون لديه الوسائل التي يتهرب بهـا من مسؤولية عمله هذا. ومن الجدير بالذكر أن هذا الصنف من الفساد يمكن أن يشمل مجمل الممارسات المتعلقة بوضع الشخص غير المناسب في موقع إداري مهم، وكذلك وضع المؤهلين في غير أماكنهم التي يفترض أن يكونوا قـد أهلـوا مـن أجلها. إن هذا الإجراء المتعمد يمكن أن يؤدي إلى حالات فساد كبير أخرى يمكن أن تعمـم وتشل من قدرة الموارد البشرية في أي مجتمع من المجتمعـات وتمنعهـا مـن القيـام بدورها في تنمية قـدرات المنظمات العامـة منهـا والخاصـة (قنـديل، 1997). كمـا تجدر الإشارة هنا إلى أن الفساد الإداري في إطار هذه الحالة لا يقتصر ـ فقط علـى الشخص المسؤول الذي فوض السلطات بـل يشمل أيضاً مـن قبـل هـذه السلطة والتفويض هو يعرف تماماً أنه ليس مؤهلاً لها وأن هناك من هـو أكفأ منـه للقيـام بها.

23. التلاعب بنتائج التحقيقات أو سيرها خصوصاً الجنائية منها:

يعبر هذا النمط من الفساد الإداري عن حالة تغيير مجرى العدالـة وتعطيـل الحقوق عن طريق التلاعب بإجراءات التحقيق أو عرقلة مسارها الصحيح. ويمكن أن يحدث هذا في الإدارات العامة ومنها دوائر الشرطة والمـرور والمحـاكم وشركـات التـأمين وإدارات الجمـارك والضرائب والحدود وغيرهـا. يحـدث التلاعب عـادة لحماية طرف معين من العقاب أو دفع الغرامات أو التعويض للأطراف

المتضررة أو التهرب من دفع ضرائب جمركية أو التغطية على عمليات تهريب أو دفع تعويضات من شركات التأمين بالترتيب مع بعض الأفراد أو غيرها.

24. التستر على الفاسدين الكبار :

وهذه حالة خطرة لأنها تديم حالة الفساد وتشجع على استمراريتها وتشجع ممارسيه فضلاً عن أنها تقدم كبش فداء قد يكون بريئاً. وتحصل هذه الحالة عندما توفر الحماية لمسؤولين متنفذين عند ممارستهم نوعاً أو آخر من أنواع الفساد الإداري ويتم إظهار الأمر وكأن المتورطين هم من المسؤولين الأقل مرتبة وظيفية.

25. التضليل الإعلامي الشمولي :

يتركز هذا النمط في الإدارات الحكومية المسؤولة عن الإعلام بكافة قنواته وأشكاله سواء المرئي أو المقروء أو المسموع. إن احتكار وسائل الإعلام من قبل موظفين حكوميين ولفترات زمنية طويلة يمكن أن يخلق تكتلات فاسدة تمارس التضليل الإعلامي للجمهور وقد يتجاوز البعض في ذلك مستغلاً حالة النجومية والحضور الاجتماعي اللذان وفرتهما وسائل الإعلام له. إن ممارسات وسائل الأعمال يمكن أن تكون بشكل تحريف حقائق وهدم القيم وتكريس حالة التخلف الثقافي والفكري ومصادرة الحرية وشيوع مبدأ عدم المساواة، وتؤدي بالتالي إلى اهتزاز قواعد العدالة الاجتماعية في المجتمع وتؤدي إلى فساد مضاعف واسع النطاق (أحمد، 1977، ص 8-17). ويمكن أن يكون الفساد الإعلامي بالتواطؤ أو حجب المعلومات أو تقديمها بأسلوب هامشي بحيث يداري موقع الفاسدين الوظيفي أو نفوذهم السياسي (سكجها، 2000، ص 111؛ غرغور، 2000، ص 116).

26. الفساد التربوي والتعليمي :

إن النظام التربوي والتعليمي والقضائي يعد ركيزة أساسية لأي مجتمع من المجتمعات، وإذا ما أصاب الفساد الإداري النظام التعليمي فإنه سيؤدي إلى إنتاج سلسلة مترابطة من عوامل الفساد المستقبلي، لذلك تحرص الدول على متابعة النظام التعليمي بشكل دقيق وتتصدى إلى أي ممارسات فاسدة وغير مسؤولة حفاظاً على

قوة وفاعلية هذا النظام سواءً في المدارس أو الجامعات أو مراكز البحوث. ومع ذلك، فإن حالات الفساد الإداري وخصوصاً في الدول النامية التي تسيطر فيها الدولة بشكل كبير على التعليم وتوجهه وجهة أيديولوجية محددة في بعض الأحيان تستشري بحيث تجعل منه نظاماً مشلولاً وغير قادر على أداء مهمته في التنمية والتطوير والتحديث. إن أهم مظاهر الفساد الإداري في السلك التعليمي تشمل ما يلي :

- تسهيل عملية النجاح بدون وجه حق دون إعارة أهمية كبيرة للنوعية وحالات المنافسة التي يفترض أن تسود في النظام التعليمي لكي يكون خريجي الجامعات مثلاً بالمستوى المقبول.

- التهاون في حالات الغش في الامتحانات أو تسهيلها أو المساهمة فيها سواءً من خلال تسريب أسئلة الامتحانات والأجوبة الخاصة بها لأبناء المتنفذين والمسؤولين والموسرين.

- التهاون في مستوى إعداد الكوادر التعليمية وأساتذة الجامعات بحجج كثيرة منها الحاجة الملحة للتوسع أو تغطية النقص في الكوادر التي تجعل من نظام التعليم قائماً على أساس غير سليم.

- شيوع ظاهرة السرقة العلمية للبحوث والأطاريح وبالتالي قتل روح الإبداع وعدم بذل الجهود واكتساب المعرفة الحقيقية (عايش، 2000، ص136).

- تحديد أهداف متواضعة للنظام التعليمي والبحث العلمي بحيث تكون هذه الأهداف المتواضعة مدعاة للتسيب وعدم الاستغلال الجيد للموارد المتاحة.

- تخلق كثرة الأعداد في المؤسسات التعليمية وخاصة الجامعية منها حالات فساد إداري وتهاون تدخل في إطار تحميل هذه المؤسسات أكثر من طاقاتها وقدرتها وبالتالي تخريج كوادر بتأهيل متواضع.

- تعج المؤسسات الحكومية المشرفة على التربية والتعليم بأعداد كبيرة من الإداريين ويشتمل هيكلها التنظيمي على مسميات إدارية كثيرة قد تكون مدخلاً

لفساد إداري كبير وخلق إرباك للعمل التعليمي وفرض قيود وإجراءات تعوق التعليم دون أن تساهم في تطويره.

- يمكن أن تشكل المناهج المتخلفة مدخلاً لفساد إداري حيث عدم الموازنة بين الجانب السلوكي القيمي مع الجانب العلمي المعرفي وعدم تضمين المناهج جرعات كافية من المقررات التي تحث على احترام الحقوق والواجبات وتحمل المسؤوليات والأفكار المتعلقة بحقوق الإنسان والديموقراطية والتعايش السلمي وإشاعة روح المسؤولية وروح فريق العمل وغيرها.

المبحث الثالث : أسباب الفساد الإداري :

إن الفساد الإداري هو نزعة شيطانية تتصارع في إطارها قيم الخير والعدالة والحقوق مع قيم الشر والرذيلة لذلك يعتبر ظاهرة مرفوضة يجب معالجتها والتخلص منها وحماية المجتمع من آثارها السلبية وشرورها. ولكن لكي تكون المعالجة فعالة وشاملة يفترض معرفة الأسباب التي أدت إلى ظهور واستشراء حالات الفساد الإداري. ولكون الفساد ظاهرة شمولية لذلك تعددت أبعادها وأسبابها لتلامس مختلف الجوانب الشخصية والمؤسسية والبيئية.

أولاً: العوامل الشخصية :

تشير الغالبية العظمى من الدراسات إلى أن هناك علاقة وثيقة بين بعض الخصائص الفردية والممارسات الإدارية الفاسدة في منظمات الأعمال والإدارات والمؤسسات الحكومية. ويمكن إجمال الخصائص الفردية التي ربما يكون لبعضها تأثير في ظهور حالات الفساد الإداري بالآتي (Daboub, etal, 1995; wiersema and Pentel, 1992 ؛ الشهابي و داغر، 2000) :

- **العمر:** حيث أن حاجات الموظف الشاب الكثيرة وقلة موارده بسبب كونه موظفاً حديث التعيين قد تكون سبباً وراء ممارسات إدارية فاسدة .

- **مدة الخدمة :** من الصعوبة بمكان الجزم بعلاقة من نوع واحد بين مدة الخدمة وممارسة الفساد الإداري فقد يكون كبار الموظفين ممن تكون مدة خدمتهم طويلة على معرفة تامة بأساليب إخفاء الممارسات الإدارية الفاسدة ويساعد هذا الأمر على ارتكابها، وقد يكون الموظف حديث الخدمة أكثر ميلاً لممارسة حالات الفساد الإداري بسبب تأثره السريع بزملاء العمل إذا كانوا من الموظفين غير النزيهين.
- **المستوى الدراسي :** إن تأكيد علاقة ممارسات الفساد الإداري بالمستوى الدراسي والتحصيل العلمي ربما تختلف باختلاف المجتمعات، فالمجتمعات التي يسهل الحصول فيها للفرد على شهادات عليا بأسلوب غير علمي وغير مشروع وكذلك الحصول على الوظيفة بطريقة غير قانونية وعادلة يكون أفراد هذا المجتمع أكثر ميلاً لممارسة الفساد الإداري من حالات مجتمع فيه نظام تعليمي كفوء وقائم على أسس علمية وكذلك نظام الخدمة المدنية ومدى جديته ودقته في عمليات التوظيف فإنه يحول دون وصول أناس غير كفوئين إلى الوظائف الحكومية وبالتالي تقل عمليات الفساد الإداري.
- **الجنس :** ليس بين أيدينا دراسات قاطعة تشير إلى وجود علاقة بين الجنس وحصول حالات الفساد الإداري وبالتالي فإن مسألة كون الرجال الموظفين أكثر فساداً من النساء الموظفات أو العكس تحتاج إلى مزيد من البحث وقد تختلف من بيئة إلى أخرى ومن دولة إلى أخرى. وقد أشار أحد الباحثين في دراسة أجريت في عينة من مؤسسات الإدارة العامة في العراق إلى أن الرجل أكثر ميلاً لممارسة حالات فساد إداري من المراة بسبب تكوينه النفسي- وسرعة تأثره بما يحيط به من عاملين (داغر، 1997).
- **المهنة والتخصص :** من المتوقع أن تكون حالات الفساد الإداري أكثر وضوحاً لدى الإداريين في الوظائف الحكومية أو منظمات الأعمال منها في الوظائف الفنية التخصصية، وربما يعود السبب إلى ممارسة الإداريين لأعمال تجعلهم

على احتكاك مباشر بالناس يومياً ويتولون إنجاز معاملات المواطنين وغالباً ما يكون الاتصال المباشر والحديث وجهاً لوجه باباً لفتح مواضيع يمكن النفاذ منها إلى دفع رشوة أو قبول وساطة أو غيرها من حالات الفساد الإداري المعروفة.

وبالإضافة إلى الخصائص الشخصية السابقة يمكن أن توجد مجموعة من العوامل المرتبطة بشكل مباشر وغير مباشر بشخصية الفرد وتكوينها ونظام القيم لديها ورؤيتها للحياة وأسلوب التعامل ويمكن أن نشير إلى أهم هذه العوامل بالآتي :

1. **تأثير الأسرة:** تلعب الأسرة دوراً مؤثراً وكبيراً في تكوين شخصية الفرد فهي تعزز القيم الإيجابية كالأمانة والصدق والإخلاص في العمل والنزاهة وبالتالي يصبح الفرد مواطناً صالحاً أو عكس ذلك. فقد تدفع الأسرة أو بعض أعضائها مثل الزوجة والأولاد بكثرة مطالبهم وإلحاحهم وضغوطهم على الأب إلى أن يمارس حالات فساد إداري في وظيفته بطرق وأساليب شتى.

2. **الانحدار الطبقي:** قد يكون مجتمع المدينة لانفتاحه وكثرة الاحتياجات الخاصة بالأفراد فيه سبباً وراء ممارسة حالات الفساد الإداري عكس مجتمع القرية أو الريف أو البادية.

3. **الحاجة المادية :** قد تكون الحاجة المادية الملحة والآنية سبباً قوياً لدفع الموظف لممارسة الفساد الإداري الذي قد يبدأ محدوداً وصغيراً لينتشر ويتأصل بعد ذلك. فالموظف ذو الدخل المحدود والمضطر لدفع تكاليف عملية جراحية باهظة الثمن لأحد أفراد عائلته قد يجد نفسه في موقف يدفعه لأخذ رشوة أو ممارسة نوع آخر من الفساد الإداري.

4. **المنظومة القيمية للفرد:** إن بعض الأفراد ممن يحبون الجاه والسلطة والهيبة والسلطان يسعون إليها بطرق متعددة حتى لو لم تكن هذه الطرق مشروعة في حين أن قيم التواضع والرضا والقناعة قد تساعد الإنسان لحماية نفسه من القيام بممارسات فاسدة في الوظيفة.

5. **الالتزام الديني :** لا ينكر دور الدين في تهذيب النفس وتقليل المفاسد فالفرد إذا كان ملتزماً دينياً بشكل صحيح وسليم وليس بالشعائر فقط سيكون مجسداً لهذه القيم في عمله وممارساته الإدارية.

6. **الثقافة العامة والوعي العام :** تنضج الثقافة العامة والاطلاع الواسع ومتابعة الحراك الثقافي في المجتمع قدرات الفرد الإدراكية وتطور سلوكياته بشكل إيجابي كفرد صالح في المجتمع والعكس صحيح.

7. **الأنانية وحب الذات:** تمثل هذه الصفة مدخلاً لفساد إداري محتمل في منظمات الأعمال والإدارات الحكومية حيث يطغى مبدأ تغليب المصلحة الفردية على المصلحة العامة وبالتالي الانحدار إلى هاوية الفساد الإداري لإشباع حاجات ورغبات بطرق غير مشروعة.

8. **المظهرية والتقليد :** كثيراً ما تكون هذه الحالة سبباً في ممارسات إدارية فاسدة رغبة في تقليد أصحاب النفوذ والثروة أو السلطة حيث يرغب الموظف بإظهار سلطة لا يملكها أو يقوم بأعمال ليست من اختصاصه لكي يبدو أنه عنصر مهم في الإدارة وأن بإمكانه إنجاز المعاملات الصعبة.

ثانياً: العوامل المؤسسية والتنظيمية :

تتعدد الأسباب التنظيمية والمؤسسية التي تقف وراء الممارسات الإدارية الفاسدة في المنظمات الحكومية والخاصة. إن أغلب هذه الأبعاد المؤسسية والتنظيمية تؤثر بشكل مباشر أو غير مباشر في السلوك الإداري أو التنظيمي بحيث تجعل منه سلوكاً منحرفاً أو منضبطاً ويمكن الإشارة إلى أهم هذه العوامل بالآتي :

1. **ثقافة المنظمة:** إن عدم وجود ثقافة تنظيمية قوية ومتماسكة وإيجابية تؤدي إلى التزام عالي والتحلي بأخلاقيات إدارية سامية، قد يكون سبباً لممارسات فاسدة حيث أن غياب هذه الثقافة التنظيمية غالباً ما يرافقه شيوع ثقافة الفساد في المنظمة أو الإدارة الحكومية.

2. **حجم المنظمة:** غالباً ما يكون كبر الحجم خصوصاً في الإدارات الحكومية مرتبطاً بوجود ترهل إداري وبطالة مقنعة وبيروقراطية عالية وهذه كلها تؤدي بدورها إلى ممارسات لا قانونية وسلوكيات فساد إداري لا يمكن السيطرة عليها بسهولة.

3. **ضعف النظام الرقابي:** وهذا عامل مهم جداً حيث يجعل من الممارسات الفاسدة روتيناً سارياً يمر دون مساءلة أو حساب. إن منظمات الأعمال والإدارات الحكومية مدعوة لإعادة النظر باستمرار بنظمها الرقابية وأساليب تقييم الأداء لديها فقد تطورت هذه النظم والأساليب كثيراً وأصبح متاحاً للمسؤولين الكثير من الأدوات الفاعلة التي تساعد في ضبط حالات الفساد الإداري والفاسدين.

4. **العلاقة مع المسؤولين في الإدارات العليا:** وهذه قد تكون سبباً لممارسات إدارية فاسدة تنتج عن استغلال النفوذ لهؤلاء المسؤولين والاحتماء بهم سواءً كانت العلاقة قرابة أو ارتباط مصالح أو صداقة أو علاقة عشائرية أو غير ذلك.

5. **طبيعة العمل المؤسسي:ـ** إن درجة وضوح العمل وأهداف المؤسسات ومنظمات الأعمال وشفافية عملها له أثر كبير في تقليل حالات الفساد الإداري. أما المؤسسات التي تقتضي طبيعة عملها الكثير من السرية والسرعة أحياناً ولديها موارد كثيرة وبعيدة عن الرقابة الشعبية والإعلامية فإن حالات الفساد الإداري تكثر فيها ويمكن إخفاءها بسهولة كما يتوقع مرتكبوها. وينبغي أن تعير الدول اهتماماً خاصاً للمنظمات والمؤسسات المرتبطة بالوزارات السيادية بالذات مثل الجيش وقوى الأمن والأجهزة الأخرى للنظم الرقابية فيها لكي تجعل منها منظمات مرنة وشفافة ونزيهة.

6. **الهياكل التنظيمية وهياكل السلطة:** إن عدم وضوح الصلاحيات والسلطات وعدم تناسب الهيكل التنظيمي مع طبيعة العمل وعدم وجود وصف وظيفي

واضح يزيد من احتمال ممارسة الفساد الإداري في منظمات من هذا النوع أكثر من غيره.

7. **البطالة المقنعة :** إن وجود أعداد كبيرة من العاملين لا يمارسون أعمالاً فعلية في المنظمة أو الدائرة الحكومية قد يكون سبباً وراء تفنن هؤلاء الموظفين في طلبات وتعقيد في سير المعاملات لغرض الابتزاز والرشوة والوساطة وغيرها.

8. **عدم الاستقرار الوظيفي:** إن شعور الموظف خاصة في الإدارات العليا من أن منصبه هو فرصة يجب أن يستغلها للفترة المحددة التي هو فيها تجعل منه أكثر ميلاً لممارسة حالات فساد إداري لغرض الإثراء وبناء النفوذ وتوطيد العلاقات مع الآخرين على حساب مصلحة المنظمة والنزاهة والعدالة.

ثالثاً: العوامل البيئية :

وتعتبر هذه العوامل من أهم العوامل التي تقف وراء حالات الفساد الإداري أو تساهم في تعزيزها بسبب كثرها وتعقدها وتشابكها. ويصعب حتى على الدول المتقدمة فرزها ووضع أولويات لعلاجها حيث أنها تتداخل مع بعضها البعض بطريقة تمنع من الوصول أحياناً إلى السبب الحقيقي وراء الفساد. وفي أدناه إشارة إلى هذه العوامل مصنفة إلى بيئات فرعية وكالآتي :

1. **عوامل البيئة السياسية :**

يعد هذا البعد في الدول النامية من أكثر الأبعاد تسبباً ودعماً للفساد الإداري، فهيمنة السياسة والسياسيين الفاسدين على مختلف مناحي الحياة هي السبب الكبير في انتشار حالات الفساد الثقيل Top Heavy Corruption (الكبيسي- 2000، ص 89) ويمكن تشخيص أهم ملامح هذه البيئة السياسية الفاسدة بالآتي :

- عدم الاستقرار السياسي وما يتبع ذلك من ديكتاتورية وتفرد بالسلطة تجعل من مسؤولي الحزب الواحد من أكبر الممارسين لحالات الفساد الإداري في الدولة.

- عدم وجود دستور أو وجود دستور مؤقت أو وجود دستور دائم لكن لا يتم احترامه، حيث تضيع الحقوق وتهدر الكرامات وتقل المساءلة ويضعف الولاء

والانتماء للبلد فتزداد حالات الفساد الإداري ويتم تغليب المصلحة الشخصية على المصلحة العامة .

- أدلجة وعسكرة المجتمع، وهذا الأمر واضح في بعض الدول التي يهيمن فيها العسكر على مقدرات الحياة أو يهيمن حزب ذو عقيدة أو أيديولوجية يفرضها بالقوة وتكون مدعاة لمزيد من الممارسات الإدارية الفاسدة حيث يخشى الناس البطش والتنكيل وبالتالي فإنهم يسكتون من الممارسات الفاسدة التي تتحول بمرور السنوات إلى سلوك عام بل ربما لا يلفت الانتباه للمواطن العادي .

- سيطرة الدولة على وسائل الإعلام وتوجيهها: إن هذه السيطرة تشل هذه الوسيلة الرقابية المهمة التي يمكن أن تفضح وتكافح حالات الفساد الإداري بأشكاله المختلفة.

- ضعف منظمات المجتمع المدني بكافة أشكالها والتي تعتبر أداة رقابية فاعلة في كثير من دول العالم المتقدم. وحتى لو وجدت هذه المنظمات فإنها ستكون ضعيفة حيث تهيمن الروابط العائلية والقبلية والمناطقية على الأحزاب السياسية والنقابات (كريم، 2004، ص 64).

2. عوامل البيئة الاقتصادية :

يشكل الاقتصاد مدخلاً لممارسة حالات فساد إداري بأشكال متنوعة، فالسياسات الاقتصادية والنقدية المرتجلة للدولة والأزمات الاقتصادية بسبب الحروب والكوارث أو سوء التخطيط قد تكون مدخلاً يشجع الفساد بكافة أنواعه. وعملياً يمكن الإشارة إلى بعض العوامل الاقتصادية التي تدفع باتجاه الفساد الإداري وكما في أدناه :

- البطالة : إن انتشار البطالة في مجتمع معين قد يساعد في ازدهار الفساد الإداري في قطاع الأعمال أو القطاع الحكومي، ففي بعض الحالات قد تعالج الدولة هذه الظاهرة بأساليب جزئية غير مخططة تكون سبباً في ترهل إداري وبطالة مقنعة وانخفاض في الأجور على حساب تشغيل أعداد كبيرة لحل مشكلة البطالة وهذه تؤدي إلى ممارسات فاسدة.

- انخفاض الأجور وضعف المرتبات بشكل عام: إن عدم قدرة العاملين في مختلف المنظمات على تأمين متطلبات الحياة تدفعهم إلى السلوك المنحرف وممارسة الفساد. فالموظف لديه حاجات أساسية يصعب أن تظل غير مشبعة مثل الغذاء واللباس والمسكن له ولعائلته، الأمر الذي يدفعه للتفكير في تأمين مورد آخر، ولما كان أغلب الموظفين لا يجيدون مهنة أخرى فربما يكون الحصول على هذا المورد من خلال الوظيفة العامة.

- تدهور قيمة العملة بسبب التضخم: إن هذا يؤدي إلى تآكل القدرة الشرائية للموظفين وبالتالي فإنهم يسعون إلى تأمين متطلباتهم الحياتية، عن طريق أساليب غير مشروعة واستغلال مناصبهم ووظائفهم.

- محدودية فرص الاستثمار والتهافت على شراء الوظائف ودفع الرشاوي لتأمينها مما يكون سبباً في شيوع حالات الفساد في المجتمع.

- تعطيل آليات السوق وتدخل الدولة بشكل كبير مما يشل المبادرات الفردية والخاصة في المساهمة في بناء الاقتصاد ومعالجة الإشكالات الاقتصادية.

- عدم فعالية نظم الرقابة الاقتصادية والمالية في المؤسسات وبالتالي قد تكون سبباً لفساد إداري بل التغطية المستمرة للفاسدين وتوفير الحماية لهم.

3. عوامل البيئة الاجتماعية :

إن الأجهزة الإدارية لا تعمل في فراغ بل تتأثر بمجمل العوامل الاجتماعية المحيطة بها فإذا ما كانت هذه العوامل الاجتماعية غير ناضجة ومشوهة فإنها ستشكل بكل تأكيد مدخلاً واسعاً لممارسات إدارية فاسدة على مختلف المستويات. ومن الضروري الإشارة هنا أن العوامل الاجتماعية قد لا يتم الانتباه لها ولأثرها مثل العوامل الاقتصادية وذلك بسبب وقوع المجتمع تحت تأثير ظاهرة القبول الاجتماعي لهذه العوامل وكأنها مسلمات يصعب رفضها أو تغييرها. ومن أهم العوامل الاجتماعية المحتمل تسببها في فساد إداري الآتي :

- القيم المشوهة السائدة في المجتمع، حيث التبرير المزدوج والمشوه لكثير من المظاهر الفاسدة بدون وعي أو بوعي قاصر. إن أصل هذه القيم هو الموروث الشعبي من الأمثال والحكايات التي يتم تداولها كمسلمات بدون تفحص ومناقشة واعية لمضامينها وخطورة اعتمادها في اتخاذ قرارات هامة أحياناً.

- شيوع ثقافة الفساد في المجتمع: في هذه الحالة تتولد قناعة لدى الأفراد بأن جميع المسؤولين مثلاً يمارسون الفساد الإداري وأنه يمكن إنجاز كل المعاملات بدفع الرشاوى أو الواسطات وأنه لا بديل لهذه الحالة ولا إصلاح. فالفساد الإداري هنا تحول إلى قاعدة عمل يومية في الإدارات الحكومية ومنظمات الأعمال. وتجدر الإشارة هنا أن الحالة السياسية قد تكون سبباً رئيسياً لشيوع ثقافة الفساد في المجتمع.

- فقدان الحراك الاجتماعي وجمود التفكير والتحجر وعدم قبول التغيير: إن الدول المتقدمة تتميز باعتمادها قاعدة أن التغير هو سنة الحياة، لذلك نجد هناك الكثير من المنتجات والمفاهيم والإنجازات بشكل يومي تجعل الفرد منفتحاً للتغيرات متقبلاً لها كحالة واقعة وتساهم في تطويره وتطوير المجتمع ككل. وهذا عكس كثير من المجتمعات النامية التي يطغى عليها الجمود وضيق الأفق وتحجر العقول ولا ننسى أن الانعزال وقلة حركة الأفراد بالسفر والاطلاع على أساليب حياة المجتمعات الأخرى هي سبب من أسباب فقدان الحراك الاجتماعي الذي يؤدي بدوره إلى التقوقع وانتشار أنماط مختلفة من الفساد الإداري.

- سيادة سلطة القديم والخوف من كل ما هو جديد، حيث الحنين الدائم للماضي بكل ما فيه من تفاصيل الأمر الذي يجعل الفرد متسماً بالسذاجة والخوف ومحدودية التفكير. إن هذا لا يعني التنكر للماضي بل يجب استخلاص العبر والاستفادة من القيم الإيجابية لهذا الماضي لحياة مستقبلية أفضل.

- زيادة أعداد السكان وشحة الموارد واستنزافها وعدم تجديدها وتنميتها يمكن أن يكون سبباً في الدفع باتجاه الفساد الإداري.

- التمسك بقيم قبلية وعشائرية سلبية تعوق العمل الإداري في كثير من الأحيان وتساعد على تفشي ـ الفساد الإداري بشكل وساطات ومحسوبيات وشللية وغيرها من المظاهر.

- التعصب الطائفي والديني: وهذا يفقد المنظمات والمجتمع القدرة على الاستفادة من كافة الكوادر بغض النظر عن انتماءاتها الطائفية ومذاهبها الدينية ويشكل مدخلاً للتوظيف غير العادل الذي يقوم على أسس غير صحيحة.

4. **عوامل البيئة القانونية والتشريعية:**

تؤثر البيئة القانونية والتشريعية سلباً أو إيجاباً في تفشي حالات الفساد الإداري أو الحد منها، بل يمكن أن تعتبر هذه البيئة من أهم المداخل لانتشار حالات الفساد الإداري إذا كانت تتصف بعدم النزاهة وعدم الاستقلالية والخضوع الكامل للسلطة السياسية أو السلطة التنفيذية في الدولة. وفي أغلب الدول النامية يشكل طغيان السلطة التنفيذية والسياسية سبباً جوهرياً في تخلف أجهزة القضاء وشل ممارساته العادلة لغرض إقرار الحقوق ومتابعة الفساد والمفسدين وتقديمهم للعدالة (الكيلاني، 2000، ص 79-81). وفي الدول التي يكون فيها الفصل للسلطات التشريعية والتنفيذية والقضائية واضحاً وتمارس هذه السلطات واجباتها وفق نصوص قانونية ودستورية واضحة ومتفق عليها وفي ظل نظام ديموقراطي متفتح فإن السلطة القضائية تكون سلطة مستقلة لا سلطان عليها لأحد إلا بالنص القانوني وبالتالي فإنها تمارس صلاحياتها الرقابية وفقاً لمحتوى الدستور ونصوصه بكل شفافية ووضوح وبعيداً عن حالات الغموض والشك، أما إذا كان الأمر عكس ذلك فإننا نتوقع فساداً إدارياً سيزداد بحكم ضعف هذه السلطة القضائية وعدم ممارستها لدورها كاملاً. ويمكن أن نلخص أهم منافذ الفساد الإداري ضمن أبعاد البيئة القانونية والتشريعية بالآتي :

- قوانين تعسفية جائرة تثير الحيرة والإرباك وتدفع النـاس لتجاوزهـا والتحايـل عليها وعدم احترامها وخرقها باستمرار وبطرق كثيرة.

- التغير المستمر للقوانين ليس بهدف تعديلها لخدمـة النـاس والمجتمـع وبشكل منهجي ومدروس ومنظم ولكنـه لفـرض خدمـة مصالـح فئـات متنفـذة معينـة وشخصيات سياسية كبـيرة. وتشكل هـذه القوانين بحـد ذاتهـا فسـاداً إدارياً مفضوحاً.

- الثنائية في تفسير القوانين والغمـوض في نصوصهـا بحيـث تقبـل التأويـل وفقـاً للاعتبارات المراد النفاذ مـن خلالهـا لتمرير مواقـف معينـة أو تبريـر صفقـات وتحصيل منافع خاصة.

- ضعف الجهاز القضائي والقانوني وعدم وجود الكفـاءات النزيهـة وبالتالي فإنـه يتحول إلى جهاز فاسد بذاته يغطي على مظاهر الفساد الإداري الأخرى.

5. عوامل البيئة الثقافية :

يمكن أن تكون البيئـة الثقافيـة بعناصرهـا وأبعادهـا المتعددة دافعـاً للفسـاد الإداري خصوصاً في الدول النامية. ويعتقد بعض الدارسين للفساد الإداري أن البنية الثقافية هي التي تلعب الدور الرئيسي في نمو وتجذر الفسـاد الإداري (عبداللطيف، 2004، ص99). وكلـما اتسـمت البيئـة الثقافيـة بالانغلاق والخوف مـن الانفتـاح والميل إلى الجمـود والتحجر فإن بذور الفساد الإداري سـتنمو فيهـا وتنتشر بسـرعة وتتعقد وسائل مكافحتها وعلاجها. ويمكن أن نشـير هنا إلى البعض مـن عوامـل البيئة الثقافية التي تكون سـبباً لفسـاد إداري واسـع النطاق في كافة مؤسسـات الدولة وربما يشمل منظمات الأعمال :

- الأعراف والتقاليد السائدة: فالعديد منها يمثل مسـلمات غـير خاضعـة للنقـاش والتمحيص العلمي ونجد فيها تبريراً لممارسات فساد إداري محدودة في البداية لكنها تنتشر وتزداد بسـهولة في المجتمع ومؤسسـاته. ومن أمثلة هـذه الحالات التحيز لأبناء العمومة والانتصار للأقارب سـواءً كانوا على حق أو باطل، كذلك

حب المظاهر والتقليد المتوارث وثقافة العيب في ممارسة بعض الأعمال والتلذذ بممارسة السطوة والنفوذ على الضعفاء وغيرها.

- دور الصحافة والإعلام في بناء قيم ثقافية إيجابية أو عكس ذلك. إن الصحافة والإعلام هي مؤثر رئيسي في ثقافة الأفراد وحياتهم في الدول المتقدمة لدرجة وجود مقياس لعدد الصحف لكل ألف مواطن والذي يعكس مدى ثقافة الناس واهتمامهم بالشؤون العامة. كذلك فإن طرح وجهات نظر متعددة وأفكار كثيرة في الدول المتقدمة بسبب استقلالية الإعلام والصحافة فإن هذا الأمر يبني لدى الفرد ثقافة قبول الرأي الآخر وبالتالي التعايش السلمي والتعددية التي تؤدي إلى السلام الاجتماعي. أما في الدول النامية حيث الصحافة ووسائل الإعلام التابعة للنظم السياسية الحاكمة والإعلام المؤدلج والموجه والذي ينشر ثقافة مشوهة يمكن أن تساعد في تنمية ونشر الفساد الإداري.

- دور المؤسسات التربوية والتعليمية: تلعب هذه المؤسسات دوراً حيوياً في بناء الأجيال وبالتالي فإنها ستسهم سلباً أو إيجاباً في خلق ثقافة الفساد. فالتعليم المستقل القائم على أسس منهجية صحيحة يخلق الشعور بالمسؤولية والاستعداد لتنمية الالتزام الفردي والجماعي بآليات وطرق العمل النزيهة والمنافسة الشريفة لغرض الارتقاء بأداء المؤسسات وبالتالي تطوير المجتمع.

- دور المؤسسات الدينية: ينظر الأفراد دائماً إلى المؤسسة الدينية على أنها حالة من العدالة والنزاهة والقدسية فإذا ما مارس أعضاؤها سلوكاً غير مقبولاً أو يبرر بطرق وأساليب شتى فإنه يفتح آفاق لممارسات فاسدة في إطار التقليد أو القدرة على التبرير. كذلك فإن الفهم الخاطئ للنصوص الدينية والتفسير القاصر لها وعدم احترام آراء الآخرين وإنكارهم إذا ما تعارضت مع تلك التي يحملونها كل هذا يمكن أن يسهم في تشويش الثقافة المتسامحة التي يمكن أن تكون قاعدة للأداء الجيد والابتعاد عن التحيز المقابل وارتكاب ممارسات فاسدة أخرى بدعوى الحفاظ على سلوكيات معينة.

المبحث الرابع : آثار الفساد الإداري

للفساد الإداري آثار متعددة مدمرة تزداد خطورة مع انتشار الظاهرة وشيوع ظاهرة ثقافة الفساد في مختلف مؤسسات الدولة ومنظمات الأعمال. وإذا كانت المعالجات تبدو ممكنة وسهلة وغير مكلفة. في بداية ظهور حالات الفساد ومحدوديتها فإنها تصبح مكلفة جداً مع انتشار وتعميم حالات الفساد الكبير في مختلف المرافق الحكومية والخاصة. ولغرض متابعة منهجية لآثار الفساد الإداري ونتائجه فإننا يمكن أن نشير إلى أهم الكلف التي يتحملها المجتمع ومنظمات الأعمال والفرد من خلال الممارسات الفاسدة وكالآتي :

1. الكلفة الاقتصادية للفساد الإداري :

إن المظهر الأكثر بروزاً في الآثار السلبية للفساد الإداري هو كلفته الاقتصادية العالية. ويدخل في إطار هذه الكلفة مجموعة كبيرة من العناصر التي يتحملها المجتمع ومؤسساته والأفراد فيه، حيث أن هناك كلفة مادية تتجسد بمجمل إجراءات وآليات وطرق مكافحة الفساد لمنعه من الحدوث أو متابعته باستمرار وملاحقته واجتثاثه في حال حدوثه. وهناك كلفة أخرى تتمثل بإجمالي كلف حالات ممارسة الفساد الإداري في مختلف مرافق الدولة. أما الكلفة الأخرى فهي كلفة معالجة الآثار السلبية المرافقة لحالات الفساد الإداري وما يتلوها من تداعيات على مختلف الأصعدة في المجتمع. وإذا ما أردنا أن نشير لأهم الآثار السلبية في الجانب الاقتصادي للفساد الإداري فإنه يمكن تأشير التالي (حجازي، 2001، ص27-29؛ المؤسسة العربية لضمان الاستثمار، 1999، ص 3):

- يضعف الفساد الإداري حالات النمو الاقتصادي حيث التأثير السلبي على مناخ الاستثمار وهروب الاستثمارات الداخلية ورأس المال الوطني من جهة ومن جهة أخرى إحجام الشركات الأجنبية والأعمال الدولية عن ممارسة حالات استثمار كثيفة في بلدان تنتشر فيها حالات الفساد الإداري بشكل كبير.

- يزيد الفساد الإداري من تكاليف المشاريع القائمة والتي ستقام مجدداً وبالتالي فإنه يضعف الأثر الإيجابي لحوافز الاستثمار للمنظمات المحلية والأجنبية خاصة إذا ما طلبت رشاوى كبيرة من هـذه المشاريع لغرض الترخيص لها في العمـل وتسهيل إجراءات إقامتها وبالتالي فإن كلفة الفساد الاقتصادية تمثل عاملاً سلبياً باتجاه تطوير العائد على الاستثمار في هذه المشاريع.

- إن الفساد الإداري يمثل تكاليف غير منظورة وذات طبيعـة سرية غير مأمونـة العواقب بالنسبة للمؤسسات الدافعة لها حيث لا تستطيع هذه المؤسسـات أن تضمن أن من دفعت لهم العمولات والرشاوي يمكن أن يسهلوا لها إجراءاتها لذلك فإنها تحاول أن تعتبر هذه التكاليف ضريبة غير مباشرة على الاستثمارات تحمل على الكلفـة الإجماليـة للمشروع وبالتـالي تشكل عائقـاً باتجـاه تطويـر الاستثمار .

- يتحمل المجتمع تكاليف اقتصادية باهظة جراء الفساد الإداري لكونه يؤثر على روح المبادرة والابتكار ويضعف الجهـود لإقامة الأعمال الصغيرة والمتوسطة الحجـم والتـي تعتبـر ضروريـة جـداً لتفعيـل الاقتصاد والقضـاء علـى البطالـة والتكامل مع المنظمات كبيرة الحجم لغرض التطوير الاقتصادي.

- يهدد الفساد الإداري حالات نقل التكنولوجيا للدول النامية وما يتبع ذلك مـن حالات تخلف اقتصادي حيث يتم شراء تكنولوجيا بشكل منعزل عن ما يرافقها من معرفة متكاملة بأساليب استخدامها وصيانتها وتطويرها اللاحق والإبداع في عمليات تكييفها بما يتماشى ومتطلبات البيئة المحلية.

- يؤدي الفساد الإداري إلى إضعاف جودة الخدمات والمنتجات لكونه يشكل عامل ضغط علـى البنية الأساسية التحتية للمؤسسات المقدمة لهذه الخدمات حيث تتشـكل طبقـة مـن المنتفعين مـن خـلال الـربح غير المشروع كرشاوى وعمولات بـدلاً مـن مسـاهمة هـذه الطبقـة كريـاديين ومبـدعين في النشـاط الإنتاجي. إن مجمل

هذه الأمور تقلل من قدرة الدولة ومؤسساتها على تقديم الخدمات الأساسية للمجتمع.

- يغير الفساد الإداري تركيبة عناصر الانفاق الحكومي حيث يبدد المرتشون موارد عامة كثير بطرق متعددة وهنا فإن المؤسسات الحكومية التي ينتشر فيها الفساد تنفق أقل على الخدمات الأساسية مثل التعليم والصحة في حين يكثر الانفاق على المجالات التي تكثر فيها الرشوة والعمولات مثل التسليح وعقود المشاريع العامة والصفقات الكبيرة للتموين ومشاريع الكهرباء الضخمة وغيرها.

- يؤثر الفساد الإداري سلباً على أساليب المنافسة العادلة والنزيهة وبالتالي فإنه ينعكس على الأسواق وتخصيص الموارد وعدالة توزيع الداخل بطرق غير سليمة وغير عادلة.

- يقلل الفساد الإداري من الإيرادات التي تحصل عليها الدولة من خلال مؤسساتها المختلفة كالجهاز الضريبي والجمركي ويزيد من النفقات التي تتحملها الدولة وبالتالي يؤثر على النمو الاقتصادي في الدولة.

- يزيد الفساد الإداري من حالات الفقر وعدم العدالة في توزيع الدخل وبالتالي فإنه يقلل من الحوافز لفئات كثيرة من المواطنين للمساهمات الجادة في النمو الاقتصادي والالتزام بمعايير الكفاءة والنزاهة والشفافية.

2. الكلفة الاجتماعية للفساد الإداري:

يتحمل المجتمع كلفة اجتماعية كبيرة وآثار قيمية سلبية جراء الممارسات الفاسدة في المؤسسات الحكومية ونظم الأعمال فإذا كانت البيئة الاجتماعية توفر مناخاً خصباً لممارسات إدارية غير مشروعة وغير قانونية فإن هذه الممارسات تنعكس على تعميق الفجوة بين بيئة اجتماعية صالحة بسلوكيات وقيم تحث على الأداء والكفاءة والنزاهة والمساواة وتلك البيئة التي تشيع فيها مظاهر الفساد الإداري

وتتعمق. وإذا ما أردنا استعراض بعض أوجه هذه الكلفة الاجتماعية للفساد فيمكن أن نشير :

- هـروب الكفـاءات العلميـة والكفـاءات الفنيـة بمختلـف مسـتوياتها وأنواعهـا وبالتالي فإن مـن يسيطر هـم الممارسين لحالات الفسـاد الإداري والمتـواطئين معهم ويخلق هذا الأمر تشوهات اجتماعية كبيرة في المجتمع.

- إفساد القيم الصحيحة المرتبطة بثقافة تدعو إلى الممارسـات النزيهة والشـفافة والعادلة وإبدالها بقيم فاسدة تدعو إلى عكس ذلك.

- ظهور طبقات طفيلية غير منتجة تتكدس لديها ثروات وتبني لنفسها هالة مـن الوجاهة والموقع الاجتماعي بطرق غير مشروعة لكون هـذه الطبقـة لا تعـترف بالممارسات الإنتاجية والاختيار للمواقع حسب الكفاءة والأحقية والقدرة.

- بروز حالة من ضعف الشعور بالمسؤولية وانتشار اللامبالاة وعدم الالتزام الأمـر الذي لا يبقي حرمة للمال العام أو الاهتمام بالمصلحة العامة بـل يتولـد شـعور الاهتمام بالمصالح الخاصة الضيقة بعيداً عن تفاعل هذه المصـلحة مـع مصـالح الطبقات الأخرى.

- ازدياد حالات الصراع الطبقي وتهرؤ النسيج الاجتماعي مـما يضـعف التكافـل الاجتماعي وعلاقات التعاون وما يتبع ذلك من ممارسات مشوهة على مسـتوى الأفراد والجماعات داخل المؤسسات ومنظمات الأعمال.

- زيادة معدلات الفقر وتعميق الفجـوة بـين طبقـات المجتمـع حيـث تسـتحوذ الطبقة الفاسدة من كبار السياسيين والعسكريين والموالين لهم ومن يرتبط بهـم من منتفعين علـى ثروات المجتمـع وتسـخيرها لمصـالحهم الخاصـة بعيـداً عـن الاعتبارات الإنسانية والوطنية.

- التشجيع على الكسب غير المشروع أخلاقياً وقانونياً بشكل كبير حيث أن الفساد الإداري يمكن أن يغطي عليه ويوفر له بيئة خصبة، فانتشار الرشوة كمظهر من مظاهر الفساد الإداري تساعد على تمرير صفقات مخدرات أو تبييض أموال أو غيرها من الأعمال.
- تعميق وانتشار حالات الجهل والسذاجة في المجتمع والتصديق بالادعاءات والمعلومات الكاذبة وأقدام عامة الناس على التشبث بوسائل غير شريفة وبطرق غير قانونية حتى في حالة الحصول على استحقاقاتهم ناهيك عن حالات المطاولة والنصب والاحتيال وتدهور قيم الأعمال والسلوكيات التجارية الفاسدة.
- فقدان المواطن للثقة بشكل عام بجميع المنظمات والمؤسسات الحكومية حتى لو كان هناك موظفين نزيهين وكفوئين وترسخ فكرة الفساد الإداري المطلق في كل المؤسسات .
- تتعرض المجتمعات عند استفحال ظاهرة الفساد الإداري إلى ظهور عناصر ساندة لاستمرار الفساد الإداري وإعاقة اجتثاثه حيث تتشكل عصابات منظمة للجريمة (مافيا) أو جماعات ذات مصالح مشتركة متحدين على التخريب والنهب المنظم من خلال الإدارات الحكومية وبالتالي فإنهم لا يسمحون بأي تغيير كما في حالات الجماعات المستفيدة من التهريب أو من عمولات الصفقات التجارية الحكومية.

3. الكلفة السياسية للفساد:

لقد استعرضنا في فقرة سابقة كون السياسة والسياسيين هم في كثير من الأحيان سبب رئيسي في ظهور حالات الفساد الإداري وتجذره. وإذا علمنا أن المجتمعات لا يمكن أن تتطور وتتقدم بدون توفر بيئات سياسية صحية شفافة ونزيهة فإن كلفة كبيرة يتحملها المجتمع في هذا الجانب السياسي جراء الممارسات الفاسدة وغير المشروعة وغير القانونية يمكن أن تشير إلى أهمها بالآتي :

- تخريب المؤسسات السياسية وإفساد كل الأنشطة السياسية اللازمة لإدارة المجتمع المدني وقيام مؤسساته وفي هذه الحالة تسيطر النخب السياسية الفاسدة على مختلف مقدرات البلد وتحرف المحتوى الحقيقي للنشاط السياسي الفعال والنزيه والذي يمكن أن يطور المجتمع من خلال تطوير الحياة السياسية والممارسات الحزبية النزيهة.

- تدمير مؤسسات المجتمع المدني من نقابات وغيرها وتحويلها إلى مجرد واجهات سياسية للحزب الحاكم حيث تصبح بؤرة لتجمع الموالين للنخبة الحاكمة ومحاولة تبرير سياساته الفاشلة وغير الكفوءة.

- تشويه معاني الأهداف السامية للممارسات السياسية مثل الديموقراطية والحرية وحقوق الإنسان والمسؤوليات والحقوق والواجبات بحيث ترتبط مجمل هذه الأهداف بممارسات فاسدة للنخب السياسية المهيمنة سواء كانت أحزاب أو أفراد.

- إساءة إلى سمعة الدولة وانخفاض مكانتها بين دول العالم وعدم تعاون مؤسسات المجتمع الدولي مثل البنك الدولي أو المنظمات الأخرى في حال حاجتها إلى مساعدات مادية أو فنية أو علمية.

- ارتفاع وتأثر الخطر السياسي الذي ينعكس سلباً على جذب استثمارات الشركات الدولية الكبرى وما يصاحب ذلك من هدر لإمكانيات الاستفادة من هذه الاستثمارات للقضاء على البطالة وحل المشكلات الاقتصادية الأخرى.

- ظهور بوادر الصراع السياسي بين النخب السياسية سواء كانت أحزاب أم أفراد وانتشار حالات السيطرة على الحكم بوسائل غير مشروعة مثل الانقلابات العسكرية والاستعانة بالجيش لإخماد المعارضين لسياسات النخبة الحاكمة.

- يمكن أن يتحول الفساد الإداري في كبرى الشركات العالمية إلى عامل تدخل سياسي في شؤون الدول النامية لغرض دفع أناس يرتبطون معهم بمصلحة إلى سدة الحكم بهدف تمرير صفقات وأعمال وعقود لصالح هذه الشركات، فغالباً

ما يتم دفع رشاوى لتغيير مسار الانتخابات في بلد ما لمساعدة حزب أو شخص معين بالصعود إلى المناصب العليا في الدولة .

- تحريف أهداف المؤسسات العامة عن محتواها الحقيقي وتحويلها إلى مجرد واجهات تخدم أغراض النخبة الحاكمة وسياساتها وتابعيها، مثال ذلك تنصيب مـدراء عـامين وزراء ووكـلاء وزارات ومسؤولين كبـار مـن الحـزبيين المنتفعين والذين يكون همهم النهب المنظم والحصول على أكبر المنافع والامتيازات لهـم ولذويهم من جانب والتهليل والتطبيل والدعاية المشـوهة للنظام الحـاكم مـن جانب آخر والذي يعد بدوره إفساداً ثقافياً وتدميراً لثقافة المجتمع.

- السيطرة التدريجيـة عـلى المؤسسات الرقابيـة في المجتمع وتحويلهـا إلى أبـواق دعاية لا تمارس أي مساءلة أو محاسبة للفاسدين ولا تفضح الممارسات الفاسدة وجرائم السلوك المنحرف بكافة أشكاله ولعل أوضح مثال على ذلك هو سيطرة حزب معين أو شخص معين على وسائل الإعلام أو الجهاز القضائي.

4. كلفة الفساد الإداري على المستوى المؤسسي والإداري:

إذا كانت المؤسسات والمنظمات بؤرة للفساد الإداري من خلال شلل المـوظفين والمسـؤولين الفاسـدين فإنهـا تقع تحـت طائلـة التخريـب نتيجـة وجـود هـذه السلوكيات المنحرفـة والفاسـدة. فإذا علمنـا أن الـدول الناميـة والدول المتقدمة يرتبط تطورها وتقدمها بوجود منظمات ومؤسسـات متطورة فاعلة وكفـوءة تقع ضمن إطارها ممارسات إداريـة عادلـة وشفافة لغـرض الارتقاء بالعمل المؤسسي- والإداري وبالتالي تطور المجتمع. لـذلك فإن كلفـة كبيرة وآثار وخيمـة تتحملها المؤسسات ومنظمات الأعمال جراء الفساد الإداري يمكن أن نشير إلى بعضها بالآتي :

- هـدر كبير لمـوارد المؤسسات وإمكاناتها ناتجـة عـن حـالات السـرقة والغـش والتخريب وغيرها من الممارسات الفاسدة.

- الاعتباطية في تخصيص المـوارد مرتبطـة بالمجـالات التي يمكـن أن يحقـق فيهـا الفاسدون منافع شخصية وأرباح غير مشروعة. فنجد أن تخصيصات كبيرة

تذهب إلى مجالات صرف شكلية ولا معنى لها ولا أثر على زيادة الإنتاج أو تحسينه ولا يفهم لماذا حققت بهذا الشكل.

- تعطيل آليات اتخاذ القرار السليم وتحويلها إلى إجراءات مشوهة ومعقدة وغامضة بحيث لا يعرف لها تسلسل منطقي أو عملية إدارية سليمة. إن هذا يؤدي إلى إخفاء الفساد وحماية ممارسيه وتشجيع الآخرين إلى الانضمام إلى الشلة الفاسدة.

- تشدد في فرض طوق من السرية وعدم تسريب أي معلومات عن طبيعة عمل المؤسسة الأمر الذي يحول هذه المنظمات إلى أنظمة مغلقة لا تفيد المجتمع ونفق كبير لهدر الأموال، كما أن هذا الأمر يعقد إجراءات الرقابة الخارجية وتتعطل المساءلة للمفسدين والمنحرفين.

- انعدام حالة التراكم للمعرفة والتجربة في المؤسسة أو منظمة الأعمال أو الاستفادة منها أو اغنائها مستقبلاً حيث كثيراً ما يتم إتلاف أو تشويه السجلات والوثائق والمستندات لإخفاء الفساد السابق والبدء بدورة فساد جديدة.

- تشجيع الاتصالات غير الرسمية السلبية التي يكثر في إطارها تداول الشائعات والأكاذيب وتشويه الحقائق بحيث تصبح هناك حالة من خلط الأوراق وتسريب المعلومات المضللة الأمر الذي يخلق جواً من الشك والريبة بالجميع بحيث يضيع في خضم هذا الحال المفسدون من المسؤولين في هذه المؤسسات.

- تدمير الثقافة التنظيمية السليمة وإبدالها بثقافة فاسدة مشوهة تكثر في إطارها ممارسات الشللية والمصلحية والولاء للمسؤولين على حساب الالتزام بالقيم السليمة والأداء النزيه والمتميز.

المبحث الخامس : مداخل معالجة الفساد الإداري

بما أن للفساد الإداري آثار سلبية كبيرة على الأفراد والمنظمات والمجتمع وبما أن الممارسات المنحرفة والفاسدة تعرقل وتعيق جهود التنمية السياسية والاقتصادية والاجتماعية فإن هذه الظاهرة الخطرة تستحق من الأفراد والجماعات والمنظمات والدولة والمجتمع الدولي أن يقف إزاءها بكل حزم وأن تتظافر الجهود لغرض تحجيمها وتقليل آثارها السلبية بل واجتثاثها من المجتمعات والمؤسسات التي تستهدف الرقي والتطور الاقتصادي والحضاري والثقافي. ولكون ظاهرة الفساد الإداري ظاهرة معقدة وتتسم بالعديد من الصفات التي تحاول من خلالها تعقيد بل عرقلة الجهود للقضاء عليها فإنه من الضروري للمعنيين بوضع استراتيجيات الوقاية من الفساد أو استراتيجيات اجتثاثه إذا ما وجد، الوعي الكامل بالسمات الأساسية لظاهرة الفساد الإداري والتي نشير إلى أهمها بالآتي :

1. تتعدد أشكال وأصناف الفساد الإداري وكثرة أسبابه وتنوع ممارسيه الأمر الذي يتطلب معرفة هذه الجوانب لغرض وضع معالجات ناجعة لها.

2. انتقال حالات الفساد الإداري والممارسات الإدارية المنحرفة من الأساليب العشوائية المرتبكة إلى الأساليب العلمية المنهجية المدروسة والمنظمة. إن هذه الحالة قد تعقد من طرق اكتشاف الفساد وملاحقتها قانونياً ومن ثم القضاء عليها. وذلك لكون العصابات المنظمة للفساد الإداري يمكن أن تستفيد من الثغرات القانونية على الصعيد المحلي أو الدولي.

3. شمولية ظاهرة الفساد حيث أنها أصبحت ظاهرة تواجه مختلف الشعوب والأمم والدول لذلك ينبغي تفعيل آليات دولية لمحاربة هذه الظاهرة وقد تكون منظمة الشفافية العالمية وإجراءات صندوق النقد الدولي ومنظمة التجارة العالمية أحد الأذرع المهمة المساعدة في مكافحة الفساد الإداري على المستوى الدولي.

4. ضرورة البدء باجتثاث ومحاربة حالات الفساد السياسي باعتباره مظهراً من مظاهر الفساد الكبير الذي يخفي وراءه حالات فساد اقتصادي واجتماعي

ومؤسسي. في هذا المبحث سنبدأ أولاً بعرض بعض أوجه استراتيجية الوقاية من الفساد الإداري واكتشافه حال ظهوره لغرض معالجته في حين ستكرس الفقرة الثانية لوضع استراتيجية شمولية لمكافحة الفساد الإداري في المجتمع.

أولاً: الاستراتيجية الوقائية لمعالجة الفساد الإداري.

تتركز ملامح هذا النوع من الاستراتيجيات على تهيئة السبل الكفيلة لمنع ظهور حالات فساد إداري سواء على المستوى الفردي أو المنظمي وهي بذلك تعتبر استراتيجيات وقاية من هذا المرض وليس استراتيجيات علاج أو تصحيح لحالات فساد إداري مستشرية أو كبيرة وفي واقع الحياة العملية اليوم فإن هذه الاستراتيجيات ربما لا تنفع لوحدها للقضاء على الفساد الإداري واجتثاثه لكنها ضرورية جداً لتهيئة أرضية إصلاح مناسبة يتم خلالها فرز حالات الفساد الإداري حال ظهورها ومعالجتها وفق أسس منهجية وسليمة. لذلك فإننا نرى أن الدعائم الأساسية لاستراتيجيات الوقاية هذه يجب أن تركز على :

- ضرورة البناء القيمي والنفسي السليم للأفراد والجماعات وفي إطار هذا البناء يجب أن تعزز قيم الحقوق والواجبات والمحاسبة الذاتية والنقد الذاتي وضرورة إخضاع التصرفات والممارسات الفردية لقيم المراجعة والتقييم الذاتي قبل عرضها على المعايير المطورة من قبل المؤسسة. إن هذا الأمر يعني تعزيز الثقة وأنماط السلوك الإيجابي لدى الفرد بحيث يصبح مدركاً لأفعاله وسلوكياته الفاسدة ويقومها ذاتياً دون الانتظار لتطبيق النصوص واللوائح عليه لفرض العقاب.

- أن تتسع دائرة تحصين النفس والسلوك الفردي من النطاق الشخصي ـ لتشمل من يعتبر هذا الشخص مسؤولاً عنهم كالأبناء والأسرة والأقارب والأصدقاء وهكذا. إن هذا الأمر يعني توسيع دائرة الفعل الإيجابي ويمكن أن يكون ذلك من خلال اندماج الفرد بالهيئات الخيرية والإنسانية والتطوعية حيث أن هذه الممارسات ستبقى أصداؤها مؤثرة في حالة انتقال هؤلاء الأفراد واندماجهم في بيئة العمل.

- تعزيـز قـدرة المؤسسـات المعنيـة مباشـرة بمكافحـة الفسـاد الإداري كالمؤسسـة القضائيـة والإعلاميـة والأمنيـة والتربويـة، وفي هـذه الحالـة يصبـح مـن السـهل عـلى هـذه المؤسسـات أن تلعـب دوريـن، الأول إشاعـة قيـم العدالـة والمسـاواة والإصـلاح والحقوق والواجبات بمعنى ثقافة صحية متكاملة والدور الثاني اكتشاف حالات الفسـاد الإداري حـال ظهورهـا ومعالجتهـا وفـق أكفأ الطـرق والأسـاليب.

- إشاعـة الممارسـات الديموقراطيـة والانتقـال إلى الحيـاة البرلمانيـة، التـي تكفـل حريـة التعبيـر والنقـد وتضمـن مبـدأ تكافـؤ الفـرص، وبالتـالي تهيئـة منـاخ عمـل صحـي ومناسـب في جميـع المؤسسـات بعيـداً عـن العوامـل السياسـية والاجتماعيـة والاقتصادية والثقافية السلبية التي تشكل مدخلاً لممارسات فساد إداري واسـع النطاق.

- تدعيـم عمـل ودور مؤسسـات المجتمـع المدني وجعلهـا مؤسسـات فاعلـة ومسـتقلة تمـارس دورهـا الرقـابي كامـلاً عـلى مختلـف الأنشـطة الحكوميـة أو أنشـطة منظمـات الأعمال .

- الاهتمـام باختيـار القيـادات الإداريـة خاصـة عـلى مسـتوى المـدراء العاميـن ووكـلاء الـوزارات وأن تكـون معاييـر اختيـارهم عـلى أسـاس النزاهـة والشـفافية وعـدم التحيز وقبول الرأي والنقد إضافة إلى القدرات الفنية والإدارية. إن إصلاح هذه القيادات يشـكل مدخلاً قوياً لمكافحة حالات الفساد الإداري وتطوير المؤسسات الحكومية بالذات.

- يجـب أن تركـز الاستراتيجيـة الوقائيـة عـلى سـد جميـع المنافـذ المحتملـة لحصول حالات الفساد الإداري والتي يمكن إدراج أهمها في الآتي :
- مراجعـة مسـتمرة لسـلم الرواتـب والأجـور للعامليـن في جميـع إدارات الدولـة ومنظمات الأعمال الخاصة فيها بحيث يكفـي الأجر المـدفوع لسـد احتياجـات هؤلاء الناس.

- المراجعة المستمرة للمناهج الدراسية بجميع مراحلها والتركيز على طرح مواضيع تتعلق بالمساواة والحقوق والواجبات والتعاون والمشاركة وحرية إبداء الرأي واحترام رأي الآخر والتسامح والشفافية والنزاهة في العمل وغيرها.
- الاهتمام بدور الإعلام وإعطائه مطلق الحرية لمتابعة حالات الفساد الإداري وفضح الفاسدين مهما يكن مستواهم.
- تعزيز القيم الإيجابية الوطنية وتغليب المصلحة العامة على المصلحة الذاتية.

ثانياً: استراتيجية معالجة الفساد الإداري :

لكي تكون استراتيجيات وآليات معالجة الفساد الإداري فاعلة وكفوءة يفترض أن تكون متماشية ومتماثلة مع نوعية الفساد ودرجة شموليته أو جزئيته باعتبار أن هذه الآليات تختلف في مستوى وعمق معالجتها من جانب وكلفتها من جانب آخر. لذلك فإننا نرى أن استراتيجيات المعالجة يمكن أن تكون متنوعة ومختلفة باختلاف المدخل المستخدم ومدى تجذر الفساد أو سطحيته، وإجمالاً يمكن أن نشير إلى الأساليب والآليات المختلفة التي تعتمد في معالجة الفساد الإداري مصنفة وفق العديد من المعايير وكما يلي:

1. معيار الشمولية أو الجزئية:

يمكن تصنيف آليات المعالجة إلى آليات شاملة وآليات جزئية لمعالجة الفساد الإداري فالآليات الشاملة هذه تكون فعالة عندما يكون الفساد مستشرياً بكافة أنواعه وفي جميع المؤسسات والمنظمات كما أن الممارسة لأنواع الفساد ليست مقتصرة على فئة معينة من الموظفين أو المسؤولين بل إنها ظاهرة واسعة الانتشار. وهنا يتم التركيز على إحداث تغييرات ثقافية جذرية وكذلك إصدار حزم قانونية جديدة، كما أنها تتطلب استراتيجيات شاملة تتعاون فيها السلطات التشريعية والقضائية والتنفيذية ويقتضي الأمر طلب مساعدة دولية. وفي أحيان كثيرة يقتضي الأمر الابتداء بالمؤسسات المهمة والرئيسية في الدولة مع زج الصحافة ووسائل الإعلام الأخرى للتوعية ومناقشة الكثير من القضايا المتعلقة بالفساد الإداري ومعالجته. أما

آليات المعالجة الجزئية فهي محدودة وتقتصر على حالات معينة بذاتها تحصل في دوائر محددة أو يقوم أشخاص معدودون بها كالسرقة مثلاً أو الغش وهي حالات فردية معالجتها غير مكلفة لكن الغرض الرئيسي من معالجتها هو التأكد من عدم تكرارها.

2. **معيار المدى الزمني للمعالجة :**

قد تضع الدولة أو المنظمات برامج واستراتيجيات قصيرة المدى للمعالجة الفورية لحالات الفساد الإداري مبتدئين بالمهم منها والمؤثر خوفاً من تفاقمه ثم الذي يليه بالأهمية نزولاً إلى جميع حالات الفساد ضمن برامج متتابعة آخذين بنظر الاعتبار كلف هذه البرامج وترابط نتائجها وفاعلية إجراءاتها. ويمكن أن تستخدم هذه الإجراءات قصيرة الأمد في بعض الحالات لوقف التداعي السريع لانتشارها ثم تتبعها استراتيجيات بعيدة المدى لمعالجة الفساد الإداري المتجذر في المؤسسات والمنظمات المختلفة أو حتى على مستوى المنظمة الواحدة. إن هذه الاستراتيجيات بعيدة المدى تحتاج إلى موارد مادية أكثر ومهارات بشرية أفضل وتصلح لمعالجة حالات الفساد الإداري الشامل المنتشر على صعيد المؤسسات أو على صعيد مؤسسة واحدة بجميع مستوياتها وإداراتها (الصرايرة وآخرون، 1998، ص 64-66).

3. **معيار درجة نمو ظاهرة الفساد :**

وفق هذا المعيار يمكن أن نشير إلى مجموعة من الآليات تتماشى وعمق تقدم وانتشار الظاهرة واتساع نطاقها ومحدوديته لذلك يمكن أن تكون هناك معالجات استشعارية تمثل المجسات الأولى التي تستشعر بداية ظهور المشكلة في هذا الجانب أو ذلك من عمل المؤسسة لتعطي مؤشراً أولياً عن أسلوب المعالجة الملائم لظاهرة فساد إداري من نوع محدود وفي بداية نشوئها. أما في حالة تقدم ظاهرة الفساد بشكل أولي فيمكن أن تكون هناك معالجات بهذا المستوى تمثل آليات مرافقة للظاهرة أثناء ممارستها بهدف اختيار الوقت المناسب لاستخدام الإجراء

الفعال للقضاء عليها ومنع تكرارها مستقبلاً. ونود أن نشير هنا إلى أسلوب آخر مكمل يمكن أن نطلق عليه آليات اجتثاث ظاهرة الفساد الإداري حتى لو كانت الممارسات قد حدثت منذ زمن بعيد. ويجب التنبيه إلى أن الممارسين للفساد يحاولون تغطية جرائمهم بشتى الطرق والأساليب لفترات زمنية أطول بحيث لا يطالها الحساب القانوني حيث أن بعض الممارسات تسقط بالتقادم الزمني وبهذا يكونون بمأمن من الحساب. لذلك يفترض أن تكون المساءلة القانونية لممارسي حالات الفساد الإداري غير مترابطة بزمن معين ولا مكان لكي يطالها الحساب في أي وقت.

4. **معيار مصدر المعالجة :**

يفترض أن تتكامل جهود حالات الفساد الإداري بحيث لا تقتصر فقط على المدير لوحده أو الإدارة العليا لوحدها بل يجب أن توضع في إطار مؤسسي جماعي للمعالجة. إن هذا الأمر يعني إمكانية معالجة بعض حالات الفساد الإداري بصيغة فردية ومن قبل الشخص الذي اكتشف حالات الفساد المحدودة الفردية وكذلك يمكن أن تساهم الجماعة في معالجة حالات فساد إداري واسعة الانتشار نسبياً في حين تكون الجهود المؤسسية المنظمة أكثر فعالية لمعالجة الفساد الإداري الأكثر انتشاراً والأوسع عمقاً.

وفي إطار هذه الجهود الفردية أو الجماعية أو المؤسسية يجب عدم التقليل من أهمية حالات الفساد مهما كانت محدودة ويفترض عدم التستر عليها بل التشهير بها لغرض منع تكرارها واعتبارها ممارسات مخلة بالشرف وبالإخلاص وبالأمانة وبالنزاهة وبذلك تكون رادعاً كبيراً أمام من يحاولون القيام بفساد إداري.

5. **معيار الرسمية :**

إن جهود مكافحة الفساد الإداري يجب أن تكون تعاونية شمولية وليست مقتصرة فقط على جهات بعينها. فإذا كانت الجهات الرسمية كمؤسسات القضاء والمحاكم والتشريعات والقوانين في المنظمات وجهات الرقابة الرسمية وأي من

جهات المساءلة الأخرى تمثل مدخلاً رسمياً تعالج من خلاله حالات الفساد الإداري على مستوى المنظمة أو المؤسسة العامة فإن هذه الجهود تكون أكثر فاعلية لو تكاملت مع جهود غير رسمية بمعنى مؤسسات مجتمع مدني أو مؤسسات أهلية تشارك بمتابعة وكشف ومحاربة حالات الفساد الإداري في المجتمع وعلى صعيد منظماته. وهنا يمكن أن نشير إلى دور الإعلام والمؤسسات الصحفية وجمعيات حماية المستهلك وجمعيات الدفاع عن البيئة وجمعيات التكافل الاجتماعي ومختلف مؤسسات النفع العام كذلك المؤسسات الجامعية ومؤسسات البحث العلمي خلال قيامها بالتثقيف بمخاطر الفساد وأساليب معالجته. إن هذه الجهود جميعاً يمكن أن تساهم في تقليل حالات الفساد الإداري أو اجتثاثها.

6. معيار التدويل أو المحلية في المعالجة:

يمكن أن تتكامل جهود المؤسسات الوطنية والمؤسسات الإقليمية والمؤسسات الدولية لمكافحة حالات الفساد الإداري خاصة وبعد أن أصبح الفساد الإداري ظاهرة دولية متعددة الأبعاد وأصبح الفاسدون يحاولون الاختفاء من خلال هروبهم إلى أماكن توفر لهم الحماية من المساءلة القانونية المحلية في الدول التي مارسوا الفساد فيها. يجب أن تكون الجهود الوطنية لمكافحة الفساد جهود فعالة تتم من خلال أساليب وآليات متعددة وتشمل أبعاداً كثيرة كالجانب الاقتصادي متمثلاً بمستويات الأجور الجيدة والقضاء على البطالة وتحسين مستوى المعيشة وكذلك الجانب الاجتماعي والثقافي من خلال البناء السليم للنظام القيمي ومحاربة الأعراف والتقاليد الفاسدة أو التي يمكن أن تمثل مدخلاً لممارسة فساد إداري ثم أن هذه الأبعاد تستكمل بالبعد المؤسسي المتمثل بتقوية مؤسسة القضاء والمحاكم وتطوير أجهزة الرقابة والمساءلة وتعزيز دور وسائل الإعلام والرقابة الشعبية وغيرها. وتجدر الإشارة إلى المؤسسات والمنظمات الوطنية التي يمكن أن تساهم بجهود مكافحة الفساد الإداري يمكن أن تشمل :

- **منظمات منبثقة من السلطات المحلية:** حيث أنه في إطار هذه يمكن تفعيل دور العاملين من جانب في عمليات الرقابة وكذلك المواطنين لتنمية الحس بأهمية المحافظة على المال العام ومراقبة إنفاقه على المشاريع المختلفة ومطالبة المنظمات المسؤولة أن تكون أكثر شفافية في نشر المعلومات الخاصة بعملها وكذلك عرض موازناتها ومشاريعها بكل صدق وأمانة وتقديم الإحصاءات اللازمة لهيئات منظمات المجتمع المدني لغرض بناء ثقة بينها وبين هذه الهيئات المدنية وبين الجمهور.

- **منظمات المجتمع المدني :** وهذه يمكن أن تلعب دوراً كبيراً في اكتشاف ومتابعة حالات الفساد الإداري وجمع المعلومات عنها وعرضها بكل صدق وأمانة لكي يطلع عليها الجمهور والمنظمات المسؤولة ومن ثم معالجتها. ومن أمثلة منظمات المجتمع المدني وسائل الإعلام المرئي والمسموع وجمعيات الدفاع عن حقوق المستهلكين وجمعيات حماية البيئة وجمعيات وهيئات محاربة الفساد وغيرها. ولا بد من التأكيد هنا أن منظمات المجتمع المدني لا بد وأن تكون مثالاً يحتذى به من حيث الالتزام بالأخلاقيات المهنية واعتماد مبدأ الشفافية والنزاهة والعدالة والاستقلالية في العمل واحترام مبدأ تكافؤ الفرص وغيرها من الممارسات التي تشجع الآخرين على تقليدها والاقتداء بها.

- منظمات وأفراد القطاع الخاص: وهذه يجب أن تعطي أيضاً مثالاً حسناً يمكن أن تجسده من خلال ممارساتها الأخلاقية وتبنيها لدور أكبر في إطار مسؤوليتها الاجتماعية.

- أما على المستوى الإقليمي فيمكن أن تتعامل الدول والمؤسسات في مجموعة دول إقليمية لمحاربة حالات الفساد الإداري على صعيد الإقليم وفي إطار معاهدات ثنائية أو جماعية تجسد رغبة هذه الدول والمؤسسات في الارتقاء بأساليبها لتحقيق مصالح الإقليم وشعوبه. وهنا يمكن أن نشير للعديد من المؤسسات مثل منظمة الوحدة الاقتصادية العربية وجامعة الدول العربية

ومجلس التعاون الخليجي وغيرها من مراكز البحـث المعنيـة بـأمور مكافحـة الفساد قانونياً وإدارياً ولكن المهم هو تشجيع قيام مؤسسات إقليمية لمكافحة الفساد الإداري واجتثاثه وتأمين الدعم المادي والمعنوي لها. وتجدر الإشارة هنا إلى المشروع المقترح لإنشاء منظمة عربية لمكافحة الفساد عـلى غـرار منظمـة الشفافية الدولية ونجاح هذا المشروع مـرتهن بتوفـر الـدعم السـياسي والمـادي لنجاحه (مركز دراسات الوحدة العربية ، 2004، ص202).

- وبالنسبة للجهود الدولية فقد قطعت شوطاً كبيراً في مجال مكافحـة الفساد وتطوير الهيئات والمؤسسات المعنية بمكافحة الفساد بكافة أشكاله وكذلك تطوير الآليات المختلفة ودعمها لتحقيق نتائج عملية في مجال اجتثاث الفساد، ويمكن أن نشير هنا إلى أن الدول المختلفة يمكن أن تستعين بالمنظمات الدولية مباشرة أو تستفيد من خبرتها في مكافحة الفساد الإداري ومن أهـم المـنظمات الدولية المعنية بهذا الأمر:

- **الأمم المتحدة** : حيث تبنت الجمعية العامة في ديسمبر 1996 قرارين خاصين بالفساد ومكافحته على الصعيد العالمي.

- **البنك الدولي** : ويجسد البنـك في استراتيجيته أربعـة محاور أساسية لمكافحـة الفساد وهي:

- متابعة أشكال الاحتيال والفساد في المشروعات التي يمولها البنك .

- تقديم عون للدول النامية التي تعتزم مكافحـة الفساد ويطرح البنـك نمـاذج متعددة لمكافحة الفساد الإداري وفق ظروف وبيئات هذه الدول.

- يعتبر البنك جهود مكافحة الفسـاد شرطاً أساسياً لتقديم خدماته وسياسات إقراضه المختلفة .

- يقدم البنك عوناً للجهود الدولية لمكافحة الفساد الإداري .

- **صندوق النقد الدولي :** تبنى صندوق النقد الدولي منذ آب 1997 شروطاً أكثر تشدداً وموضوعية في منح مساعداته وقروضه ووفق ضوابط مكافحة الفساد واجتثاثه كما أن البنك يساهم في مجالين رئيسيين في مكافحة الفساد وهما :
  - تدريب وتطوير الموارد البشرية العامة العاملة في مجال الخزانة والضرائب وإعداد الموازنات ونظم المحاسبة والرقابة والتدقيق.
  - يساهم البنك في خلق بيئة اقتصادية مستقرة وشفافة وبيئة أعمال نظامية تطور في إطارها القوانين المتعلقة بالضرائب والأعمال والتجارة.
- **منظمة التجارة العالمية :** أقرت المنظمة في كانون الأول 1996 إنشاء وحدة عمل خاصة لمراقبة الشفافية في التبادلات الحكومية للدول الأعضاء فيها.
- **منظمة التعاون الاقتصادي والتنمية :** وتتابع هذه المنظمة جهوداً دولية لمكافحة الفساد في مجالات الرشوة في التبادلات والأعمال الدولية وكذلك الفساد في المشتريات الممولة بمساعدات دولية.
- **منظمة الشفافية العالمية:** وهذه من أكثر المنظمات الدولية الخاصة نشاطاً وفعالية في متابعة ومكافحة حالات الفساد الإداري وتقوم المنظمة بتطوير مؤشرات لقياس مدى تفشي الفساد في مختلف دول العالم وتطور هذه المؤشرات من خلال استطلاعات للرأي لرجال الأعمال والنخب الاقتصادية والمحللين الاقتصاديين وقدمت دراستها الأولى عام 1998 لخمسة وثمانين دولة وستتناول هذه المنظمة ومؤشراتها وكيفية حسابها لاحقاً بالتفصيل.

المبحث السادس : العولمة والفساد الإداري والجريمة المنظمة وتجارب عالمية في مكافحة الفساد

إن انتشار الفساد على الصعيد العالمي يعتبره البعض من أهم الآثار السلبية لعولمة الاقتصاد والتجارة والأعمال، حيث أن تسهيل عملية التبادل التجاري وتقليل الضوابط القانونية والإجرائية تسهل انطلاق الإجرام على الصعيد الدولي وبالتالي فقد اخترقت ظاهرة الفساد العديد من الدول بدلاً من أن تكون محدودة في دول معينة (Klitgaard, 1986. P. 24). لذلك فإن الفساد الإداري استفاد من ظاهرة الانفتاح وتسهيل الإجراءات لينطلق إلى الفضاء العالمي. وأصبح من الضروري إيجاد صيغ مختلفة للتعاون الدولي لغرض محاربته والقضاء عليه وخاصة إذا ما أصبح الفساد الإداري مرتبطاً بمجموعات تمارس الجريمة المنظمة والفساد المنظم خاصة وأن الجريمة المنظمة تمثل ظاهرة عابرة للحدود ويتولاها أفراد ومجموعات يربطهم بناء منتظم وتدفعها أطماعها لاستخدام العنف والوسائل القاسية للحصول على المال أو النفع المادي وتعمل في أكثر من دولة واحدة (Shelly et.al, 2003, P.143). ويشير البعض إلى أن التطور التكنولوجي وانتشار العولمة وتطور وسائل الاتصالات الإليكترونية ساهم في تسهيل الاتصال بين منظمات الإجرام الدوليّة وسرّع من عمليات نقل الأموال بين الدول وقاد هذا الأمر إلى زيادة حجم التجارة غير المشروعة على صعيد البيئة العالمية. لذلك فقد وقعت الدول اتفاقات تتعلق بمكافحة عمليات التبادل التجاري غير المشروع ومتابعة حالات الفساد على صعيد أكثر من دولة واحدة كما هو الحال بين الولايات المتحدة والمكسيك أو بين دول أمريكا اللاتينية. ويشير البعض إلى أن دخول الاتحاد السوفيتي والدول الشيوعية السابقة ميدان التبادل التجاري العالمي سهّل أيضاً ازدياد ظاهرة الجريمة المنظمة والفساد في هذه الدول وانتشاره من خلالها إلى الدول الأوروبية الأخرى. وإذا ما أردنا الإشارة إلى بعض أوجه الفساد والجريمة المنظمة على الصعيد العالمي فإننا يمكن أن نؤشر التالي :

أولاً: مظاهر الفساد والجريمة المنظمة على الصعيد العالمي :

1. تجارة المخدرات :

وهي من أخطر أنواع الفساد على الصعيد العالمي حيث يمارس هذا على صعيد دول مختلفة نامية أو متقدمة ويمثل مصدراً للإثراء غير المشروع للأفراد والجماعات والمؤسسات وربما تنحو بعض الدول إلى تسهيل إنتاجه وتسويقه لدول أخرى لغرض سد العجز المالي في موازناتها.

إن الاتجار بالمخدرات يؤثر كثيراً سواء في الوضع الاقتصادي والاجتماعي أو القيمي. ولقد تنبه الباحثون الاجتماعيون إلى هذه الظاهرة ولاقت تحليلاً متعدد الأبعاد لتشخيص آثارها الاجتماعية والاقتصادية خاصة على صعيد الدول المزدحمة بالسكان وقليلة الموارد مثل الصين والهند والبرازيل. وعادة ما يرتبط الاتجار بالمخدرات بظاهرة تبييض الأموال المكتسبة من هذه التجارة ويتم ذلك من خلال مجموعة أنشطة إجرامية غير قانونية تمارس بشكل منهجي من قبل أفراد ومؤسسات يخترق بعضها قوى الحكومات والدول ويمكن أن يصل بعض هؤلاء الأفراد إلى ممارسة مسؤوليات كبيرة في دولهم ويشير بعض الباحثين إلى أن آثار تجارة المخدرات تمتد لتجعل من قوى الأمن ورجال القضاء في الدول النامية بل حتى في الدول الصناعية متواطئين مع من يمارسون هذا النوع من التجارة (خيرالله، 2004، ص 72). إن من أهم المنظمات المهتمة بمتابعة الفساد في هذا الجانب هي منظمة الشفافية الدولية، كما أن المتتبع للإجراءات الدولية يجد العديد من الاتفاقيات لمحاربة مثل هذا النوع من الفساد ومن أهم هذه الاتفاقيات هي اتفاقية الأمم المتحدة لمكافحة الاتجار غير المشروع بالمخدرات والمؤثرات العقلية لعام 1998 حيث بلغ عدد الدول الموقعة على هذه الاتفاقية 169 دولة.

2. تهريب المهاجرين وتجارة الرق :

وهذه تمثل حالة فساد إداري وأخلاقي في نفس الوقت حيث يتم سنوياً الاتجار بالإنسان رجلاً كان أو امرأة أو طفلاً. ويشار هنا إلى تجارة البغاء والأعمال المنزلية غير المشروعة وارتهان العاملين في مهن بمزارع كبيرة أو إجبارهم على حمل السلاح في عصابات أو مجاميع إرهابية وغير ذلك، وتشير بعض الدراسات إلى أن حوالي 80% من هؤلاء الضحايا هم من النساء (USINFo, 2004). إن تجارة الرق وتهريب الإنسان تدخل في إطار الجرائم المنظمة التي تعاقب عليها قوانين أغلب دول العالم وتكافحها بالإضافة إلى منظمات البوليس والمحاكم الدولية ومنظمات المجتمع المدني على اختلاف أشكالها. ومن الضروري التنويه هنا إلى أن الأسباب التي تكمن وراء شيوع هذا النوع من التجارة هو الضائقة المالية والاقتصادية والهجرة بسبب الحروب وعدم الاستقرار السياسي وتقدم دول أوروبا الشرقية والاتحاد السوفيتي السابق دليل واضح في نمو الجريمة المنظمة والاتجار بالإنسان كظاهرة رافقت آليات السوق والتحول باتجاه العولمة. كما أن دول إفريقيا بسبب الفقر وعدم الاستقرار والحروب تمثل مصدراً تقليدياً لمثل هذا النوع من التجارة وتبذل جهود على صعيد منظمة الأمم المتحدة ومجلس التعاون الأوروبي ومحكمة جرائم الحرب في لاهاي والانتربول الدولي لغرض تكوين بنوك معلومات منظمة يسهل تبادلها لغرض الكشف عن شبكات الجريمة المنظمة التي تتعاطى الاتجار بالإنسان وتهريبه بين مناطق العالم المختلفة أو اضطراره للعمل أو الدخول في عصابات وميليشيات تمارس الجرائم والفساد على الصعيد العالمي ورغم هذه الجهود إلا أن هذه التجارة لا تزال تقلق المنظمات المهتمة بحقوق الإنسان والدولة الديموقراطية الغنية بشكل كبير.

3. تجارة السلاح :

تمثل ظاهرة الاتجار بالسلاح الخفيف أو الأسلحة ذات التدمير المحدود والألغام ظاهرة عالمية خطرة زاد الاهتمام بها في السنوات الأخيرة مع تزايد المجاميع الإرهابية ومحاولاتها الحصول على أسلحة تدميرية على نطاق شامل مثل الأسلحة الكيماوية والبيولوجية .

وإذا كانت ظاهرة الاتجار بالسلاح تمثل خرقاً قيمياً وأخلاقياً على الصعيد الحضاري فإن هذا الاتجار سواء كان قانونياً أم غير قانونياً يؤدي إلى ارتفاع وتأثر الفساد وممارسته ونصيبه من حجم التجارة العالمية. ولكون المتاجرة بالسلاح ممنوعة ومحاربة قانونياً فإن ممارسيه يحاولون إفساد الأفراد والمؤسسات العاملة في مجال المكافحة كرجال الحدود والجمارك ومسؤولي الأمن في المطارات والموانئ والسكك الحديد ورجال الشرطة بصفة عامة من خلال الرشاوى والعمولات والصفقات الكبيرة التي تمنح لهم جراء تقديم خدمات تسهيل مرور هذه الأسلحة إلى مناطق النزاع والحروب أو إلى الجماعات التي تمارس الابتزاز أو الإرهاب. وعادة ما يرافق هذه الظواهر جرائم منظمة وعنف تضعف دور مؤسسات الدول وتفاقم الفساد الإداري فيها وتضعف إجراءات الدولة في حماية مواطنيها. وما دامت الحروب والنزاعات المحلية والإقليمية والدولية قائمة أو محتملة القيام فإن الاتجار بالسلاح سيبقى قائماً بل ويتزايد بسبب تزايد الطلب على الأسلحة من مختلف الدول والجهات الأمر الذي يعني مزيداً من التدهور الإداري في هذه الدول وبالتالي استفحال ظاهرة الفساد الإداري فيها. إن إجراءات مكافحة هذه الظاهرة وبالتالي الفساد المرافق لها تتطلب تعاوناً دولياً وجهوداً على صعيد الدولة الواحدة، ففي إطار الجهود الدولية يفترض بالدول أن تركن إلى إجراءات سلمية وقانونية في حل نزاعاتها دون الحاجة إلى السلاح أما في الإطار المحلي فإن مسؤولية الدولة كبيرة في إحلال السلم الاجتماعي بين مواطنيها والركون إلى

الأساليب الديموقراطية في الانتقال السلمي للسلطة وتداولها بعيداً عـن نزاعات إقليمية وإثنية وعشائرية وغيرها.

4. غسيل الأموال :

تتضح معالم هذه الظاهرة بمجمل الإجراءات غـير الشرعية وغير القانونية الهادفة إلى تحويل الأموال المجمعة بطرق غير شرعية وغير أخلاقية من مصادر غـير مشروعة ولا أخلاقية، وتحويلها وكأنها أموال أتت من مصادر شرعيـة وقانونيـة. إن هذا الأمر يسـهل للأفراد الفاسـدين والمنظمات الفاسـدة استعمال هـذه الأمـوال بحريـة دون التعـرض لملاحقـات قضائية (خـيرالله، 2004، ص81). لقـد استفادت المؤسسات الممارسة لمثل هـذا النوع مـن الفسـاد مـن خـلال سرعة نقل الأمـوال والذهاب بها إلى دول ومناطق أقـل تعرضاً للرقابـة وتطبـق نظامـاً سريـاً لا يمكن اختراقه للحفاظ على مصادر هذه الأموال كما هو الحال في المؤسسـات المصرفية العالمية الكبيرة. لذلك يشار لهذه الظاهرة بكونها ازدهرت كثيراً في ظل العولمـة والانفتاح الاقتصادي والاجتماعي والثقافي بحكم تطور التكنولوجيا واستخداماتها المتنوعـة في تقديم الخدمات المصرفية ويلاحـظ في الدول الناميـة أن كسبـاً غـير مشروعاً قد رافق ظاهرة انتقال ملكية القطاع العام ومؤسساته إلى القطاع الخـاص بشكل كبير. حيث أن هـؤلاء المسؤولين يعرفون كثيراً تفاصيل وإجراءات تسـهل للبعض للحصول على هذه الصفقات مقابل عمولات كبيرة.

ثانياً: بعض تجارب مكافحة الفساد في دول العالم :

إن كـون الفسـاد الإداري ظاهـرة عالميـة وهـذا يعنـي أن الدول المختلفـة تحاول بشتى الطرق والأساليب مكافحـة الفسـاد الإداري في أجهزتها ومؤسساتها لغرض الحد من انتشاره واجتثاثه والقضاء عليه.

إن كفاءة الإجراءات الخاصة بمكافحة الفساد ترتبط إلى حـد كبير بوجود نظم ديموقراطية وحكم صالح يمارس في إطاره المواطن ومؤسسات المجتمع المدني دوراً كبيراً في متابعة حالات الفساد والإعلان عنها وإعطاء بدائل منطقية

وواقعية لمعالجتها. ويلاحظ أن الدول المتقدمة قد قطعت شوطاً كبيراً في مجال مكافحة الفساد بسبب وجود مؤسسات ديموقراطية وحرية صحافة كبيرة وجهاز قضائي ورقابي متطور وفعال، وإذا ما ظهرت حالات فساد إداري في هذه الدول فإنها تكتشف بسرعة وتعالج من خلال آليات شفافة وواضحة. أما في الدول الأقل ديموقراطية وأقل تطوراً في مجال بناء المجتمع المدني وسلطته التشريعية والقضائية فإنها تعاني من فساد إداري تجد صعوبة في اجتثاثه والقضاء عليه بشكل تام لكنها تحاول متابعة حالات الفساد ومكافحتها وتقليل أضرارها. ونود هنا الإشارة باختصار إلى أمثلة على بعض الدول الأجنبية وتجربتها في معالجة حالات الفساد ثم الإشارة إلى بعض الدول العربية وبداية اهتمامها بهذه المشكلة وبعض التشريعات فيها.

1. التجربة السنغافورية :

بالنظر لمحدودية الموارد الطبيعية والبشرية في هذا البلد ونظراً لوجود خليط ثقافي وديني لشعب يتكون من ثلاثة ملايين نسمة فإن تجربة مكافحة الفساد هنا تركن إلى بعدين رئيسيين: الأول، الاهتمام بالممارسة الديموقراطية والاستقرار السياسي وتوفير مناخ صحي لمؤسسات المجتمع المدني لتلعب دوراً كبيراً في المتجمع واهتمام الدول بتعزيز سلطة القضاء وجعله مستقلاً. أما الثاني، فهو الاهتمام بتعزيز آليات الشفافية والمساءلة باعتبارها أهم الآليات فعالية في مكافحة الفساد الإداري وفي إطار الشفافية فإن المساءلة لا تقتصر على الإشراف على الإنفاق الحكومي بل تمتد لتشمل كون الإنفاق قد تم بشكل صحيح. وفي التجربة السنغافورية فإن الإدارة خاصة في الوزارات والمؤسسات تكون مسؤولة مباشرة أمام البرلمان. وقد أشرت الجهات المسؤولة وجود أنواع متعددة من الفساد الإداري يقع في مقدمتها الرشوة بصورة متعددة وتعتبر الدولة نفسها مسؤولة عن مكافحة الفساد سواءً كان في القطاع العام أو الخاص، وفي إطار القانون فإن المحاسبة تشمل الجهتين دافع الرشوة والمستفيد منها ويمنع القانون السنغافوري جميع أشكال

الإكراميات و (البخشيش) و (ا لحلوان) وغيرها من صور الفساد المؤدب المغلف بهدايا المجاملة (راجان، 1999، ص 20-22). ولغرض أن تكون معالجات الفساد الإداري فعالة فإن الحكومة السنغافورية تعير أهمية كبيرة للدخل الذي يتقاضاه الموظف وبذلك فإن سنغافورة تعطي أعلى دخل لموظف حكومي في آسيا، ومن أعلى الرواتب في العالم راتب رئيس الوزراء في سنغافورة حيث يفوق راتب نظرائه في العالم أجمع كذلك فإن موظفي الحكومة يحصلون على رواتبهم مسبقاً خلال الشهر في اليوم الثاني عشرـ من كل شهر وفي إطار هذه الإجراءات فإن الإحصاءات تشير إلى كون سنغافورة هي ثالث أقل دولة يمارس فيها الفساد بعد نيوزلندا والدنمارك. وتعير الحكومة السنغافورية أهمية كبيرة لسرعة تطبيق القانون ومحاسبة حالات الفساد دون انتظار وقد ساهمت الحكومة في أن تجعل من بعض القيادات الحزبية في مختلف الأحزاب برامجاً لمحاربة الفساد فيها ليس باعتبارها إجراءات وآليات ضرورية للوصول إلى السلطة وتنطبق الفكرة هنا ليس من مجرد وعود بمحاربة الفساد بل الممارسات العملية والتجارب المؤسسية، في طرق اكتشاف الفساد ومحاربته. ويعزز في إطار عمل المؤسسات خصائص النزاهة والأمانة والكرامة واحترام سيادة القانون وتشجيع المؤسسات على أن تدفع للموظفين المتحلين بهذه الصفات وليس مجرد أمنيات ورغبات يفترض أن يتحلى بها الجميع. وتساهم مؤسسات المجتمع المدني في بناء نظام قيمي تسود في إطاره السلوكيات الأخلاقية والمسؤوليات الجماعية وتعزز الشفافية والمساءلة. كذلك تطورت ضمن التجربة السنغافورية شراكة بين الحكومة والشعب والاتحادات والنقابات وهذه الشراكة على أساس الثقة والمصداقية والحوار الصريح والمفتوح وتبادل الإحصاءات والاستشارات وهذه يمكن أن تشكل مدخلاً لمنع الفساد الإداري. وتأخذ هذه الجهات الثلاث في نظر الاعتبار توجهات بعيدة المدى لمتابعة الحالة وليس مجرد آليات قصيرة المدى لمعالجات جزئية بمعنى الاهتمام بالمعالجات الجذرية للأسباب والنتائج لحالات الفساد الإداري الكبيرة منها والصغيرة. كما

تعـززت في هـذه التجربـة السـنغافورية سـلطات المحـاكم العليـا والقضاء الجنائي وتحسم أي مشكلة تظهر خلال فترة لا تتجاوز ستة شهور. ويبدو من خلال استطلاعات رأي لشرائح من الشعب السنغافوري أن هذا الشعب لديه ثقـة كبيرة بالجهاز الحكومي بكونه جهاز يتصف بالأمانة العالية والصرامة في معالجة المواقف والمصداقية في تعامله مع المواطنين وهذه مؤشرات إيجابية تساعد في تقليل حالات الفساد وزيادة النزاهة في الجهاز الإداري.

2. التجربة الروسية :

إن انتقال روسيا من سياسات التخطيط المركزي ونظام الحزب الواحد واحتكار الدولة لملكية وسائل الإنتاج إلى آليات السوق قد فرض عـلى النظـام الجديـد طرح سياسات الإصلاح (البروسترويكا). ومن المعلوم أن التحول من الـنظم الشيوعيـة إلى نظام آليـات السـوق ومـا سـبقه مـن تغير الفلسفة السياسية باتجاه الانفتـاح والديموقراطية تطلب الأمر إعادة تشكيل شاملة للدولة بجميع مؤسساتها وأعمالهـا وظهرت في هذا المجال ضرورة توفير بيئة قانونية ومؤسسية تساند القطاع الخـاص أو تدعم مبدأ المنافسة وقد التجأت الدولة كثيراً إلى حكم القانون الـذي يفترض أن يطبق بشفافية وبشكل متساوي على الجميع كمدخل يساعدها على إحداث هـذه النقلة النوعية. وقد رافقت هذه المرحلة الانتقالية العديد مـن الإشكالات بسبب عدم كفاءة أجهزة الدولة الروسية وزخـم مشكلات الفقـر والمشكلات الاجتماعيـة وهكذا أصبح الباب مفتوحاً لظهور حالات فساد إداري كانـت موجودة في السـابق ولكنها مختفية بحكم عدم الحديث عنها وقوة وسطوة الحـزب في تلك المرحلـة. ويبدو أن الفساد الإداري يرتبط إلى حـد كبير بطبيعـة الاقتصـاد الـروسي وضعف المؤسسات المسؤولة عن السياسات المالية والنقدية والضريبية ويكفي للتدليل علـى ذلك أن مسـتوى العجـز في الميزانيـة يزيد عـن 7% في عـام 1997 وأن التحصـيل الضريبي ضعيف جداً ووجود نسبة عالية من التهرب الضريبي حيث أن 80% مـن الشـركات لـديها متأخرات ضريبيـة للدولـة. إن هـذه الأمـور قـادت إلى تـدهور مستويات المعيشة

واختلال في توزيع الثروة حيث يصل عدد الفقراء في روسيا في إحصاءات عـام 1998 حوالي 41% من إجمالي عدد السكان (فتحـي، 1999، ص 24-29). والواقع أن أهم عقبة في طريق الإصلاح الاقتصادي واجتثاث الفساد تتمثل في أمرين، الأول سيطرة قلة فاسدة كانت موجودة في ظل الاتحاد السوفيتي السابق غيرت مظهرها وشكلت نمطاً من الرأسمالية الجشعة أو ما يطلق عليه الروس (السادة اللصوص). الثـاني هـو أن النخبـة الحاكمـة الجديـدة في روسيا هـي ليسـت مـن المؤمنين بالديموقراطية وهي ليست نخبة ليبرالية كما أنها لا تشكل نمطاً اشتراكياً معينـاً بـل هـي نخبة تهتم فقط بمصالحها ويشار إلى أن أكبر سبعة رجال بنوك في روسيا والذين أثروا في الحملة الانتخابية الرئاسية لعام 1996 هم يسيطرون على نصف الاقتصاد الروسي. وفي عمليات الخصخصة الروسية يشار إلى حالات احتيال وفساد إداري بحيث يقال أن أغلب موارد الدولة قـد سرقت بشكل كبير. وبالإضافة إلى نمط الفساد الرئاسي والمؤسسي- المنتشر- في روسيا هنـاك أيضاً الفسـاد الإداري البيروقراطي حيث انتشار ظاهرة الرشوة نتيجة تردي الأوضاع الاقتصادية وانخفاض مستويات المعيشة، حيث برزت نتيجة هذه الأنماط الثلاثة للفساد مظاهر تعززها حالات الفساد السياسي نتيجة الاستبداد بالسلطة وشيوع عدم الثقة في العلاقة بين الحاكم والمحكوم وبين المواطن والمؤسسـات التي يفترض أن تقدم لـه الخـدمات بفاعلية وكفاءة وهكذا تعمقت حالات عدم العدالة وعدم المساواة وضعف الثقـة بأجهزة الأمن والقضاء والجيش وحرس الحدود. وبالتـالي يمكن القـول أن حالات الفسـاد الإداري في روسيا ارتبطت بحـالات الجريمـة المنظمـة ويشاع أن جماعات الجريمة المنظمة تضم عدداً كبيراً من أعضاء جهاز المخابرات السوفيتي السابق KGB وأعضاء نخبـة مـن الحـزب الشيوعي وعصابات الجماعات العرقيـة مـن أرمينيا والشيشان واذربيجان أن الذي سبب زيادة الفسـاد الإداري في روسيا هـو الآتي :

- ضعف المجتمع المدني ومؤسساته وغياب دور الأحزاب السياسية وجماعات المصالح والتنظيمات الاجتماعية.

- تدني مستويات الأجور الرسمية للموظفين.

- انخفاض المخاطر المترتبة على الانغماس في سلوك فاسد حيث ضعف الإشراف الحكومي وضعف المساءلة وصعوبة اكتشاف الفساد وإضفاء الطابع الشخصي- على العلاقات بين المسؤولين الفاسدين.

- احتفاظ الدولة بثروة هائلة واختفاء المشروعية على سلطتها وهذا أعطى للمسؤولين الحكوميين سلطات استثنائية وفرصاً للرشوة والنهب للأموال العامة.

ولكون كلفة الفساد الإداري عالية جداً في روسيا ونظراً لانتشار هذه الظاهرة وتجذرها وتناميها فإنها تحتاج إلى معالجة جذرية وضمن استراتيجية بعيدة المدى تأخذ بنظر الاعتبار الآتي :

1. الشفافية في العمليات الحكومية.

2. تعزيز سلطة القانون ومبدأ المساواة وما يتبع ذلك من تبسيط للوائح والإجراءات ومنح رواتب أعلى للموظفين وتدعيم آليات الإشراف والرقابة والاهتمام بحملات التوعية والتشهير بحالات الفساد في المستويات العليا للمنظمات والإدارات الحكومية.

3. الفصل بين السلطات وتعزيز سلطة القضاء وتقوية نظام المحاكم وبناء مؤسسات خاصة للمحاسبة والمساءلة وتعزيز دور الرقابة القضائية.

3. **تجربة الدول العربية :**

لا يمكن الإشارة إلى تجربة عربية موحدة ولكن الدول العربية تتفاوت في أساليبها وآلياتها المستخدمة لمكافحة حالات الفساد الإداري فيها. وبشكل عام يمكن القول أن الدول العربية تعاني من حالات فساد إداري متنوعة في أجهزتها الحكومية ومنظمات الأعمال فيها. ويبدو أن المدخل الجذري والملائم لمعالجة حالات الفساد الإداري ينطلق من مداخل عديدة يقف في مقدمتها مدخل الإصلاح السياسي

وممارسة الديموقراطية والانتقال السلمي للسلطة بأساليب مشروعة وشرعية. كما أن تعزيز دور منظمات المجتمع المدني قد بدأ ينتشر ـ على ساحة الدول العربية رغم بطء إجراءات بناء هذه الأطر المدنية ويؤمل لهذه الأطر أن تلعب دوراً كبيراً في معالجة حالات الفساد الإداري في الدول العربية ومن الضروري الإشارة إلى تحرير الإعلام من سلطة الدولة وإعطائه الاستقلالية لكي يمارس دوراً أكبر في الرقابة والمساءلة – وتشير تجارب بعض الدول إلى اهتمام كبير بتعزيز السلطة القضائية ووجود هيئات للنزاهة ومكافحة الفساد والاهتمام بمظاهر الشفافية في العمل الإداري كما هو الحال في المملكة الأردنية الهاشمية ودولة الإمارات العربية المتحدة والمملكة المغربية ولبنان، وشكلت في العراق مؤخراً هيئة للنزاهة ومكافحة الفساد وهي هيئة تتمتع باستقلالية كبيرة من المؤمل أن تستفيد من التجارب العالمية لمكافحة حالات الفساد الإداري المنتشرة في العراق. ويدخل ضمن إطار نفس الجهود استحداث جوائز للتمييز والإبداع في الأداء الحكومي ويمكن أن يكون أحد أوجه التميز الشفافية في العمل والنزاهة والعدالة والمصداقية وغيرها. وعند الحديث عن الإصلاح في الدول العربية من الضروري الإشارة إلى الدور الكبير الذي يمكن أن يقوم به جهاز التربية والتعليم حيث من الضروري إدخال مساقات في المدارس من قبيل الحقوق المدنية والواجبات الوطنية وآليات المحافظة على المال العام والمصلحة العامة، أما الجامعات فيمكن إدخال مساقات مثل المسؤولية الاجتماعية وأخلاقيات الأعمال والحاكمية الشاملة والشفافية والمساءلة وآليات معالجة الفساد سواءً بشكل مستقل أو ضمن مساقات أخرى ولكافة التخصصات كمتطلبات جامعة.

المبحث السابع : خصوصية الفساد الإداري في المنظمات الحكومية وغير الهادفة للربح :

إن المنظمات الحكومية والمنظمات غير الهادفة للربح تلعب أدواراً أساسية ومهمة في مختلف الدول رغم اختلاف توجهات هذه الدول الاقتصادية والسياسية والاجتماعية. لقد تغيرت بشكل كبير خلال السنوات الأخيرة بيئة عمل هذه المنظمات وأصبحت بيئة ذات طابع تنافسي يتطلب من هذه المنظمات الانتقال في أساليبها الإدارية من الأساليب التقليدية البيروقراطية إلى أساليب أكثر مرونة وانفتاحاً مطبقة لأنظمة الجودة الشاملة ومعتمدة مبدأ واقعي في قياس الأداء وحساب كلفة الخدمات ومستفيدة من قدرات موارد بشرية أكثر تأهيلاً وإبداعاً بحيث يمكن القول أن هذه المنظمات أصبحت منظمات معرفية تتبنى نظم ووثائق تؤكد على المواطنة الصالحة والشفافية في العمل والنزاهة في الإجراءات والمس ـــــــــــــــــــــــــــــــــــــاواة وغيرها (Cooper, 1990, P. 160). إن هذه المتطلبات تبدو ضرورية جداً لغرض مواجهة إشكالات تنظيمية وإدارية عديدة تواجه عمل هذه المنظمات وتعتبر مآخذ عليها مثل الترهل الإداري وتجاهل مبدأ الجدارة بالتوظيف وتعقد الإجراءات والبيروقراطية في العمل وغموض آليات صنع القرار وانعكاسها سلباً على الأهداف وعدم قبول التجديد والتغيير وانخفاض الروح المعنوية لدى العاملين وغياب الابتكار والإبداع وغيرها (Kreitner and Kinicki, 1989, P. 114).

ورغم أن منظمات الدولة والمنظمات غير الهادفة للربح قد قطعت شوطاً كبيراً في مضمار التقدم في الدول الصناعية والمتقدمة إلا أنها لا تزال تعاني العديد من المشاكل الإدارية والتنظيمية تجسدت بفساد إداري كبير ذي طبيعة خاصة في الدول النامية. في هذا المبحث سيتم التطرق أولاً إلى المنظمات الحكومية وغير الهادفة للربح وأصنافها لنستعرض بعد ذلك إشكاليات الإدارة في هذه المنظمات المرتبطة بخصوصيتها وأخيراً سنتطرق إلى أوجه الفساد الإداري وخصوصيته في

هذه المنظمات معرجين على طرح أفكار نجد أنها ضرورية كمدخل واقعي لعلاج الفساد الإداري في هذه المنظمات .

أولاً: المنظمات الحكومية وغير الهادفة للربح وأصنافها:

تمثل هذه المجموعة من المنظمات كيانات حكومية أو خاصة يتم إنشاؤها لأغراض يفترض أن تكون محددة جداً وتقع ضمن إطار خدمة المجتمع والارتقاء بمستوى الحياة الاجتماعية والحضارية والثقافية. وبشكل عام فإن هذه المنظمات يمكن أن تصنف إلى الأنواع التالية :

- مؤسسات حكومة تقيمها الدولة تهدف من خلالها تقديم سلع أو خدمات قد يكون في البعض منها ممارسة احتكارية لاستغلال مورد طبيعي متوفر بالبلد أو لتقديم خدمات لا يمكن أن تترك للقطاع الخاص خوفاً من الاستغلال غير الطبيعي لخدمات تدخل في صميم حياة المواطن اليومية مثل المياه والكهرباء وغيرها. كذلك يمكن أن تقام مؤسسات للاستهلاك وتقديم سلع بأسعار منافسة للقطاع الخاص وذلك لدعم موظفي الدولة بالدرجة الأولى. و يدخل في إطار هذه المجموعة من المؤسسات كذلك مؤسسات الموانئ ومصافي النفط والمطارات وغيرها.

- دوائر ومنظمات حكومية سيادية تقيمها الدول وتهدف من خلالها تقديم خدمة لا يمكن أن يقدمها القطاع الخاص وتقع ضمن الإطار السيادي للدولة مثل خدمات الدفاع والأمن وإصدار الجوازات والجنسية والمرور والوزارات والجمارك والضرائب وغيرها. وضمن هذه المجموعة يمكن الإشارة إلى :

- منظمات سيادية تتميز بحاجتها للإنفاق الكبير المستمر دون مردود مادي موازي يغطي هذه النفقات أو حتى نسبة معقولة منها مثل الجيش والأمن.

- منظمات سيادية تتميز بكونها مراكز تحصيل إيرادات كبيرة مثل الضرائب والجمارك.

- منظمات خاصة غير هادفة للربح، وتقام بمبادرات فردية أو جماعية خاصة وتعمل على تقديم خدمات عامة وتعتمد على المنح والتبرعات والهدايا أو مساعدات الحكومة ولكن هذه المؤسسات تبقى خارج إطار سلطة الأجهزة الحكومية مثل الجمعيات الخيرية والأحزاب السياسية والأندية الرياضية والمؤسسات الدينية وغيرها. ولمزيد من التوضيح يمكن أن نعرض التصنيف التالي للمنظمات غير الهادفة للربح (الحكومية والخاصة).

شكل (5- 1) : تصنيف المنظمات غير الهادفة للربح

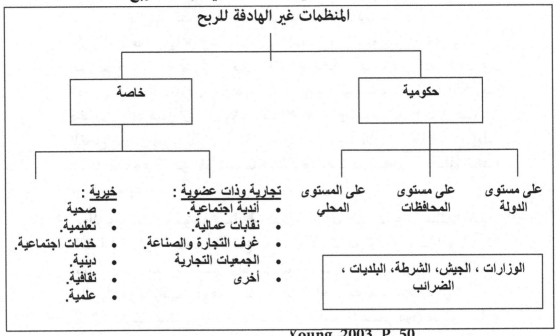

Young, 2003, P. 50

لقد ازدادت أهمية المنظمات غير الهادفة للربح في الاقتصاد العالم ويقف وراء زيادة الأهمية هذه العديد من الأسباب منها (Wheelen and Hunger, 2004, P. 325).

1. خاصية المجتمع ورغبته في خدمات ومنتجات يحجم القطاع الخاص (الهادف للربح) عن تقديمها لأسباب عديدة. وعادة ما تكون هذه المنتجات والخدمات عامة أو اجتماعية لأن الجميع يستفيد منها حتى الذين لم يقدموا مقابلها أي شيء مثل الأمن والمتاحف والمدارس وغيرها.
2. تحصل هذه المنظمات على مزايا كبيرة من المجتمع قد لا تكون متاحة للشركات والمنظمات الربحية مثل الاستفادة من الإعفاءات الضريبية وقبول التبرعات والهبات والعطايا والحصول على مزايا بالاتصال والنقل وغيرها. وقد تسمح الدولة بذلك لكون هذه المنظمات هي منظمات خدمات عامة تحاول من خلال هذه المزايا تحسين الخدمة وخفض أسعارها.

وللتدليل على تعاظم أهمية المنظمات غير الهادفة للربح يمكن الإشارة للجدول التالي الذي يحتوي على بيانات تخص المنظمات غير الهادفة للربح الأمريكية.

جدول (5- 3) الأهمية الاقتصادية للمنظمات غير الهادفة للربح

الصنف	العدد التقريبي للعاملين	قيمة الأصول (مليون دولار)
* المؤسسات الدينية والتعليمية والخيرية والعلمية ومؤسسات حماية الأطفال والرفق بالحيوان وحماية الغابات والمؤسسات الرياضية.	175000	530
* الجمعيات المدنية ومنظمات رفاهية المجتمع والمنظمات المحلية والعالمية.	22000	13
* المنظمات العمالية والزراعية	20000	16
* جمعيات رجال الأعمال وغرف التجارة والصناعة والجمعيات العقارية.	25000	13
* الأندية الاجتماعية والترفيهية	15000	8
* جمعيات الصداقة والأخوة .	8000	6
* جمعيات العمل التطوعي	10000	40

Source : Hilgert, 1999, in Anthony and Young, 2003, P. 51

وهكـذا فـإن المـنظمات غـير الهادفـة للـربح تشـمل أعـداد متزايـدة مـن منظمات خاصة وحكومية تقدم خدماتها لشرائح متعـددة مـن المجتمـع ويلاحـظ زيادة أهمية هذه المنظمات ليس فقط في الاقتصادات المتقدمة دائماً في اقتصـادات الدول النامية ويظهر هذا واضحاً في زيادة مواردها والتي يمكـن أن تشـكل مـدخلاً لفساد إداري أو ممارسات غير مشروعة.

ثانياً: إشكالية الإدارة وخصوصية المنظمات غير الهادفة للربح

هناك العديد من الإشكاليات التي تواجه الإدارة في منظمات الأعمال ولكـن البعض من هذه الإشكاليات يأخذ خصوصية وتعقيـد أكـثر في المـنظمات الحكوميـة وغير الهادفة للربح فإذا ما اردنا تأشير بعض إشـكاليات الإدارة المهمـة التـي تخلـق صـعوبة وتعقيـد بـين هـذه المـنظمات والمسـتفيدين مـن خـدماتها أو بـين هـذه المنظمات والفئات الأخرى ذات المصلحة ومن ضمنها الدولة فإنه يمكن أن تشير إلى الآتي:

1. إشكالية وضوح الأهداف: إن كون المنظمات غير الهادفة للربح الحكوميـة منهـا والخاصة تفتقر إلى معيار أداء محدد وواضح حيث أن المعيار الرئيسي المتمثـل في الأرباح بالنسبة لمنظمات الأعمال هو غائب في هذه المنظمات وبالتالي فإنهـا تصـبح عرضـة لممارسـات سياسـية داخليـة وعلاقـات خارجيـة تسـتبدل فيهـا الأهداف بطرق شتى نظراً لغموضها أولاً وتحويل الانتباه إلى الموارد المستخدمة دون التركيز على النتائج المستهدفة ثانيـاً. إن هـذا الأمـر يـترك حريـة للمـدراء لممارسة أساليب مختلفة لتحقيق أهداف شخصية مغلفـة في إطـار عمـل هـذه المنظمات. كما أن هناك ميلاً إلى التغاضي عن احتياجـات المسـتفيدين والتركيـز على رضا السياسيين في الحكومة أو مـانحي الهبـات والمسـاعدات ويظهـر هـذا بشكل خاص في حالة وجود مدراء ومجالس إدارات غـير مهنيـة ويتطلعـون إلى تجديد عقودهم وفق اعتبارات العلاقات الطيبة مع هذه الجهات.
2. إشكالية قياس الأداء: إن عدم وجود معايير محددة ودقيقة لقيـاس الأداء كميـاً وفي فترات زمنية معروفة في أغلب المنظمات الحكومية وغير الهادفة للربح

يؤدي إلى وجود ميل لدى الإدارات في التحول من النتائج إلى المدخلات أو الموارد. لذلك نجد التركيز على الآليات والإجراءات في ظل أطر يغلب عليها الطابع البيروقراطي وخفض استخدام الموارد على حساب نوعية الخدمات المقدمة واتساع نطاقها للتدليل على كفاءة الإدارة، وهذه مشكلة قد تتكرر وقد تنحرف الإدارة في توجيه هذه الموارد إلى مجالات غير التي تعنيها.

3. إشكالية تحفيز العاملين في هذه المنظمات : تجد هذه المنظمات صعوبة في تحفيز العامين نظراً لتركيزها الشديد على ترشيد استخدام الموارد متجاهلة في كثير من الأحيان قياس النتائج وأداء العاملين كمياً وبالتالي فإن وسائل التحفيز فيها تجري وفق آليات تقليدية كالأقدمية والولاء الشخصي للمدراء والمسؤولين.

4. إشكالية العلاقة مع الجهات الممولة والحكومة : يبدو تأثير الحكومة واضحاً خاصة وهي الممول ربما الوحيد للمنظمات الحكومية غير الهادفة للربح ويبدو تأثير جهات أخرى متنفذة مولت المنظمات الخاصة غير الهادفة للربح. إن أغلب هذه التأثيرات تقع في إطار جعل هذه المنظمات تابعة للسياسات الحكومية أو متماشية مع رغبات وطموحات الممولين من القطاع الخاص. وقد تشكل هذه المعضلة مدخلاً لفساد إداري من قبل الإدارة والمسؤولين أو عدم اكتراث بالموارد من قبل العاملين خاصة وأنها موارد لا ترتبط بجهات محددة فأموال الدولة قد تمثل ملكاً مشاعاً لا يوجد له رقيب محدد أو جهة محددة، وأموال الهبات والمساعدات يفترض أن تكون قد أعطيت لهذه المنظمات دون رقابة من قبل الجهة المانحة.

5. إشكالية العلاقة مع المنتفعين أو الجمهور: يفترض في إدارة هذه المنظمات أن تعي طبيعة هذه العلاقة الديناميكية مع الجمهور بشكل عام والمستفيدين من خدماتها بشكل خاص. كيف يمكن أن تنظر إلى هذه العلاقة، هل هي علاقة متكافئة أم هي علاقة تبعية لحاجات ورغبات الجمهور وتطلعاتهم أم هي علاقة هيمنة وسيطرة على هذا الجمهور على اعتبار أن الخدمات المقدمة هي مجانية

في أغلبها أو بأسعار رمزية وبالتالي لا يحق للجمهور أو المستفيدين الاعتراض عليها. إن هذا يمثل مدخلاً يضعف الرقابة الشعبية على عمل مثل هذه المنظمات أو عدم فاعلية مثل هذه الرقابة في أحسن الأحوال.

6. إشكالية أنظمة الرقابة الإدارية في هذه المنظمات: إن من الخصائص التقليدية للمنظمات غير الهادفة للربح الحكومية منها أو الخاصة هو عدم كفاءة أنظمة الرقابة الإدارية فيها، وترتبط عدم فاعلية الرقابة فيها بأمور مهمة مثل تعدد أجهزة الحكومة في المجال الرقابي وعدم فاعليتها أساساً. كذلك عدم وضوح العملية التخطيطية والأهداف ومعايير الأداء ينعكس سلباً على النظام الرقابي فيها. ويمكن أن نتحدث هنا عن ضياع الدور الرقابي نظراً لكثرة هذه المنظمات غير الهادفة للربح وتعددها من جانب بحيث يصبح من الصعب متابعتها ورقابتها ومن جانب آخر فإن الأجهزة الحكومية المرتبطة بها هذه المؤسسات هي غير فعالة أساساً في تطوير معايير رقابية محددة لها وتمارس فقط دوراً شكلياً في الرقابة (Anthony and Young, 2003, P. 54).

7. إشكالية الثقة والمصداقية للدور الحقيقي لبعض أنواع هذه المنظمات، فعادة ما ينظر المجتمع أو بعض شرائحه نظرة سلبية لدور الذي تلعبه هذه المنظمات بكونها تمثل واجهات كاذبة تخفي وراءها دوراً فكرياً متحرفاً أو يهدف إلى خدمة مصالح منظمات ودول أخرى بحيث تصبح بعض هذه المنظمات امتداداً لهذه الدول. وعادة ما يبحث المجتمع ويشك في مصادر تمويلها إذا كانت قد أتت من دول أو منظمات أجنبية. كما تتعزز هذه الإشكالية أكثر في حالة ظهور نفوذ قوي لبعض الناس في إدارة وتوجيه موارد هذه المنظمات.

8. إشكالية احتكار الخدمات المقدمة، فالمنظمات غير الهادفة للربح الحكومية عادة ما تقدم خدمات سيادية لا تزاحمها فيها جهات أخرى وبالتالي فإن هذا الاحتكار يجعل من هذه الخدمات لا تقاس بمعايير كفاءة واضحة كآليات السوق وما يرتبط بها من منافسة ورضا للمستفيد وكذلك تصبح هذه المنظمات أكثر

بيروقراطية وروتين وأبعد عن المرونة في علاقتها مع المستفيدين ويمكن أيضاً أن نلاحظ تجسيد للنظرة التقليدية لهذه المنظمات على أنها منظمات غير منتجة وتمثل مراكز كلفة واستنزاف يجب ترشيدها وبالتالي دفع أقل الرواتب أو منح أدنى الامتيازات وغيرها.

ثالثاً: خصوصية الفساد الإداري في هذه المنظمات

يرتبط بإشكاليات الإدارة وخصوصيات عمل هذه المنظمات ظهور فساد إداري يأخذ طابعاً خاصاً قد لا يكون متعارفاً عليه في منظمات الأعمال الخاصة والهادفة للربح ويمكن أن نشير هنا إلى بعض خصائص هذا الفساد في هذا النمط من المنظمات وكالآتي :

أ. إن طبيعة العلاقة الخاصة بين الإدارة العليا لهذه المنظمات والحكومة كجهة مسؤولة عنها تمثل مدخلاً لمساومات وعلاقات محتملة للفساد الإداري كما أن التعقيد في العمل والروتين والأشكال التنظيمية غير المرتبطة بأهداف واضحة تسهل للمدراء والعاملين القيام بممارسات فساد إداري كثيرة ومتنوعة. ففي إدارة شؤون الأوقاف مثلاً يمكن تأجير العقارات التابعة لها لأشخاص محسوبين على الإدارة أو بعيدين عنها مقابل عمولات ورشاوي بأسعار تقل عن الأسعار الحقيقية للتأجير ويمكن للإدارة أن تبرر بسهولة هذا الإجراء ولا يعتبر من الناحية القانونية فساداً ولكن في الواقع هو فساد إداري يلحق ضرراً بالمنظمة والدولة والمجتمع. كذلك يمكن أن تبرم عقود بين كثير من المنظمات غير الهادفة للربح وجهات أخرى لتزويدها بما تحتاج مثل إدارة السجون وتجهيزها بالوجبات الغذائية أو الدوائر الحكومية وتجهيزها بالقرطاسية وغيرها.

ب. طبيعة احتكار الخدمة المقدمة وهذا الأمر مدعاة لممارسات فساد إداري متنوعة الأشكال ومتعددة المصادر فإذا ما شعرت الإدارة والموظفون بأن المستفيدين من الخدمة المقدمة من هذه المنظمة لا يمكن أن يحصلوا عليها من أي جهة أخرى وهم محتاجون لها بل مضطرون لها فإن هؤلاء المدراء والموظفين

منحرفي السلوك سيمارسون ضغوطاً وأشكالاً شتى من الابتزاز تجاه المستفيدين من هذه الخدمة وتتعمق هـذه الظاهرة كثيراً في الـدول النامية خاصة وأن هؤلاء المستفيدين قد لا يجدون من يلبي شكواهم أو يتابعها بنزاهـة وصدق وأمانة بسبب تخلف أو عدم وجود مؤسسات المجتمع المدني كالإعلام المستقل أو جمعيات حماية المستهلك أو البيئة. وبالتالي فإن المستفيد المتضرر يجد نفسه مضطراً للدوران في حلقة مفرغة مـن خـلال تقديم الشكوى إلى نفس الدائرة أو دائرة ترتبط بعلاقة بالدائرة التي أحدثت الضرر حيث أن العلاقات الشللية بين مدراء هذه الـدوائر الحكومية أصبحت علاقات مصالح متبادلة وحماية البعض للبعض الآخر حيث يجري التحذير للمسؤول المشتكى عليه قبل وصول الشكوى إلى مستويات أعلى.

ج. إن سرية العمل في أغلب هذه المنظمات - والذي يكون مفروضاً دون مـبررات موضوعية أحياناً - قـد يكون مـدخلاً لممارسـات فساد إداري واسعة يصعب اكتشافها، كما أن السرعة في إبرام العقود لبعض الإدارات الحكومية تساعد على ظهور حالات فساد إداري كبير. ففي عقـود تجهيـزات الجيش وعقـود وزارة الصناعة والتجارة وغيرها يمكن أن تحدث ممارسـات فساد إداري كبيرة قـد لا تبدو قانونية ظاهرياً لكنها منحرفة سلوكياً وتنطوي علـى فسـاد كبير بسبب تأثيرها السلبي على مصالح المجتمع والدولة عموماً.

د. إن كثرة الأموال المتجمعة لدى المنظمات غير الهادفة للربح الخاصة وخاصة التـي تمارس نشاطات خيرية وإنسانية قـد تخفي وراءهـا نوايا منحرفة للمؤسسين لهذه الجماعات أو المسؤولين عنها وبالتالي قد يساء استخدام هذه الأموال من خلال الاستحواذ عليها أو توجيه جزء كبير منها إلى مـنظمات سرية أو ممنوعة في بعض الدول ولكنها تلقى دعمـاً مـن بعض الشرائح الاجتماعية بسبب التعاطف الـديني أو المذهبي أو العشائري أو السياسي أو غيرها. إن هـذا الأمر يسـمح للمتنفذين في هذه المـنظمات أو المسؤولين الكبار فيهـا بالتلاعب

434

والاختلاس أو السرقة واقتناء العقارات وإقامة المشاريع الخاصة بهم. ويزداد الأمر خطورة إذا ما عرفنا أن الجهات الرقابية لا يمكنها ضبط الكثير من هذه الحالات لأن الأموال غالباً ما تحول عن طريق شخصي ـ وباليد دون أن تمر بالمصارف، أو أن الجهات الرقابية هي ضعيفة أساساً أو متواطئة مع المسؤولين في هذه المنظمات.

هـ. إن رئاسة المنظمات غير الهادفة للربح خصوصاً منها المنظمات الخاصة عادة ما تسند إلى شخصيات كبيرة معروفة ومهمة في الدولة، وفي هذه الحالة هناك احتمال أن لا يكون لدى هذه الشخصية الوقت الكافي لمتابعة تفاصيل عمل هذه المنظمة وإدارتها بشكل فاعل وبالتالي فإن المسؤولين فيها يتولون إدارتها بشكل عملي ويستغلون اسم الشخصية التي تحتل رئاسة هذه المنظمة كغطاء لممارسات فاسدة واستغلالية. ومن جانب آخر فإن هذه الشخصية الكبيرة والمعروفة إذا ما كرست وقتها للإدارة ومتابعة أعمال المنظمة فغالباً ما تكون مندفعة ومتحمسة وفق تطلعاتها الشخصية ورغباتها مما يقحم المنظمة في مجالات تفوق قدراتها المادية والبشرية والإدارية بعيداً عن اعتبارات الكفاءة والفاعلية والإنتاجية الأمر الذي يدفع إلى ممارسات فاسدة تضر بالمجتمع.

و. إن التسيب الإداري في المنظمات غير الهادفة للربح وخاصة غير الحكومية منها يبدو معقداً وترتبط طبيعة هذا التعقيد بوجود قيادات إدارية هي السبب الحقيقي وراء تسيب الموظفين والترهل الإداري الكبير أحياناً لكي يستطيعوا إخفاء ممارساتهم المنحرفة والفاسدة. فعادة ما يشار إلى الموظفين في هذه المؤسسات أنهم أنصاف موظفين وغالباً ما ينظر المسؤولون الكبار إلى الاحتياجات العامة وغضب الناس من الممارسات غير القانونية بصفتها غير ذات صلة بالموضوع أو أن هؤلاء الناس غير مطلعين على حقائق الأمور ومجرياتها وبالتالي فإن نظراتهم هزيلة وسطحية (ستاينبرغ وأوستيرن، 1996، ص87-89).

435

ز. إن طبيعة عمل المنظمات غير الهادفة للربح تضع عراقيل كبيرة وإشكالات أمـام أي إدخال تكنولوجي كبير أو واسع النطاق في عمل هـذه المـنظمات سـواء عـلى صعيد الإدارة أو أساليب تقديم الخدمة. ولا نقصد هنا إدخال الحاسوب فقط بل تشمل المعرفة المنظمـة والمنهجيـة الواضحة والشفافية في طرق وأساليب اتخاذ القرار من قبل الإدارة والمشاركة من قبل العاملين والتدخل من قبل فئات المجتمع المستفيدة حيث يبـدو أنـه لا توجد معرفـة واضحة وصريحة لـدى إدارات هذه المنظمات ولم تتراكم هذه المعرفة بطريقة تؤدي إلى إحداث نقلات نوعية في هذه المنظمات الخدمية وبالأخص في الدول النامية.

ح. غالباً ما يرتبط الفساد في المنظمات غير الهادفة للربح سـواء الحكوميـة منهـا أو الخاصة بالفساد كمشكلة سياسية حيث غيـاب الديموقراطيـة وأنظمـة الحكـم الصالح واستشراء ظاهرة شراء النفوذ السياسي والوجاهة وعدم وجود المؤسسات القضائية القوية والمستقلة وتشويه دور مؤسسـات الإعـلام والـرأي كلها تصب باتجاه مزيد من ممارسات فساد إداري واسع النطاق ومتعدد المصادر في هـذه المنظمات (اكرمان، 2003، ص 201-228).

المبحث الثامن : الشفافية والمساءلة كمدخل لمعالجة الفساد الإداري
بعد أن أصبح الفساد ظاهرة معقدة ومتجذرة في أغلب المجتمعـات وازدادت وطأتها بشكل خاص في الدول النامية مـن خـلال عرقلـة جهـود الإصلاح والتنميـة الاقتصادية والثقافية والاجتماعية صار من الضروري البحث عن آليات وطرق غير تقليدية لمحاربـة هـذه الظـاهرة واجتثاثها أو تقليل آثارهـا السلبية. إن وسائل المعالجة التقليدية الجزئية تبدو قاصرة في التأثير على ظاهرة فساد إداري منهجـي ومـنظم ارتبط بالجريمـة المنظمة وعقّـد مـن طـرق المعالجـة المسـتخدمة. لقـد تجسدت تلك الجهود بطرح مفهـوم الحكـم الصالح المرتبط بمؤشرات موضوعية يمكن أن

تمثل معايير لصدق التوجه في محاربة الفساد بمختلف أشكاله وهذه المعايير يمكن أن تكون الآتي (Kaufmann et.al, 2003):

- الوضوح والشفافية.
- الاستقرار السياسي.
- فاعلية الأداء الحكومي.
- توعية الأطر التنظيمية.
- سيادة القانون.
- ضبط ومراقبة الفساد.

وهكذا يتضح أن الشفافية تمثل بعداً مركزياً للحكم الصالح ومكافحة الفساد الإداري في المنظمات الحكومية والخاصة. وسنتطرق في هذا المبحث إلى مفهوم الشفافية وعناصره أولاً ثم نتناول منظمة الشفافية العالمية باعتبارها المنظمة التي ركزت الجهود وبلورت استخدام هذا المفهوم كآلية فعالة لمعالجة الفساد وأخيراً نستعرض التقرير السنوي لمنظمة الشفافية العالمية.

أولاً: مفهوم الشفافية وعناصره

يرتبط مفهوم الشفافية بالبحث عن معايير وقيم النزاهة والعدالة والمصداقية والوضوح والمساءلة في المعاملات التجارية وتطبيقات الأعمال والممارسات الإدارية على اختلاف أنواعها. والشفافية ببساطة تعني جعل الأمر واضحاً وشفافاً بعيداً عن اللبس والغموض وتعقد الإجراءات بطريقة لا تتيح إمكانية متابعتها ومعرفة أوجه النقص والخلل فيها، فهي إذن نظرة منهجية وعلمية تتسم بالوضوح التام في آليات صناعة القرار واتخاذه وبناء استراتيجيات العمل ورسم الخطط والسياسات وأساليب تنفيذها ورقابتها وتقييمها والتي يفترض أن تتناسب مع المستجدات البيئية وروح العصر- وعرضها على الجهات المعنية بمراقبة الأداء الحكومي أو الخاص وخضوع جميع هذه الممارسات الإدارية والسياسية للمساءلة والمراقبة. ويفترض أن تأتي جميع هذه الأطر متقيدة بأخلاقيات الخدمة العامة

والنزاهة في العمل والابتعاد عن إساءة استخدام السلطة وبما يؤدي إلى تنمية الثقة والمصداقية بين فئات المجتمع وأفراده وهذه المؤسسات المناط بها تقديم السلع والخدمات وفي إطار سيادة القانون والتشريعات الموضوعة (العضايلة، 2000، ص71). لقد تطور مفهوم الشفافية من مجرد الوضوح في الإجراءات إلى اعتبارها فلسفة ومنهج عمل يمكن أن يتجسد بالعديد من العناصر والمعايير ووفق الآليات والأساليب الإدارية المستخدمة في هذه المنظمة أو تلك سواء كانت منظمة حكومية أو منظمة أعمال أي هادفة للربح أو غير هادفة للربح.

وإذا ما أردنا الإشارة إلى عناصر الشفافية الأساسية فإنه يمكن الإشارة إلى الآتي :

1. وضوح رسالة المؤسسة الحكومية ومبرر وجودها في البيئة من خلال تحديد دقيق لرؤية المنظمة ودورها في المجتمع وأهدافها الاستراتيجية ومبرر استخدام الموارد المادية والبشرية لتحقيق هذه الأهداف.

2. شرعية ومشروعية وجود المؤسسة والمنظمة وأن تلاقي قبولاً من مختلف فئات المجتمع وأن ترسم صورة ناصعة من خلال دورها الواضح والمعزز لثقة الآخرين بها.

3. أن تتسم آليات وإجراءات العمل والتخطيط بالبساطة والوضوح وعدم التعقيد وأن يجري تحديث وتغيير مستمر لهذه الإجراءات وفق آليات يتم مناقشتها مع مختلف الجهات ذات المصلحة.

4. نشر واسع للمعلومات والبيانات وتوفير أدلة يسترشد بها الجمهور والجهات الأخرى لمراقبة عمل المؤسسة ومعرفة تطورها وتقدمها. ويندرج ضمن إطار هذا الأمر التطوعية في تزويد مختلف الجهات بالمعلومات الضرورية عن عمل المؤسسة دون التحجج بالسرية كمدخل لحماية حالات فساد أو غيرها.

5. أن تبتعد المنظمة عن جميع الممارسات المثيرة للريبة والشكوك حيثما أمكن الوضوح والإعلان عن النشاط والممارسات وأن تركن في أساليبها الإدارية إلى

تعزيز مبادئ الديموقراطية والمساواة وتكافؤ الفرص وتوعية جميع الفئات بحقوقها بأكبر قدر يمكن من الوضوح والنزاهة .

6. من الضروري أن تمتلك المؤسسات مدونات أخلاقية تضعها نصب أعينها دائماً وهي تمارس أعمالها وأن لا تكون هذه المدونات مجرد شعارات فضفاضة موضوعة على الرفوف في الكراسات دون تطبيق على أرض الواقع.
7. صياغة برامج للتوعية بمفهوم الشفافية وضرورة احترامه وكذلك سبل التعامل مع المستفيدين من الخدمة أو السلعة المنتجة ومعرفة حقوقهم وعدم التجاوز عليها وتدريب العاملين في هذه المؤسسة عليها.
8. إن تبني المنظمة موقعاً لها على شبكة الإنترنت يتم تحديثة باستمرار ويعطي صورة صادقة وأمينة ونزيهة عن ما يجري داخل المنظمة وكذلك أن تكون المنظمة مستعدة لسماع رأي مختلف الأفراد والفئات حول عملها وأنشطتها المختلفة.

ثانياً: منظمة الشفافية الدولية ودورها في مكافحة الفساد

تعد منظمة الشفافية الدولية حركة عالمية مهمة في مجال مكافحة الفساد ورموزه في مختلف دول العالم. وقد أنشئت هذه المنظمة في عام 1993 بفعل تطور المجتمع المدني واستناداً إلى مبادرات شخصيات عالمية مرموقة منحدرين من انتماءات فكرية ومهنية واجتماعية متعددة. لقد أجمعت هذه الشخصيات على أن الفساد ظاهرة مرفوضة ولكنها مستشرية وتعوق عمليات النمو والتقدم الاجتماعي في مختلف دول العالم. لذلك جاءت هذه المنظمة لتعزز مبادرات المنظمات الدولية الأخرى في تحقيق التنمية الاجتماعية ودعم حقوق الإنسان والنهج الديموقراطي في مختلف دول العالم وكذلك المحافظة على البيئة وتحقيق السلم والأمن الدوليين. ويمكن أن نشير هنا إلى أحد أبرز هذه الشخصيات وهو Peter Eigen الألماني الجنسية ومن كبار المسؤولين السابقين في البنك الدولي والذي يمتلك خبرة واسعة في مجال التنمية في دول العالم الثالث. وبالإضافة إلى هذه

الشخصية كانت هناك عشرة شخصيات قيادية من دول مختلفة عقدت الاجتماع الأول في أيار عام 1991 ووقعت على ميثاق تأسيسي- لمنظمة الشفافية الدولية Transparency International . وقد لاقت هذه الفكرة ترحيباً دولياً على الصعيد العالمي وخاصة من المنظمات غير الحكومية وأوساط المجتمع المدني وأصبح لهذه المنظمة جماهيرية واسعة وفتحت لها مكاتب وشعب وفروع في العديد من دول العالم وتم اختيار برلين مقراً لمركزها الرئيسي- وتكتفي المنظمة اليوم بوجود سكرتارية صغيرة وبسيطة ومجلسين إحداهما تنفيذي والآخر استشاري يتوليان قيادة المنظمة والتنسيق بين أنشطة مكاتبها وشعبها وفروعها المختلفة. لقد طورت المنظمة آليات عملها وبلورت لها أساليب خاصة في كشف ومحاربة الفساد الإداري على مختلف أشكاله. وترى المنظمة أن مكافحة الفساد يفترض أن ينطلق من محورين رئيسيين : الأول محاربة الفساد الكبير Grand Corruption وهذا عادة ما يرتبط بفساد سياسي يمارسه كبار المسؤولين الرسميين بطرق مختلفة والثاني تشجيع المنظمات الدولية لكي تولي اهتماماً كبيراً لحالات مكافحة الفساد وأن توجه أنشطتها وقواها لتحجيم هذه الظاهرة الهدامة.

ولغرض أن تجسد منظمة الشفافية العالمية قدرتها على مكافحة الفساد فقد راحت تكتشف وتطور وسائل جديدة للتعامل مع هذه الظاهرة لتحجيمها وضمان عدم إعادة إنتاجها واجتثاثها. ويمكن أن نشير هنا إلى البعض من هذه الوسائل والآليات وكالآتي (نافعة، 2004، ص102-104):

- جمع معلومات والقيام بدراسات عن ظاهرة الفساد وتطوير أساليب جديدة لقياسها ويمكن الإشارة هنا إلى قيام المنظمة بنشر معلومات هائلة عن ظاهرة الفساد في كتابها المرجعي حول الظاهرة وكذلك محاولة المنظمة تطوير النظام الوطني للنزاهة عام 1995 كما أصدرت المنظمة عام 1999 مؤشر دافعي الرشاوي ثم طورت في عام 2001 نشرتها المسماة التقرير الشامل عن الفساد

440

في العالم Global Corruption Report (GCR) والذي أصبح تقريراً سنوياً بعد ذلك.

- تقدم المنظمة استشارات فنية تطوعية لتشخيص ومكافحة الفساد وبهذا فإنها تعتبر بيت خبرة عالمي تستعين به العديد من الدول والمنظمات الأخرى كما أصبحت المنظمة بمثابة سكرتارية فنية مكلفة بالتحضير لمؤتمرات متعلقة بالفساد ومكافحته وبهذا فقد أصبح لها صلات واسعة مع مختلف جهات العالم المعنية بالفساد ومكافحته.

- تتعاون المنظمة مع المؤسسات التجارية والمالية والدولية ذات السمعة الممتازة وفي إطار ما يعرف بمشروع "Know Your Customer's Rules" أي اعرف قواعد زبائنك، وذلك لبلورة قواعد عامة تساعد على مكافحة الفساد. وقد تجسدت هذه الجهود بتوقيع اتفاقية أو مبادئ Wolfsberg Principles وهي مبادئ وقعها عدد من البنوك الرائدة في مجال الجهود الرامية إلى تحسين صورتها لدى الزبائن وطمأنتهم إلى التزامها بمراعاة أكبر قدر من الشفافية والنزاهة في التعامل مع كافة الأطراف.

- تلعب المنظمة دور الضاغط المنظم لدى المنظمات الدولية الحكومية وتجسد جهودها في إبرام العديد من المعاهدات والاتفاقيات الخاصة بمكافحة الفساد. وهكذا فإن منظمة الشفافية العالمية أصبحت منظمة تحظى باحترام كبير من مختلف دول العالم ومؤسساته وفتحت لها فروع في أغلب دول العالم وفي الدول العربية يمكن الإشارة إلى وجود فروع لهذه المنظمة في الأردن والمغرب. ومن المؤمل أن يزداد دور هذه المنظمة وأن تستفيد الدول من خبرتها الواسعة وتجربتها في مجال مكافحة الفساد بمختلف أشكاله.

ثالثاً: التقرير السنوي لمنظمة الشفافية العالمية

في تقريرها السنوي لمؤشر مدركات الفساد لعام 2004 تم ترتيب 146 بلداً وفق درجة الفساد وشفافية الإدارة في هـذه الـدول وقد أشار البيان الصادر عـن منظمة الشفافية العالمية إلى أن الفساد متفشي بشكل كبير في 60 دولة مـن الـدول المشاركة في هذا التقرير. كما أشار التقريـر إلى أن الفسـاد في المشاريع الحكوميـة الكبيرة يمثل عقبة كبيرة في طريق جهود التنمية المستدامة ويسبب خسائر فادحـة في المال العام الذي يفترض أن يوجه للتعليم والصحة وتخفيف حـالات الفقر في البلدان النامية على درجة الخصوص. وفي ضوء تعليقه عـلى هـذه المـؤشرات أشـار (بيتر ايغن) رئيس منظمة الشفافية الدولية إلى أن تحقيـق هـذه التنميـة في الألفيـة الجديدة يتمثل في خفض عدد الذين يعيشون في فقر مدقع إلى منتصف 2015 وأن هذا الأمر يرتب على الحكومات كافة مكافحة الفساد في التعاقد الحكومي وقدرت منظمة الشفافية أن المبالغ التي تهـدر سـنوياً في العالـم بسـبب الرشاوى في مجال المشتريات والمشاريع الحكومية بحوالي 400 مليار دولار عـلى أقـل تقديـر. وأشـار التقرير الأخير للمنظمة إلى أن 106 دول من أصل 146 دولة حصلت على أقل مـن 5 نقاط من المقياس المؤلف من 10 نقاط للدول الأقل فساداً. وحصلت كذلك 60 دولة على أقل من 3 نقاط وهذا يشير إلى مسـتوى فسـاد مرتفـع جـداً ومـن أكـثر الدول فساداً بنغلاديش وهاييتي ونيجيريا وتشاد وميانمـار واذربيجـان وبـاراغـواي حيث حصلت كل منها على أقل من علامتين. أما البلدان الغنية بالنفط مثل انغولا واذربيجـان وتشـاد والاكـوادور وأندونيسيا وإيران والعـراق وكازاخسـتان وليبيا ونيجيريا وروسيا والسودان وفنزويلا واليمن فقد حصلت على علامات متدنية جـداً. ففي هـذه الـدول يبـتلى التعاقـد الحكومي باختفـاء المـداخيل إلى جيـوب مـدراء شركـات النفط الغربية والوسطاء والمسـؤولين المحليين. ويحـث تقريـر منظمـة الشفافية الحكومات الغربية أن تفرض على شركاتها نشرـ مـا تدفعـه مـن عمـولات ورسوم إلى حكومات البلدان المضيفة وإلى المسـؤولين في شركـات النفط الحكوميـة. كما أشار

442

التقرير إلى أن مستقبل العراق يتوقف على الشفافية في قطاع النفط، فتمويل الاعمار بعد الحروب في هذا البلد يبرر أهمية فرض شروط الشفافية المتشددة في العقود الخاصة بالحصول على المواد والخدمات لذلك يجب مراقبة الوضع بحيث لا تتحول مبالغ إلى النخب الفاسدة وتتعرض عملية الاعمار للفشل. إن مؤشر مدركات الفساد هو استطلاع يعكس إدراك رجال الأعمال والمحللين السياسيين المقيمين في بلد ما أو غير مقيمين فيه ويستند مؤشر مدركات الفساد لعام 2004 إلى 18 عملية مسح قامت بها 12 مؤسسة مستقلة قدمت لمنظمة الشفافية الدولية بين عامي 2002-2004. إن البلدان التي حصلت على أحسن العلامات 9 فما فوق تمثل بلدان بمستويات إدراك فساد متدنية ويقع في مقدمة هذه الدول فنلندا ونيوزلندا والدنمارك وآيسلندا وسنغافورة والسويد وسويسرا. أما بالنسبة للبلدان العربية فإن سلطنة عمان ودولة الإمارات العربية المتحدة تمثل أفضل حالة لهذه البلدان حيث حصلت كل منها على 6.1 نقطة في حين تمثل البحرين التي حصلت على 5.8 والأردن التي حصلت على 5.3 وقطر التي حصلت على 5.2 وتونس التي حصلت على 5 نقاط تمثل دولاً في حالة الوسط في مدركات الفساد الإداري أما الدول الباقية فقد حصلت الكويت على 4.6 وموريتانيا على 4.1 والسعودية على 3.4 وسوريا على 3.4 ومصر على 3.2 والمغرب على 3.2 في حين حصل كل من الجزائر ولبنان على 2.7 وليبيا وفلسطين على 2.5 واليمن على 2.4 وحصلت السودان على 2.2 والعراق على 2.1. وتشير هذه المؤشرات إلى مدركات فساد إداري تتباين من دولة إلى أخرى. وبالمقارنة مع المؤشر للسنة السابقة 2003 يتضح أن ارتفاع مدركات الفساد في كل من البحرين والكويت وسلطنة عمان والسعودية في حين انخفض إدراك الفساد في كل من الأردن والإمارات العربية المتحدة. وتعميماً للفائدة تدرج في أدناه ترتيب البلدان حسب مؤشر مدركات الفساد للعام 2004.

ترتيب الدول	الدولة	مؤشر مدركات الفساد 2004	ترتيب الدول	الدولة	مؤشر مدركات الفساد 2004
1	فنلندا	9.7	74	بيلاروس	3.3
2	نيوزلندا	9.6		الغابون	3.3
3	الدنمارك	9.5		جامايكا	3.3
	آيسلندا	9.5	77	بنين	3.2
5	سنغافورة	9.3		مصر	3.2
6	السويد	9.2		مالي	3.2
7	سويسرا	9.1		المغرب	3.2
8	النرويج	8.9		تركيا	3.2
9	استراليا	8.8	82	أرمينيا	3.1
10	هولندا	8.7		البوسنة	3.1
11	المملكة المتحدة	8.6		مدغشقر	3.1
12	كندا	8.5	85	منغوليا	3.
13	النمسا	8.4		السنغال	3.
	لوكسمبورغ	8.4	87	الدومينيك	2.9
15	ألمانيا	8.2		إيران	2.9
16	هونغ كونغ	8		رومانيا	2.9
17	بلجيكا	7.5	90	غامبيا	2.8
	إيرلندا	7.5		الهند	2.8
	الولايات المتحدة الأمريكية	7.5		ملاوي	2.8
20	تشيلي	7.4		موزمبيق	2.8
21	بربادوس	7.3		نيبال	2.8
22	فرنسا	7.1		روسيا	2.8
	إسبانيا	7.1		تنزانيا	2.8
24	اليابان	6.9	97	الجزائر	2.7
25	مالطا	6.8		لبنان	2.7
26	إسرائيل	6.4		مقدونيا	2.7

ترتيب الدول	الدولة	مؤشر مدركات الفساد 2004
27	البرتغال	6.3
28	الأورغواي	6.2
29	سلطنة عمان	6.1
	الإمارات العربية	6.1
31	بونوسوانا	6.0
	استونيا	6.0
	سلوفينيا	6.0
34	البحرين	5.8
35	تايوان	5.6
36	قبرص	5.4
37	الأردن	5.3
38	قطر	5.2
39	ماليزيا	5.
	تونس	5.
41	كوستاريكا	4.9
42	المجر	4.8
	إيطاليا	4.8
44	الكويت	4.6
	ليتوانيا	4.6
	جنوب إفريقيا	4.6
47	كوريا الجنوبية	4.5
48	جزر السيشل	4.4
49	اليونان	4.3
	سورينام	4.3
51	جمهورية التشيك	4.2

ترتيب الدول	الدولة	مؤشر مدركات الفساد 2004
	نيكاراغوا	2.7
	صربيا	2.7
102	أرتيريا	2.6
	بايوا جنييا الجديدة	2.6
	الفلبين	2.6
	أوغندا	2.6
	فيتنام	2.6
	زامبيا	2.6
108	ألبانيا	2.5
	الأرجنتين	2.5
	ليبيا	2.5
	فلسطين	2.5
112	الأكوادور	2.4
	اليمن	2.4
114	جمهورية الكونغوبرازانيل	2.3
	أثيوبيا	2.3
	هندوراس	2.3
	مولدافيا	2.3
	سيراليون	2.3
	أوزبكستان	2.3
	فنزويلا	2.3
	زمبابوي	2.3
122	بوليفيا	2.2
	غواتيمالا	2.2
	كازاخستان	2.2

ترتيب الدول	الدولة	مؤشر مدركات الفساد 2004	ترتيب الدول	الدولة	مؤشر مدركات الفساد 2004
	السلفادور	4.2		قيرغيزستان	2.2
	ترينيداد	4.2		النيجر	2.2
54	بلغاريا	4.1		السودان	2.2
	موريتانيا	4.1		أوكرانيا	2.2
	ناميبيا	4.1	129	الكاميرون	2.1
59	لاتفيا	4.0		العراق	2.1
	سلوفاكيا	4.0		كينيا	2.1
57	البرازيل	3.9		باكستان	2.1
60	بليز	3.8	133	أنقولا	2
	كولومبيا	3.8		الكونغو	2
62	كوبا	3.7		ساحل العاج	2
	بنما	3.7		جورجيا	2
64	غانا	3.6		أندونيسيا	
	المكسيك	3.6		طاجيكستان	2
	تايلند	3.6		تركمانستان	2
67	كرواتيا	3.5	140	أذربيجان	1.9
	البيرو	3.5		البراغواي	1.9
	بولندا	3.5	142	تشاد	1.7
	سيريلانكا	3.5		ميانمار	1.7
71	الصين	3.4	144	نيجيريا	1.6
	السعودية	3.4	145	بنغلادش	1.5
	سوريا	3.4		هاييتي	1.5

المصدر : منظمة الشفافية الدولية، تقرير مؤشر مدركات الفساد لعام 2004"

المبحث التاسع : الحاكمية الشاملة منهج متكامل للإدارة الحديثة ومعالجة الفساد

زاد الحديث في السنوات الأخيرة على مستوى منظمات الأعمال ومؤسسات الدولة حول مفهوم الحاكمية الشاملة Corporate Governance واستخدم مدخلاً إجرائياً مناسباً لتعزيز الأداء والتطوير في المنظمات مركزين على أسس ومبادئ الحكم الصالح ومحاربة الفساد بجميع أنواعه ومصادره. إن التطور الحاصل في حجوم الشركات ومؤسسات الدولة والذهاب بعيداً في تطبيق مبدأ فصل الإدارة عن الملكية ساهم في خلق أنظمة إدارية متطورة وكفوءة ورسخ بناء قيادات إدارية مهنية في منظمات الأعمال ومؤسسات الدولة. لكن هذه الإدارات مهما تكن فهي فئة من فئات أصحاب مصالح متعددين تقود المنظمة لتحقيق صيغة توافقية بالأهداف ترضي جميع الأطراف مع أن واقع الحال يشير إلى أن هذه الإدارات وبحكم ارتباطها بالمالكين الرئيسيين أو المسؤولين الأساسيين في الدولة فإنها تراعي مصالح هذه الجهات بشكل كبير وربما تخل في التزاماتها وتعهداتها تجاه الأطراف الأخرى. كما أن كون هذه الإدارات هي المشرعة والمنفذة لمختلف قرارات الاستثمار والقرارات الاستراتيجية الأخرى قد يجعل منها محتكرة للسلطة وبعيدة عن مساءلة فاعلة وكفوءة وحقيقية من قبل أطراف أخرى داخل المنظمة وخارجها. وفي الشركات الكبيرة عادة ما تعالج هذه الإشكالية من خلال توزيع للأدوار بين مجلس الإدارة والإدارة العليا متمثلة بالرئيس أو المدير العام وفريقه. ولكن الممارسات أثبتت أن دور مجلس الإدارة في أغلب الأحيان دوراً هامشياً لا يتعدى إجراءات شكلية بالتصديق أو الإقرار لما يعرض أمامه من قبل الإدارة العليا للمنظمة. وفي الشركات الغربية الكبيرة عادة ما يشار إلى فضائح كبيرة وخروقات مهمة بسبب عدم وجود إجراءات حاكمة لعمل هذه الشركات يفترض أن تأخذها الإدارة العليا بنظر الاعتبار لغرض عدم الإضرار بمصالح أي من الفئات صاحبة المصلحة المباشرة وغير المباشرة الداخلية منها والخارجية. وفي خضم هذا النوع

من التفكير طورت الشركات والدول مفهوم الحاكمية ليكون مرادفاً للحكم الصالح والإجراءات الضابطة ومعززاً لقيم الديموقراطية والمشاركة لرفع الكفاءة الإدارية للجهاز الحكومي وتحقيق تطور ونمو على كافة الأصعدة في عمل الشركات. في هذا المبحث سيتم التركيز على مجموعة من النقاط الأساسية مبتدئين بمفهوم الحاكمية وأهميته وتطوره معرجين بعد ذلك على مبررات ظهور هذا المفهوم في الشركات ومبادئ الحاكمية الشاملة ثم الأهداف المتوخاة من تطبيق مفهوم الحاكمية وبعد ذلك يتم التركيز على المعايير القياسية للحكم الصالح كمدخل للحاكمية الشاملة.

أولاً: مفهوم الحاكمية الشاملة وتطوره :

إن ظهور مفهوم الحاكمية بشكل واسع وكبير في أدبيات إدارة الأعمال والإدارة العامة جاء ليلبي متطلبات بيئة تنافسية تفرض الشفافية وتطلب المساءلة في عمل الشركات الكبرى والحكومات خوفاً من حالات فساد إداري وغش وتلاعب تؤدي إلى انهيار محتمل للبعض من هذه الشركات يؤثر سلباً على الوضع الاقتصادي والسياسي والاجتماعي على صعيد بلد ما أو على صعيد البيئة العالمية. إن حصر بعض الأدبيات على شبكة الإنترنت تبين أن هناك كم هائل من عناوين لمقالات وكتب حديثة تشتمل وتعطي وصفاً بصور وأشكال شتى لهذا المفهوم، فحتى متصف عام 2002 وفي الولايات المتحدة وحدها كان عدد الرسائل العلمية التي تحتوي عناوينها هذا المفهوم زاد عن 136 رسالة وأن هناك مالا يقل عن 326 كتاباً تناول كل منها جانباً معيناً لهذا المفهوم الواسع. ونود هنا الإشارة إلى مدخلين يعتبران أساسيين اطرا دراسة هذا المفهوم، الأول مثله منظور البنك الدولي ويرى فيه إطار لكيفية تحقيق الكفاءة والفاعلية في الجوانب الإدارية والاقتصادية لعمل الشركات والمنظمات الخاصة. أما الثاني، فإنه يؤكد على الجانب السياسي للمفهوم حيث يشمل الاهتمام بالإصلاح والمساءلة والشفافية وكفاءة الإدارة في إطار المؤسسات الحكومية مركزين على منظومة القيم الديموقراطية كما تطرحها المجتمعات الغربية. وفي تقديرنا فإن هذين المنظورين يتكاملان ويلتقيان مع

بعضهما لتحقيق الحكم الصالح والمرتبطة به إدارة كفوءة سواءً على مستوى منظمات الاعمال الخاصة أو المؤسسات الحكومية أو الحكومات نفسها. إن هذا المنظور يرى أن الشركات الخاصة في آليات عملها وتصرفاتها لا تبتعد كثيراً عن كونها حكومات مصغرة يفترض أن تلتزم بجوانب العدالة والمساواة والحكم الصالح لتعزيز مبادئ المشاركة والديموقراطية وبالتالي تقوية المساءلة والرقابة والنزاهة في عملها وبما يعود بالنفع على مختلف الفئات. لذلك سوف نستعرض البعض من التعريفات لهذا المفهوم وفي إطار هذا المنظور:

- يرى (Wheelen and Hunger ، 2004، ص25) أن الحاكمية الشاملة تمثل الدور الأساسي لمجلس الإدارة وهي تشير وتعكس طبيعة العلاقة بين ثلاث مجموعات أساسية في المنظمة يمثلها رأس المال والخبرة والعمل لتحديد توجه وأداء المنظمة. وفي إطار هذه الرؤية فإن مجلس الإدارة والمتكون من أعضاء من داخل المنظمة ومن خارجها سوف ينطلق بأساليب عمله لينتقل من كونه مركزاً على الإشكالات التي تثار في العلاقة بين المالكين وباقي الفئات من ذوي المصالح باعتباره منتدياً للعمل من قبلهم وأن للمالكين دوراً أساسياً في هذا الانتداب وفق مفهوم نظرية الوكالة Agency Theory إلى كون مجلس الإدارة ميالاً وبتحفيز عالي للعمل وفق المصلحة العليا للمنظمة بدلاً من مصالحه الضيقة ويمثل هذا رؤية جديدة في إطار نظرية الرعاية الشاملة Stewardship Theory (Davis et.al., 1997, P20-47).

- أما (Gopalsamy, 1998, P. 3) فينظر إلى الحاكمية الشاملة على أنها " لست مجرد إدارة شاملة للمنظمة أو المؤسسة الحكومية بل هي أوسع نطاقاً وأعم مفهوماً حيث أنها تتسع لتشمل إدارة عامة كفوءة وعادلة وشفافة للوصول إلى أهداف محددة بشكل دقيق وواضح. وهي نظام لبناء وتشغيل ورقابة المنظمة برؤية مستقبلية حريصة على تحقيق الأهداف الاستراتيجية بعيدة المدى وترضي مختلف أصحاب المصالح أو المستفيدين مع الالتزام والانسجام مع

المتطلبات القانونية والتشريعية كجزء من متطلبات البيئة واحتياجات المجتمع المحلي". ويبدو من هذا التعريف أن الحاكمية الشاملة تعني الكفاءة والعدالة والشفافية والرؤية المستقبلية الواضحة والالتزام بالمسؤولية الاجتماعية وأخلاقيات الأعمال وبما يؤدي إلى تحقيق الأهداف الاستراتيجية في إطار رضا مختلف أصحاب المصالح.

- إن الحاكمية الشاملة يعبر عنها البعض بكونها تمثل نظاماً واسعاً لتطبيق آليات وإجراءات حاكمة لعمل الشركات والمنظمات الحكومية وفي إطار هذه الإجراءات والآليات يتم التركيز على تعزيز الثقة بين مختلف الفئات وتبني الشفافية والنزاهة والعدالة والمساءلة والرقابة الموضوعية لتحقيق الأهداف بعيدة المدى (المطيري، 20004، ص 99-100). وفي إطار هذه الرؤية فإن مفهوم الحاكمية الشاملة ينصب أساساً على توفر الإجراءات الحاكمة لضمان سير أعمال المنظمات وفق أفضل الصيغ وبذلك يتم حماية المساهمين مع الأخذ بالاعتبار حقوق أصحاب المصلحة كافة. إن هذا الأمر يعطي للمفهوم بُعداً يتعدى فيه مجرد توفير عناصر الإدارة السليمة للمنظمة ورقابتها إلى تفعيل تطبيق الأدوات الرقابية والإشرافية من خلال ضمان توفر الشفافية والمصداقية بالمعلومات وتعزيز الثقة في مختلف أوجه عمل المنظمة وبما يعود عليها بفوائد عديدة.

- أوردت لجنة Cadbury في تقريرها الصادر في عام 1992 التعريف التالي للحاكمية الشاملة بكونها تمثل نظام كلي للرقابة على الجوانب المالية وغير المالية وبواسطة هذا النظام توجه وتراقب المنظمة بأكملها (Cadbury Committee, 1992).

- وتجدر الإشارة إلى المفهوم الذي حددته منظمة OECD للحاكمية الشاملة واعتبرته دليلاً للشركات الأوربية في عام 1999 والذي ينص على أن الحاكمية الشاملة تؤطر مجموعة من العلاقات بين إدارة المنظمة ومجلس إدارتها وحملة

الأسهم وغيرهم من أصحاب المصالح، كذلك فإن الحاكمية الشاملة توفر الهيكل الذي من خلاله تحدد الأهداف والوسائل التي تساعد في بلوغها وتشخص معايير الأداء اللازمة لقياس مدى إنجاز هذه الأهداف (,OECD 1999, P.11) ولو استعرضنا هذين التعريفين الأخيرين نجد أنهما يركزان على طبيعة العلاقات بين الإدارة العليا للشركة (المدير العام وفريقه) ومجلس الإدارة والمساهمين وأصحاب المصالح الآخرين بحيث لا تهمل رؤى وتصورات أي فئة من هذه الفئات مهما كانت صغيرة في أهداف المنظمة وأن الهياكل والإجراءات الموضوعة للعمل تأتي لتعزز هذا التوجه من خلال الشفافية والمساءلة والمشاركة ومراعاة مصالح الجميع .

- وللبرنامج الإنمائي للأمم المتحدة UNDP تعريفه الخاص للحاكمية الشاملة والذي ينص على أنها ممارسة السلطة الاقتصادية والسياسية والإدارية لإدارة شؤون الدولة على كافة المستويات من خلال آليات وعمليات ومؤسسات تتيح للأفراد والجماعات تحقيق مصالحها (UNDP, 1997, P.3). ويظهر من خلال هذا التعريف أن للحاكمية الشاملة ثلاثة دعائم وهي الدعامة الاقتصادية متمثلة بآليات صنع القرار والعمليات التخطيطية وكفاءتها والدعامة السياسية المرتبطة بصياغة وتكوين السياسات ثم الدعامة الإدارية والمتضمنة آليات كفوءة لتنفيذ هذه السياسات. إن هذا التعريف أعطى للمفهوم أبعاداً مختلفة وبالتالي فإنه يمكن دراسته على المستوى الجزئي أو الكلي.

- ويعرض العديد من الباحثين أن مفهوم الحاكمية الشاملة يمثل عقداً اجتماعياً جديداً بين الفئات الثلاث الفاعلة وهي الحكومة والقطاع الخاص والمجتمع المدني في إطار شراكة تكاملية تهدف إلى تعبئة أفضل لقدرات وإدارة أكثر رشداً لشؤون الحكم لتصبح الريادة في الحياة الاقتصادية لقطاع الخاص في ظل اقتصاد تنافسي قائم على مبدأ الحرية الاقتصادية وتعمل الحكومة على ضمان الحريات السياسية والاقتصادية من خلال الأطر القانونية وبما يعزز ويرفع من

كفاءة الجهاز الإداري وتنمية الموارد البشرية عبر الاهتمام بمختلف أوجه الحياة وتعزيز مبدأ المساواة أمام القانون. أما المجتمع المدني فهو مسؤول عن تعبئة الأفراد في منظمات فاعلة وقوية تشارك بجدية في الأنشطة الاقتصادية والسياسية والاجتماعية والثقافية وتلعب دوراً في التأثير على السياسات العامة (أفندي، 2004، ص2) . وفي نفس الاتجاه تأتي الفكرة القائلة بكون الحاكمية الشاملة تعبر عن ممارسة السلطة السياسية وإدارتها لشؤون المجتمع وموارده وتطوره الاقتصادي والاجتماعي ويكون للحاكمية مفهوماً أوسع من الحكومة لأنه يتضمن بالإضافة إلى عمل أجهزة الدولة الرسمية من سلطات تنفيذية وتشريعية وقضائية وإدارة عامة عمل كل من المؤسسات غير الرسمية ومنظمات المجتمع المدني بالإضافة إلى القطاع الخاص(كريم،2004، ص40) .

ويبدو من استعراض وتأمل التعاريف السابقة تعدد وجهات نظر وأبعاد مفهوم الحاكمية الشاملة واختلاف مستويات النظر إليه ولكن رغم اختلاف هذه التوجهات فإنها متفقة على الكثير من الأبعاد الأساسية للمفهوم بحيث أصبح مفهوماً أكثر غنىً وأوسع شمولاً لذلك يمكن رصد أربعة توجهات أساسية تم استخدام هذا المفهوم في إطارها وكالآتي:

1. ينطلق التوجه الأول من الحديث عن الحاكمية والحكم الصالح في إطار عمل الإدارة العامة والأجهزة الحكومية المختلفة. لقد ابتدأ هذا التوجه أولاً بتأطير العلاقة بين المنافسة وآليات السوق والتدخل الحكومي وعرضه كمدخل لضغط النفقات العامة كمؤشر للتعبير عن الحد الأدنى من تدخل الدولة بفاعلية وكفاءة لتقديم هذه الخدمات. ثم توسع هذا الإطار للحديث بعد ذلك عن الإدارة العامة الجديدة New Public Management وهي محاولات لإدخال آليات وأساليب وطرق إدارة الأعمال في المنظمات العامة والجهاز الحكومي ليتم الحديث عن المنافسة وقياس الأداء وخدمة العميل كمستهلك وزبون له حق المفاضلة والاختيار. والحاكمية في إطار هذا التوجه ينظر إليها كمحصلة لتفاعلات

رسمية وغير رسمية بين جهات متعددة تمثل الدولة أو الحكومة طرفاً واحداً فيها أما الأطراف الأخرى فهي القطاع الخاص ومنظمات المجتمع المدني غير الحكومية. وهنا فإن الدولة هي ليس الفاعل الوحيد والمؤثر في صنع السياسيات العامة للبلد بمختلف قطاعاته.

2. يشير التوجه الثاني إلى مفهوم الحاكمية الشاملة مركزاً على منظمات الأعمال الخاصة لذلك يتناول هذا التوجه العلاقات بين مختلف فئات أصحاب المصالح بمنظور عام وواسع ويركز أيضاً على الكيفية لعمل الأنظمة الداخلية لمنظمات الأعمال على النحو الذي يحقق مصالح هذه الأطراف.

3. إن التوجه الثالث هو الذي يبلور فكرة الحاكمية بكونها حلقة الوصل بين الجوانب السياسية كمنظومات قيم للعمل معززة للديموقراطية والمشاركة ومؤشرات شرعية ومشروعية النظام (المنظمات بجميع أشكالها عامة وخاصة) والمساءلة. وضمن هذا المجال فإن الحاكمية تبلور فكرة تقليص حجم مؤسسات الدولة ودورها وتشجيع القطاع الخاص والمبادرات الفردية وكذلك تعظيم دور المنظمات غير الحكومية باعتبارها الضمانة للرقابة الفاعلة على مختلف الجهات.

4. يهتم التوجه الرابع بالحاكمية من خلال التركيز على مجمل التشابكات والتفاعلات بين مختلف القطاعات (عامة، خاصة، مجتمعية) لذلك فإن مفهوم الحاكمية يتسع ليشمل الحكومة ومنظمات الأعمال الخاصة والمنظمات غير الهادفة للربح والمنظمات التطوعية.

وتجدر الإشارة هنا إلى أن المنظمات اليابانية والباحثين اليابانيين يرون أن تطبيقات الحاكمية الشاملة في منظمات الأعمال اليابانية تستند إلى خصوصية في فهم ما طرح من مبادئ من قبل الـ OECD أو ICGN (International Corporate Governance Network) حيث الاهتمام بثلاث أبعاد أساسية في موضوع الحاكمية والتي تجعل منها كفوءة في التطبيق في منظمات الأعمال وهذه الأبعاد هي القياس

ويجسد ببناء أنظمة معلومات تعطي حكماً دقيقاً وصادقاً عن الإدارة والاداء المالي بشكل خاص ثم الرصد والرقابة وهذه تتم من خلال تطوير الإطار المادي وتجهيزاته البرمجية القادرة على جعل عمليات الرصد والرقابة على المنظمة فاعلة على جميع المستويات. أما البعد الأخير فهو التحفيز الذي يجعل من الإدارة ساعية بكل جد ومثابرة لزيادة قيمة الشركة كما موضح في المخطط التالي .

شكل (2-5)

ابعاد الحاكمية وفق المنظور الياباني

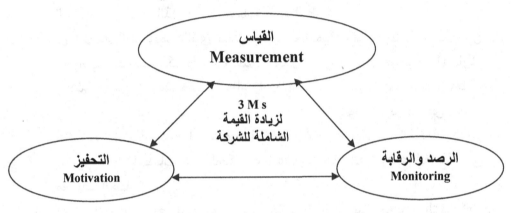

Source : Komiyama and Masaoka, 2002, P. 7

وتتجسد أهمية تطبيق مفهوم الحاكمية الشاملة في منظمات الأعمال في العديد من الخصائص التي تجعل أداءها سليماً ويرضي مختلف أصحاب العلاقة في إطار من احترام القانون وتحقيق مبادئ العدالة والمساواة وزيادة وعي الإدارة والفئات ذات المصلحة بضرورة اعتماد إجراءات شفافة وواضحة تحكم عمل هذه المنظمات وتجسيد مسؤولية المنظمة تجاه جميع الأطراف وأن هذه الأمور تأتي في إطار من تعزيز للمساءلة وعمليات الرصد والرقابة الذكية لكي يلاقي عمل هذه الشركات الشرعية والمشروعية والقبول من قبل عامة الناس ومنظمات المجتمع

المدني الأخرى في إطار تعزيز المشاركة والتوجه نحو الفاعلية والكفاءة بصورة جدية لاستخدام الموارد المتاحة لغرض تحقيق أهداف المنظمة وتعزيز دورها الاجتماعي والأخلاقي (أفندي، 2004، ص5؛ المطيري، 2004، ص108).

ثانياً: مبررات ظهور المفهوم في الشركات ومبادئ الحاكمية الشاملة:

إن ظهور المفهوم وتطوره وكونه سبباً في ظهور فلسفات خاصة بمفهوم الحكم بشكل عام يأتي انسجاماً مع متطلبات بيئة عالمية وضغوط منظمات مجتمع مدني تطالب منظمات الأعمال والحكومات بمزيد من الشفافية وتعزيز الرقابة والمساءلة الاجتماعية والتبرير الموضوعي والعلمي لشرعية ومشروعية عمل هذه المنظمات وتحقيق مسؤوليتها تجاه مختلف الأطراف على أن تأتي هذه القضايا في إطار من كفاءة عالية في استخدام الموارد لتحقيق الأهداف بشكل تعاوني ومشاركة فاعلة وتكافؤ في الفرص. من جانب آخر فإن ازدياد فضائح الشركات من ناحية الغش والفساد وتجاهل متطلبات التنمية الاقتصادية والاجتماعية المستدامة جعل من تطبيق مبادئ الحاكمية الشاملة وفلسفتها ومنظورها مدخلاً منهجياً ملائماً للتقليل واجتثاث حالات الفساد وتطوير المنظمات والمؤسسات الحكومية وبالتالي المجتمع. وإذا ما أردنا استعراض المبادئ الأساسية للحاكمية الشاملة في منظمات الأعمال فإننا يمكن أن نشير إلى ما قدمته منظمة التعاون الاقتصادي والتنمية عام 1999 والتي حددت هذه المبادئ بالآتي:

1. حماية حقوق المساهمين Right of Shareholders:

إن حماية حقوق المساهمين ضرورة حتمية لتطور منظمات الأعمال وأن هذه الحماية يفترض أن تضمن بآليات مناسبة يتم في إطارها تسجيل هذه الحقوق وتحويل ونقل ملكية هذه الأسهم في إطار من المعلومات الصادقة والأمينة وأن يحضر المساهمون اجتماعات الجمعية العمومية والتصويت فيها، وتجدر الإشارة هنا إلى ضرورة حماية حقوق صغار المساهمين والذين يمثلون أعداد كبيرة مقارنة مع كبار المساهمين.

2. المعاملة المتكافئة لجميع المساهمين
The Equitable Treatment Of Shareholders :

إن الحاكمية الشاملة توفر تعاملاً متكافئاً ومتساوياً للمساهمين وتضمن عدم انتهاك حقوقهم ويجري هذا في إطار تداول حر وشفاف وفي ظل إفصاح كامل من قبل الإدارة العليا ومجلس الإدارة في المنظمة.

3. دور أصحاب المصالح **Role of the Stakeholders** :

يتضمن الإجراءات الخاصة بتطبق مفهوم الحاكمية الاهتمام بدور جميع أصحاب المصالح من موظفين وإدارة وحملة أسهم ومؤسسات مقرضة ومقترضة ومجهزين وزبائن وغيرهم.   كما يتطلب الأمر ضرورة تطوير الآليات المناسبة لحصولهم على المعلومات الدقيقة والصادقة عن عمل المنظمة وبما يضمن فاعلية هذه المشاركة .

4. الشفافية والإفصاح **Disclosure and Transparency** :

إن مفهوم الحاكمية الشاملة يأخذ مداه الفاعل والحقيقي في التطبيق من خلال إجراءات وأساليب العمل الشفافة والواضحة والإفصاح الدقيق والكامل عن الموقف المالي وجميع ما يرتبط به، كما تشمل الشفافية أيضاً وضوح إجراءات تأسيس المنظمة وأهدافها ومكافآت مديريها التنفيذيين ومجلس الإدارة وجميع ما يرتبط بالأداء وتسهيل عمل هيئات التدقيق وخاصة الخارجية منها.

5.   مسؤوليات مجلس الإدارة   **Responsibilities of the Board of Directors** :

إن تحديد مسؤوليات مجلس الإدارة وفريق الإدارة العليا بشكل واضح وبما يسهم في تعزيز جوانب مساءلة هذا المجلس من قبل المساهمين والمنظمة يعتبر أمراً ضرورياً. إن من المهام الأساسية للمجلس هو توجيه المنظمة ووضع استراتيجياتها والاهتمام بجوانب الانفاق الرأسمالي وكذلك اختيار المدراء الرئيسيين ومنحهم الصلاحيات الكافية للقيام بأعمالهم ومتابعة وتقييم موضوعي لكافة شؤون المنظمة.

اما الـ ICGN (الشبكة العالمية للحاكمية الشاملة) وهي منظمة غير حكومية فقد حددت المبادئ الرئيسية للحاكمية الشاملة للشركات تفصيلياً بناءً على المبادئ الموضوعة من قبل منظمة OECD (منظمة التعاون الاقتصادي والتنمية) وكما مبين في الجدول التالي :

جدول (5- 4) : مبادئ الحاكمية الشاملة وفق منظورين

مبادئ OECD	مبادئ ICGN
1. حماية حقوق المساهمين	• التغييرات التنظيمية الجوهرية تتطلب الموافقة المسبقة للمساهمين . • للمساهمين الحق في ممارسة التصويت . • الإفصاح الدوري لنتائج القرارات. • تحقيق مبدأ العدالة من خلال معيار "سهم واحد صوت واحد". • تؤمن مؤسسات الاستثمار مسؤولية ترتيب حقوق التصويت.
2. المعاملة المتكافئة لجميع المساهمين	• مبدأ سهم واحد صوت واحد . • حماية حقوق صغار المساهمين والمساهمين الأجانب.
3. دور أصحاب المصالح	• يبني المدراء علاقات جيدة ومثمرة مع جميع فئات أصحاب المصالح ويلتزمون بتحمل المساءلة أمام حملة الأسهم.
4. الشفافية والإفصاح	• الإفصاح الدوري والكامل بمعلومات كاملة وملائمة. • الإفصاح عن ملكية الأسهم والموقف من حق التصويت. • الإفصاح عن المعلومات الخاصة بالمدراء . • الإفصاح عن السياسات المتعلقة بمكافآت المدراء (يفضل الإفصاح بالضبط عن المكافآت لكل مدير شخصياً). • تدقيق الموقف السنوي من قبل مدققين خارجيين .
5. مسؤوليات مجلس الإدارة	• تقييم المدراء بشكل مستقل عن تقييم العمليات . • متابعة العملية التدقيقية، وتحديد المكافآت وتسمية اللجان وكذلك تعيين مدراء من الخارج.

Source : Kmiyama and Masaoka, 2002, P. 2

ثالثاً: الأهداف المتوخاة من تطبيق الحاكمية الشاملة :

إن الأهداف المتوخاة من تطبيق الحاكمية الشاملة لا يمكن إسنادها إلى جهة واحدة بل إن العديد من الأطراف تتوخى أهدافاً وفوائد عديدة جراء تعزيز تطبيقات الحاكمية الشاملة في منظمات الأعمال أو الأجهزة الحكومية. وبشكل عام فإن هذه الأهداف تهم الإدارة والعاملين والمنظمة ككل والحكومة ومؤسسات المجتمع المدني وجميع المهتمين بعمل هذه المنظمات وجعله عملاً نافعاً وشفافاً بعيداً على الفساد وتحريف أهداف المؤسسات لصالح فئات وأشخاص معينين ويمكن الإشارة إلى بعض من هذه الأهداف وكالآتي:

1. تأطير العلاقة على أسس سليمة وواضحة بين مختلف أصحاب المصالح وبالذات بين المالكين والإدارة والعاملين وتحديد المسؤوليات ومتابعة تنفيذ المهام الملقاة على عاتق كل فريق.

2. تقليل واجتثاث حالات الفساد والهدر وما يرتبط بها من استغلال غير كفوء للموارد ويأتي هذا في إطار العمل وفق آليات تتسم بالوضوح والشفافية وتمكين العاملين من ممارسة دورهم كاملاً.

3. زيادة الثقة وتعزيز الحوار بين مختلف الأطراف ذات المصلحة وإيجاد صيغ للتعاون والاندماج الكامل بالعمل وتحسين الأداء الاقتصادي والاجتماعي في المنظمات.

4. تحديد أدوار مختلف الجهات وبالأخص دور ومسؤولية مجلس الإدارة والإدارة العليا والمساهمين وخاصة في إطار مسؤولية الرصد والرقابة.

5. توفير بيئة صحية للعمل تعزز في إطارها جوانب المساءلة واحترام التعليمات والقوانين ووضع الإرشادات الكافية والمتجددة للعمل وتقويم أداء الإدارة العليا بشكل صحيح.

رابعاً: المعايير القياسية للحكم الصالح مدخلاً للحاكمية الشاملة

تتعدد المعايير التي تعبر عن أسس وقواعد للحكم الصالح على صعيد المنظمات والدولة ورغم أن هذه المعايير قد لا تكون موحدة ببعض تفاصيلها بسبب الخصوصيات الثقافية والاجتماعية ووجود الفوارق في التطور في المجتمع على صعيد الجانب الاقتصادي أو السياسي ومع ذلك فإن تقارب المجتمعات وانفتاحها على بعضها ساهم إلى حد كبير بوجود معايير عامة يقاس في ضوئها مدى صلاح أو عدم صلاح الحكم وإجراءاته وتطبيقاته في منظمات الأعمال ومؤسسات الدولة.

إن الحكم الصالح مفهوم مستخدم منذ زمن بعيد من قبل المؤسسات الدولية لغرض إعطاء حكم قيمي على ممارسات السلطة السياسية ودورها في إدارة شؤون المجتمع لغرض إحداث تطوير تنموي مستمر على كافة الأصعدة لذلك فإن الحكم الصالح هو الحكم الذي تقوم به قيادات سياسية منتخبة وكوادر إدارية ملتزمة وكفوءة في توجهاتها لتطوير موارد المتجمع وتقديم نوعية حياة تتسم بالرفاهية والتحسين المستمر بهدف إرضائهم وعبر مشاركتهم ودعمهم (كريم، 2004، ص 41). لذلك يشير طرح الـ UNDP إلى وجود ثلاث أسس مترابطة ينتج من خلالها حكماً صالحاً، يتعلق الأساس الأول بالجانب السياسي وطبيعة السلطة السياسية وشرعية قبولها وتمثيلها للمجتمع وأساليب تغييرها بطرق مشروعة وانتخابية عامة. أما الأساس الثاني فيتمثل بالممارسات التقنية للإدارة العامة وكفاءة وفاعلية هذه الإدارة في تحقيق أهداف المجتمع وخدمة المواطنين. وأخيراً فإن الأساس الثالث هو بنية المجتمع المدني وحيويته واستقلاله عن الدولة ودوره في رسم السياسات العامة في المجالين الاجتماعي والاقتصادي وتأثيرهما على المواطنين من حيث الفقر ونوعية الحياة وترابط المجتمع مع المجتمعات الأخرى (UNDP, 1997) ومن المعلوم أن صلاح نظام الحكم على مستوى الدولة سيؤثر إيجابياً بكل تأكيد على الحكم والإدارة في مختلف المنظمات العامة والخاصة. إن منظمات الأعمال ومؤسسات الدولة والتي يكثر فيها الفساد وعدم الكفاءة هي صورة

مصغرة لنظام الحكم الأكبر على مستوى الدولة ممثلاً بالحكومة وقيادتها السياسية غير الشرعية وغير المنتخبة. إننا لا نتوقع منظمات أعمال متطورة تمارس ممارسات ديموقراطية، تتسم بالعدالة والنزاهة في ظل وجود مسؤولين كبار في الحكم جاؤوا إلى السلطات بطرق غير مشروعة ليمارسوا ضغطاً في الفساد عمل هذه المنظمات وجعلها على شاكلتهم من خلال القوانين التعسفية المفروضة على هذه المنظمات والتدخل في شؤونها من حيث التصريح لها بالعمل وإبرام العقود معها وغير ذلك . ولكن هذا الأمر لا يمنع من وجود مسؤولين كفوئين ونزيهين في منظمات الأعمال الخاصة في دول تتسم أنظمتها السياسية بعدم الشرعية وتمارس الفساد وعدم الشفافية، ولكن مثل هؤلاء الأفراد يعانون كثيراً في علاقاتهم مع هؤلاء المسؤولين. وإذا ما أردنا استعراض البعض من المعايير التي يمكن أن تمثل الحكم الصالح فإنه يمكن الإشارة إلى أهمها بالآتي :

1. وجود سلطات سياسية منتخبة وشرعية تمارس صلاحياتها وفق اعتبارات قانونية وأخلاقية مستمرة من العادات والتقاليد الجيدة لبلدانها.

2. وجود فصل بين السلطات التشريعية والقضائية والتنفيذية بحيث تعرف هذه السلطات دورها وطبيعة العلاقات بينها وبصيغة لا تخل بتوازن يؤدي إلى تحسين على كافة المستويات الاقتصادية والاجتماعية والسياسية .

3. تعزيز حكم القانون وعدم وجود جهات تعتبر نفسها خارج إطار هذه التشريعات القانونية السائدة في المجتمع .

4. تعزيز مبادئ المحاسبة والمساءلة للجميع دون استثناء لأحد مهما تكن صفته السياسية والاجتماعية ومهما يكن موقعه في الدولة أو في المنظمة.

5. حكومة كفوءة وفاعلة تضع برامجها وتناقشها وتنفذها بكفاءة في ضوء حرص تام على مصالح الجميع دون تحيز أو محاباة أو عدم عدالة.

6. شفافية تامة ونشر واسع للمعلومات لجميع الجهات دون حجب أو تشويه وسرية لهذه المعلومات وما يرتبط بكافة أوجه العمل في الدولة أو المنظمات.

7. منظمات مجتمع مدني متطورة تمارس دورها كاملاً دون قيود وباستقلالية كاملة.

8. اجتثاث حالات الفساد والتحكم بمصادره على صعيد الأفراد والمنظمات أو الدولة.

9. خفض النفقات العسكرية وتوجيه جميع موارد الدولة بأوجه إنفاق متفق عليها من قبل الشعب بعيداً عن الهدر بحجج واهية ومختلفة.

10. مشاركة واسعة على مختلف الأصعدة وللجميع دون استثناء لجنس أو فئة أو طائفة أو أقلية أو مجموعة سياسية.

11. رؤية استراتيجية تتحدد في إطارها الخيارات حسب الأولويات وبما يعزز قدرة النهوض بالدولة والمنظمات.

12. تعزيز مفهوم دولة القانون والمؤسسات بعيداً عن الاعتبارات الشخصية والقيادات كرموز مهما كانت هذه القيادات ومهما كان دورها .

13. حسن استجابة المؤسسات والمنظمات في إطار آليات شفافة لغرض خدمة المجتمع وتلبية متطلبات الجميع دون استثناء.

إن هذه المعايير وغيرها للحكم الصالح تم عرضها من قبل مجموعة كبيرة من الباحثين والمنظمات الإقليمية والدولية لتعطي صورة شاملة للحكم الصالح في الدولة والمنظمات وتمثل مدخلاً مناسباً لمكافحة الفساد بأشكاله المختلفة وتعزيز الانسجام الاجتماعي والتآلف على صعيد المجتمع. والمخطط أدناه يلخص معايير الحكم الصالح المهمة.

شكل (3-5)
ابعاد الحكم الصالح المهمة

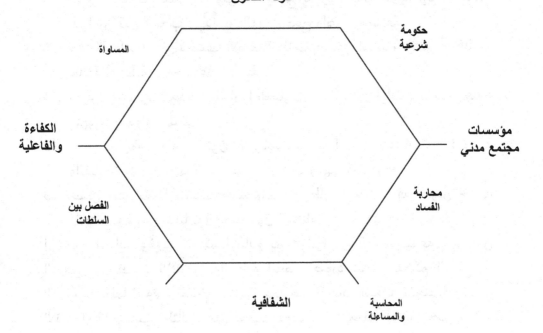

دولة القانون

حكومة
شرعية

المساواة

مؤسسات
مجتمع مدني

الكفاءة
والفاعلية

محاربة
الفساد

الفصل بين
السلطات

الشفافية

المحاسبة
والمساءلة

رؤية
استراتيجية
واضحة

Source : www. gdrc.org   (بتصرف)

تم بعون الله تعالى

مصادر الفصل الخامس

المصادر العربية :

1. أفندي، عطية حسين، "أسلوب الحكم الموسع: إطار مفاهيمي"، مؤتمر الاتجاهات المعاصرة في إدارة مؤسسات المجتمع المدني"، المنظمة العربية للتنمية الإدارية، القاهرة 6-8 مارس، 2004.

2. أنور، أحمد، "العدالة الاجتماعية في الإسلام"، دار المعارض، القاهرة، 1977.

3. اكرمان، سوزان، "الفساد والحكم : الأسباب، العواقب والإصلاح"، ترجمة فؤاد سروجي، دار الأهلية للنشر والتوزيع، عمان، 2003.

4. الأفندي، نزيهة، "الفساد والإفساد ظاهرة عالمية"، الأهرام الاقتصادي، القاهرة ، 1999/9/6.

5. الشهابي، انعام ومنقذ محمد داغر، "العوامل المؤثرة في الفساد الإداري"، المجلة العربية للإدارة، المجلد 20، العدد 2، كانون الأول 2000.

6. الصرايرة، ياسين، وآخرون، "المنهج التجريبي لمعالجة الفساد الإداري في القطاع العام الأردني: منظور مقترح"، مجلة الإداري، العدد 73، السنة 20، بونيو 1998.

7. العتيبي، صبحي، "تطور الفكر والأنشطة الإدارية"، دار الحامد للنشر، عمان، 2002.

8. العضايلة، محمد، "الشفافية ومكافحة الفساد"، في كتاب "نحو شفافية أردنية"، تحرير سائدة الكيلاني وباسم سكجها، مؤسسة الأرشيف العربي، عمان، 2000.

9. الكبيسي، عامر، "الفساد الإداري: رؤية منهجية للتشخيص والتحليل والمعالجة"، المجلة العربية للإدارة، مجلد 20، العدد 1، حزيران 2000.

10. الكيلاني، فاروق، "القضاء الأردني وتحديات القرن 21"، في كتاب "نحو شفافية أردنية" تحرير باسم سكجها وسائدة الكيلاني، مؤسسة الأرشيف العربي، عمان، 2000.

11. المؤسسة العربية لضمان الاستثماري"، الفساد، آثاره الاجتماعية والاقتصادية وسبل مكافحته"، سلسلة الخلاصات المركزة، السنة الثانية، 1999.

12. المطيري، عبيد بن سعد، "مستقبل مهنة المحاسبة والمراجعة: تحديات وقضايا معاصرة"، دار المريخ، الرياض، 2004.

13. حجازي، المرسي السيد، "التكاليف الاجتماعية للفساد"، مجلسة المستقبل العربي، العدد 4، نيسان 2001.

14. حسين، عزت، "الجرائم الماسة بالنزاهة"، الهيئة المصرية للكتاب، القاهرة، 1997.

15. حكمت، طاهر، "الدور التشريعي في مكافحة الفساد"، ندوة بعنوان" نحو استراتيجية لمكافحة الفساد"، وزارة التنمية الإدارية، عمان، الأردن ، 1995.

16. خير الله، داود، "الفساد كظاهرة عالمية وآليات ضبطها"، المستقبل العربي، المجلد 27، العدد 309، 2004.

17. داغر، منقذ محمد، "جرائم الفساد في الإدارة العامة العراقية وعلاقتها بالخصائص الفردية والتنظيمية ومنظماتها"، المؤتمر العلمي لكلية الإدارة والاقتصاد لجامعة بغداد، بغداد، 1997.

18. راجان، جيه في، "متى يكون هناك فساد؟ تجربة سنغافورة"، الأهرام الاقتصادي، 6-أيلول، 1999.

19. ستاينبرغ، شيلدون وديفيد اوستيرن، "الحكومة والأخلاق والمديرين"، ترجمة عبد الحليم حزين وحزامة حبايب، دار الكرمل للنشر والتوزيع، عمان، الأردن، 1996.

20. سرور، فتحي، "العولمة والفساد والجريمة المنظمة"، الأهرام الاقتصادي، القاهرة، 1999/9/6.

21. سكجها، باسم، "الإعلام ومكافحة الفساد"، "نحو شفافية أردنية"، مؤسسة الأرشيف العربي، عمان، 2000.

22. عايش، حسني، "الفساد والرشوة في العالم"، في كتاب "نحو شفافية أردنية"، تحرير : سائدة الكيلاني وباسم سكجها، المؤسسة الأرشيف العربي، عمان، 2000.

23. عبد الفضيل، محمود، "مفهوم الفساد ومعاييره"، مجلة المستقبل العربي، المجلد 27، العدد 309، تشرين الثاني، 2004.

24. عبد اللطيف، عادل، "الفساد كظاهرة عربية وآليات ضبطها"، إطار لفهم ظاهرة الفساد في الوطن العربي ومعالجتها"، مجلة المستقبل العربي، مجلد 27، العدد 309، تشرين الثاني، 2004.

25. غرغور، رنا صباغ، "دور الإعلام في مكافحة الفساد"، في "نحو شفافية أردنية، مؤسسة الأرشيف العربي، عمان، 2000.

26. فتحي، شادية، "حالة روسيا: أنماط الفساد وتكلفة الفساد"، الأهرام الاقتصادي، 6-أيلول، 1999.

27. قنديل، أماني، "تنمية الموارد البشرية والقدرات التنظيمية للمنظمات العربية"، وقائع مؤتمر التنظيمات الأهلية العربية ، المنظمة العربية للتنمية الإدارية، القاهرة، 1997.

28. كريم، حسن، "مفهوم الحكم الصالح"، مجلة المستقبل العربي، المجلد 27، العدد 309، تشرين الثاني 2004.

29. مؤسسة الأرشيف العربي، "استطلاع الوساطة في الأردن"، في كتاب "نحو شفافية أردنية"، تحرير : سائدة الكيلاني وباسم سكجها، مؤسسة الأرشيف العربي، عمان، 2000 .

30. محمود، صلاح الدين فهمي، "الفساد الإداري كمعوق لعمليات التنمية الاقتصادية والاجتماعية"، المركز العربي للدراسات الأمنية والتدريب، الرياض، 1994.

31. نافعة، حسن، "دور المؤسسات الدولية ومنظمات الشفافية في مكافحة الفساد"، المستقبل العربي، العدد 310، كانون الأول 2004.

32. نجم، نجم عبود، "أخلاق الإدارة في عالم متغير"، المنظمة العربية للعلوم الإدارية، القاهرة، 2000.

33. هلال، علي الدين، "الفساد السياسي والبلاد المتخلفة"، مجلة قضايا عربية، مجلد 8، العدد 3، 1981./

المراجع الإنجليزية:

1. Anthony, R.A and David W. Young, "Management control in Non-profit Organization", McGraw-Hill, New York, 2004.

2. Cadbury Committee, "Financial Report of The Committee on the Financial Aspects of Corporate Governance", Financial Reporting Council, London Stock Exchange, London, 1992.

3. Cooper, Terry, "The Responsible Administrator", 3rd ed., Jossey Bass, San Francisco, 1990.

4. Daboub, A.G. et.al., "Top Management Team Characteristics and Corporate Illegal Activity", Academy of Management Reviews, Vol. 20, No. 1, 1995.

5. Davis G.H. et al., "Toward a Stewardship Theory of Management", Academy of Management Review, January, 1997.

6. Golapsamy, N., "Corporate Governance : The New Paradigm", Wheeler Publishing, New Delhi, 1998.

7. Jones, Peter, "Combating Fraud and Corruption in Public Sector", Royaume University, London, 1993.

8. Kaufmann Daniel, et.al, "Governance Matters III: Governance Indicators for 1996-2002", Policy Research Working Papers, No. 3106, Washington DC, World Bank, 2003.

9. Klitgard, Rober, "Controlling Corruption", University of California Press", California, U.S.A, 1988.

10. Kreitner, Robert and Angelo Kinicki, "Organizational Behavior", Irwin, Boston, 1989.

11. Mauro, Paolo, "Corruption and Growth", Quarterly Journal of Economics, Vol. 110, No. 3, August, 1995.

12. OECD, "Principles of Corporate Governance, 1999, www.OECD.org, 1999.

13. Komiyama, M. and Yakinobu Masaoka, "Corporate Governance, A New Phase for Japanese Companies", Nomura Research Institute (NRI), NRI Papers no. 47, May, 2002.

14. Shelly, Louise et.al, "Global Crime", in Marianne C. L.(ed),"Beyond Sovereignty: Issues for a Global Agenda", Thomas Wadsworth, California, 2003.

15. UNDP, "Governance for sustainable Human Development: A UNDP Policy Document", UNDP, New York, 1997.

16. UNDP, "Reconceptualizing Governance for Sustainable Human Development", Discussion Paper 2, New York, 1997.

17. USINFO, www. USINFOstate .Gov.

18. Warner Simcha, B., "New Direction in the Study of Administrator Corruption", International Journal of Public Administration, Vol. 43, No. 2, 1983.

19. Wheelen Thomas and David Hunger, "Strategic Management", 9th edition, Prentice-Hall, New Jersey, 2004.

20. Wiersema, M.F. and Bantel K.A., "Top Management Team Demography and Corporate Strategic Change", Academy of Management Journal, Vol. 35, No. 1, 1992.

Printed in the United States
By Bookmasters